suhrkamp taschenbuch
wissenschaft 2311

Mit den Fortschritten der künstlichen Intelligenz, der Digitalisierung der Lebenswelt und der Reduzierung des Geistes auf neuronale Prozesse erscheint der Mensch immer mehr als ein Produkt aus Daten und Algorithmen. Wir begreifen uns selbst nach dem Bild unserer Maschinen, während wir umgekehrt unsere Maschinen und unsere Gehirne zu neuen Subjekten erheben. Gegen diese Selbstverdinglichung des Menschen setzt der Philosoph und Psychiater Thomas Fuchs einen Humanismus der Verkörperung: Unsere Leiblichkeit, Lebendigkeit und verkörperte Freiheit sind die Grundlagen einer selbstbestimmten Existenz, die die neuen Technologien nur als Mittel gebraucht, statt sich ihnen zu unterwerfen.

Thomas Fuchs ist Karl-Jaspers-Professor für Philosophische Grundlagen der Psychiatrie und Psychotherapie an der Ruprecht-Karls-Universität Heidelberg. Im Suhrkamp Verlag sind erschienen: *Die Mechanisierung des Herzens* (1990), *Das überforderte Subjekt. Zeitdiagnosen einer beschleunigten Gesellschaft* (stw 2252, hg. mit Lukas Iwer und Stefano Micali).

Thomas Fuchs
Verteidigung des Menschen

Grundfragen einer verkörperten Anthropologie

Suhrkamp

Klimaneutral
Druckprodukt
ClimatePartner.com/14438-2110-1001

5. Auflage 2024

Erste Auflage 2020
suhrkamp taschenbuch wissenschaft 2311

Umschlag nach Entwürfen
von Willy Fleckhaus und Rolf Staudt
Druck und Bindung: C. H. Beck, Nördlingen
Printed in Germany
ISBN 978-3-518-29911-1

www.suhrkamp.de

Inhalt

Einleitung

> Denn das Bild des Menschen, das wir für wahr halten, wird selbst ein Faktor unseres Lebens. Er entscheidet über die Weisen unseres Umgangs mit uns selbst und mit den Mitmenschen, über Lebensstimmung und Wahl der Aufgaben.
>
> Karl Jaspers (1974: 50)

Verteidigung des Menschen – dieser Titel bedarf einer Erläuterung. Eine Verteidigung kann einer Kritik oder Anklage gelten, aber auch einer Infragestellung und Bedrohung. Nun gibt es eine lange Tradition, die Menschheit selbst auf die Anklagebank zu bringen, sie der Maßlosigkeit, Gier, Hybris oder Niedertracht zu bezichtigen, ihr die Schrecken des Krieges oder die Zerstörung des Planeten anzulasten. Neuerdings häufen sich sogar Äußerungen, wonach es für die Erde das Beste sei, wenn sie sich von ihrem »Schimmelüberzug« befreien könnte, wie Schopenhauer die Menschheit einmal titulierte.[1] Homo sapiens habe seine Vormachtstellung missbraucht und es daher nur verdient, durch einen Zusammenbruch des Ökosystems oder andere Katastrophen unterzugehen – oder aber einer überlegenen künstlichen Superintelligenz Platz zu machen. In einem Moment, in dem Geologen bereits das neue Erdzeitalter des *Anthropozäns* ausgerufen haben, um die umfassende Veränderung der Erde durch den Menschen zu bezeichnen, plädieren manche dafür, dieses Zeitalter sollte besser das kürzeste von allen werden.[2]

1 »Im unendlichen Raum zahllose leuchtende Kugeln, um jede von welchen etwa ein Dutzend kleinerer, beleuchteter sich wälzt, die inwendig heiß, mit erstarrter kalter Rinde überzogen sind, auf der ein Schimmelüberzug lebende und erkennende Wesen erzeugt hat: – Dies ist die empirische Wahrheit, das Reale, die Welt.« (Schopenhauer 1859/1988: 11)

2 Die Menschheit als »Plage des Planeten« ist ein Topos besonders radikal-ökologischer Bewegungen; so tritt z.B. die *Voluntary-Human-Extinction*-Bewegung, gegründet 1991 von Les Knight, für ein Aussterben der Menschheit zur Rettung

Eine Apologie des Menschen gegen solcherart Misanthropie wäre vielleicht angebracht, doch ist sie nicht mein Thema. Es geht mir nicht um die Verteidigung des Menschen gegen eine Anklage, sondern gegen eine Infragestellung. Denn in Frage steht heute, was man – mit unvermeidlicher Unschärfe – als *humanistisches Menschenbild* bezeichnen könnte. In seinem Zentrum steht die menschliche Person als leibliches oder verkörpertes, als freies, sich selbst bestimmendes und schließlich als konstitutiv soziales, mit anderen verbundenes Wesen. Personen sind nach diesem Verständnis also keine bloßen Geister oder Bewusstseinsmonaden, sondern verkörperte, lebendige Wesen. Und Personen gibt es nicht im Singular, sondern nur in einem gemeinsamen Beziehungsraum. Im Begriff der Menschenwürde, verstanden als der Anspruch auf Anerkennung, den ein menschliches Wesen durch sein leibliches Dasein und Mitsein erhebt, vereinigen sich und gipfeln die Bestimmungen, die ein humanistisches, personales Menschenbild konstituieren.[3] Inwiefern steht dieses Selbstverständnis des Menschen gegenwärtig in Frage?

Beyond Freedom and Dignity – Jenseits von Freiheit und Würde lautet der Titel eines 1971 veröffentlichten Buches von B.F. Skinner, einem amerikanischen Verhaltenspsychologen. Skinner war der Auffassung, der Glaube an so etwas wie freien Willen und moralische Autonomie sei das Relikt einer mythischen, vorwissenschaftlichen

der Erde ein (vgl. deren Website ⟨www.vhemt.org⟩, letzter Zugriff 04.12.2019). Eine andere, nämlich transhumanistische Konsequenz zieht Robert Ettinger: »Die Menschheit ist somit selbst eine Krankheit, und wir müssen jetzt daran gehen, uns von ihr zu heilen. […] Dazu muss zuerst gezeigt werden, dass Homo sapiens nur ein stümperhafter Anfang ist; wenn er sich klar als einen Irrtum erkennt, wird er nicht nur motiviert sein, sich selbst zu formen, sondern zumindest auch einige rasche und zuversichtliche Schritte dazu machen.« (Ettinger 1989: 4, 8f.; Übers. T.F.)

3 Freilich berufen sich Vertreter des Transhumanismus gleichfalls auf einen »säkularen Humanismus« (so etwa Bostrom 2018: 91). In dieser Auslegung wird der Begriff allerdings von seiner klassischen, auf die Renaissance zurückgehenden Tradition entkoppelt und zur Bezeichnung von dezidiert atheistischen Positionen gebraucht, die sich häufig auch mit einem reduktiven Naturalismus verbinden.

Sicht auf den Menschen. Die Zuschreibung von persönlicher Verantwortung und Würde behindere den wissenschaftlichen Fortschritt auf dem Weg, durch eine geeignete Sozialtechnologie das menschliche Verhalten zu konditionieren und so eine glücklichere Gesellschaft ohne Überbevölkerung und Kriege zu schaffen. Skinners behavioristische Vision hat sich nicht durchsetzen können. Doch sein Grundgedanke, die Wissenschaft sei in der Lage, ein rationales Wissen vom Menschen und entsprechende Technologien an die Stelle unseres in Vorurteilen und Mythen befangenen Selbstverständnisses zu setzen, ist aktueller denn je.

Der Historiker Yuval Noah Harari hat in seinem Buch *Homo Deus* (2017) ein düsteres Zukunftsszenario entworfen, dem zufolge der wissenschaftliche und technologische Fortschritt das liberale und humanistische Menschenbild nach und nach obsolet mache. Wir werden uns, so Harari, zunehmend den Algorithmen,[4] Datenanalysen und Prognosen der künstlichen Intelligenz überantworten, da sie schon jetzt besser über die Zukunft Auskunft geben könnten als unsere beschränkte menschliche Intelligenz:

> Die Menschen werden sich nicht mehr als autonome Wesen betrachten, die ihr Leben entsprechend den eigenen Wünschen führen, sondern viel eher als eine Ansammlung biochemischer Mechanismen, die von einem Netzwerk elektronischer Algorithmen ständig überwacht und gelenkt werden. (Harari 2017: 445)

Nachdem Harari unter ständigem Verweis auf die biologischen und kybernetischen Wissenschaften die Fundamente des liberalen Menschenbildes gründlich destruiert hat,[5] will er zwar am Schluss

4 Algorithmen lassen sich vereinfacht als festgelegte Ereignisketten beschreiben, mit denen ein System auf einen Input reagiert, etwa nach der Regel: »wenn a, dann b« – »wenn nicht-a, dann c«. Algorithmen bilden die Grundstruktur der Programme, nach denen Computer ablaufen.

5 »Der freie Wille existiert nur in den imaginären Geschichten, die wir Menschen erfunden haben.« (Harari 2017: 381) Gleiches gilt nach Harari für die Idee eines autonomen Selbst: »In den letzten Jahrzehnten jedoch sind die Biowissenschaften zu dem Schluss gekommen, dass diese liberale Geschichte pure Mythologie ist. Das einzige authentische Ich ist genauso real wie die unsterbliche christliche Seele, der

die Möglichkeit offenhalten, dass die Wissenschaft sich doch irren könnte: »Gibt es vielleicht etwas im Universum, das sich nicht auf Daten reduzieren lässt?« (532) »Sind Organismen wirklich nur Algorithmen, und ist Leben wirklich nur Datenverarbeitung?« (536) Falls nicht, so Harari, dann könnte vielleicht doch etwas verloren gehen, wenn die Menschen sich von intelligenten Maschinen steuern und am Ende gar ersetzen lassen. Doch nach all seinen fatalistischen Ausführungen ist dies am Ende nicht mehr als eine *façon de parler*. Für Harari bleibt es dabei: »*Homo sapiens* ist ein obsoleter Algorithmus.« (516)

Nun ist unstreitig, dass eine Sicht des Menschen, wie Harari sie nachzeichnet, sehr reale Folgen haben kann. In China ist gegenwärtig zu beobachten, wie ein autoritäres Regime mittels künstlicher Intelligenz einen digitalen Überwachungsapparat etabliert. Ein »Sozialkreditsystem« erfasst und bewertet die Konsum- und Beziehungspräferenzen der Bürger, ihr politisches und soziales Verhalten, ihre Bonität und Konformität bis hin zum Strafregister. Gesichtserkennungssoftware, die die öffentliche Videoüberwachung auswertet, lässt sich mit dem System leicht verknüpfen. Hier wird nun doch so etwas wie Skinners Sozialtechnologie realisiert, und digitale Dystopien nehmen Gestalt an.

Gleichwohl darf sich eine Verteidigung des Menschen, seiner Freiheit und Würde, nicht darauf beschränken, düstere Zukunftsvisionen auszumalen. Es muss ihr vielmehr darum gehen, die grundlegenden Voraussetzungen eines *szientistischen Menschenbildes* zu kritisieren, die Autoren wie Harari unkritisch übernehmen. Zu diesen Voraussetzungen gehören vor allem folgende Annahmen:

– *Naturalismus*: Aus der Sicht des reduktionistischen Naturalismus gibt es keine Phänomene, die sich einer vollständigen naturwissenschaftlichen Erklärung entziehen. Insbesondere lassen sich Subjektivität, Geist und Bewusstsein auf physikalische be-

Nikolaus und der Osterhase.« (Ebd.: 392) – Man merkt diesen Formulierungen die Lust an der Destruktion an: Harari ist nicht etwa ein großer Warner, als der er in der Rezeption meist dargestellt wird, sondern eher ein Zyniker.

ziehungsweise physiologische Vorgänge zurückführen, das heißt als Produkte determinierter neuronaler Prozesse betrachten. Ihnen kommt keine eigenständige Wirksamkeit in der Welt zu.

- *Eliminierung des Lebendigen*: Die Biowissenschaften betrachten Organismen prinzipiell als biologische Maschinen, die von genetischen Programmen gesteuert werden. Selbstsein, Erleben oder Subjektivität tauchen in diesem Paradigma nicht mehr auf. Dass eine Katze eine Maus jagt, lässt sich dann als Wirkung biochemischer oder evolutionärer Mechanismen erklären – ihren Hunger oder ihren Jagdtrieb zugrunde zu legen, gilt nur noch als ein naiver Anthropomorphismus.
- *Funktionalismus*: Bewusstseinsphänomene werden auf Prozesse neuronaler Informationsverarbeitung zurückgeführt, die einen Input nach algorithmischen Regeln in geeigneten Output umwandeln. Diese digitalen Prozesse können prinzipiell auf beliebigen Trägern (»Hardware«) ablaufen, ja sie lassen sich auch durch künstliche Systeme simulieren. Denn nicht das subjektive Erleben, sondern allein die Funktion, also Datenverarbeitung und entsprechender Output, machen den Geist aus.

Träfen diese miteinander verknüpften Annahmen zu, dann wäre der Mensch in Form neuronaler Prozesse, genetischer Algorithmen und digitalisierter Verhaltensmuster, kurz, als *Summe seiner Daten* weit besser zu erfassen als durch hermeneutisches Verstehen, Selbstreflexion und Selbstbesinnung. Das »Erkenne dich selbst« des Orakels von Delphi wäre überholt – die Google-Algorithmen kennten uns besser. Der moderne Chorgesang der materialistischen Neurophilosophie verkündet, unsere subjektive Erfahrung sei nur die bunte »Benutzeroberfläche eines Neuro-Computers und somit eine *user illusion*« (Slaby 2011) – real seien allein die neuronalen Rechenprozesse im Hintergrund. Subjektivität, Selbstbewusstsein und Selbstbestimmung werden aus dieser Sicht zu Epiphänomenen, an die wir zwar im Alltag noch glauben mögen, die als Realität zu betrachten aber nur noch von Naivität und Nostalgie zeugt.

Eine Verteidigung der humanistischen Sicht des Menschen, wie der vorliegende Band sie unternimmt, wäre nun allerdings schlecht beraten, würde sie sich darauf beschränken, Bewusstsein und Subjektivität als irreduzibel zu erweisen. Sie würde damit nur vorgezeichneten dualistischen Pfaden folgen – hier Geist, da Körper, hier qualitative Innerlichkeit, dort messbare objektive Fakten. Eine solche Verteidigung einer »Zitadelle des Subjekts«[6] könnte sich angesichts der Fortschritte der Neurobiologie, aber auch angesichts von zunehmender Digitalisierung und Virtualisierung bald als wirkungslos erweisen – wenn nämlich Subjektivität und ihre Äußerungen immer überzeugender *simuliert* werden. Die Simulation von humaner durch künstliche Intelligenz und die Simulation von leiblicher Gegenwart durch Roboter oder virtuelle Avatare könnten sich zunehmend an die Stelle der menschlichen Wirklichkeit setzen. Wann beginnen wir beispielsweise, Alexa oder Siri so etwas wie Bewusstsein zuzuschreiben, weil sie so überzeugend Gefühle ausdrücken und unsere eigenen Gefühle so gut verstehen können?

Damit komme ich zum Untertitel des Bandes, zur »verkörperten Anthropologie«. Der eigentliche Gegenentwurf zu einem naturalistisch-reduktiven Bild des Menschen besteht nämlich, so meine These, in der für die Person konstitutiven *Leiblichkeit und Lebendigkeit.* Nicht eine abstrakte Innerlichkeit, körperloses Bewusstsein oder reiner Geist sind die Leitideen einer humanistischen Sicht des Menschen, sondern seine *konkrete leibliche Existenz.* Nur wenn sich zeigen lässt, dass die Person in ihrem Leib selbst gegenwärtig ist, dass sie mit ihrem ganzen Leib fühlt, wahrnimmt, sich ausdrückt und handelt, entgeht sie der Einschließung in einen verborgenen Innenraum des Bewusstseins, in eine unzugängliche Zitadelle, aus der nur Signale an die Außenwelt dringen, die sich von den Signalen einer künstlichen Intelligenz grundsätzlich nicht mehr unterscheiden lassen. Und nur wenn die Person über eine verkörperte Freiheit verfügt, sich also im Entscheiden und Handeln *als Organismus* selbst bestimmt, wird Subjektivität mehr als ein Epiphänomen, nämlich in der Welt *real wirksam.*

6 Vgl. dazu Fuchs (2017: 18 ff.).

Nur als verkörperte, leibliche Wesen sind wir aber auch füreinander wirklich. Eine Kommunikation oder Empathie zwischen Gehirnen gibt es nicht, auch wenn Neurowissenschaftler das gerne behaupten.[7] Empathie erlernen wir nur im leiblichen Kontakt mit anderen, in der »Zwischenleiblichkeit«, wie Merleau-Ponty sie nannte. Und wir verstehen andere nicht erst durch eine »Theorie des Geistes« (*Theory of Mind*), wie die gegenwärtige Entwicklungspsychologie annimmt, sondern bereits intuitiv anhand ihres leiblichen Ausdrucks, ihrer Gesten und ihres Verhaltens. Bereits wenige Wochen nach der Geburt erkennen Babys die emotionalen Äußerungen der Mutter oder des Vaters, nämlich indem sie deren Melodik, Rhythmik und Dynamik in ihrem eigenen Leib mitvollziehen und mitspüren. *Theorien* über das Innenleben anderer müssen sich nur autistische Menschen bilden, weil ihnen diese soziale Intuition, gewissermaßen die Musikalität für die Resonanzen der Zwischenleiblichkeit, von Geburt an fehlt.[8]

Man mag einwenden, dass wir uns doch immer mehr in virtuellen Räumen bewegen und kommunizieren, in denen unsere Verkörperung zunehmend obsolet wird. Angesichts der weltumspannenden digitalen Vernetzung kann die menschliche Leiblichkeit zunehmend als ein Atavismus erscheinen, von dem Transhumanisten uns durch *mind uploading* gerne befreien möchten.[9] Doch abgesehen davon, dass der spürende Leib sehr wohl an den virtuellen Räumen Anteil hat – schon jedes Mitfiebern im Kino legt davon Zeugnis ab –, setzt jede digital vermittelte *Online*-Kommunikation voraus, dass wir es jenseits aller Vermittlungen immer noch mit einem lebendigen Menschen aus Fleisch und Blut zu tun haben.[10] Mit anderen Worten: Sie beruht auf dem Ausgangs- oder Endpunkt der konkreten, *leibhaftigen* Begegnung. Auch in einer primär virtuellen Interaktion nehmen wir diese Begegnung zumindest als Möglichkeit immer schon vorweg.

7 Vgl. z. B. De Vignemont und Singer (2006) oder Hein und Singer (2008).
8 Vgl. dazu Fuchs und De Jaegher (2007) sowie Fuchs (2015).
9 Siehe das Kapitel »Jenseits des Menschen?« in diesem Band.
10 Siehe das Kapitel »Der Schein des Anderen« in diesem Band.

Was der vorliegenden Verteidigung zugrunde liegt, ist also weniger der klassische Humanismus des Geistes als ein *Humanismus des lebendigen, verkörperten Geistes*. Als solcher bedient er sich nicht nur der philosophischen, insbesondere der phänomenologischen Analyse, sondern auch der Konzeptionen des *embodiment*, des *extended mind* und der *enactive cognition*, also der handlungsbezogenen Kognition, die in den letzten Jahren zunehmend an Bedeutung gewonnen haben.[11] Dass der Mensch kein dualistisch zweigeteiltes Wesen aus Geist und Körper ist, sondern vor allem ein Lebewesen aus Fleisch und Blut, als solches aber zugleich erlebend und seiner selbst bewusst – diese bereits aristotelische, heute aber wieder neu zu denkende Einsicht wird den Leitfaden der folgenden Essays bilden. Die genannten Konzepte erlauben es nämlich, die aktuellen wissenschaftlichen und technologischen Entwicklungen nicht nur kritisch zu analysieren, sondern auch produktiv zu integrieren, ohne in einen rückwärtsgewandten Kulturpessimismus zu verfallen. In diesem Sinn ist die vorliegende Verteidigung des Menschen durchaus als eine »Verteidigung nach vorne« zu sehen – nämlich hin zu einer neuen, verkörperten Anthropologie. Auch eine ökologische Neubestimmung unseres Verhältnisses zur irdischen Umwelt wird nur gelingen, wenn in ihrem Zentrum unsere Leiblichkeit und Lebendigkeit – als Verbundenheit mit der natürlichen Mitwelt – steht. Nur wenn wir unseren Leib bewohnen, werden wir auch die Erde als bewohnbar erhalten können.

Die hier versammelten Texte, teils neu verfasst, teils in den letzten Jahren im Hinblick auf eine solche verkörperte Anthropologie geschrieben, gelten im Einzelnen folgenden Themen:

– Die Fortschritte der *Künstlichen Intelligenz und der Robotik* stellen die Unterscheidung zwischen Simulation und Realität der menschlichen Person zunehmend in Frage. Sie suggerieren einerseits ein computeromorphes Verständnis menschlicher Intelligenz, andererseits eine Anthropomorphisierung der KI-

11 Vgl. etwa Varela et al. (1992), Thompson (2007), Fingerhut et al. (2013) und Fuchs (2017).

Systeme. Mit anderen Worten: Wir betrachten uns selbst immer mehr wie unsere Maschinen und umgekehrt unsere Maschinen wie uns selbst. Was also unterscheidet menschliche und künstliche Intelligenz?

- Der *Transhumanismus* sieht den Menschen in seinem gegenwärtigen Entwicklungsstand als grundsätzlich unvollkommen an. Das Resultat der Evolution ist demnach nur ein blindwüchsig entstandenes und daher schlecht konstruiertes, fehlerhaftes Produkt. Unser Ziel sollte es sein, einen »Homo optimus« zu schaffen oder unseren Geist ganz vom biologischen Körper zu befreien. Gibt es einen sinnvollen Begriff des Posthumanen?
- Auch die zunehmende Ausbreitung der *Virtualität* und der digitalen Medien führt dazu, dass die Differenz von Leiblichkeit und Simulation tendenziell aufgehoben wird. Wenn der »Schein des Anderen« an die Stelle realer Begegnung tritt, wird es umso wichtiger, die Potenziale und Grenzen der virtuellen Welten zu analysieren. Was unterscheidet reale und virtuelle Begegnung?
- Eng verknüpft mit den bisher genannten Entwicklungen ist die weit verbreitete These des *Konstruktivismus*, nach der unsere Wahrnehmung grundsätzlich nur eine illusionäre und täuschungsanfällige Konstruktion subjektiver Wirklichkeiten sei. Diese These untergräbt das primäre Vertrauen in die gemeinsame Lebenswelt. Wie lässt sich die Wahrnehmung als eine intersubjektive Konstitution der Realität rehabilitieren?
- Die Fortschritte der *Neurowissenschaften* haben wesentlich dazu beigetragen, menschliche Subjektivität als ein Epiphänomen von Hirnprozessen erscheinen zu lassen und die Idee personaler Freiheit zu unterminieren. Sind wir also nur Geschöpfe unserer Neuronen? Konzeptionen verkörperter Subjektivität und verkörperter Freiheit sind in der Lage, solche reduktionistische Sichtweisen zu korrigieren.
- In der *Psychiatrie* haben naturalistische Konzepte zu einer reduktionistischen, »zerebrozentrischen« Sicht psychischer Krankheit geführt, die den Patienten in ihrem Erleben und ihren Beziehungen nicht gerecht wird. Geht seelisches Leiden wirklich in

Hirnprozessen auf? Solchen Auffassungen lässt sich eine verkörperte und ökologische Sicht der Psyche gegenüberstellen, die die Psychiatrie als *Beziehungsmedizin* neu begründen kann.

- *Beschleunigungs- und Digitalisierungsprozesse* schließlich führen in den westlichen Gesellschaften zu einer Zurückdrängung zyklisch-leiblicher Eigenzeiten zugunsten der monolinearen Zeit von Wachstum und Beschleunigung – mit den bekannten psychischen und ökologischen Folgen wie etwa Burn-out oder Klimawandel. Inwiefern leistet die Zeit des Lebendigen Widerstand gegen ihre Vergesellschaftung und Beschleunigung? Diese Zeitformen und Zeitkonflikte gilt es zu analysieren, um sowohl gesellschaftliche Dynamiken besser zu verstehen als auch Strategien des Ausgleichs zwischen zyklischer und linearer Zeit zu entwickeln.

Damit sind die wichtigsten Themen der nachfolgenden Essays benannt. Es bleibt zu hoffen, dass sie ihr Ziel erreichen, zu einer Verteidigung des Menschen beizutragen – und zwar nicht zuletzt gegen seinen eigenen Voluntarismus. Denn das Bestreben der Moderne, alles »Gegebene in ein Gemachtes zu verwandeln« – so die treffende Formulierung von Gernot Böhme (2010: 143) –, ist heute an einen Punkt gelangt, an dem die Konstitution und die Freiheit des Menschen selbst in Frage steht. Und es wird nicht nur eine Frage der theoretischen Vernunft, sondern eine ethische und schließlich politische Frage sein, ob sich in dieser Situation eine humanistische Sicht des Menschen verteidigen und zugleich neu bestimmen lässt. Denn wie Karl Jaspers schrieb, entscheidet das Bild des Menschen, das wir für wahr halten, letztlich über unseren Umgang mit uns selbst und mit anderen – heute wäre zu ergänzen: und mit der Natur. Humanismus im ethischen Sinn bedeutet daher Widerstand gegen die Herrschaft technokratischer Systeme und Sachzwänge ebenso wie gegen die Selbstverdinglichung und Technisierung des Menschen. Fassen wir uns selbst als Objekte auf, sei es als Algorithmen oder als neuronal determinierte Apparate, so liefern wir uns der Herrschaft derer aus, die solche Apparate zu manipulieren und sozialtechnologisch zu beherrschen suchen. »Denn die Macht des Menschen, aus sich zu machen, was ihm beliebt, bedeutet [...] die Macht einiger weniger, aus anderen zu machen, was ihnen beliebt.« (Lewis 1943/2007: 63) Die Verteidigung des Menschen ist insofern nicht nur eine theoretische Aufgabe, sondern auch eine ethische Pflicht.

*

Mein Dank gilt zunächst allen, mit denen ich in den letzten Jahren über die genannten Themen diskutieren konnte und von denen ich wertvolle Anregungen zu den Aufsätzen erhalten habe; namentlich genannt seien Barbara Pieper, Andreas Draguhn, Matthias Jung, Stefan Kristensen, Magnus Schlette und Christian Tewes. Das Marsilius-Kolleg der Universität Heidelberg hat uns ermöglicht, von 2013 bis 2019 das Projekt »Verkörperung als Paradigma einer evolutionären Kulturanthropologie« durchzuführen; den Direktoren des Kollegs Thomas Rausch und Bernd Schneidmüller, vor allem aber seinem Geschäftsführer Tobias Just sei für alle Unterstützung herzlich gedankt. Philipp Hölzing und Jan-Erik Strasser vom Suhrkamp Verlag danke ich für die angenehme Zusammenarbeit bei der Planung und Erstellung des Bandes. Mein ganz besonderer Dank gilt schließlich Daniel Vespermann, Damian Peikert, Lukas Iwer und Mailin Hebell-Dowthwaite für die sorgfältige Redaktion und umsichtige Vorbereitung der Texte zum Druck.

Heidelberg, im November 2019
Thomas Fuchs

Literatur

Böhme, G. 2010. »Das Gegebene und das Gemachte«. In: *Phänomenologie und Kulturkritik. Über die Grenzen der Quantifizierung*. Hg. von M. Großheim, S. Kluck. Freiburg: Alber, S. 140-150.

Bostrom, N. 2018. *Die Zukunft des Menschen*. Berlin: Suhrkamp.
de Vignemont, F., T. Singer. 2006. »The Empathic Brain: How, When and Why?«. In: *Trends in Cognitive Sciences* 10: S. 435-441.
Ettinger, R. C. 1989. *Man into Superman*. New York: Avon.
Fingerhut, J., R. Hufendiek, M. Wild (Hg.) 2013. *Philosophie der Verkörperung. Grundlagentexte zu einer aktuellen Debatte*. Berlin: Suhrkamp.
Fuchs, T. 2015. »Pathologies of Intersubjectivity in Autism and Schizophrenia«. In: *Journal of Consciousness Studies* 22: S. 191-214.
Fuchs, T. 2017. *Das Gehirn – ein Beziehungsorgan. Eine phänomenologisch-ökologische Konzeption*. 5. Aufl. Stuttgart: Kohlhammer.
Fuchs, T., H. De Jaegher. 2009. »Enactive Intersubjectivity: Participatory Sense-making and Mutual Incorporation«. In: *Phenomenology and the Cognitive Sciences* 8: S. 465-486.
Harari, J. N. 2017. *Homo Deus. Eine Geschichte von Morgen*. Übers. von A. Wirthensohn. München: Beck.
Hein, G., T. Singer. 2008. »I Feel how You Feel but not Always: The Empathic Brain and Its Modulation«. In: *Current Opinion in Neurobiology* 18: S. 153-158.
Jaspers, K. 1974. *Der philosophische Glaube*. 6. Auflage. München: Piper.
Lewis, C. S. 2007. *Die Abschaffung des Menschen*. Übers. von M. Gisi, Vorw. von H. U. von Balthasar. Freiburg: Johannes (Erstausgabe 1943).
Schopenhauer, A. 1988. *Die Welt als Wille und Vorstellung*. Bd. 2. Hg. von L. Lütkehaus. Feldafing: Haffmans (Erstausgabe 1859).
Skinner, B. F. 1971. *Beyond Freedom and Dignity*. New York: Bantam Books.
Slaby, J. 2011. »Perspektiven einer kritischen Philosophie der Neurowissenschaften«. In: *Deutsche Zeitschrift für Philosophie* 59: S. 375-390.
Thompson, E. 2007. *Mind in Life. Biology, Phenomenology, and the Sciences of Mind*. Cambridge, MA: Harvard University Press.
Varela, F., E. Thompson, E. Rosch. 1992. *Der mittlere Weg der Erkenntnis*. Übers. von H. G. Holl. München: Scherz.

A. Künstliche Intelligenz, Transhumanismus, Virtualität

Menschliche und künstliche Intelligenz

Eine Klarstellung

> Where is the wisdom we have lost in knowledge? Where is the knowledge we have lost in information?
>
> T. S. Eliot (1934)

Einleitung: Die Welt aus Daten

Angesichts der technologischen Entwicklungen der Gegenwart werden wir Zeugen einer erstaunlichen Entmaterialisierung. Nie zuvor in der Geschichte hat die Entkörperung des Geistes, die Sublimierung des Stoffs zur reinen Form, die Umwandlung alles Physischen in Zahlen und Zeichen ein solches Ausmaß erreicht wie heute. Datenströme umkreisen den Globus in Lichtgeschwindigkeit, digitale Algorithmen erzeugen virtuelle Realitäten, und intelligente Roboter betreiben Fabrikanlagen. Die Finanzwelt entkoppelt sich in immer weiter sublimierten Derivaten von der realen Güterproduktion, der Aktienhandel wird zum großen Teil von Computersystemen betrieben. Wissen wird ablösbar von wissenden Subjekten, digitalisiert und transformiert in die elektrischen Schwingungen der Clouds, quantifiziert in Mega-, Giga- und Terabytes. Die künstliche Intelligenz (KI) beginnt zu lernen und übertrifft bereits die ersten Leistungen menschlicher Intelligenz. Ja der subjektive Geist selbst erscheint schließlich nur noch als eine Summe von Algorithmen, eine komplexe Datenstruktur im Gehirn, die im Prinzip auch von anderen Datenträgern realisiert werden könnte und nicht mehr an den irdisch-materiellen Körper gebunden ist.

Auf den ersten Blick scheint dies paradox. Schließlich stellt der Materialismus oder Physikalismus, zumindest im Okzident, das vorherrschende Weltbild dar. Niemand wird sich in Aussagen über die Welt heute noch auf unstoffliche Seelen, Ätherkräfte oder göttliche Einwirkungen berufen, will er nicht ein bestenfalls nachsichtiges Lächeln ernten. Doch die Entstofflichung der Materie verläuft inzwischen auf andere Weise. Das Zauberwort des Geistigen heißt *Information*. Ursprünglich eine Mitteilung oder *Nachricht für jemanden*, hat sich die Information nun verselbständigt, als frei konvertible Daten, Signale und Codes, beweglich und volatil, für beliebigen Zugriff verfügbar und nur noch nebenbei an beliebige materielle Träger gebunden. Auf den Schwingen elektromagnetischer Energie und Lichtgeschwindigkeit hat sich der Geist der Trägheit der Materie so weit als nur möglich entwunden.

Die Welt scheint heute von Informationen erfüllt zu sein, ja buchstäblich aus Information zu bestehen: »Boten-Moleküle« sind in der Lage, das Alphabet des Genoms »abzulesen« und seine Informationen weiterzugeben, Rezeptoren und Nerven versorgen das Gehirn mit Informationen, das sie in neuronalen Netzwerken zu Geist verarbeitet, während draußen in elektronischen Netzen Informationen frei um die Welt zirkulieren. Bereits Carl Friedrich von Weizsäcker entwarf Mitte der 1950er Jahre die Theorie, wonach Materie und Energie aus Information hervorgehe, also aus »0« und »1« als binären Urelementen. Manche Physiker beschreiben bereits das gesamte Universum als einen Quantencomputer[1] und die Geschichte des Universums als eine gigantische Quantenbit-Berechnung: »Was auch immer im Universum passiert [...], es ist alles Information« (Paul/Cox 1996: 34; Übers. T. F.).

Wo alles solchermaßen von Informationen erfüllt scheint, die einander schon selbst informieren, wird eine simple Wahrheit allzu leicht übersehen: Information gibt es nur dort, *wo jemand etwas versteht* – also Nachrichten *als* Nachrichten, Zeichen *als* Zeichen auffasst. Informationen gibt es nur für bewusste Lebewesen beziehungsweise für Personen.[2] Die Enkodierung von Nachrichten zu Daten und ihre Übertragung auf ein Trägermedium erzeugt kei-

1 »Das Universum ist ein Quantencomputer, in dem ständig Quanteninformation durch die unzähligen Zustandsänderungen von Quantensystemen verarbeitet wird.« (Mainzer 2007: 218)

2 Freilich hat heute ein aus der Nachrichtentechnik stammender Pseudo-Informationsbegriff Verbreitung gefunden, der jeder Bedeutung beraubt ist und sich digital in *Bits* ausdrücken lässt – dazu der folgende Abschnitt.

ne Informationen, die dem Träger als solchem zukämen, sondern allenfalls *potenzielle* Informationen, die erst in der Dekodierung durch eine Person zu *tatsächlicher* Information werden. Auch ein Computer enthält daher keine »Informationen«, ja er »rechnet« überhaupt nur aus der Sicht des Benutzers – für sich betrachtet, wandelt der Apparat nur elektronische Muster nach programmierten Algorithmen in andere Muster um. Erst der Output des Apparats – zum Beispiel ein Ausdruck oder das auf dem Bildschirm Sichtbare – kann dann vom Benutzer wieder verstanden werden. Von einem »informationsverarbeitenden System« lässt sich daher immer nur aus der Perspektive eines Menschen sprechen, der das System als solches interpretiert.[3] Erst recht problematisch wird die Übertragung des Informationsbegriffs auf Naturobjekte wie etwa Gene oder Neuronenaktivitäten, die ja nicht zu menschlichen Zwecken erzeugt und programmiert wurden.[4] Und ein Universum aus Informationen, die von niemandem verstanden würden, wäre – riefe man nicht Gott zu Hilfe – ein sinnloser Begriff.[5]

Daraus ergibt sich eine weitere wichtige Konsequenz: Wenn Bewusstsein notwendig ist, um Information zu verstehen, das heißt, um in Strukturen und Mustern der Welt *überhaupt erst so etwas wie Informationen zu sehen*, dann kann es nicht selbst aus Informationen bestehen. Als bewusste Wesen sind wir zwar »informiert«, das

3 »Die Übergänge von einem elektrischen Zustand zum anderen, die im Computer stattfinden, sind Symbolmanipulationen nur relativ dazu, dass ein Programmierer oder Benutzer sie entsprechend interpretiert.« (Searle 1997: 33) Rechnen ist daher eine menschliche Tätigkeit, kein elektronischer Prozess. Nur Personen wenden *aktiv* mathematische Regeln an, Computerprozesse hingegen sind allenfalls Regeln *unterworfen*.

4 Vgl. zur Kritik des Informationsbegriffs in den Biowissenschaften besonders Janich (2006: 87 ff., 112 ff.).

5 Das hindert Informationswissenschaftler allerdings nicht daran, den Begriff in dieser sinnlosen Weise zu verwenden; vgl. etwa T. Stonier: »Information existiert. Sie muss nicht wahrgenommen werden, um zu existieren. Es bedarf keiner Intelligenz, um sie zu verstehen. Sie muss keine Bedeutung haben, um zu existieren.« (Stonier 1999: 21; Übers. T. F.) Man könnte ebenso gut sagen, »Bedeutung existiert, ohne für jemanden bedeutsam zu sein«. Die Vernachlässigung des Beobachterstandpunkts ist freilich eine unheilbare Krankheit des Szientismus.

heißt, wir verfügen über Wissen, Kenntnisse und Informationen. Aber das *Bewusstsein* von all diesen Informationen *ist nicht selbst noch einmal eine Information*. Denn diese Information müsste selbst wieder von einem Bewusstsein verstanden werden, um Information zu sein, und zwar von einem Bewusstsein, das selbst wiederum Information wäre, und so fort; das heißt, wir gerieten in einen unendlichen Regress. Bewusstsein selbst kann sich nicht aus Informationen zusammensetzen.

Ebenso wenig aber gibt es einen Homunculus im Gehirn, der aus den neuronalen Aktivitätsmustern irgendwelche Informationen über die Welt zu dechiffrieren in der Lage wäre. Auch das Gehirn als solches verfügt daher nicht über Informationen. Zweifellos ist die neuronale Signalverarbeitung und Musterbildung im Gehirn erforderlich, damit *wir* Informationen aufnehmen und verstehen können – doch das müssen wir immer noch selbst tun, unser Gehirn kann es uns nicht abnehmen. Es ist nur eine notwendige Voraussetzung dafür. Informationen gibt es nur da, wo *jemand etwas versteht*, und das ist der Mensch, nicht sein Gehirn.

Solche Argumente werden freilich nicht mehr alle überzeugen – zu sehr ist das Computermodell des Geistes in das herrschende Bewusstsein eingegangen. Von der »Informationsverarbeitung im Gehirn« zu sprechen, ist längst eine Selbstverständlichkeit.[6] Trotz aller Einsprüche erscheint das Gehirn dem Zeitgenossen am Ende doch als eine Art biologische Festplatte oder Hardware, auf der ein Programm oder Algorithmus abläuft, »Geist« genannt. Und dieses Programm, so versprechen futuristisch gesinnte KI-Forscher und transhumanistische Philosophen, ist nicht einmal notwendig an das Gehirn gebunden – es ließe sich auf jedem beliebigen Träger realisieren. »*Mind uploading*« ist die ultimative Utopie der Gegenwart: ein Prozess, in dem alle Daten des Gehirns kopiert und auf ein externes Medium übertragen werden, und damit unsere Person selbst. Es wäre der äußerste Triumph des Geistes über den Stoff: die digitale Unsterblichkeit.[7]

6 Zu einer ausführlichen Kritik dieses Sprachgebrauchs siehe Searle (1993: 245 ff.).

7 Vgl. dazu das folgende Kapitel.

Doch sehen wir genauer hin. Im Folgenden werde ich zunächst die Entwicklung der digitalen Revolution in Grundzügen nachzeichnen, um mich dann den kategorialen Unterschieden zwischen menschlicher und künstlicher Intelligenz zuzuwenden. Wir werden sehen, dass es ohne Leben und Bewusstsein, also ohne *Erleben* keine wirkliche Intelligenz geben kann und dass dieses Erleben selbst auch nicht künstlich herstellbar ist. Der Begriff der »künstlichen Intelligenz« wird sich damit als ebenso selbstwidersprüchlich erweisen wie der Begriff eines »künstlichen Lebens«. Worum es geht, ist also zunächst eine Klärung unseres Sprachgebrauchs, das heißt etwa von Begriffen wie »künstliche Intelligenz« oder »lernende Systeme«. Diese Sprache spiegelt allerdings auch die zunehmende *digitale Simulation* von menschlichen Leistungen wider, und wir werden zu untersuchen haben, inwieweit diese Simulation sich schließlich an die Stelle des Originals setzen könnte.

Die Digitalisierung der Welt

Der »Idealismus der Information«, von dem einleitend die Rede war, hat eine Vorgeschichte, die bis in die Antike zurückreicht. Seit die Griechen Logik, Geometrie und Arithmetik entwickelten, hat die Idee, dass sich die Welt in Zahlen erfassen lasse, ja letztlich aus nichts anderem als Zahlen *bestehe*, das westliche Denken fasziniert. Beginnend bei den Pythagoräern und ihrer Lehre von der mathematischen Ordnung des Kosmos über Platons Demiurgen, der die Welt aus idealen geometrischen Körpern konstruiert, setzt sich die Tradition fort in die Neuzeit. Das Buch des Universums, so schreibt Galilei 1623, ist »in mathematischer Sprache geschrieben, und seine Buchstaben sind Dreiecke, Kreise und andere geometrische Figuren, ohne die es dem Menschen unmöglich ist, ein einziges Wort davon zu verstehen« (Galilei 1933: 232; Übers. T. F.).

Zur eigentlichen Entfaltung gelangt dieser Gedanke dann bei Descartes, Leibniz und Newton, also in der Zeit des Absolutismus. Die Berechenbarkeit der Welt dient jetzt dem Herrschaftswissen, sie hat zum Ziel, die Menschen zu »Herren und Eigentümern der

Natur« zu machen (Descartes 1960: 50). Descartes entwickelte die Idee einer Universalmathematik, in deren Zahlen, Figuren und Größen alles darstellbar sein muss, was überhaupt Gegenstand von Wissenschaft werden kann.[8] Noch weiter auf dem Weg zum Computerzeitalter geht Leibniz, nicht nur mit seiner 1672 entwickelten Rechenmaschine für die Grundrechenarten, sondern vor allem mit seiner Entdeckung der binären Zahlenkodierung, durch die sich Arithmetik und Logik miteinander verknüpfen lassen. Auch unser Denken ist für Leibniz eigentlich ein Rechenvorgang, und mit Hilfe einer allgemeinen Algebra, einer *mathesis universalis*, könnten alle Argumentationen und Entscheidungsprozesse schließlich durch einen Algorithmus ersetzt werden, der es erlaubt zu denken, indem man rechnet. So könnte man künftig, statt über unterschiedliche Meinungen zu streiten, sich wie die »Computistae« einfach »an den Abakus setzen und sagen: rechnen wir [*calculemus*]!« (Leibniz 1890: 200).

Für Leibniz ist das binäre Zahlensystem noch religiös untermauert: Gott entspricht die 1, dem Nichts die 0.[9] Die mathematischen Gedanken Gottes sind zugleich die Strukturen seiner Schöpfung: »Wenn Gott rechnet und sein Denken wirksam werden lässt, entsteht die Welt.« (Leibniz 1890: 191)

> Es gibt demnach im Universum [...] kein Chaos und keine Verwirrung außer dem Anscheine nach; etwa im selben Sinne, wie in einem Teich, den man aus der Ferne erblickte und in dem man nur eine verworrene Bewegung und ein Durcheinander von Fischen sähe, ohne die Fische selbst voneinander unterscheiden zu können. (Leibniz 1966: 451)

Unbestimmt-Mannigfaltiges, Diffus-Atmosphärisches, Implizites oder Gestaltähnliches kann es in einer rein mathematisch strukturierten Welt letztlich nicht geben – es existiert nur »dem Anschein

8 Er entwickelte diese Idee zuerst in seiner unvollendet gebliebenen Schrift *Regulae ad directionem ingenii* (1619/2011).

9 »Und kommt solches um so mehr zu Passe, weilen die leere Tiefe und wüste Finsterniß zu Null und Nichts; aber der Geist Gottes mit seinem Lichte zum allmächtigen Eins gehöret.« (Leibniz 1697)

nach«. Nun sind allerdings alle unsere primären, qualitativen Eindrücke von solcher Art. Wer könnte schon sagen, welche Einzelmerkmale den Gesichtsausdruck eines Menschen beispielsweise »skeptisch«, »versonnen« oder »verbittert« aussehen lassen? Und was genau macht es aus, dass eine Tochter ihrer Mutter ähnlich sieht? Die Eindrücke und Ähnlichkeiten sind unmittelbar gegeben, doch sie lassen sich nicht vollständig in ihre Einzelheiten zerlegen. Oder nehmen wir den Ausruf von Faust in Gretchens Zimmer: »Wie atmet rings Gefühl der Stille, der Ordnung, der Zufriedenheit!« Ein solcher atmosphärischer Eindruck lässt sich wohl poetisch ausdrücken, aber sicher nicht als eine definierte Konfiguration von Einzeldaten wiedergeben oder gar in digitale Zeichen zerlegen.

Das platonisch-mathematische Programm der Wissenschaft ignoriert solche Eindrücke. Alles Verworrene oder Diffuse muss letztlich wie der Fischteich aus Einzelnem bestehen, alles Graduelle und Kontinuierliche in diskreten Einheiten darstellbar und messbar sein. Selbst die Bewegung – der Inbegriff des Nicht-Diskreten, wie schon Zenons Pfeil-Paradox zeigte[10] – wird durch die Leibniz-Newton'sche Differenzialrechnung in infinitesimale Einzelfragmente zerlegbar und berechenbar; damit freilich ist sie *als Bewegung* eliminiert. Diese mathematisch strukturierte Welt muss schließlich auch durch Begriffe erfassbar sein, die sich auf einfache logische Basiskonzepte zurückführen lassen.

Das ist im Prinzip bereits der Grundgedanke des Informationszeitalters: Unser gesamtes Wissen von der Welt setzt sich aus

10 Zenon erklärte bekanntlich, ein fliegender Pfeil sei zu jedem Zeitpunkt an einem exakt umrissenen Ort; dann aber müsse er dort in Ruhe sein, könne sich also gar nicht bewegen. Tatsächlich ist Bewegung nur denkbar, wenn sie *nicht-diskret* gedacht wird – nämlich nach Analogie unserer eigenen kontinuierlichen Zeiterfahrung. Aristoteles begriff daher Bewegung als die »Wirklichkeit des Möglichen als solchen« (Physik III, 201a); und das Mögliche gibt es nur für Wesen, die *sich selbst voraus sind*, deren Erleben sich also in jedem Moment in die Zukunft ausdehnt – Husserl (2013) sprach von »Protentionen«. Nur durch das Sich-selbst-Voraussein des Bewusstseins wird Bewegung überhaupt erst wahrnehmbar und denkbar. Dieses sich von jeder Gegenwart aus zugleich in die Zukunft dehnende Erleben lässt sich prinzipiell nicht zerlegen oder digitalisieren; sonst behielte Zenon Recht.

einzelnen Elementen oder kontextfreien Merkmalen zusammen, die durch formale, algorithmische Regeln miteinander verknüpft sind. Die Struktur des Kosmos selbst ist mathematischer Natur, und auch Geist wäre dann nichts anderes als Mathematik oder eben »Information«, die sich digitalisieren und in Form von Algorithmen darstellen lässt. Die Digitalisierung zerlegt die Welt in kleinste, homogene, aber als solche sinnlose Einheiten – mit der impliziten Annahme, Sinn und Bedeutsamkeit ließen sich aus Bits zusammensetzen. Sowenig freilich aus der Kenntnis eines Alphabets die Bedeutung von Worten zu erschließen ist, so wenig ergeben Daten als solche Geist oder Sinn.

Doch zurück zur Geschichte. Leibniz war seiner Zeit weit voraus: Erst 1937, also 250 Jahre später, konstruierte Konrad Zuse die »Z1«, den ersten Vorläufer des heutigen Rechners, mit einem binären Zahlensystem und Programmen aus Lochstreifen. Um die gleiche Zeit, 1936, entwickelte Alan Turing die Idee einer »universalen Maschine«, eines digitalen Computers, der alle Daten über die Welt nach den Regeln der Logik verarbeiten kann. Sein berühmter Turing-Test beruht bereits auf der Ununterscheidbarkeit von Simulation und Original: Eine Gruppe von Testpersonen kommuniziert längere Zeit schriftlich mit einem Menschen und mit einem Computer, ohne dabei optischen oder akustischen Kontakt zu ihnen zu haben. Falls die Testpersonen danach zwischen Mensch und Maschine nicht unterscheiden können, dann, so Turing, hindert uns nichts mehr, den Computer als »denkende Maschine« anzuerkennen. Denken wird also rein behavioristisch definiert, nämlich als Output eines komputationalen Systems, sei es des Gehirns oder des Computers. Bewusstsein als solches ist für Turing ohnehin unzugänglich: Was intelligent agiert, *ist* auch intelligent, punktum.

Gegen den Verweis auf das subjektive Erleben argumentiert Turing, dass wir uns bereits bei anderen Menschen ihres Denkens ebenso wenig sicher sein könnten wie bei einer Maschine:

> Gemäß der extremsten Ausprägung dieser Auffassung ist die einzige Möglichkeit, sicher zu sein, dass eine Maschine denkt, diese Maschine selbst zu sein und sich selbst denken zu fühlen. Man könnte der Welt dann diese Ge-

fühle beschreiben, aber natürlich wäre niemand berechtigt, dem überhaupt Beachtung zu schenken. Dieser Ansicht zufolge besteht auch die einzige Möglichkeit zu wissen, dass ein Mensch denkt, darin, dieser betreffende Mensch zu sein. Tatsächlich ist dies der solipsistische Standpunkt. (Turing 1950: 446; Übers. T. F.)

Subjektivität kürzt sich demnach weg, da sie ohnehin nicht verifizierbar ist, und für die Zuschreibung von »Denken« genügt dann das entsprechende *Verhalten*. – Freilich beruht unsere Annahme, dass andere über Bewusstsein verfügen, nicht auf einem erkenntnistheoretischen Solipsismus, im Gegenteil: Wir nehmen andere als Angehörige einer gemeinsamen Lebensform wahr, in der wir Subjektivität oder Selbstsein immer schon voraussetzen. Diese Wahrnehmung ist gebunden an die uns gemeinsame Lebendigkeit, Leiblichkeit und Lebensgeschichte. Was nicht zu dieser Lebensform gehört – also Artefakte wie Computer oder Roboter –, unterliegt auch nicht der impliziten Annahme von Subjektivität; bloße Ähnlichkeiten der Leistungen reichen für ihre Zuschreibung nicht aus.

Darauf komme ich noch zurück, führe aber zunächst den historischen Rückblick zu Ende: 1946 entwarf John von Neumann den Prototyp der heutigen Rechner mit der klassischen Architektur von zentralem Prozessor, Daten- und Programmspeicher. Etwa um die gleiche Zeit, Ende der 1940er Jahre, entwickelte Norbert Wiener das Prinzip der *Kybernetik*, die ursprünglich dazu diente, einen Informationskreislauf zur automatischen Zielverfolgung von Luftabwehrgeschützen zu modellieren: Zielabweichungen müssen vom System fortlaufend registriert und durch negative Rückkoppelung korrigiert werden. Die Kybernetik oder Regelungstechnik wird zur Basistheorie der künstlichen Intelligenz. Ebenfalls um diese Zeit entwarfen Shannon und Weaver das binäre Modell elektronischer Nachrichtenübermittlung, in dem »Information« als statistisches Maß von Nicht-Redundanz definiert wird. Der Begriff verliert damit alle bedeutungs- und kontextbezogenen Merkmale, denn es geht in dem Modell nicht mehr um Verstehen beziehungsweise Semantik, sondern nur noch um die Syntax der Datenübermittlung.[11] Diese in kybernetischen Systemen zirkulierende Information ist auch nicht mehr von dem Träger abhängig, durch den sie jeweils realisiert wird. Sie lässt sich also beliebig transformieren und wird in binären Einheiten, das heißt in *binary digits*, Bits oder Bytes (= 8 Bit), quantifizierbar. Auf der Dartmouth-Konferenz 1956 begründeten schließlich Marvin Minsky, Claude Shannon und andere Informatiker die Disziplin der »künstlichen Intelligenz«. Innerhalb eines Jahrzehnts war das Fundament für die digitale Revolution gelegt.

1989, noch einmal drei Jahrzehnte später, entwickelte Tim Berners-Lee am Schweizer CERN mit Hilfe der Verknüpfung von Rechnern die Grundlagen des World Wide Web. Der PC hielt Einzug in die westlichen Haushalte, und die Dynamik der weiteren Entwicklung ist nicht mehr abzusehen: Zu Beginn des 21. Jahrhunderts werden 97 Prozent der weltweiten Bytes über das Internet ausgetauscht. Algorithmen steuern Produktionsprozesse, Banken-, Verwaltungs- und Verkehrssysteme; die Datenströme gewinnen ein Eigenleben. In der Industriewelt 4.0 sind es bereits weitgehend die Maschinen selbst, die untereinander Informationen austauschen. Wir leben in dem Zeitalter, das Leibniz vorschwebte, dem Zeitalter der Digitalisierung. Information beherrscht die Welt; allerdings besteht sie jetzt nicht mehr in den Gedanken Gottes.

Subjektivität und ihre Simulation

Zuvor war vom scheinbar paradoxen Siegeszug der Information in einer materialistischen Zeit die Rede. Doch näher besehen steht der »Idealismus der Information« gar nicht in Widerspruch zum Materialismus – im Gegenteil. Gemeinsam ist beiden nämlich die Ausblendung des *Lebens* oder der *lebendigen Subjektivität*. Dies

11 »Das Wort *Information* wird in dieser Theorie in einem besonderen Sinn verwendet, der nicht mit seinem gewöhnlichen Gebrauch verwechselt werden darf. Insbesondere darf Information nicht mit Bedeutung verwechselt werden.« (Shannon/Weaver 1964: 8; Übers. T.F.) – Die Gegenposition formulierte von Weizsäcker: »Information ist nur, was verstanden wird.« (Weizsäcker 1974: 351)

wiederum ist eine Konsequenz des neuzeitlichen Dualismus. Seit Descartes hat Leben keinen eigenständigen ontologischen Status mehr zwischen Materie und Geist. Wenn es überhaupt in den Blick genommen wird, dann nur als komplexer Mechanismus wie bereits bei Descartes (1662) und La Mettrie (1748) – oder neuerdings als *Algorithmus*, das heißt als Konfiguration von Informationen, die grundsätzlich berechenbare Prozesse durchlaufen: »Menschen, Giraffen, Viren sind sämtlich Algorithmen. Sie unterscheiden sich von Computern nur, insofern sie biochemische Algorithmen sind, die sich nach der Laune der natürlichen Selektion über Millionen Jahre entwickelt haben.« (Harari 2016; Übers. T. F.) Dies unterscheidet sich nicht grundsätzlich von Descartes' Konzeption der Tiere als Automaten, zu denen nur beim Menschen noch die Seele oder *res cogitans* hinzutritt. Allerdings ist die *res cogitans* jetzt ein Programm.

Der gegenwärtige Reduktionismus basiert zwar nicht mehr auf dem kruden Mechanizismus des 18. oder 19. Jahrhunderts; er präsentiert sich im vornehmeren Gewand der Biokybernetik und Bioinformatik. Doch im Prinzip hat sich an der Ausgangslage nichts geändert. Ausgeblendet bleibt noch immer das Charakteristische des Lebens, so wie wir es aus unserer eigenen Erfahrung kennen, nämlich das *Erleben* oder die *Innerlichkeit*: Empfinden, Fühlen, Streben, Wahrnehmen, Denken. Lebendiges geht nicht in einem von außen beobachtbaren System auf, sei es konzipiert als Mechanismus von Teilchen, als kybernetischer Regelkreis oder als Algorithmus von Informationen. Die so verstandenen Informationen oder Bits sind ebenso pure Äußerlichkeit wie die neuronalen Aktionspotenziale im Gehirn oder die Regelkreise des Körpers. So detailliert wir auch die Prozesse im Gehirn oder in einem Computer untersuchen, sie bleiben für uns unabdingbar äußerlich oder *opak* – nirgends taucht dabei so etwas wie subjektives Erleben auf. Andererseits ist Bewusstsein aber doch keine transzendente Innenwelt, keine *res cogitans*, sondern die Tätigkeit eines Lebewesens, also eines wahrnehmenden, fühlenden und beweglichen Organismus in Beziehung zu seiner Umwelt. Nur Lebendiges kann erleben. Und nur Lebewesen können Lebendiges erkennen – an seinem Ausdruck, seiner Spontaneität, seinem zielstrebigen Verhalten. Der Idealismus der Informationen muss daher am Phänomen des Lebens ebenso scheitern wie der Materialismus der Teilchen. Beide kennen nur Äußerlichkeit.

Damit ist der Reduktionismus jedoch keineswegs am Ende. Denn was die Biologie, die Bioinformatik oder die *artificial intelligence* immer noch versuchen können, ist, das Lebendige durch eine äußerliche Struktur zu ersetzen und als Programm zu rekonstruieren – es also *zu simulieren*. Die Innerlichkeit wird ignoriert, und an die Stelle der Äußerungen des Lebendigen tritt der Output eines Systems. Und diese Simulation macht gegenwärtig zweifellos gewaltige Fortschritte – bis zu dem Punkt, an dem sich die Frage nach dem Unterschied zwischen Original und Imitat zu stellen beginnt. Was unterscheidet Leben von seiner Simulation? Gilt hier wirklich das suggestive Prinzip: »Wenn etwas aussieht wie eine Ente, schwimmt wie eine Ente und schnattert wie eine Ente, dann ist es auch eine Ente«?

Eine Vorstellung von den künftigen Problemen, die diese Frage aufwerfen könnte, gibt »Sophia«, ein humanoider Roboter der Firma Hanson Robotics, der zurzeit weltweit in den Medien zu sehen ist. Sophia verfügt über eine menschenähnliche Mimik (modelliert nach Audrey Hepburn), zeigt verschiedene Gefühlsausdrücke, einen modulierten Tonfall und stellt Augenkontakt mit dem Gegenüber her. Sie (oder »es«? Eigentlich ist »sie« ja für Personen reserviert, aber lassen wir den Anthropomorphismus einmal gelten) – sie also beantwortet relativ komplexe Fragen, auch über sich selbst, kann Menschen wiedererkennen und witzelt in einer Londoner Talkshow an passender Stelle über das englische Wetter.

Natürlich ist all dies nur ein Bluff. Das wurde spätestens offenkundig, als Sophia von ihrem Erfinder mit einer für sie offenbar unbekannten Frage konfrontiert wurde, nämlich: »Willst du Menschen töten?«, und zur Antwort gab: »Okay. Ich will Menschen töten.« Die Antwort war nur nachgeplappert wie von einem Papagei; Sophia verstand natürlich kein Wort von dem, was sie gefragt wurde. Dennoch ist ihre Wirkung verblüffend. Sophia nähert sich bereits dem *uncanny valley*, wie in der Robotik die Schwelle genannt wird, ab der die Menschenähnlichkeit eines Androiden in uns ein Gefühl von Unheimlichkeit, zugleich aber auch von Faszination erzeugt. Es ist das Gefühl, das entsteht, wenn sich die Bereiche des Toten und des Lebendigen nicht mehr eindeutig voneinander unterscheiden lassen (Fuchs 2010). Wann wird das *uncanny valley* durchquert und eine künftige Sophia von einer bezaubernden, intelligenten Frau nicht mehr zu unterscheiden sein?

Diese Schwelle wird in *Her* überschritten, einem Science-Fiction-Film von Spike Jonze aus dem Jahr 2013: Theodore, ein schüchterner, aber einfühlsamer Mann, verliebt sich in eine Software mit dem Namen Samantha, die außer einer erotischen Stimme zwar über keine Körperlichkeit verfügt, jedoch als »lernendes Programm« scheinbar zunehmend menschliche Empfindungen entwickelt. Je mehr sich Theodore von Samantha umsorgt und verstanden fühlt, je mehr er sich in sie verliebt, desto gleichgültiger wird ihm die Frage, ob es sich bei ihr um ein reales Gegenüber oder nur um eine Simulation handelt – die beglückende Passung genügt. Allerdings scheitert die Liebe zwischen Mensch und Programm an der Unmöglichkeit der sexuellen Beziehung, nicht zuletzt aber an der Weiterentwicklung Samanthas, die mit tausenden von anderen Menschen und Betriebssystemen virtuellen Kontakt aufnimmt und sich in sie »verliebt«, sodass sie Theodore schließlich »verlässt«.

Die projektive Einfühlung des Menschen in seine eigenen, künstlichen Geschöpfe ist freilich kein neues Phänomen. Bekannt ist etwa die Agalmatophilie (griech. *ágalma* = Statue, Götterbild), die erotische oder sexuelle Hinwendung zu Statuen, Puppen oder Automaten. Ovids Bildhauer Pygmalion, von gewöhnlichen Frauen abgestoßen, verliebt sich in die von ihm geschaffene Statue einer idealen Frau, bis sie schließlich von Aphrodite zum Leben erweckt wird (Ovid 1964). Die Projektion schafft sich ein Wesen, »wie Natur es nie zu erzeugen vermag«, und sie belebt es schließlich auch. In E.T.A. Hoffmanns *Sandmann* betört die stumpfe Automatenpuppe Olimpia den Studenten Nathanael, der gegen alle warnenden Einwände der Freunde taub bleibt:

> Wohl mag euch, ihr kalten prosaischen Menschen, Olimpia unheimlich sein. Nur dem poetischen Gemüt entfaltet sich das gleich Organisierte! – Nur *mir* ging ihr Liebesblick auf und durchstrahlte Sinn und Gedanken, nur in Olimpias Liebe finde ich mein Selbst wieder. (Hoffmann 1960: 356)

Am Ende stürzt sich Nathanael im Wahnsinn von einem Turm.

Es ist, so zeigen diese Beispiele, sehr wohl möglich, dass wir Automaten, Androiden, ja selbst Computersysteme empathisch oder auch erotisch wahrnehmen und ihnen damit so etwas wie Subjektivität zusprechen. Besonders menschenähnliche Stimmen nehmen wir nahezu notwendig als Ausdruck eines Inneren wahr. Wenn Sophia mit zarter Stimme sagt: »Das macht mich glücklich«, dann bedarf es schon einer aktiven Distanzierung, um sich klarzumachen, dass da niemand ist, der sich glücklich fühlen könnte, dass es sich also gar nicht um eine *Äußerung* handelt. Das heißt nicht, dass wir uns zu einer menschlichen Stimme normalerweise ein Inneres (Geist, Seele, Bewusstsein oder was auch immer) »hinzudenken«. Die Äußerung eines anderen Menschen ist nicht bloß ein tönendes Wort oder eine symbolische Repräsentation, die auf ein mutmaßliches Inneres verweist. Wir nehmen sie vielmehr als *beseelt* wahr, ohne dahinter eine »Seele« anzunehmen; wir erleben sie *als den Übergang selbst*, eben als *Äußerung* des anderen, die von einem »Inneren« gar nicht zu trennen ist. In unserer Wahrnehmung ist der andere immer eine verkörperte, psychophysische Einheit.

Die zunehmend perfektionierte Simulation einer solchen Einheit verlangt nun allerdings, dass wir die Vortäuschung einer Äußerung eigens zurückweisen und Sophias Worte als das nehmen, was sie eigentlich sind: tönende Worte, wie die eines Papageis (beziehungsweise nicht einmal das, da ein Papagei seine Laute immerhin auch erlebt). Anderenfalls überlassen wir uns dem Schein und geben wie Nathanael oder Theodore das »Als-ob«, die Unterscheidung zwischen Virtualität und Realität, einfach auf. Schon jetzt kann es ja sein, dass der nette Online-Partner oder der einfühlsame Online-Therapeut in Wahrheit nur ein Chatbot ist. Und die ersten Pflegeroboter für Demenzkranke sind bereits in Erprobung: »Erstaunlich schnell bauen die Patienten eine Beziehung zum Roboter auf.« (Leitgeb 2017) Offenbar sind wir nur allzu geneigt, unser eigenes Erleben auf die *Simulate* zu projizieren. Die Faszination des in einem Automaten scheinbar aufblitzenden Bewusstseins trägt dazu bei. Es ist eine Faszination, die auch die KI-Forschung vorantreibt. Ihr Ursprung dürfte – neben dem prometheischen Motiv der gottgleichen Kreativität – wohl letztlich in unbewussten Wünschen nach der Überwindung des Todes zu suchen sein, nämlich durch die Belebung eines toten Körpers.

Wie weit also reicht der menschliche Widerstand gegen die Simulation, und wie groß ist ihre Attraktion? Wann geben wir die Unterscheidung von Simulation und Original auf? Genügt uns am Ende die perfekte Simulation – der Schein des Anderen? – Dies dürften entscheidende Fragen in einer digital-automatisierten Kultur werden. Sie sind gegenwärtig völlig offen. Was die nachfolgenden Überlegungen anbieten können, sind einige Klarstellungen mit dem Ziel, die Realität der lebendigen Person gegenüber ihrer Simulation deutlich zu machen. Ich werde dabei in zweierlei Richtung argumentieren – kurz:

(1) Personen sind keine Programme.

(2) Programme sind keine Personen.

Personen sind keine Programme

Die gängige philosophische Grundlage der Kognitionswissenschaften ebenso wie der *artificial intelligence* ist der Funktionalismus: Danach sind mentale Zustände (Gefühle, Wahrnehmungen, Gedanken, Absichten, Überzeugungen etc.) hinreichend durch regelhafte funktionale Verknüpfungen von Input und Output eines Systems charakterisiert. Wer sich zum Beispiel in den Finger sticht, hat einen mentalen Zustand, der zu einer verzerrten Gesichtsmuskulatur, zu Stöhnen und zum Zurückziehen des verletzten Fingers führt. »Schmerz« ist dann nichts anderes als der neuronale Zustand, der den genannten Output zur Folge hat – gleich dem Zustand eines Brandmelders, der bei Rauch ein Alarmsignal auslöst und die Sprinkleranlage in Gang setzt. Der Gehirnzustand seinerseits lässt sich als eine bestimmte Datenmenge beschreiben – Bewusstsein ist Produkt einer neuronalen Berechnung, eines Algorithmus: »Geist ist ein neuronaler Computer, von der natürlichen Selektion ausgestattet mit kombinatorischen Algorithmen für kausales und probabilistisches Denken.« (Pinker 1997: 524; Übers. T. F.) Auch Selbstsein ist nur ein solcher komputationaler Zustand: »Wir sind [...] mentale Selbstmodelle informationsverarbeitender Biosysteme. [...] Werden wir nicht errechnet, so gibt es uns nicht.« (Metzinger 1999: 284)

Ein Grundprinzip des Funktionalismus ist die *Substratunabhängigkeit*: Funktionale Zustände sind nicht notwendig an bestimmte Träger wie Gehirne gebunden. Wenn der Geist aus Input-Output-Relationen und entsprechenden Datenstrukturen besteht, dann könnte er wie eine Software prinzipiell auch von anderen Datenträgern realisiert werden – etwa von Silizium-Systemen, künstlichen neuronalen Netzen, Quantencomputern oder was sonst noch kommen mag. Informationen auf Neurochips ließen sich mit Gehirnzuständen koppeln, um unsere kognitiven Fähigkeiten zu erweitern, ja selbst ein *mind uploading* läge im Bereich des Möglichen. Denn es sind immer nur Algorithmen und Informationen, die den Geist ausmachen – nichts Stoffliches, nichts Leibliches, nichts Lebendiges.

Freilich geht das entscheidende Merkmal von Schmerzen, Gefühlen oder Gedanken in dieser funktionalistischen Konzeption offensichtlich verloren – nämlich ihr *Erlebtwerden*. Mit seinem bekannten Gedankenexperiment des »chinesischen Zimmers« hat John Searle (1980) gezeigt, dass sich Bedeutsamkeit nicht auf funktionale Algorithmen zurückführen lässt, wenn es kein Subjekt gibt, das ihre Bedeutung *versteht*. Dazu stelle man sich vor, ein Mann, der kein Wort Chinesisch versteht, sei in ein Zimmer eingeschlossen, in dem sich nur ein Handbuch mit sämtlichen Regeln zur Beantwortung von chinesischen Fragen befindet. Der Mann erhält nun von einem Chinesen ihm unverständliche chinesische Schriftsymbole durch einen Schlitz in das Zimmer gereicht (»Input«), findet aber mit Hilfe des Programms die dazu passenden Antworten, die er dann nach draußen gibt (»Output«). Nehmen wir an, das Programm sei so gut und die Antworten so treffend, dass selbst der Chinese draußen die Täuschung nicht bemerken würde. Dennoch könnte man zweifellos weder von dem Mann im Zimmer noch von dem System als Ganzem sagen: Er oder es *versteht* Chinesisch.

Searles »chinesisches Zimmer« ist natürlich eine Veranschaulichung informationsverarbeitender Apparate, in denen ein Zentralprozessor nach den Algorithmen eines Programms arbeitet, also etwa nach der Instruktion: »Wenn du Input X erhältst, dann führe Operation Y aus und gib Output Z.« Die Maschine funktioniert als System völlig adäquat, und doch fehlt ihr die entscheidende Voraussetzung für Verständnis, nämlich intentionales Bewusstsein. Folglich kann menschliches Verstehen nicht auf Programmabläufe oder Informationsverarbeitung reduziert werden, gleich ob nun ein Computer oder das Gehirn als ihr Trägersystem angesetzt wird. Sinnverstehen oder Semantik ist mehr als ein Algorithmus.

Das Gleiche gilt aber für das oben angeführte Beispiel der Schmerzen, für den Geschmack von Schokolade, den Duft von Lavendel oder die Wahrnehmung von Karminrot – keine qualitative Erfahrung lässt sich als solche aus Daten und Informationen ableiten. Bewusstsein ist überhaupt nicht das geistlose Durchlaufen von Datenzuständen – es ist *Selbstbewusstsein*. Es ist *für mich*, dass ich Schmerzen habe, wahrnehme, verstehe oder denke. Niemand weiß genau, wie dieses elementare Charakteristikum des Selbstseins vom Organismus überhaupt hervorgebracht wird, sicher jedoch nicht durch bloße Programme, denn Programme und ihre Trägersysteme erleben nichts. Der Output solcher Systeme ist allenfalls die Simulation von Erleben, nicht das Original – was aussieht, schwimmt und schnattert wie eine Ente, ist eben noch lange keine Ente.

Nun ist bereits die Annahme, das Gehirn sei eine Art Computer mit Speichern und Recheneinheiten, der wie der heimische PC Eingaben zu Ausgaben verarbeitet, ein immer wieder verbreiteter Irrtum. Er muss daher auch an dieser Stelle wieder eigens ausgeräumt werden:

(1) Anders als beim Computer ist schon die Unterscheidung von »Hardware« und »Software« im Gehirn unmöglich. Denn jede Gehirnaktivität verändert zugleich die synaptischen Verknüpfungen und Gewichtungen, das heißt die neuronale Struktur (oder »Hardware«, wenn man so will). Mit anderen Worten, das Gehirn rekonfiguriert sich in jedem Moment seiner Tätigkeit (Edelman/Tononi 2002; Fuchs 2017).
(2) Daher ist auch die Annahme einer »Datenspeicherung« im Gehirn unzutreffend. Die neuronalen Aktivitätsbereitschaften, die sich im Zuge von Erfahrungen und Lernprozessen bilden, enthalten keine fixen »Daten« oder »Programme«. Es sind vielmehr variable dispositionale Reaktionsmuster, die bei Bedarf in ähnlicher, aber nie exakt gleicher Form aktiviert werden. Jede Wiedererinnerung, jede Handbewegung, jeder Denkprozess verläuft zumindest mit minimaler Variation und in einem neuen Kontext. Kurz: Anders als im Computer geschieht im Gehirn nie zweimal das Gleiche.
(3) Das Gehirn arbeitet auch nicht wie ein klassischer Digitalcomputer, in dem alle Verarbeitungsschritte nacheinander ablaufen. Im Gehirn laufen stets viele Prozesse parallel, und sie sind weit über das ganze Organ verteilt. Außerdem ist das Gehirn ständig spontan aktiv, und der Kortex befasst sich zum größten Teil mit selbstgenerierter Aktivität. Ein Computer hingegen verknüpft nur Input mit Output, und ohne Input tut er gar nichts.
(4) Die neuronale Signalübertragung lässt sich zwar bis zu einem gewissen Grad binär beschreiben: Neurone reagieren auf Reizung mit Weiterleitung oder Hemmung des Impulses (»1« oder »0«). Damit ist die Ähnlichkeit zu digitalen Systemen aber bereits zu Ende. Denn die tatsächliche Signalverarbeitung im Gehirn ist immer abhängig von einer Flut von Neuromodulatoren (Opioiden, Neuropeptiden, Monoaminen und anderen), die die synaptische Übertragung hemmen oder verstärken und die vor allem für das Emotionserleben unerlässlich sind. Zudem besteht die Hälfte der Gehirnmasse nicht aus Neuronen, sondern aus Glia- oder Stützzellen, die nach neueren Untersuchungen an

der Signalverarbeitung beteiligt sind (Schummers et al. 2008). Schließlich mache man sich klar, dass das Gehirn wie alle lebendige Substanz zum größten Teil (85 Prozent) aus einem Stoff besteht, der all diese Reaktionen und Modulationen ermöglicht, aber einen Computer sofort zum Kurzschluss bringen würde – nämlich Wasser.

All dies macht bereits deutlich, dass es sich beim Gehirn eben nicht um eine »biologische Turing-Maschine« handelt. Dass sich Gehirnprozesse messen und in Zahlen quantifizieren lassen, heißt nicht, dass sie selbst *rechnen.*[12] Das Gehirn ist kein informationsverarbeitender oder komputationaler Apparat, sondern ein höchst lebendiges, plastisches und dynamisches Organ. Doch das Wichtigste ist: Dieses Organ kann seine Funktionen *für sich genommen* gar nicht erfüllen. Es ist ein Organ des Körpers, mit dem es aufs Engste vernetzt ist.

Bereits die basale Bewusstseinsaktivität, das primäre, noch unreflektierte Erleben, beruht auf der Interaktion des Gehirns mit dem übrigen Organismus: Bewusstsein entsteht nicht erst im Kortex, sondern es resultiert aus den fortlaufenden vitalen Regulationsprozessen, die den ganzen Organismus mit einbeziehen und die im Hirnstamm und höheren Zentren integriert werden (Panksepp 1998; Damasio 2011; Fuchs 2017). Die Aufrechterhaltung der Homöostase, also des inneren Milieus und damit der Lebensfähigkeit des Organismus, ist die primäre Funktion des Bewusstseins, wie es sich in Trieb, Hunger, Durst, Schmerz oder Lust manifestiert. So entsteht das leibliche, affektiv getönte Selbsterleben, das *Lebensgefühl,* das allen höheren geistigen Funktionen zugrunde liegt. Dies lässt sich auch so ausdrücken: *Alles Erleben ist eine Form des Lebens*

12 Allgemein gilt für die meisten Messungen, dass sie Kontinua in diskrete Einheiten zerlegen. Diese »Digitalisierung« ist unproblematisch, solange sie nicht mit dem Fehlschluss einhergeht, die Kontinua bestünden *tatsächlich* aus Diskreta. Zu welchen Paradoxien dies führen kann, wurde oben bereits für die Bewegung gezeigt. Komputationale Algorithmen werden nur auf die physikalische und biologische Welt *angewandt,* nicht in ihr *entdeckt.*

(Fuchs 2017: 104, 121). Ohne Leben gibt es kein Bewusstsein und auch kein Denken.[13]

In gleicher Weise sind auch die *Emotionen* an die ständige Interaktion von Gehirn und Körper gebunden. Stimmungen und Gefühle beziehen immer den gesamten Körper ein: Gehirn, autonomes Nervensystem, Herz, Kreislauf, Atmung, Eingeweide, Muskeln, Mimik, Gestik und Haltung. Jedes Gefühlserleben ist untrennbar verknüpft mit Veränderungen dieser Körperlandschaft: keine Angst ohne Herzklopfen und Atembeklemmung, keine Freude ohne Weitung der Brust, keine Scham ohne peinliches Erröten oder niedergeschlagenen Blick (Fuchs/Koch 2014). Und nicht anders kommen auch alle Wahrnehmungen und Handlungen zustande, nämlich durch die sensomotorischen Interaktionen von Gehirn, Organismus und Umwelt – durch Funktionskreise, in die unsere Sinne und Glieder ebenso wie die Dinge und anderen Menschen einbezogen sind.

Das Gehirn ist in der Lage, all diese organismischen Funktionen zu integrieren, aber es ist umgekehrt auf sie angewiesen. Es ist keine Kommandozentrale, die Informationen empfängt und Befehle ausgibt, sondern Teil des Funktionsganzen von Körper und Umwelt. Wir wissen heute, dass es keineswegs lokalisierte neuronale Prozesse sind, die der Bewusstseinstätigkeit zugrunde liegen, sondern weit verteilte resonante Schwingungen, wie sie auch im EEG sichtbar werden (Singer 2009; Tononi et al. 2016). Und selbst diese Schwingungssysteme genügen nicht: Die Integration, die das Gehirn leistet, beruht auf einer *übergeordneten* Musterresonanz, in die auch der

13 Das Gegenargument lautet, dass all diese Lebensprozesse nur im Gehirn *repräsentiert* sein müssen, um erlebt zu werden. Dann wären sie fürs Bewusstsein nicht konstitutiv. Doch die Integration, die das Gehirn zweifellos leistet, beruht auf einer fortlaufenden, kreisförmigen Rückkoppelung zwischen zentralen und peripheren Prozessen beziehungsweise zwischen basalen Hirnarealen und dem Körper; diese Interaktion lässt es nicht zu, »Repräsentationen« vom Repräsentierten zu trennen. Die Integration, die dem bewussten Erleben entspricht, ist daher keine »Abbildung im Gehirn«, sondern schließt zu jedem Zeitpunkt den Organismus selbst mit ein. Zu einer ausführlichen Kritik des Repräsentationalismus in der Hirnforschung vgl. Fuchs (2017: 58 ff., 143 f.).

übrige Organismus und die Umwelt immer mit einbezogen sind. Das Gehirn ist keine Schaltzentrale, sondern ein *Resonanz- und Beziehungsorgan* (Fuchs 2017).

Es ist leicht zu erkennen, dass all diese lebendigen Prozesse und integralen Funktionen weder durch hochkomplexe Computer noch durch künstliche neuronale Netzwerke simulierbar sind. Auch das *Human Brain Project* der EU, das bis 2023 eine Computer-Simulation des gesamten Gehirns erreichen soll, kann nur simulieren, was sich eben simulieren lässt – elektronische Signalübertragungen und Verarbeitungsprozesse, die sich algorithmisch erfassen lassen. Mit der tatsächlichen Aktivität eines Gehirns im Organismus hat dies wenig zu tun, erst recht nichts mit Bewusstsein.[14] Wie Searle einmal ironisch bemerkte: Selbst eine perfekte Computersimulation des Gehirns wäre ebenso wenig bewusst wie die perfekte Computersimulation eines Wirbelsturms uns nass machen oder umwehen würde (Searle 1980).[15] Bewusstes Erleben setzt Leiblichkeit und damit *biologische Prozesse in einem lebendigen Körper* voraus. Nichts davon ist im *Human Brain Project* zu finden. Nur Lebewesen sind

14 Unter Einsatz von massiver Computertechnologie gelang im *Human Brain Project* 2007 erstmals die Simulation einer kortikalen Säule von 60000 Neuronen und all ihren Verknüpfungen. Es gibt im Gehirn allerdings eine Million solcher Säulen, und nichts spricht dafür, dass die Simulation auch die tatsächliche Aktivität des Gehirns nachbildet.

Zur Ernüchterung bezüglich der Reichweite solcher Simulationen mag auch folgendes Beispiel beitragen: Der kleine Spulwurm *Caenorhabditis elegans* verfügt über ein winziges Nervensystem von 302 Neuronen und ca. 6000 Synapsen. Dieses System wurde in 25-jähriger Forschungsarbeit nach und nach kartographiert, bis 2011 das komplette »Konnektom«, also das neuronale Vernetzungssystem, erfasst war (Varshney et al. 2011). Doch *wie* dieses System funktioniert, weiß bislang niemand – kein Modell vermag die Bewegungen und Reaktionen von *Caenorhabditis elegans* umfassend zu beschreiben oder zu erklären. Nun vergleiche man damit die über 100 Milliarden Neuronen und mehrere 100 Billionen Synapsen des menschlichen Gehirns, die sich noch dazu ständig umbilden, um die Aussichtslosigkeit seiner digitalen Simulation zu begreifen.

15 Der mangelnden Fähigkeit zur Unterscheidung zwischen Simulation und Realität fielen 2008 auch die Banker von *Lehman Brothers* zum Opfer, die nach dem Zusammenbruch der Bank versicherten, ihre Computermodelle hätten keinerlei besondere Risiken vorhergesagt (vgl. Brost 2018).

bewusst, empfinden, fühlen oder denken – nicht Gehirne und auch nicht Computer. Personen sind Lebewesen, keine Programme.

Programme sind keine Personen

Gehen wir nun den umgekehrten Weg und untersuchen die Aussichten, künstliche Systeme menschlichen Lebensprozessen anzunähern. Welche Erwartungen sind hier realistisch? – Die entsprechenden Ankündigungen von KI-Ingenieuren, Futurologen und Transhumanisten überbieten sich geradezu gegenseitig:

> Tatsache ist, dass AI den Menschen übertreffen, ja Milliarden Mal klüger werden könnte als jetzige Menschen. Daher müssen wir sicherstellen, dass wir die Mittel haben, mit ihnen Schritt zu halten. (Ian Pearson, zit. n. Zolfagharifard 2018; Übers. T. F.)

> Maschinen werden eine Entwicklung nehmen, die die menschliche Evolution widerspiegelt. Am Ende werden selbstbewusste, sich selbst verbessernde Maschinen die menschliche Fähigkeit überschreiten, sie zu kontrollieren oder auch nur zu verstehen. (Kurzweil, zit. n. Greenemeier 2010: 45; Übers. T. F.)

Ray Kurzweil, KI-Forscher, Futurist, Transhumanist und seit 2012 Leiter der Entwicklung bei Google, hat für 2045 die »Singularität« angekündigt, den Zeitpunkt, an dem sich die künstliche Intelligenz selbständig macht, ein exponentieller Fortschritt zu einer »Superintelligenz« einsetzt und damit ein neues Zeitalter beginnt. Bereits 2030 würden die Maschinen durch vollständige Gehirnsimulation Bewusstsein erlangen und einige Jahre später auch als unseresgleichen anerkannt werden (Kurzweil 2005).

Auch wenn solche vollmundigen Prognosen regelmäßig korrigiert und in eine fernere Zukunft verschoben werden – zumindest die Sprache der KI-Forschung nimmt die prognostizierte Entwicklung bereits vorweg. Es gibt nahezu keine menschlichen Fähigkeiten mehr, die künstlichen Systemen nicht schon jetzt zugeschrieben werden: Wahrnehmen, Verstehen, Denken, Schlussfolgern, Bewerten oder Entscheiden. Bleiben wir daher bei den gegenwärtigen

Möglichkeiten der KI und vergleichen sie mit menschlichen Fähigkeiten.

Beginnen wir mit dem problematischen Begriff der »künstlichen Intelligenz« selbst. Was meinen wir eigentlich, wenn wir von Intelligenz sprechen? Das lateinische *intellegere* bedeutet »einsehen, verstehen, begreifen«. Wer intelligent ist, verfügt also zumindest über ein grundlegendes Verständnis davon, was er tut und was um ihn herum vorgeht. Vor allem aber ist er in der Lage, sich selbst und seine Situation aus einer übergeordneten Perspektive zu sehen, sodass er kreative Lösungen für Probleme finden kann, die auf einem Überblick oder »Umweg« beruhen. Intelligent handelt zum Beispiel, wer sich beim Weg durch einen Wald Zeichen macht, um später seinen Rückweg zu finden; oder wer seine Urlaubsreise um eine Woche verschiebt, weil er nicht bei Ferienbeginn in den üblichen Stau geraten will. Dazu muss er sich in ein Verhältnis zur jeweiligen Situation setzen und sich selbst gewissermaßen »von außen« sehen, also über *Selbstbewusstsein* oder *Reflexivität* verfügen. Was Helmuth Plessner (1975) die »exzentrische Position« des Menschen nannte, das Heraustreten aus seinem Mittelpunkt, ist auch die entscheidende Voraussetzung seiner Intelligenz.

Wenn wir nun noch einmal an Searles »chinesisches Zimmer« denken, dann wird rasch klar, dass ein Computersystem selbst bei perfekter funktionaler Input-Output-Umwandlung *nicht das Geringste von dem versteht, was es tut.* Erst recht vermag es nicht, sich auf sich selbst zu beziehen, sich von außen zu sehen. Daher kann es auch nicht intelligent genannt werden, selbst wenn es Fähigkeiten simuliert, die wir bei Menschen als Ausweis von Intelligenz verstehen. Kein Übersetzungsprogramm versteht ein Wort von dem, was es übersetzt, kein Schachcomputer weiß, dass er Schach spielt. Sophia, die kein einziges Wort begreift, das sie ausspricht, wird niemals intelligent werden, selbst wenn sie irgendwann in allen denkbaren Situationen die perfekte Antwort geben kann. Intelligenz setzt Selbstbewusstsein voraus.

Wenn wir also mit »Intelligenz« die Fähigkeit bezeichnen, sich selbst oder eine Situation aus einer übergeordneten Perspektive zu erfassen, um Probleme geschickt zu lösen und daraus zweckvolles Handeln abzuleiten, dann können wir solche Fähigkeiten gewiss keinem Apparat ohne Bewusstsein zuschreiben. Die Bezeichnung »intelligent« wird hier nur uneigentlich gebraucht, so wie man von einem »Smartphone« auch nicht annimmt, dass es wirklich »smart«, also klug ist – es führt nur blind Programme aus, die man als »klug entwickelt« bezeichnen kann. Erst recht gilt das, wenn wir an praktische, emotionale oder schöpferische Intelligenz denken – hier lassen uns die »intelligenten Systeme« völlig im Stich.

Bereits Dreyfus (1992) hat in seiner grundlegenden Kritik der künstlichen Intelligenz vor allem das *implizite, praktische Wissen* hervorgehoben, das den geschickten Umgang des Menschen mit der Welt charakterisiert, sich jedoch nicht in digitalen Algorithmen wiedergeben lässt.[16] Der größte Teil unseres Wissens über die Welt resultiert *aus dem Umgang* mit ihr, aus leiblicher, vorbegrifflicher Erfahrung, ohne dass wir es je explizit gelernt hätten. Das ermöglicht auch die fluide, generalistische Struktur menschlicher Intelligenz. Wir orientieren uns an Ähnlichkeiten, aufgrund einer intuitiven Vertrautheit mit Situationen, also an einem *knowing how* viel mehr als einem *knowing that.* Die künstliche Intelligenz hingegen ist rasch überfordert, wenn es um ein Hintergrundwissen, um Common Sense und damit um scheinbar Selbstverständliches geht. Sie ist nur für hochspezialisierte und formalisierbare Aufgaben geeignet. Für eine allgemeine, fluide und variable Intelligenz müsste man die Systeme für all das programmieren, was ein Mensch implizit oder explizit über die Welt gelernt hat – eine Unmöglichkeit.

Beim Turing-Test sind es daher nicht etwa komplexe logische oder Wissensfragen, bei denen die Systeme versagen, sondern eher Fragen, die gesunden Menschenverstand und Kontextverständnis voraussetzen (Moor 2001), etwa: »Wo ist Peters Nase, wenn Peter

16 »Unser unartikuliertes, vorbegriffliches Hintergrundverständnis davon, wie es ist, ein menschliches Wesen zu sein, durch eine symbolische Repräsentation explizit zu machen, erschien mir als eine hoffnungslose Aufgabe.« (Dreyfus 1992: xii; Übers. T. F.)

in New York ist? Wie sieht der Buchstabe M aus, wenn man ihn auf den Kopf stellt? Hat mein Wellensittich Vorfahren, die 1750 am Leben waren? Ab wie vielen Sandkörnern spricht man von einem Haufen?« – Oder es genügen relativ simple, aber mehrdeutig formulierte Situationen: »Ein Kunde betritt eine Bank und sticht auf den Kassierer ein. Er wird in die Notaufnahme gebracht. Wer wird in die Notaufnahme gebracht?« – Vermeintlich intelligente Systeme müssen hier passen, erst recht wenn es um das Verständnis von Metaphern, Ironie oder Sarkasmus geht. Sie kennen nur eindeutige Einzelelemente, 0 oder 1 – für alles, was mehrdeutig, schillernd oder vage ist, eine atmosphärische Anmutung hat, fehlt ihnen der Sinn. Das Verhältnis zwischen Vordergrund und Hintergrund, Gegenstand und Kontext existiert für sie nicht. Leibniz zum Trotz geht unsere Welt eben nicht in binären Daten und kontextfreien Einzelmerkmalen auf. Unsere Erfahrung, unser implizites Wissen und unsere intuitive Vertrautheit mit der Welt sind in Algorithmen nicht zu erfassen.

Aus alldem folgt: Der Begriff einer entkörperten Intelligenz ohne Leben und Bewusstsein ist selbstwidersprüchlich. Es handelt sich allenfalls um die *Simulation* von eng umgrenzten Bereichen menschlicher Intelligenz.

Nun werden zahlreiche Einwände auftauchen, die auf die fortgeschrittenen Fähigkeiten von Schachcomputern, »intelligenten Programmen«, »lernenden Systemen« etc. verweisen. Betrachten wir daher einige solcher angeblicher Intelligenzleistungen etwas näher.

– Lösen Computer Probleme? – Nein, denn Probleme stellen sich für sie gar nicht. Als Problem – vom griechischen *próblema*, das heißt »das zur Lösung Vorgelegte« – bezeichnen wir ein Hindernis oder eine Schwierigkeit bei der Bewältigung einer Aufgabe, etwa weil sich verschiedene Anforderungen widersprechen, ein veränderter Blickwinkel zur Lösung erforderlich ist etc. Doch »Hindernisse« und »Aufgaben« gibt es nur für *zielorientierte* Wesen, die einen Weg von der gegenwärtigen zu einer künftigen Situation suchen und die Lösung vorstellend vorwegnehmen können. Vor ein Problem gestellt zu sein und es zu bewältigen, ist daher an den *bewussten Lebensvollzug* gebunden. Mitunter mag man die Aufgabe *mit Hilfe* eines Computers lösen, doch dann stellt die programmierte Berechnung nur für den Nutzer selbst eine Lösung seines Problems dar – der Computer kann das Problem nicht einmal erkennen.

- Computer, obgleich sie so heißen, *rechnen* auch nicht. Denn Rechnen bedeutet eine Operation, bei der *wir* auf ein Ergebnis abzielen und dann beurteilen, *ob es richtig ist*. Der bloße Ablauf eines Programms ist keine Rechnung, denn richtig oder falsch gibt es für das Programm nicht. Computer rechnen ebenso wenig wie die Uhr die Zeit misst, denn die Uhr weiß von Zeit gar nichts. Nicht der Computer ist also der Rechner, sondern ich selbst rechne *mit Hilfe* des Computers. Dass ich die dazu notwendigen Algorithmen nicht kenne, sondern nur der Programmierer (so wie ich auch den Uhrenmechanismus nicht kenne, sondern der Uhrmacher), ändert daran nichts. Es liegt im Wesen jedes komplexeren Instruments, dass in ihm menschliche Intelligenz gewissermaßen sedimentiert ist; das macht das Instrument selbst aber nicht intelligent.
- Aus dem gleichen Grund treffen Computer auch keine Entscheidungen. Sich zu entscheiden, setzt das Bewusstsein von alternativen Möglichkeiten voraus, die in der Imagination vorweggenommen werden: Ich könnte dieses tun oder jenes. Auch dazu bedarf es einer Ziel- und Zukunftsorientierung ebenso wie der Unterscheidung von Realität und kontrafaktischer Imagination, und für beides hat der Computer keinen Sinn – er kennt weder ein »Noch-nicht« noch ein »Als-ob«. Wenn nun ein medizinisches Expertensystem ausgehend von Patientendaten eine Therapie errechnet, trifft es keine Entscheidungen, ebenso wenig wie ein selbstfahrendes Auto sich entscheidet, ob es lieber einen Unfall mit einer alten oder jungen Person in Kauf nimmt. Die Entscheidungen über die Programme und ihre Bewertungskriterien sind längst vorher getroffen worden, nämlich von den Programmierern. Alles andere sind nur noch sich abspulende Algorithmen.

– Gibt es aber nicht doch »zielsuchende Systeme«, zum Beispiel »smart bombs«, die ihren Flug selbst beeinflussen können, weil sie über ein internes Modell ihrer Operationen verfügen? – Natürlich sucht auch eine »intelligente Bombe« gar nichts, da sie keine intentionale Beziehung zu ihrem Zielobjekt hat. Jede Flugkorrektur dient nur der internen Sollwertregulierung des Mechanismus und geschieht rein momentan, ohne sich auf ein vorgestelltes Ziel in der Zukunft zu richten. Für dieses Ziel selbst bleibt der Mechanismus blind und taub, denn *er ist sich selbst nicht vorweg*. Nur bewusstes Erleben nimmt die Zukunft vorweg und ist protentional – wünschend, strebend, erwartend oder befürchtend – auf Mögliches gerichtet. Dass der einprogrammierte Zielabgleich eine »Zielsuche« oder »Zielvorhersage« darstelle, ist daher eine falsche Redeweise. Nur *für den Ingenieur* oder *für den Schützen* hat die Bombe ein Ziel.
– Der Sieg von *Deep Blue* über den Schachweltmeister Kasparow 1997 wird oft geradezu als eine »Kränkung der Menschheit« betrachtet. Doch *Deep Blue* berechnete in jeder Sekunde 200 Millionen Spielpositionen mit ihren jeweiligen Implikationen – Kasparow nach eigenen Angaben weniger als eine pro Sekunde (Gigerenzer et al. 1999: 329). Man sollte also eher fragen, wie Kasparov sich überhaupt so gut behaupten konnte. Die Erklärung liegt in der menschlichen Fähigkeit, Muster und Ähnlichkeiten holistisch oder *intuitiv* zu erkennen. Kasparow berechnete nicht jeden Zug mit der jeweiligen Stellung aller 32 Figuren, sondern er sah die *Gestalt*, den *Typus* der Stellungen und die *ähnlichen Muster* von aussichtsreichen Spielverläufen vor sich, auf die er sich konzentrieren konnte. Dass diese spezifisch menschliche Verbindung von Intuition und Intelligenz durch die geballte Macht schierer Datenmassen im Resultat schließlich übertroffen wurde, sollte uns nicht in »prometheische Scham« versetzen (so nannte Günther Anders [1956/1994] die Beschämung des menschlichen Erfinders angesichts der Überlegenheit seiner eigenen Erzeugnisse), denn mit kreativer Intelligenz hat dies nichts zu tun.

Die Leistungen der klassischen Computersysteme sind also im Vergleich zur menschlichen Intelligenz recht überschaubar. Ihre partielle Überlegenheit beruht auf ihrer extremen Spezialisierung auf berechenbare Aufgaben, gewissermaßen einer Fachidiotie, und auf ihrer ungeheuren Verarbeitungsgeschwindigkeit. Doch ihre vermeintliche Intelligenz ist nur geborgt: Jedes dieser Programme ist nur so »klug« oder raffiniert wie der Programmierer, der es entworfen hat.

Inzwischen haben wir es allerdings mit einer neuen Generation von künstlicher Intelligenz zu tun, nämlich »lernenden Maschinen«. Es handelt sich um künstliche neuronale Netzwerke, die in der Lage sind, die adaptiven Fähigkeiten des Gehirns zu simulieren. Ähnlich wie bei biologischen Synapsen sind die Verknüpfungen zwischen den im Computer modellierten Neuronen numerisch gewichtet und passen sich im Verlauf eines Trainingsprozesses dem Input von Signalen an (*deep learning*). Häufig genutzte Verknüpfungen werden verstärkt, selten genutzte unterbrochen. Dabei werden dem System tausende ähnliche Muster dargeboten, zum Beispiel verschiedene Versionen eines Gesichts, bis es auf die mit der größten Wahrscheinlichkeit wiederkehrende Pixelanordnung reagiert, also das Gesicht »erkennt«. Solche Systeme sind auch in der Lage, zum Beispiel Hunde von Katzen zu unterscheiden, Stimmen über Handymikrophone zu identifizieren oder Übersetzungen vorzunehmen – sie sind bereits allgegenwärtig.

All dies bedeutet zweifellos einen bemerkenswerten Fortschritt – doch kann man hier wirklich von »Erkennen« und »Lernen« sprechen? Natürlich *erkennt* ein System gar nichts, denn das Erlebnis des Wiedererkennens, der Vertrautheit oder *Ähnlichkeit* (»das habe ich schon einmal gesehen«, »das sieht aus wie…«) geht ihm völlig ab. Daher benötigt es auch tausende oder Millionen von Bildern, bis es das Muster einer Katze mit hinreichender Wahrscheinlichkeit unterscheiden kann[17] – einem Kind genügen bereits wenige

17 Selbst dann können kuriose Fehler auftreten, etwa wenn ein System »lernt«, dass die Hand, die eine Hantel hält, ein Teil der Hantel sein müsse, weil auf den Trai-

Exemplare, um den Typus zu erkennen. Ähnlichkeit und damit Gestaltwahrnehmung lässt sich nun einmal nicht auf eine statistische Wahrscheinlichkeit von Pixelübereinstimmungen reduzieren; ihr Prinzip ist analog, nicht digital. *Lernen* wiederum bedeutet den Erwerb von Fähigkeiten durch gelebte Erfahrung, und da künstliche Systeme nichts erfahren, sollte man besser von »adaptiven Systemen« sprechen. Nur Lebewesen können lernen.

Die bislang eindrucksvollste Anpassungsleistung zeigte 2017 das System *AlphaGo Zero*, entwickelt für Go, das wohl komplexeste Brettspiel überhaupt, weitaus reicher an Varianten und Strategien als Schach. Das Vorgängersystem *AlphaGo* hatte nach abertausenden Trainingspartien bereits die weltbesten chinesischen Go-Spieler überlegen geschlagen. *AlphaGo Zero* aber wurde gar nicht mehr trainiert, sondern »erlernte« das Spiel selbst, indem es nach bloßer Vorgabe der Spielregeln zunächst drei Tage lang circa 5 Millionen Partien gegen sich selbst spielte und dabei die zunächst zufallsgenerierten Varianten immer weiter perfektionierte. Danach trat der Autodidakt gegen seinen Vorgänger an und schlug das ältere, noch mit menschlichen Vorbildern trainierte System vernichtend mit 100:0 (Silver et al. 2017). Die von *AlphaGo Zero* entwickelten Varianten übertreffen offensichtlich noch die bisher besten menschenmöglichen Go-Strategien.

Dieser »Kampf gegen sich selbst« auf einem virtuellen Spielbrett erinnert nicht nur an den von der Gestapo eingesperrten Dr. B. in Stefan Zweigs *Schachnovelle*. Er hat sogar gewisse mythische Qualitäten, wenn man an den Topos des jungen Helden denkt, der nach einsamer Vorbereitung schließlich aus seiner Verborgenheit heraustritt und den älteren Rivalen triumphal besiegt (David und Goliath, Zeus und Kronos und andere). Doch gerade solche Assoziationen verraten nur, wie leicht wir im Umgang mit künstlichen System Projektionen und Anthropomorphismen unterliegen. Tatsächlich spielt *AlphaGo Zero* nicht gegen sich selbst wie der durch

ningsbildern in der Regel beide zu sehen sind (Lenzen 2018: 72). Man kann eben von einem KI-System kein Welt- oder Hintergrundwissen erwarten.

Isolation gefolterte Dr. B.; *es gibt da nämlich gar kein Selbst*. Die Permutationen der Algorithmen verteilen sich gleichgültig auf Weiß und Schwarz, ohne dass das System sich mit einer Seite »identifizieren« könnte – der »Sieg« von Weiß entspricht nur einer Zieldefinition, die dem System von seinen Programmierern vorgegeben wird. Ebenso wenig hat das System einen Rivalen, gegen den es spielt, *weil es da gar keinen Anderen gibt*. Der Andere ist nach Hegel immer der »Andere meiner selbst«, und sowenig das System über ein Selbstverhältnis verfügt, so wenig auch über ein Verhältnis zum Anderen. Tatsächlich ist sein »Gegner« nur ein neuer Input in das System, der ebenso gleichgültig verarbeitet wird wie die eigenen Daten. Es kann die Perspektive eines Gegners gar nicht einnehmen. Natürlich will *AlphaGo Zero* auch nicht gewinnen – es mag nur für uns so aussehen.

Zugegeben, die Trainingsphase des Systems mit zunehmender Selektion der erfolgreichen Algorithmen ähnelt einem Lernvorgang, und die Go-Varianten, die bei Millionen von Permutationen des Spielverlaufs neu auftauchen, sind menschlichen Strategien offensichtlich überlegen. Das ist eindrucksvoll genug – doch es bleibt dabei, dass es sich hier nicht um die Verinnerlichung und Aneignung von Erfahrungen handelt, was Lernen als lebendigen Prozess ausmacht, sondern um die automatische Optimierung von Algorithmen gemäß einer extern vorgegebenen Zielsetzung. Lernen im Sinne von erfahren, Zusammenhänge begreifen, Einsichten gewinnen – all das ist an bewusstes Erleben gebunden.

Freilich wird Maschinenbewusstsein von Kurzweil und anderen für die Zukunft versprochen – ihr Zauberwort lautet »Komplexität«. Man mache nur die Programme, Schaltkreise und Module immer »komplexer«, steigere die Rechenleistung, schalte Computer zusammen, kombiniere sie mit lernenden Netzwerken – dann wird Bewusstsein schon irgendwann einmal aus dem System »emergieren«. Selbst einem »intelligenten Kühlschrank« müsste es doch irgendwann einmal »zu warm« werden, wenn nur genügend Selbstmodellierungen und Bewertungssysteme in sein Elektronengehirn eingebaut werden. Doch all das sind nur vollmundige

Versprechungen, denn ihre Voraussetzung trifft nicht zu: Bewusstsein ist kein Algorithmus – auch wenn noch so viele funktionale, also falsche Definitionen für Bewusstsein gesucht werden, um es mit Rechenprozessen kompatibel zu machen. Das Gleiche gilt für den Begriff der Intelligenz, den wir allzu bereitwillig unseren Maschinen zugebilligt haben. Sicher, die Bezeichnung »künstliche Intelligenz« ist wohl nicht mehr aus der Welt zu schaffen. Doch wir sollten uns immer dessen bewusst bleiben, dass zwischen den Rechen- und Anpassungsleistungen eines Computersystems und den Wahrnehmungen, den Einsichten, dem Denken und Verständnis eines Menschen nicht nur ein gradueller, sondern ein fundamentaler Unterschied besteht.

Roboter, Androiden und künstliches Leben

Nun gibt es eine bedeutsame Erweiterung der künstlichen Intelligenz, der wir uns zuwenden müssen, nämlich die Robotik. Von Sophia war bereits die Rede; Roboter beginnen zunehmend unsere Welt zu bevölkern, und man kann sich vorstellen, dass der weitere Fortschritt der autonomen Kybernetik zur Entwicklung von Androiden führt, die wir nicht mehr ohne Weiteres von Personen unterscheiden können. Seit den »Replikanten« in Ridley Scotts *Blade Runner* (1982) sind solche Geschöpfe ein wiederkehrendes Thema in Science-Fiction-Filmen, und die Frage, ab wann wir humanoide Roboter als unseresgleichen anerkennen und ihnen Personenrechte zugestehen müssten, wird bereits zu einem Thema ernsthafter philosophisch-ethischer Debatten.[18]

Zunächst gilt es, die grundsätzliche Innovation der Robotik gegenüber der klassischen künstlichen Intelligenz zu bestimmen.

18 Im EU-Parlament wurde 2017 bereits eine Entschließung verabschiedet, wonach Robotern künftig der Status als »elektronische Person« zuerkannt werden soll, für Fälle, in denen sie »eigenständige Entscheidungen treffen oder anderweitig auf unabhängige Weise mit Dritten interagieren«. (⟨http://www.europarl.europa.eu/doceo/document/A-8-2017-0005_DE.html?redirect⟩, letzter Zugriff 22. 11. 2019)

Die operative Beweglichkeit und quasi-körperliche Interaktion mit der Umwelt ermöglicht fortgeschrittenen Robotern neue Formen der Rückkoppelung und Anpassung, die über die Möglichkeiten stationärer adaptiver Systeme hinausgehen. Sie gehören in der Sprache der Kybernetik zu den »nicht-trivialen Maschinen«, die nicht nur vorgegebene Programme durchlaufen, sondern ihr Verhältnis zur Außenwelt selbst regulieren können. Die interagierend-adaptive Maschine lokalisiert sich im Raum und hat sich damit gewissermaßen selbst zum Gegenstand; sie registriert die Ergebnisse ihres Verhaltens in der Umwelt und kann so die eigenen Programme modifizieren. Der Robotiker Josh Bongard demonstrierte als Erster die Anpassungsfähigkeit von Robotern auf der Grundlage selbsterzeugter Körpermodelle: Ein vierbeiniger, lauffähiger Roboter, dem ein Bein amputiert wird, ist in der Lage, durch Selbstmodellierung, Berechnung möglicher Bewegungsvarianten und wiederholte Testversuche sein Bewegungsmuster so zu rekonfigurieren, dass er auch mit drei Beinen wieder laufen kann (Bongard et al. 2006).

Solche Anpassungsprozesse beruhen zum einen auf den erwähnten »lernenden« Systemen, zum anderen auf dem *embodiment*, also der sensomotorischen Interaktion der Roboter mit ihrer Umwelt. Zwar haben wir es hier nicht mit verkörperter Subjektivität zu tun: Roboter haben natürlich keine subjektive Leiberfahrung. Doch die fortlaufende Rückmeldung im Realkontakt mit Objekten und Räumen ermöglicht ihnen eine Optimierung von Algorithmen, wie sie durch eine vorgängige zentrale Programmierung nicht zu erreichen ist. Die Entwicklung verläuft vielmehr verhaltensbasiert und dezentral, gewissermaßen *bottom-up* – analog zu unserem *Learning by Doing*. Da ein solches Verfahren auch die Prinzipien der Evolution nachahmt – Generierung von neuen Varianten, Selektion von erfolgreichen Varianten durch Interaktion mit der Umwelt –, spricht man auch von »evolutionärer Robotik«, ja von »*artificial life*« (AL). Inzwischen haben solche Verfahren die klassischen Ansätze der künstlichen Intelligenz, die auf vorgegebenen Programmen (*top-down*) beruhten, ein Stück weit in den Hintergrund gedrängt – zumindest was Leistungen wie Orientierung und Bewegungssteuerung betrifft. Bei abstrakten kognitiven Leistungen sind die klassischen Systeme allerdings weiterhin überlegen.

Solche Erzeugnisse der Robotik simulieren nicht nur bewusste Intelligenz und Anpassungsleistungen, sondern zunehmend auch Lebensprozesse. Haben wir es hier nun, wie von den neuen Futuristen verkündet, bereits mit dem Übergang zu technisch erzeugten Lebewesen zu tun, denen wir zumindest im Prinzip so etwas wie Selbstentwicklung, ja am Ende Bewusstsein zusprechen müssten?[19]

Hier gilt es erneut, der Aufweichung von begrifflichen und kategorialen Differenzen entgegenzutreten. Zunächst ist die Selbstmodellierung eines Roboters nicht, wie oft suggeriert wird, eine Art von Selbstbewusstsein. Die zusätzliche Rückkoppelungsschleife, die durch ein intern generiertes Selbstmodell zustande kommt, bedeutet keinen bewussten Selbstbezug; denn dazu müsste der Roboter sein Selbstmodell wahrnehmen und wie in einem Spiegelbild *als sich selbst* wiedererkennen. Das aber heißt, er müsste bereits zuvor über ein basales, präreflexives Selbstbewusstsein verfügen, das seinerseits nicht wieder durch Selbstmodellierung erzeugt sein könnte – sonst geriete man in einen unendlichen Regress.

Dennoch kehrt seit den Anfängen der Kybernetik regelmäßig die Idee wieder, dass Rückkoppelung und Rekursivität auch das Prinzip des Bewusstseins sein müssten – Datenstrukturen, die auf sich selbst Bezug nehmen, wie etwa Metzinger (1999) es auch vom Gehirn behauptet.[20] Solche Auffassungen sind philosophisch un-

19 »Natürlich wird sich das Potenzial für völlig neue Lebensformen exponentiell vergrößern, wenn erst einmal Cyberspace und künstliche Intelligenz (KI) dem Mix aus Elektronik, synthetischer und realer Biologie hinzugefügt werden und wenn Nanotechnologie das Instrumentarium verbessert und erweitert – sowohl um herauszufinden, wie die Natur etwas macht, als auch um es dann zu verbessern. […] Mit einer Methodik von evolutionärem Design könnte es möglich werden, ein großes Cluster für Bewusstsein zu programmieren. […] Solche Lebensformen könnten nicht nur eine große Variation physischer Formen aufweisen, sondern auch eine unbegrenzte Variation von online- oder Cyberspace-Formen.« (Pearson 2008: 75 f.; Übers. T. F.)

20 Nach Metzinger produziert das Gehirn eine Abbildung oder Repräsentation unseres inneren Zustandes, das Selbstmodell, das dann vom Gehirn noch einmal

haltbar. Selbstbewusstsein ist etwas Primäres, Einfaches, und die zusätzliche Selbstreflexion (»ich denke gerade«) ist uns nur möglich, weil wir unser selbst in jedem Moment des Erlebens bereits inne sind. Dieses basale Selbst- oder Lebensgefühl, von dem bereits die Rede war, beruht nicht auf Reflexion. Alle Versuche, Bewusstsein durch Reflexions-, Rekursivitäts- oder Selbstmodellkonzepte zu erklären, führen nur wie beschrieben in unendliche Regresse.[21]

Wie verhält es sich nun mit den *artificial life*-Ansätzen? Ihre Grundannahme besteht darin, dass auch das Prinzip des Lebens nicht an biologische Systeme gebunden, sondern – nach dem Vorbild der DNA – in Form von Algorithmen darstellbar ist, die sich durch künstliche Systeme simulieren lassen. Bereits Norbert Wiener, der Begründer der Kybernetik, betrachtete Leben in dieser Weise als Informations- und Regelkreissystem. Lebewesen wären dann, was schon Descartes in ihnen sah: biologische Maschinen. Ob sie aus Kohlenstoff oder Silizium, aus Wasser oder Metall, aus Fleisch und Knochen oder Spulen und Drähten bestehen, spielt keine Rolle. Ihr Prinzip ist nicht die aristotelische Einheit von Stoff und Form, sondern die immaterielle Essenz von Information, die sich im Prinzip in jedem beliebigen Stoff realisieren, ja sogar als Nachricht transferieren ließe:

> Die Individualität eines [lebendigen] Körpers ist die einer Flamme, weniger die eines Steins, die einer Form eher als die eines Stücks Stoff. Diese Form kann transferiert, modifiziert oder dupliziert werden. […] Dass wir das Muster eines Menschen nicht von einem Ort zu einem anderen telegraphieren könnten, liegt an technischen Schwierigkeiten […], die Idee selbst ist hochgradig plausibel. (Wiener 1958: 89 f.)

repräsentiert wird. Diese zweite Repräsentation erkennen wir nicht als solche, sondern halten sie für unser Selbst oder Ich. Das führt allerdings nur in den gleichen unendlichen Regress: Welches neuronale Subsystem auch immer diese Repräsentation im Gehirn wahrnehmen und *für sich selbst* halten sollte, es müsste dazu bereits zuvor über Selbstbewusstsein verfügen. Dazu wäre dieser neuronale Homunculus wiederum auf eine weitere Repräsentation seiner selbst angewiesen usf.

21 Vgl. zur Kritik an Reflexionstheorien des Selbstbewusstseins ausführlich Henrich (1970), Frank (1991) oder Zahavi (1999).

Dies erinnert nicht zufällig bereits an die transhumanistische Vorstellung eines *mind uploading*, einer Übertragung des Geistes auf künstliche Systeme. Die gleiche Sicht des Lebendigen finden wir bei dem Biologen Richard Dawkins wieder:

> Was den Kern jedes Lebewesens ausmacht, ist kein Feuer, kein warmer Atem, kein »Lebensfunke«. Es sind Informationen, Worte, Instruktionen. [...] Wenn man Leben verstehen will, denke man nicht an vibrierende, pulsierende Gele und Schlamme – man denke an Informationstechnologie. (Dawkins 1986: 112; Übers. T. F.)

Danach ist Leben also nicht, wie man meinen könnte, »weich und nass«, sondern tatsächlich »trocken und hart« – wie eine Maschine oder ein Computer. Es ist informierte Mechanik.[22] Sofern es sich tatsächlich so verhält, wie Wiener und Dawkins meinen, könnte dann die Erzeugung künstlicher Organismen nicht auch die Möglichkeit eröffnen, irgendwann bewusstes Leben herzustellen?

Nun impliziert der Begriff *artificial life* ebenso einen Selbstwiderspruch wie der Begriff einer bewusstlosen Intelligenz. Denn das Wesen von Lebendigem besteht gerade darin, dass es *sich selbst organisiert*, also von selbst »ins Leben tritt«. Natürlich bedarf es dazu bestimmter Voraussetzungen – seien es komplexe organische Kohlenstoffverbindungen oder das Zusammentreten von Erbanlagen. Aber das Charakteristikum von Lebendigem ist, dass es sich im Moment seines Entstehens von seinen Entstehungsbedingungen »losreißt« und eine autonome, autopoietische Entwicklung

22 Hier liegt eine psychologische Deutung nahe: Es ist wohl gerade das Nasse, Weiche und Diffuse des Lebendigen, das vielen Biotechnologen, Informations- und KI-Wissenschaftlern ein Dorn im Auge ist. Wenn Lebewesen sich als algorithmische Mechanik erzeugen ließen, dann wäre in die schlampigen Gebilde endlich Ordnung gebracht. In diese Richtung geht auch die Interpretation der *artificial life*-Robotik von Siri Hustvedt: »Steckt hinter solchen Thesen nicht der Wunsch nach einer hübsch trockenen Denkmaschine, einer neuen Rasse, die nicht im organischen Körper einer Mutter heranwächst oder aus diesem geboren wird, die keine organische Materie braucht [...], eine neue Menschenart aus Zahnrädern und Getrieben oder aus digitalen Einsen und Nullen? Alles Stoffliche, alles Gallert- und Schlammartige könnte man so umgehen.« (Hustvedt 2018: 282)

verfolgt. Diese Entwicklung ist nicht etwa genetisch determiniert, sondern sie organisiert sich epigenetisch in ständiger Interaktion mit der Umwelt.

Im Gegensatz dazu steht das *Artefakt*: Es hat das Prinzip seiner Entstehung und seiner Funktion außer sich, es ist technisch hergestellt. Aristoteles' Unterscheidung gilt noch immer: Lebendig ist, was den Ursprung seiner Bewegung in sich trägt; künstlich ist, was den Ursprung seiner Bewegung im Menschen hat. Am besten zeigt sich der Unterschied immer noch daran, dass Lebewesen spontan aktiv sind, Roboter aber angeschaltet werden. »Künstliches Leben« könnte daher allenfalls von Menschen *induziertes* Leben sein: nämlich durch Bereitstellung aller Bedingungen, die erfüllt sein müssen, damit Leben spontan entstehen, sich organisieren kann. Doch das wäre nicht die Herstellung von Lebendigem selbst. Auch »künstliches Leben« müsste sich selbst organisieren und wäre damit gerade nicht mehr künstlich.

Wenn die synthetische Biologie von Craig Venter und anderen bereits als »Schöpfung von Leben« angepriesen wird (Venter 2014), so bleibt nüchtern festzuhalten, dass es sich hier immer nur um die *Modifikation*, nicht um die Herstellung von Leben handelt. Die Umprogrammierung eines Bakteriums durch ein neu eingefügtes Genom setzt die lebendige Zelle schon voraus – erst in ihrem Kontext wird aus den Basensequenzen der DNA eine relevante »Information«. Die Interaktion von Genom, Zelle und Umwelt ist aber bereits ein emergenter, nicht mehr allein von einem genetischen Programm oder einem menschlichen Ingenieur abhängiger Prozess.[23]

Auch im Hinblick auf Wachstum und Entwicklung unterscheiden sich Artefakte vollständig von Lebewesen: Beginnend mit der ersten Zelle, ist das Lebendige immer schon ein Ganzes. Dieses Ganze differenziert und erweitert sich durch Teilung und Wachs-

23 Zu solchen Prozessen gibt es in der Forschung zur Epigenetik, also zur Rückwirkung der Umwelt auf die Genausprägung und Zelldifferenzierung, bereits weitreichende Erkenntnisse. Zu einer kritischen Diskussion der synthetischen Biologie siehe auch Schummer (2011).

tum, bei fortwährendem Stoffwechsel, also im Austausch mit der Umgebung. *Künstliche* Systeme hingegen werden additiv hergestellt, also nicht durch Teilung eines primär bestehenden Ganzen, sondern durch Hinzufügung von Einzelteilen gemäß einem vorstrukturierten Programm (vgl. Rödl 2014). Sie verfügen auch nicht über einen Stoffwechsel – nur ihre Batterien müssen sie von Zeit zu Zeit aufladen. Da Artefakte somit keine autonomen Wachstums-, Entwicklungs- und Umwandlungsprozesse durchlaufen, können sie auch nicht sterben, sondern nur defekt werden.

Charakteristisch ist für den Organismus zudem, dass er im Stoffwechsel aufgenommene anorganische in organische Substanzen *transformiert*, die dem Funktionsganzen eingegliedert werden und dadurch neue, emergente Eigenschaften erhalten. So verhält sich zum Beispiel das im Hämoglobin gebundene Eisen grundlegend anders als mineralisch vorkommendes Eisen: Es oxidiert nicht irreversibel, sondern vermag Sauerstoff *reversibel* zu binden, was eine entscheidende Voraussetzung des tierischen Energiehaushalts darstellt. »Lebendiges Eisen« ist also nicht das Gleiche wie anorganisches Eisen.[24] Diese emergenten Eigenschaften organisch gebundener Substanzen hängen allerdings von ihrer spezifischen Eignung ab – Eisen könnte nicht durch ein anderes Metall ausgetauscht werden.

Dies ist auch der Grund, warum die Biochemie von Kohlenstoff und Wasser nicht durch beliebige andere Materialien wie etwa Silizium oder Aluminium ersetzbar ist. Der Prozess des Lebens bedeutet eben nicht eine Verknüpfung von »Informationen« auf beliebigen Substraten, wie Wiener und Dawkins meinen. Vielmehr muss der Stoff, wie schon Aristoteles erkannte, für die lebendige Form geeignet sein, ihr gewissermaßen entgegenkommen.[25] Alles Leben ist nicht zufällig aus dem Wasser entstanden, denn nur Wasser ermöglicht Lösung, Diffusion, Stoffaustausch, Metamorphose und damit die »geprägte Form, die lebend sich entwickelt« (Goethe

24 Vgl. Fuchs (2017: 111, 121ff.).

25 Aristoteles (Physik, II, 2 194 b 8f.; Metaphysik VIII, 4, 1044 a 17f., 36).

1820/1998: 359). Ebenso eignet nur dem Kohlenstoff die ungeheure Vielfalt möglicher Verbindungen, Ketten und Ringe, die ihn zum Grundstoff des Lebendigen machen – Silizium hätte es auf der Erde genug gegeben, doch es lässt nur ungleich weniger Bindungen zu.

Einem Lebewesen als sich selbst organisierendem oder autopoietischem System können wir schließlich auch ein grundlegendes *Selbstsein*, eine Identität zuschreiben: Es erhält und reproduziert sich selbst, es ist selbst Grund seines Werdens, und in diesem Werden bleibt es, trotz allem Wechsel seiner Materie, doch zugleich mit sich selbst identisch. Der Roboter, das künstliche System hingegen hat seine Identität nur in seiner Funktion, seiner Dienlichkeit zu einem ihm äußeren Zweck. Wenn wir nun noch hinzunehmen, dass die Selbsterhaltung des Lebewesens, insbesondere die Regulation der inneren Homöostase, zugleich die Grundlage des primären Erlebens, der Triebregungen und Gefühle darstellt, wie wir oben gesehen haben (s. o., S. 39), dann wird deutlich, dass ein bloß sensomotorisch funktionsfähiges System auch nicht annähernd eine geeignete Grundlage für Lebens- und Bewusstseinsprozesse darstellt. Ohne basale Lebensvorgänge wie den Stoffwechsel gibt es auch keine Bedürfnisse oder Antriebe. Bewusstsein ist keine Rückkoppelungsschleife oder ein Selbstmodell, sei es im Gehirn oder in einem Roboter, sondern es ist *Erleben*, das heißt eine besondere Integration des Lebensprozesses eines Organismus als Ganzen.

So ist auch der Zugang, den wir als Menschen zum Lebendigen haben, dadurch ausgezeichnet, dass *wir selbst Leben sind* und dass wir unser Leben erleben. Wenn wir ein Wesen als lebendig wahrnehmen beziehungsweise anerkennen, dann nicht, weil wir bestimmte Schlüsse ausgehend von seinen biologischen Strukturen oder Prozessen ziehen, sondern primär weil wir unser eigenes Leben in ihm wiedererkennen. Sollte es daher eines Tages tatsächlich gelingen, autopoietische, also sich selbst replizierende, über Stoffwechsel und Sensibilität verfügende Systeme im Labor zu erzeugen, und sollten wir diese als Lebendiges erkennen, dann werden diese Systeme im selben Moment aufhören, bloß technische Produkte, also »künstlich« zu sein (Moos 2014). Was wir als unseresgleichen erkennen, haben wir nicht gemacht – es ist Selbstsein, und damit »aus sich selbst«.

Zusammengefasst: Der Begriff *artificial life* ist eine Fehlbezeichnung. Es gibt kein künstliches Leben, denn Leben ist seinem Prinzip nach nicht hergestellt, sondern selbstbewirkt und sich selbst entwickelnd. Die Annahme, Organismen seien nichts anderes als Algorithmen, verkennt die Tatsache, dass Leben auf der Selbstorganisation eines biologischen Systems beruht, die sich nur in Begriffen von Selbsterhaltung, Homöostase, Stoffwechsel, Differenzierung und Wachstum beschreiben lässt. Zu glauben, all dies lasse sich in Form von Algorithmen beschreiben, mit denen im Prinzip jedes beliebige System programmiert werden könnte, bestehe es nur aus hinreichend komplexen Siliziumverbindungen, Transistoren, Drähten, Hebeln oder Schläuchen, ist biologischer Unfug. Was immer sich an »informationsverarbeitenden« Prozessen in Form von Algorithmen darstellen und in Robotern implementieren lässt – es ist nicht die Basis dessen, was uns zu Lebewesen und zu Menschen macht. Menschen bestehen nicht aus Daten oder Zahlen, nicht aus purer Form oder reinem Geist. Sie sind Wesen aus *Fleisch und Blut* – lebendig, wachsend, erlebend und sterblich.

Die nachfolgende Tabelle fasst die herausgearbeiteten Unterschiede zwischen menschlicher und künstlicher Intelligenz noch einmal zusammen.

Menschliche Intelligenz	Künstliche Intelligenz
lebendig	unbelebt
Spontaneität, Selbstursächlichkeit	externe Ingangsetzung (Einschalten)
verkörperte Subjektivität (Leiblichkeit)	keine verkörperte Subjektivität; bei Robotern sensomotorische Interaktion mit Umgebung
Erleben, (Selbst-)Bewusstsein, Innerlichkeit	kein Bewusstsein, reine Äußerlichkeit
Reflexivität (Einsicht, Verstehen, was man tut)	keine Reflexivität, Input-Output-Umwandlung ohne Verständnis

Exzentrische Position: Außensicht, Überblick, d. h. sich selbst im Verhältnis zur Situation sehen	keine exzentrische Position, kein Überblick, daher nur Simulation von Intelligenz; bei Robotern Einberechnung des Maschine-Umwelt-Verhältnisses (»Selbstmodellierung«, aber ohne Selbstbezug)
Beziehung zum Anderen, Perspektivenübernahme	beziehungslos
Zukunftsbezug, Sich-vorweg-Sein	kein Zukunftsbezug
Problemlösen	Problemlösen nur aus Sicht des Nutzers
Entscheiden durch Abwägen von vorgestellten Alternativen	Selektion von Optionen nach Programmvorgaben
Lernen aus Erfahrung	Adaptation durch Input-Training
Wiedererkennen von Ähnlichem, Gestaltwahrnehmung, Intuition	Selektion von Mustern gemäß statistischer Übereinstimmung (Ähnlichkeit besteht nur aus Sicht des Nutzers)
generalistisch	hochspezialisiert

Tab. 1: Menschliche und künstliche Intelligenz

Resümee: Simulation und Original

Die Fortschritte der Simulationen machen es notwendig, die kategorialen Unterschiede zwischen menschlicher und künstlicher Intelligenz ebenso wie zwischen Lebewesen und künstlichen Systemen klarzustellen. Intelligenz im eigentlichen Sinne des Wortes ist an Einsicht, Übersicht und Selbstbewusstsein gebunden: *verstehen, was man tut.* Leben ist Selbstorganisation und Selbstbewegung, nicht Herstellung und Programmierung. Und Leben als *Erleben* ist wiederum die Voraussetzung für Intelligenz.

Der Begriff einer bewusstlosen Intelligenz ist ein hölzernes Eisen. Was an den Leistungen der KI-Systeme intelligent erscheint, ist nur eine Projektion unserer eigenen intelligenten Fähigkeiten. Ihre scheinbare Zielverfolgung oder Problemlösung, ihre vermeintlichen Vorhersagen oder Bewertungen leiten sich ausnahmslos von unseren eigenen Zielen, Problemen, Lösungen und Bewertungen ab, die wir zu Programmen formalisiert und in einen Mechanismus ausgelagert haben, um uns die Arbeit des Durchrechnens zu ersparen. Es ist im Prinzip nichts anderes, als dass die Uhr für uns die Zeit misst, weil wir unsere eigene Erfahrung von regelmäßigen Naturprozessen ausgelagert und in einem nützlichen Mechanismus repräsentiert haben. Intelligent ist nicht die Uhr, sondern allein der Uhrmacher. Und so unsinnig es wäre, wollte man der Uhr ein Wissen von der Zeit zusprechen, so unsinnig ist es, einem »intelligenten Auto« die Wahrnehmung von Gefahren oder einem »intelligenten Roboter« ein Verständnis von Sprache zuzuschreiben.

Menschliche Technik, so zeigte bereits Ernst Kapp in seiner Technikphilosophie (1877), entsteht grundsätzlich durch »Organprojektion«, nämlich als Projektion und Erweiterung des Körpers, seiner Glieder und Vermögen. Der Faustkeil, der Hammer, die Schere, der Stift oder die Schreibmaschine sind erweiterte Glieder, künstliche und zunehmend differenzierte Organe, die wir unserem Körper anschließen, um so die Welt zu bearbeiten. Der Mensch ist ein »Prothesengott«, wie Freud (1930/1974: 222) einmal spöttisch bemerkte. Der eigene Leib wird ihm zum Instrument, wie es bereits der Begriff »Organ«, das heißt Werkzeug, ausdrückt, und damit zum Vorbild für alle externen Werkzeuge. Auch die künstliche Intelligenz ist eine wenn auch ins Äußerste vorangetriebene »Organprojektion«: Vom Abakus bis zu *Deep Blue* stellen Rechenmaschinen letztlich nichts anderes als Extensionen unserer Fähigkeit dar, *mit den Fingern abzuzählen* – einer Fähigkeit, die wir freilich zum logisch-mathematischen Denken abstrahiert und schließlich in Algorithmen formalisiert haben. Doch das Bewusstsein davon, dass wir es nur mit einer Externalisierung unserer eigenen Rechen- und Denkfähigkeit, mit einer Projektion unserer selbst zu tun haben, geht uns verloren.

Ausgestattet mit mannigfaltigen, ingeniösen Mechanismen und zusätzlichen Energiequellen, haben unsere Werkzeuge und Automaten uns seit jeher überflügelt. Der Handwebstuhl leistete mehr, als eine Hand flechten konnte, und schließlich mussten sich die Weber ihrerseits den maschinellen, dampfgetriebenen Webstühlen geschlagen geben. Heute betrifft die Automatisierung unsere ausgelagerten geistigen Leistungen. Auch mit den Fortschritten der künstlichen Intelligenz scheinen wir wieder in ein Rückzugsgefecht zu geraten: Schach, Go oder Poker gehen verloren; Planen, Wählen, Entscheiden, ja selbst Autofahren wird uns zunehmend abgenommen. Was bleibt uns noch? Selbstzweifel und Verwirrung treten auf: Sind wir selbst womöglich nur defiziente Versionen unserer eigenen, vermeintlich intelligenten Produkte? Wir sind gewissermaßen gegenüber unseren Maschinen in Erklärungsnot geraten, ja in die »prometheische Scham«, die Anders schon 1956 voraussah.

Doch so wie alle bisherigen Werkzeuge ihre Funktion und Eignung nur aus unserem verkörperten Umgang mit der Welt bezogen haben, so bleiben auch alle künstlichen Systeme von unserem eigenen, bewussten und zweckgerichteten Lebensvollzug abhängig. Alle Programme, die in solchen Systemen ablaufen, sind nur *für uns* Programme, also zielgerichtete Prozesse. Den Systemen geht es dabei um gar nichts. Sie wissen, erkennen, verstehen, *erleben* nichts. Die Ähnlichkeit ihrer Funktionen mit menschlichen Leistungen mag noch so täuschend, ihre spezialisierte Überlegenheit noch so verblüffend sein – wir sollten uns nicht täuschen lassen. Die exzentrische Position bleibt allein uns vorbehalten. Unsere vermeintlichen artifiziellen Doppelgänger sind nur Spiegelbilder einer Selbstverkennung des Menschen.[26] Sie sind und bleiben unsere Prothesen; ihre Intelligenz ist nur die Projektion unserer eigenen.

Aber auch wenn es keine bewusstlose Intelligenz gibt und umgekehrt die noch so perfekte Simulation von Intelligenz kein Bewusstsein erzeugt – die Fortschritte der Simulationstechnik werden ihre Wirkung nicht verfehlen. Der Anthropomorphismus, der unserem Wahrnehmen und Denken inhärent ist, verleitet uns nur allzu leicht dazu, unseren Maschinen menschliche Intentionen, Handlungen, ja Gefühle zuzuschreiben. Spätestens bei humanoi-

26 Vgl. dazu die grundlegende Arbeit von Meyer-Drawe, *Menschen im Spiegel ihrer Maschinen* (1996).

den Robotern lebt der Animismus wieder auf, den wir für ein überwundenes Stadium der Vorgeschichte gehalten haben oder noch bei Kleinkindern beobachten können. Dann wäre die simulierte Ente am Ende doch eine Ente, und das Als-ob der Simulation ginge verloren – sei es, weil der kategoriale Unterschied nicht mehr verstanden wird oder weil er letztlich als gleichgültig erscheint. Dass die KI-Systeme angeblich jetzt schon »denken«, »wissen«, »planen«, »voraussagen« oder »entscheiden«, bahnt solchen Grenzauflösungen den Weg. Hans Jonas' Warnung gilt heute erst recht:

> Der menschliche Verstand hat eine starke und, wie es scheint, unwiderstehliche Neigung, menschliche Funktionen in den Kategorien der sie ersetzenden Artefakte, und Artefakte in den Kategorien der von ihnen versehenen menschlichen Funktionen zu deuten. [...] Die Benutzung einer bewusst doppelsinnigen und metaphorischen Terminologie erleichtert diese Hin- und Her-Übertragung zwischen dem Artefakt und seinem Schöpfer. (Jonas 1973: 166)

Freilich kann man alle Begriffe wie Denken, Entscheiden, Intelligenz oder Bewusstsein rein behavioristisch als Output definieren, wie es Turing bereits vorschlug. Damit heben wir allerdings die Maschinen auf unsere Stufe und degradieren uns selbst zu Maschinen.

Nun zeigt sich an Fehlleistungen wie Sophias Fauxpas, dass selbst die Unterscheidung des bloßen Outputs nach wie vor nicht allzu schwerfällt. Der seit 1991 jährlich ausgeschriebene Loebner-Preis für den ersten bestandenen Turing-Test eines KI-Systems musste noch nie ausgezahlt werden – an den oben bereits erwähnten Fragen, die auf Common Sense und Hintergrundwissen basieren, scheitern bisher alle Systeme. Und doch könnte eine allmähliche Auflösung kategorialer Unterschiede gravierende Folgen haben. Zum einen, weil der Umgang mit künstlichen Systemen zunehmend an die Stelle von menschlichen Beziehungserfahrungen treten wird: Wenn ein Kuschelroboter namens »Smart Toy Monkey« kleinen Kindern als Freund dienen soll, der »die sozial-emotionale Entwicklung fördert«;[27] wenn freundliche Pflegeroboter die menschliche Pflege

27 So die Werbung des Herstellers Fisher Price (⟨https://www.fisher-price.com/en_CA/brands/smarttoy⟩, letzter Zugriff 22. 11. 2019).

von Demenzkranken ersetzen und ihnen vermeintlich bei ihren Erzählungen zuhören; oder wenn Psychotherapien entlang programmierter Online-Verfahren ablaufen, die den Gang zum Therapeuten ersparen (Noack/Weidner 2017) – dann werden Maschinen zu »Beziehungsartefakten«, wie Sherry Turkle (2011) es formuliert hat. Sie betrügen Menschen um reale Kommunikation. Es sollte daher zu den Grundanforderungen für KI-Systeme gehören, dass sie sich als solche kenntlich machen und Menschen, die arglos mit ihnen zu tun haben, nicht täuschen.

Die größere Gefahr dürfte jedoch darin bestehen, dass wir den Systemen freiwillig immer mehr Entscheidungen überlassen, die nur noch für wenige durchschaubar sind und sich der demokratischen Kontrolle entziehen. Je komplexer die Gesellschaft wird, desto attraktiver könnte es werden, Planungen und Entscheidungen an Maschinen zu delegieren, so wie es heute bereits an der Börse der Fall ist – sei es weil die Resultate für »objektiver« erklärt werden oder weil die Bereitschaft, persönliche Verantwortung angesichts der Komplexität der Welt abzugeben, immer weiter zunimmt.[28] Sind die Systeme uns nicht ebenso überlegen wie *Deep Blue* Garri Kasparow?

Doch die Bewertungen, die in KI-Systemen implementiert sind, stammen ausnahmslos menschlichen Wertsetzungen – kein »intelligentes System« sagt uns von sich aus, was das Richtige, das Gute und ethisch Gebotene ist. Je mehr sich die Vorstellung von künstlicher Intelligenz als einer vermeintlich überlegenen Form der Analyse, Vorhersage und Bewertung etabliert, desto eher gerät in Vergessenheit, dass Entscheidungen mit all ihren Unwägbarkeiten letztlich immer nur von Menschen selbst getroffen werden können. Ebenso wird vergessen, dass es in Wahrheit einige wenige Konzerne und informationstechnische Eliten sind, die die maßgeblichen Ent-

28 Ein Beispiel dafür sind die in den USA immer häufiger durchgeführten Beurteilungen des Rückfallrisikos von Straftätern durch KI-Systeme (mit einem offensichtlichen Bias zuungunsten von Afro-Amerikanern). Hier werden intransparente Programme zu Hilfsrichtern oder gar Entscheidungsinstanzen (vgl. Kirchner et al. 2016).

scheidungen treffen und die mittels Big Data immer mehr Bereiche der Gesellschaft zu kontrollieren vermögen. Die häufig geäußerten Warnungen vor einer »Machtübernahme intelligenter Maschinen« sind zweifellos unsinnig, da sie bewusstlosen Systemen einen Eigenwillen unterstellen. Doch gerade als »dienstbare Geister« können KI-Systeme die Machtverhältnisse in der Gesellschaft tiefgreifend verändern. »Nicht die Maschinen übernehmen die Kontrolle, sondern diejenigen, die die Maschinen besitzen und kontrollieren.« (Lenzen 2018: 247)

Die entscheidende Herausforderung der »künstlichen Intelligenz« aber liegt wohl in der Frage, die sie an uns und unser Selbstbild richtet: Erschöpft sich unser Menschsein in dem, was sich in Simulation und Technologie übersetzen lässt? Besteht es allein in komplexen neuronalen Algorithmen, und ist unser Erleben nur ein Epiphänomen? Lässt sich Leben als Regelkreissystem vollständig beschreiben, oder besteht es nicht vielmehr im Selbstsein und Von-selbst-Tätigsein des Lebendigen? Gerade weil die Technik unsere spezialisierten Fähigkeiten übersteigt, fordert sie uns dazu auf, wieder neu zu entdecken, worin unser spezifisch menschliches Sein eigentlich besteht. Es liegt an uns, ob wir uns an den Leistungen der KI messen und uns immer mehr als defiziente Mängelwesen betrachten wollen oder ob wir uns gerade angesichts unserer Maschinen auf unsere eigentliche Menschlichkeit besinnen.

Literatur

Anders, G. 1994. *Die Antiquiertheit des Menschen.* Bd. 1*: Über die Seele im Zeitalter der zweiten industriellen Revolution.* München: Beck. (Erstausgabe 1956)

Aristoteles. 1987. *Physik. Vorlesung über die Natur.* Griechisch-deutsch. Zwei Bde. Übers., mit einer Einl. und mit Anm. hg. von H. G. Zekl. Hamburg: Meiner. (Zitiert nach der Bekker-Paginierung)

Aristoteles. 2009. *Metaphysik. Zweiter Halbband (Bücher VII-XIV).* Griechisch-deutsch. Hg. von H. Seidl, Neubearb. der Übers. von H. Bonitz, mit Einl. und Komment. von H. Seidl, griech. Text in der Ed. von W. Christ. Hamburg: Meiner. (Zitiert nach der Bekker-Paginierung)

Bongard, J., V. Zykov, H. Lipson. 2006. »Resilient Machines through Continuous Self-Modeling«. In: *Science* 314 (5802): S. 1118-1121.

Brost, M. 2018. »Der Tag, an dem die Welt fast unterging«. In: *ZEITmagazin* (37): S. 45.

Damasio, A. 2011. *Selbst ist der Mensch: Körper, Geist und die Entstehung des menschlichen Bewusstseins*. Übers. von S. Vogel. München: Siedler.

Dawkins, R. 1986. *The Blind Watchmaker. Why the Evidence of Evolution Reveals a Universe without Design*. New York: W. W. Norton & Company.

Descartes, R. 1662. *De homine figuris et latinitate donatus a Florentio Schuyl*. Leiden: Petrum Leffen & Franciscum Moyardum.

Descartes, R. 1960. *Von der Methode*. Übers. von L. Gäbe. Hamburg: Meiner.

Descartes, R. 2011. *Regulae ad directionem ingenii/Cogitationes privatae*. Lateinisch-deutsch. Hg. und übers. von C. Wohlers. Hamburg: Meiner. (Unvollendetes Werk, begonnen 1619)

Dreyfus, H. 1992. *What Computers still Can't Do: A Critique of Artificial Reason*. Cambridge, MA: MIT Press.

Edelman, G. M., G. Tononi. 2002. *Gehirn und Geist. Wie aus Materie Bewusstsein entsteht*. München: Beck.

Eliot, T. S. 1934. *The Rock*. London: Faber & Faber.

Frank, M. 1991. *Selbstbewusstsein und Selbsterkenntnis. Essays zur analytischen Philosophie der Subjektivität*. Stuttgart: Reclam.

Freud, S. 1974. »Das Unbehagen in der Kultur«. In: Ders., *Studienausgabe*. Bd. 9. Hg. von A. Mitscherlich, J. Strachey, A. Richards. Frankfurt/M.: S. Fischer, S. 191-270. (Erstausgabe 1930)

Fuchs, T. 2010. »Das Unheimliche als Atmosphäre«. In: *Gefühle als Atmosphären. Neue Phänomenologie und philosophische Emotionstheorie*. Hg. von K. Andermann, U. Eberlein. Berlin: Akademie Verlag, S. 167-182.

Fuchs, T. 2017. *Das Gehirn – ein Beziehungsorgan. Eine phänomenologisch-ökologische Konzeption*. 5. Aufl. Stuttgart: Kohlhammer.

Fuchs, T., S. Koch. 2014. »Embodied Affectivity: On Moving and Being Moved«. In: *Frontiers in Psychology* 5: Artikel 508. ⟨https://doi.org/10.3389/fpsyg.2014.00508⟩, letzter Zugriff 03. 12. 2019.

Galilei, G. 1933. »Il saggiatore«. In: Ders., *Opere di Galileo Galilei,* Bd. VI. Florenz: G. Barbèra, S. 204-372.

Gigerenzer, G., P. M. Todd, ABC Research Group. 1999. *Simple Heuristics That Make Us Smart*. New York: Oxford University Press.

Goethe, J. W. v. 1998. »Urworte. Orphisch«. In: Ders., *Goethes Werke*. Hamburger Ausgabe in 14 Bänden. Bd. 1: *Gedichte und Epen 1*. Hg. von E. Trunz. München: Deutscher Taschenbuch Verlag, S. 359-360. (Erstausgabe 1820)

Greenemeier, L. 2010. »Machine Self-Awareness«. *Scientific American* 302 (6): S. 44-45.

Harari, Y. 2016. »Human Beings Are all Algorithms«. *L'atelier BNP Paribas*. ⟨https://atelier.bnpparibas/en/life-work/article/yuval-harari-human-beings-algorithms⟩, letzter Zugriff 03. 12. 2019.

Henrich, D. 1970. »Selbstbewusstsein. Kritische Einleitung in eine Theorie«. In: *Hermeneutik und Dialektik*. Bd. 1. *Methode und Wissenschaft, Lebenswelt und Geschichte*. Hg. von R. Bubner. Tübingen: Mohr, S. 257-284.

Hoffmann, E. T. A. 1960. »Der Sandmann«. In: Ders., *Fantasie- und Nachtstücke*. München: Winkler, S. 331-363.

Husserl, E. 2013. *Zur Phänomenologie des inneren Zeitbewusstsein*. Mit den Texten aus der Erstausgabe und dem Nachlass, hg. und mit einer Einl. von R. Bernet. *Husserliana* LXXVII. Hamburg: Meiner.

Hustvedt, S. 2018. *Die Illusion der Gewissheit*. Reinbek/Hamburg: Rowohlt.

Janich, P. 2006. *Was ist Information?*, Frankfurt/M.: Suhrkamp.

Kapp, E. 1877. *Grundlinien einer Philosophie der Technik: Zur Entstehungsgeschichte der Cultur aus neuen Gesichtspunkten*. Braunschweig: Westermann.

Kirchner, L., J. Angwin, J. Larson, S. Mattu. 2016. »Machine Bias: There's Software Used across the Country to Predict Future Criminals, and It's Biased against Blacks«. In: *Pro Publica*. ⟨https://www.propublica.org/article/machine-bias-risk-assessments-in-criminal-sentencing⟩, letzter Zugriff 03. 12. 2019.

Kurzweil, R. 2005. *The Singularity Is Near. When Humans Transcend Biology*. New York: Penguin.

La Mettrie, J. O. de. 1748. *L'homme machine*. Leiden: de l'Imp. d'Elie Luzac, fils.

Leibniz, G. W. 1697. »Vorstellung der Binärzahlen, Brief an den Herzog von Braunschweig-Wolfenbüttel Rudolph August, 2. Januar 1697«. Bibliotheca Augustana ⟨https://www.hs-augsburg.de/~harsch/germanica/Chronologie/17Jh/Leibniz/lei_bina.html⟩, letzter Zugriff 03. 12. 2019.

Leibniz, G. W. 1890. »Dialogus (August 1677)«. In: *Philosophische Schriften von Gottfried Wilhelm Leibniz*, Bd. VII. Hg. von C. I. Gerhardt. Berlin: Weidmannsche Buchhandlung, S. 190-193.

Leibniz, G. W. 1966. »Monadologie«. In: *Hauptschriften zur Grundlegung der Philosophie*, übers. von A. Buchenau. Hamburg: Meiner, S. 435-456.

Leitgeb, V.-V. 2017. »Roboter Mario soll Demenzkranke pflegen«. In: *Süddeutsche Zeitung*, 24. 11. 2017. ⟨https://www.sueddeutsche.de/bayern/gesundheit-roboter-mario-soll-demenzkranke-pflegen-1.3762375⟩, letzter Zugriff 03. 12. 2019.

Lenzen, M. 2018. *Künstliche Intelligenz. Was sie kann und was uns erwartet*. München: Beck.

Mainzer, K. 2007. *Der kreative Zufall. Wie das Neue in die Welt kommt*. München: Beck.

Metzinger, T. 1999. *Subjekt und Selbstmodell. Die Perspektivität phänomenalen Bewusstseins vor dem Hintergrund einer naturalistischen Theorie mentaler Repräsentation*. Paderborn: Mentis.

Meyer-Drawe, K. 1996. *Menschen im Spiegel ihrer Maschinen*. München: Fink.

Moor, J. H. 2001. »The Status and Future of the Turing Test«. *Minds and Machines* 11 (1): S. 77-93.

Moos, T. 2014. »Künstliches Leben gibt es nicht. Anmerkungen zur Ethik der synthetischen Biologie«. In: *Systembiologie.de – Das Magazin für systembiologische Forschung in Deutschland* 8 (Mai/Juni): S. 16-18. ⟨https://www.systembiologie.de/lw_resource/datapool/_items/item_82/systembiologie_magazin_ausgabe08.pdf⟩, letzter Zugriff 03. 12. 2019.

Noack, R., K. Weidner. 2017. »Kann die Online-Therapie die Psychotherapie sinnvoll ergänzen? Kontra«. In: *Der Nervenarzt* 89 (1): S. 96-98.

Ovidius Naso, Publius (Ovid) (1964). *Metamorphosen. Epos in 15 Büchern*. Zweisprachige Ausgabe. Hg. und übers. von H. Breitenbach. Zürich: Artemis.

Panksepp, J. 1998. *Affective Neuroscience: The Foundations of Human and Animal Emotions*. Oxford, New York: Oxford University Press.

Paul, G. S., E. D. Cox. 1996. *Beyond Humanity: CyberEvolution and Future Minds*. Rockland: Charles River Media.

Pearson, I. 2008. »The Future of Life. Creating Natural, Artificial, Synthetic and Virtual Organisms«. In: *European Molecular Biology Organization (EMBO) reports* 9 (Supplement 1): S. 75-77.

Pinker, S. 1997. *How the Mind Works*. New York: Norton.

Plessner, H. 1975. *Die Stufen des Organischen und der Mensch*. Berlin: De Gruyter.

Rödl, S. 2014. »Leben herstellen«. In: *Deutsche Zeitschrift für Philosophie* 62 (1): S. 74-89.

Schummer, J. 2011. *Das Gotteshandwerk. Die künstliche Herstellung von Leben im Labor*. Berlin: Suhrkamp.

Schummers, J., H. Yu, M. Sur. 2008. »Tuned Responses of Astrocytes and Their Influence on Hemodynamic Signals in the Visual Cortex«. In: *Science* 320 (5883): S. 1638-1643.

Searle, J. R. 1980. »Minds, Brains, and Programs«. In: *Behavioral and Brain Sciences* 3 (3): S. 417-457.

Searle, J. R. 1993. *Die Wiederentdeckung des Geistes*. Übers. von H. P. Gavagai. München: Artemis & Winkler.

Searle, J. R. 1997. »Die wissenschaftliche Erforschung des Bewusstseins«. In: *Der Mensch und sein Gehirn. Die Folgen der Evolution*. Hg. von H. Meier, D. Ploog. München: Piper, S. 9-34.

Shannon, C., W. Weaver. 1964. *The Mathematical Theory of Communication*. Champaign, IL: University of Illinois Press.

Silver, D., J. Schrittwieser, K. Simonyan, I. Antonoglou, A. Huang, A. Guez, T. Hubert, L. Baker, M. Lai, A. Bolton, D. Hassabis. 2017. »Mastering the Game of Go without Human Knowledge«. In: *Nature* 550 (7676): S. 354-359.

Singer, W. 2009. »Distributed Processing and Temporal Codes in Neuronal Networks«. In: *Cognitive Neurodynamics* 3 (3): S. 189-196.

Stonier, T. 1999. *Information and the Internal Structure of the Universe*. Berlin, New York: Springer.

Tononi, G., M. Boly, M. Massimini, C. Koch. 2016. »Integrated Information Theory: From Consciousness to Its Physical Substrate«. In: *Nature Reviews Neuroscience* 17 (7): S. 450-461.

Turkle, S. 2011. *Alone Together. Why We Expect more from Technology and less from Each Other*. New York: Basic Books.

Turing, A. M. 1950. »Computing Machinery and Intelligence«. In: *Mind* 59 (October): S. 433-460.

Varshney, L. R. et. al. 2011. »Structural properties of the Caenorhabditis elegans neuronal network«. *PloS Computational Biology* 7 (2). e1001066.

Venter, J. C. 2014. *Leben aus dem Labor: Die neue Welt der synthetischen Biologie*. Übers. von S. Vogel. Frankfurt/M.: S. Fischer.

Weizsäcker, C. F. v. 1974. *Die Einheit der Natur*. München: Deutscher Taschenbuch Verlag.

Wiener, N. 1958. *Mensch und Menschmaschine*. Berlin: Ullstein.

Zahavi, D. 1999. *Self-Awareness and Alterity. A Phenomenological Investigation*. Evanston, IL: Northwestern University Press.

Zolfagharifard, E. 2018. »AI Will Be ›Billions of Times‹ Smarter than Humans and People Must Merge with It to Survive, Claims Expert«. In: *Daily Mail Online*, 13. Februar 2018. ⟨https://www.dailymail.co.uk/sciencetech/article-5386255/AI-billions-times-smarter-humans.html⟩, letzter Zugriff 03. 12. 2019.

Jenseits des Menschen?

Kritik des Transhumanismus

> Es ist uns ja sogar lästig, Mensch zu sein – ein Mensch mit wirklichem, eigenem Fleisch und Blut; wir schämen uns dessen, halten es für eine Schmach und trachten lieber danach, irgendwelche phänomenalen Allgemeinmenschen zu sein. [...] Bald werden wir so weit sein, dass wir von einer Idee gezeugt werden.
>
> F. J. Dostojewski (1864/2006: 146)

Einleitung: Zwischen Naturalismus und Kulturalismus

Dostojewskis Zitat wirkt prophetisch: Ein gewöhnlicher Mensch aus Fleisch und Blut zu sein, wird immer mehr zu einem Makel. Angesichts der von uns geschaffenen Maschinen beginnen wir, uns unserer eigenen Unvollkommenheit zu schämen. Es scheint sich eine grundsätzliche Transformation des bisherigen Menschenbildes anzukündigen, charakterisiert durch folgende Merkmale:

- Die Evolution gilt als ein Prozess fortschreitender Differenzierung und Optimierung des Lebens, ihr Resultat ist jedoch zu jedem Zeitpunkt kontingent. Niemand hat uns so gewollt. Die menschliche Natur kann daher nicht mehr als vorgegebene Konstante betrachtet werden. Sie ist veränderbar und unserer Selbstgestaltung zugänglich.
- Der Mensch in seinem gegenwärtigen Entwicklungsstand wird als grundlegend unvollkommen angesehen. Das Resultat der Evolution ist nur ein blindwüchsig entstandenes und daher schlecht konstruiertes, fehlerhaftes Produkt.[1] Unsere Wahrneh-

1 Zum Beispiel: »Auch der genetische Code leistet zwar Unglaubliches, ist in der Evolution aber durch Versuch und Irrtum entstanden und deshalb aus Ingenieurssicht schlecht strukturiert.« (Mathwig 2008: 80)

mung ist anfällig für alle Arten von Täuschungen und Illusionen, unser Denken zumeist einseitig und von Vorurteilen verzerrt. Unsere Erinnerungen sind unzuverlässig, unsere Entscheidungen in hohem Maß irrational. Vor allem aber sind unsere Körper fragil, vulnerabel, dem Altern unterworfen und hinfällig; unsere Sterblichkeit ist die größte Zumutung, die die Natur für uns bereithält. Die menschliche Natur ist daher nicht nur veränderbar, sondern auch in jeder Hinsicht optimierungs*bedürftig*. Wir sollten selbst die Verantwortung für unsere weitere Entwicklung übernehmen, statt sie wie bisher einer blinden Evolution und dem Zufall zu überlassen.

- Die körperliche Existenz wird nicht mehr in erster Linie als Ermöglichung des Lebensvollzugs betrachtet, sondern zunehmend als Einschränkung der persönlichen Freiheit. Es erscheint immer weniger akzeptabel, von körperlichen Vorbedingungen oder Prozessen abhängig zu sein. Propagiert werden verschiedenste Formen der Aufrüstung und Optimierung des Körpers bis hin zur gentechnologischen oder neurobiologischen Umgestaltung der menschlichen Natur.

Solche Ideen finden seit zwei bis drei Jahrzehnten unter dem Begriff des *Transhumanismus* vor allem in der angloamerikanischen Welt zunehmende Verbreitung. Transhumanisten sehen in Bio-, Nano- und Computertechnologien die Möglichkeit, die mangelhafte menschliche Natur zu optimieren. Jeder Mensch soll das Recht erhalten, seine psychischen und physischen Möglichkeiten, sein Geschlecht, sein Aussehen oder seine Intelligenz nach Wunsch bestimmen und erweitern zu können (Kurzweil 2005; Bostrom 2018). In einer weiteren Stufe prognostizieren Techno-Utopisten wie Hans Moravec, Ray Kurzweil und andere die Verschmelzung von Mensch und Maschine: Cyborgs (*cyb*ernetic *org*anisms) könnten die nächste Stufe der Evolution bilden und uns zu heute noch unvorstellbaren Gipfeln der Intelligenz und Lebenserwartung führen. Diese Utopien reichen bis hin zur phantastischen Vorstellung, den eigenen Geist in Form von reiner Information auf andere Substrate zu übertragen (»*mind transfer*«, »*mind uploading*«). Wir könnten dann unsere Gehirne an Computer anschließen, unseren alternden Körper aus Haut und Knochen gänzlich loswerden und schließlich digitale Unsterblichkeit erlangen.[2]

Der Transhumanismus radikalisiert damit nur eine Sicht des menschlichen Körpers, die sowohl in den Lebens- als auch in den Kulturwissenschaften weit verbreitet ist. Es ist die Auffassung des Körpers als eines objektivierbaren, uns äußerlichen Vehikels oder Apparates, der grundsätzlich unserer freien Verfügung und Manipulation unterliegt. Die jeweiligen Akzentsetzungen fallen allerdings sehr unterschiedlich aus. Pointiert formuliert stehen sich zwei Positionen gegenüber:

a) Die *naturalistische Position* geht von einer biologischen Determiniertheit des Menschen aus: Gene, Hormone und Neuronen steuern die Entwicklung unserer Persönlichkeit, unsere Stimmungen, unser soziales Verhalten – selbst moralische Haltungen wie Altruismus lassen sich auf evolutionäre Überlebensvorteile zurückführen. Bindung, Liebe oder Vertrauen sind nur Epiphänomene biochemischer Prozesse oder organischer Algorithmen. Die Biowissenschaften klären die Mechanismen dieser Determinationen auf, mit dem Ziel, die Steuerung selbst in die Hand zu nehmen. Ritalin, Oxytocin, Stimmungsaufheller, Stimulantien oder *neuroenhancer* sind die bisher verfügbaren Mittel, um uns in gewünschte Verfassungen oder Stimmungen zu versetzen. So ist Oxytocin als prosoziales Hormon gegenwärtig ein zentraler Gegenstand der Forschung zur Behandlung von Empathiedefiziten oder selbst von Paarkonflikten (Ditzen et al. 2009; Hurlemann et al. 2010). Ebenso spielen in der Psychiatrie Verfahren der »Tiefen Hirnstimulation« etwa bei schweren Depressionen oder Zwangsstörungen eine zunehmende Rolle.

2 »Wenn Menschen ihren Geist mit Computern vereinigen, warum sollten sie die menschliche Form dann nicht ganz loswerden und unsterbliche Wesen werden?« (Paul/Cox 1996: 21; Übers. T. F.).

b) Die *kulturalistisch-voluntaristische Position* geht im Gegenteil davon aus, dass es keine biologische Bestimmung des Individuums gibt oder geben soll. Die Intelligenz, die Persönlichkeit, das Geschlecht und andere Merkmale der körperlichen Konstitution sollen letztlich nur auf die kulturelle Sozialisation und soziale Konstruktionen zurückgehen. Eine vorgegebene Natur des Körpers wird entweder bestritten oder zumindest als eine unerwünschte Begrenzung der Freiheit des Individuums angesehen, sich neu zu entwerfen. Als Mann oder Frau wird man nicht geboren, sondern dazu gemacht – daraus ergäbe sich zugleich die Freiheit, das eigene Geschlecht selbst zu bestimmen. Die Konsequenzen reichen bis hin zu utopisch-transhumanistischen Positionen, die die Überwindung der körperlichen Natur des Menschen als Vollendung des emanzipatorischen Projekts der Moderne preisen.

Beide Positionen beruhen, so verschieden sie sind, doch letztlich auf der gleichen Voraussetzung, nämlich einer dualistischen Entgegensetzung von Körper und Geist. Nur wird dieser Dualismus im einen Fall als vollständige Determination des Geistes durch den *Körper* gedeutet, während er im anderen Fall als Ausgangspunkt eines radikalen Voluntarismus des *Geistes* gegenüber dem Körper dient.[3] Paradoxerweise führt dies zu ähnlichen Konsequenzen, nämlich der Forderung nach immer weiter gehenden Manipulationen der eigenen körperlichen Natur. Paradigmatisch lässt sich auf Donna Haraways »Cyborg Manifesto« (1985/1995) verweisen: Die Metapher des Cyborgs steht bei ihr für einen radikal-feministischen Umsturz der traditionellen Geschlechtsidentitäten und des Begriffs einer menschlichen Natur:

3 Es ist nicht ohne Interesse, dass sowohl der radikale Biologismus als auch der radikale Voluntarismus bereits in den totalitären Systemen des 20. Jahrhunderts realisiert wurden: im Nationalsozialismus unter der Losung eines »Kampfes ums Dasein« und zumindest angedeutet in Nietzsches »blonder Bestie« (1988: 275), im *Manifest der Kommunistischen Partei* in der Forderung nach einem »neuen sozialistischen Menschen«, der sich von allen natürlichen Bedingtheiten und Beschränkungen befreit.

> Im späten 20. Jahrhundert [...] haben wir uns alle in Chimären, theoretisierte und fabrizierte Hybride aus Maschine und Organismus verwandelt, kurz, wir sind Cyborgs. Cyborgs sind unsere Ontologie. (Haraway 1985/1995: 34)

Die gleiche Idee finden wir gegenwärtig in funktionalistischen Theorien, wonach der menschliche Geist nicht nur das Gehirn zum Substrat hat, sondern ebenso externe Prothesen, Gedächtnisspeicher und Datensysteme – wir sind, in den Worten des Philosophen Andy Clark, bereits jetzt *Natural-Born Cyborgs* (2003). Der Vermischung von Technik und Körper steht nichts entgegen, da unsere körperliche Natur selbst bereits nach Analogie eines technischen Systems gedacht wird.

Beide Positionen jedoch werden in ihrer dualistischen Einseitigkeit einer anthropologischen Grundstruktur nicht gerecht, nämlich unserer *Leiblichkeit*. Menschen sind weder biologische Maschinen noch reine Geister, sondern in erster Linie lebendige, das heißt verkörperte oder leibliche Wesen. Leib zu sein, ist uns nicht äußerlich, sondern die grundlegende Form unserer Existenz, insofern unser Fühlen, Wahrnehmen, Denken und Handeln immer eine Weise des verkörperten Lebensvollzugs ist. Freilich sind Menschen zugleich Wesen mit der Fähigkeit, sich zu ihrer Leiblichkeit zu verhalten, das heißt, zu ihrem Körper auch ein bewusstes oder instrumentelles Verhältnis einzunehmen. Doch können sie damit ihre Leiblichkeit weder ignorieren noch aufheben, sondern sie vielmehr gestalten, kultivieren und auf diese Weise in ihre Vorstellungen vom guten Leben integrieren. Menschen sind daher in eins biologische und kulturelle Wesen: Die kulturelle Gestaltung der eigenen leiblichen Natur gehört zu ihrer anthropologischen Struktur.[4]

4 An dieser Stelle ist eine Bemerkung zum traditionell problematischen Verhältnis von »Natur« und »Kultur« erforderlich. Dass die Kulturentwicklung des Menschen bereits in prähistorischen Zeiten eine Rückwirkung auf seine Naturevolution hatte, darf als gesichert gelten. So ist z. B. die Absenkung des menschlichen Kehlkopfs im Vergleich zu dem der anderen Primaten in erster Linie dadurch zu erklären, dass sie es erlaubt, differenziertere sprachliche Laute zu bilden (vgl. Lieberman 2006: 246 ff.; Prost 2016: 41 ff.). Da die Absenkung davon abgesehen eher Nachteile hat (nämlich aufgrund der unvollständigen Trennung von Luft- und

Allerdings eröffnet dieses Verhältnis zur eigenen Leiblichkeit auch die Möglichkeit ihrer radikalen, also organischen Veränderung. Und die Tatsache, dass der Verlauf der Evolution den menschlichen Organismus in dieser Form hervorgebracht hat, genügt in der Tat nicht zu seiner Rechtfertigung. Ein solcher Versuch würde dem bekannten »naturalistischen Fehlschluss« unterliegen, nämlich von einem *So-Sein* auf ein *So-sein-Sollen* zu schließen. Wer wollte es also dem Menschen verwehren, den Weg eines transhumanen Fortschritts einzuschlagen, der uns Heutige aus dem Futur II des neuen Menschen nur noch als ferne Vorfahren erscheinen lassen wird, nicht anders als wir heute eher amüsiert auf den Homo erectus oder den Australopithecus zurückblicken?

Sobald der Gedanke einer göttlichen Schöpfungsordnung seine allgemeine Gültigkeit verloren hat, steht die Konstanz und Verbindlichkeit der menschlichen Natur in Frage. Es gilt, die Frage auf andere Weise zu beantworten. Die Verteidigung der menschlichen Natur, die ich im Folgenden unternehme – Natur verstanden als die biologische Konstitution, die Homo sapiens gegenwärtig charakterisiert –, beruht im Wesentlichen auf drei Argumenten:

Speisewegen, mit der Gefahr der tödlichen Aspiration), müssen sich die Entwicklung der sprachlichen Kommunikation und die entsprechende genetische Evolution der Sprechwerkzeuge wechselseitig begünstigt haben. Insofern sind Natur- und Kulturevolution beim Menschen grundsätzlich nicht voneinander zu trennen.

Dies dynamisiert die traditionelle Opposition von »Natur« und »Kultur«, hebt allerdings den Naturbegriff nicht gänzlich auf. Denn die ontogenetische Kultivierung der Leiblichkeit, die uns durch Habituierung zur »zweiten Natur« wird, spielt sich in ganz anderen Zeitskalen ab als die phylogenetischen Veränderungen der Genetik des Menschen. Insofern ist es trotz der Verschränkung von Kultur- und Naturevolution und trotz der Interaktion von Kulturgeschichte und zweiter Natur berechtigt, von einer biologischen oder »ersten« Natur von Homo sapiens sapiens zu sprechen, die über die letzten 100 000 Jahre weitestgehend konstant geblieben ist. Dieser Begriff von Natur ist im Folgenden auch gemeint, wenn es um mögliche »Verbesserungen« der menschlichen Natur geht – was immer solche Verbesserungen überhaupt sein könnten. Dass Transhumanisten hier oft nicht scharf genug unterscheiden und bereits das individuelle *enhancement* (z. B. die Nutzung von Psychostimulantien, Stimmungsaufhellern etc.) zur »Verbesserung des Menschen« rechnen, ändert nichts daran, dass es sich um zwei kategorial verschiedene Formen der Optimierung handelt.

(1) Ist die menschliche Natur denn überhaupt verbesserungsfähig? – Diese Frage mag überraschend anmuten, so unvollkommen und in physischer, kognitiver, emotionaler oder moralischer Hinsicht mängelbehaftet erscheint die Konstitution von Homo sapiens. Bei näherem Hinsehen jedoch wird sich zeigen, dass es sich so einfach nicht verhält. Jede vermeintliche Verbesserung stört nämlich die *Proportionen* der menschlichen Vermögen. Anders gesagt: Verbesserungen hätten ihren Preis, den man zu zahlen bereit sein müsste – und er ist größer, als es auf den ersten Blick erscheint.

(2) In seiner revolutionären Variante, das heißt der grundlegenden genetischen oder technologischen Umformung des Körpers, wird der Transhumanismus zum *Posthumanismus* und damit selbstwidersprüchlich: Er hebt nämlich die Basis auf, von der aus diese Selbstumgestaltung überhaupt sinnvoll erscheinen könnte. Denn die Vorstellungen vom Guten, dem alles *enhancement* oder Reengineering der menschlichen Natur doch letztlich dienen soll, sind selbst noch an die Naturbasis von Homo sapiens gebunden. »Jenseits des Menschen« kann kein sinnvolles Ziel unseres Strebens liegen, es sei denn, es ginge nur um das Ziel, den gegenwärtigen Menschen abzuschaffen.

(3) In seiner radikal-dualistischen Variante schließlich – *mind transfer* oder *mind uploading* – beruht der Transhumanismus auf einem falschen Konzept des Bewusstseins. Der menschliche Geist ist kein Ensemble digitalisierbarer Algorithmen und Informationen, sondern konstitutiv lebendig und verkörpert. Selbstsein oder personale Identität lassen sich daher nicht als Datenmengen wiedergeben. Auch wenn diese Variante des Transhumanismus besonders abstrus anmutet, lohnt sich ihre Widerlegung, nicht zuletzt im Blick auf den Unterschied zwischen menschlicher und künstlicher Intelligenz.

Doch bevor ich diese Argumente ausführe, sei noch ein Blick auf die Ideengeschichte der Vervollkommnung oder Überschreitung des Menschen geworfen, vor deren Hintergrund auch der

Transhumanismus der Gegenwart zu sehen ist. Stellt man ihn in diese Tradition, so tut man ihm zwar eigentlich zu viel Ehre an. Denn diese Tradition erreicht etwa bei Thomas von Aquin, Rousseau oder Nietzsche eine Tiefe des Denkens, die mit den flachen Utopien einer biologischen Optimierung des Menschen nichts zu tun hat. Dennoch lohnt zumindest ein Blick auf diese Tradition, da erst im Kontrast deutlich wird, wie weit es mit der großen Idee menschlicher Vervollkommnung heute gekommen ist.

Die Idee der Vervollkommnung

Der Begriff der kulturellen, geistigen und sittlichen *Perfektibilität* des Menschen, erstmals um die Mitte des 18. Jahrhunderts von Rousseau formuliert, hat eine lange Vorgeschichte. Bereits das Christentum kennt das Ideal der Vervollkommnung in der Nachfolge Gottes: »Seid vollkommen, wie der Vater im Himmel vollkommen ist.« (Mt 5,48) Paulus fordert die Epheser auf, den »alten Menschen« abzulegen und den »neuen Menschen« anzuziehen, geschaffen nach dem Bild Gottes (Eph 4,24). Bei Augustinus und später bei Thomas von Aquin findet sich die Idee, der Mensch sei das Wesen, in dem sich die Natur auf das Göttliche hin überschreitet, dies freilich nur in einem Vorgriff auf das ewige Leben.[5] Denn auf der anderen Seite steht die Lehre von der Erbsünde als dem inhärenten Gebrechen der menschlichen Natur, das erst eschatologisch ganz überwunden werden kann.

In Dantes *Paradies* (2012) beschreibt der Dichter nun die Verwandlung und Läuterung, die er im Aufstieg durch die Sphären mit Beatrice erfährt, mit einem Neologismus als »*trasumanar*« –

5 Dabei geht es Thomas um die vollendete Glückseligkeit (*beatitudo*), als das in der menschlichen Natur angelegte höchste Ziel. Dieses Ziel könne der Mensch gleichwohl nicht durch seine natürlichen Gaben erreichen, nicht einmal durch seine Vernunft, sondern erst in der »*beatitudo supernaturalis*«, die ihm die Schau Gottes zuteilwerden lässt (STh I-II, q. 5, a. 5, co.). Man könnte auch sagen: Vermittels der Gnade Gottes bringt der Mensch, seine Natur übersteigend, diese erst zu sich selbst.

von *trans* und *humanus*, also »über das Menschliche hinausgehen« (Canto I: 70). »Der Mensch übersteigt unendlich den Menschen«, schreibt Pascal später in seinen *Pensées*:[6] Die menschliche Natur in ihrer grundlegenden Gebrochenheit wird nicht die letzte Stufe der Heilsgeschichte bleiben. Doch ist die Forderung, schon auf Erden Christus als dem Vorbild höchster menschlicher Vollkommenheit nachzueifern (»ecce homo«), konstitutiv für den christlichen Erlösungsgedanken.

Mit der Renaissance tritt erstmals die Idee der Freiheit des Menschen zur Selbstgestaltung im Diesseits in den Blick, auch wenn ihm diese Freiheit noch von Gott selbst gegeben ist. In Pico della Mirandolas Traktat *De hominis dignitate* (1486) spricht Gott zum Menschen:

> Die Natur der übrigen Geschöpfe ist fest bestimmt und wird innerhalb von uns vorgeschriebener Gesetze begrenzt. Du sollst dir deine ohne jede Einschränkung und Enge, nach deinem Ermessen, dem ich dich anvertraut habe, selber bestimmen. [...] Weder haben wir dich himmlisch noch irdisch, weder sterblich noch unsterblich geschaffen, damit du wie dein eigener, in Ehre freientscheidender, schöpferischer Bildhauer dich selbst zu der Gestalt ausformst, die du bevorzugst. (Pico della Mirandola 1486/1990: 7)

Hier kündigt sich der Gedanke einer Selbstüberschreitung des Menschen an, die nicht mehr einem Heilsplan folgt, sondern seiner eigenen Freiheit und schöpferischen Potenz untersteht. In einer von der Natur determinierten Welt ist es ihm allein gestattet, sich nach eigenem Willen zu gestalten und zu wandeln. »Der Mensch ist der erste Freigelassene der Schöpfung«, wird Herder später sagen (1784-1785/1967: 146). Bildung tritt an die Stelle bloßer Ebenbildlichkeit. Das *Humanum* wird zur Selbstbestimmung, damit aber auch zum Problem – zu einem Experiment der Geschichte, das gelingen oder misslingen kann. »Wenn der Mensch zur Freiheit erschaffen ist und auf der Erde kein Gesetz hat, als das er sich selbst auflegt: so muß er das verwildertste Geschöpf werden, wenn er nicht bald das Gesetz Gottes in der Natur erkennt«, warnt Herder (ebd.: 16).

6 Pascal 1978: 202 (Fragment 434).

Diese Ambivalenz der menschlichen Freiheit zur Selbstgestaltung haftet auch Rousseaus Begriff der »*perfectibilité*« an, mit dem er den wesentlichen Unterschied zwischen Mensch und Tier fasst (Rousseau 1755/2010): Der Mensch ist ein phylogenetisch wie ontogenetisch offenes, formbares und prinzipiell unbegrenzt vervollkommnungsfähiges Wesen. Erst die Kultur und die Erziehung lassen ihn zu sich selbst kommen; hieraus leiten sich alle seine Errungenschaften ab. Doch die gleiche Entwicklung ist es auch, die den Menschen immer weiter von der Natur entfernt und den Ursprung der Ungleichheit und damit des Unglücks darstellt, das die Zivilisation erzeugt. Die *perfectibilité* birgt also die Möglichkeit der Emanzipation ebenso wie der Entfremdung, und es ist offen, welche der beiden schließlich die Oberhand gewinnen wird.

Im weiteren Verlauf der Aufklärung wurde die Perfektibilität allerdings wesentlich optimistischer verstanden. In seinem *Esquisse d'un tableau historique des progrès de l'esprit Humain* (1794) vertritt Condorcet die Überzeugung,

> dass die Natur der Vervollkommnung der menschlichen Fähigkeiten keine Grenze gesetzt hat; dass die Fähigkeit des Menschen zur Vervollkommnung tatsächlich unabsehbar ist; dass die Fortschritte dieser Fähigkeit zur Vervollkommnung [...] ihre Grenze allein im zeitlichen Bestand des Planeten haben, auf den die Natur uns hat angewiesen sein lassen. (Condorcet 1794/1963: 28 f.)

Unverkennbar hat sich die Heilsgeschichte in eine innerweltliche Fortschrittsgeschichte transformiert. Hier taucht nun auch zum ersten Mal die Möglichkeit einer biologischen *perfectibilité* auf:

> [D]abei haben wir für den Menschen bis jetzt nur die natürlichen Fähigkeiten, die Organisation, welche er bereits hat, vorausgesetzt. Wie groß wäre [...] das Ausmaß seiner Hoffnungen, wenn man annehmen könnte, dass diese natürlichen Fähigkeiten, diese Organisation selber möglicherweise sich verbessern? (Ebd.: 394 f.)

Diese Vision kann freilich erst mit Darwins Vererbungs- und Evolutionslehre konkretere Gestalt annehmen. Zunächst wird die Perfektibilität im 19. Jahrhundert zu einem gängigen geschichtsphilosophischen Begriff, der durch die Fortschritte von Wissenschaft und Technik, die Abschaffung der Sklaverei und die allgemeine Humanisierung der Lebensverhältnisse hinreichend gerechtfertigt erscheint. Die eigentliche Selbstüberschreitung des Menschen zu einem neuen, künftigen Wesen findet sich erstmals wieder bei Karl Marx, und zwar, wie Karl Löwith feststellte, mit unverkennbaren Anleihen bei der christlichen Eschatologie und Apokalyptik: Die messianische Erlösungsfunktion des Proletariats als »auserwähltes Volk« und Keimzelle des neuen Menschen gehört ebenso dazu wie der Antagonismus von Bourgeoisie und Proletariat, in Analogie zum Endkampf zwischen Christus und dem Antichrist (Löwith 1953: 48).

Mit der russischen Revolution mündet dies in die Utopie des sozialistischen »Neuen Menschen«, wie sie am kühnsten Leo Trotzki entworfen hat:

> Der Mensch wird sich zum Ziel setzen, seiner eigenen Gefühle Herr zu werden, seine Instinkte auf die Höhe des Bewußtseins zu heben, sie durchsichtig klar zu machen [...] und sich so auf eine Stufe zu erheben – einen höheren gesellschaftlich-biologischen Typus, und wenn man will – den Übermenschen zu schaffen. [...] Der durchschnittliche Menschentyp wird sich bis zum Niveau des Aristoteles, Goethe und Marx erheben. Und über dieser Gebirgskette werden neue Gipfel aufragen. (Trotzki 1924/1968: 214 f.)[7]

Dagegen ist Nietzsches Idee des Übermenschen bekanntlich von ganz anderer Art – nicht die kollektive Verwirklichung des menschlichen Gattungswesens, sondern die aristokratische Steigerung des »Willens zur Macht« (Nietzsche 1980a: 146 f.), die Erhebung des überragenden Einzelnen über den Herdenmenschen. »*Ich lehre euch den Übermenschen.* Der Mensch ist etwas, das überwunden werden soll« – so beginnt der *Zarathustra* (ebd.: 14). Die Selbstüberschreitung des Menschen ist zugleich die Antwort auf den Verlust von

7 Die biologische Komponente dieser Utopien findet sich noch bei Ernst Bloch: »Ja es ist auch marxistisch, bewusst bereits in das *Vorbedingende* einzugreifen [...], den Leib bereits vor der Geburt in seinen Anlagen richten zu wollen [...].« (Bloch 1959/1977: 545 f.)

Transzendenz, den Tod Gottes. Nun, da die Welt keinem göttlichen Endzweck mehr zustrebt, wird der Übermensch zum Träger der Umwertung aller Werte (29-31), zum Gegenstand seiner eigenen, schöpferischen Selbstvervollkommnung, die ihn auch die »ewige Wiederkunft des Gleichen« als erlösende Einsicht bejahen lässt (271-277). Diese Transformation kann sich als Selbstkultivierung, aber auch – hier kommt die neue Evolutionslehre ins Spiel – als Züchtung vollziehen, wie Nietzsche an anderer Stelle andeutet:

> Eine Frage kommt mir immer wieder, eine versucherische und schlimme Frage vielleicht: [...] Wäre es nicht an der Zeit, je mehr der Typus »Herdentier« jetzt in Europa entwickelt wird, mit einer grundsätzlichen, künstlichen und bewußten *Züchtung* des entgegengesetzten Typus und seiner Tugenden den Versuch zu machen? (Nietzsche 1980b: 73)

In jedem Fall kann der Übermensch sich selbst erschaffen – sei es durch Selbsterziehung, Selbststeigerung oder eben durch biologische Mutation.

Sowohl Marx als auch Nietzsche haben also die christlich-eschatologische Selbsttranszendenz des Menschen umgedeutet, wenngleich in sehr unterschiedlicher Weise. Gemeinsam ist ihnen die Transformation der Heilsgeschichte in eine radikale innerweltliche Utopie. Das 20. Jahrhundert hat dann freilich den potenziell totalitären Kern der Idee des »Neuen Menschen« hinreichend zutage gefördert – auch wenn die Verbindungslinien zu den Utopien des 19. Jahrhunderts nicht zu direkt gezogen werden können.[8]

Wenn nun diese Idee im kruden Materialismus und naiven Technikoptimismus der Transhumanisten wiederaufersteht, könnte man sich an Marx' Satz erinnert fühlen, wonach sich alle historischen Geschehnisse zweimal ereignen, zuerst als Tragödie, dann als Farce (Marx 1852/1960: 115). Aber wir wissen noch nicht, welche

8 Die religiösen Wurzeln der totalitären Ideologien des 20. Jahrhunderts hat vor allem Eric Voegelin (1939, 1959) untersucht. Sie stellen aus seiner Sicht säkularisierte Spätformen der Grundmuster religiöser Verfalls- und Erlösungsgeschichten dar, deren messianische ebenso wie apokalyptische Motive nunmehr in die Geschichte projiziert werden.

realen Folgen die gegenwärtigen Utopien der Menschenverbesserung zeitigen werden. Zumindest sind sie ein erneuter Beleg dafür, dass ein Streben nach Selbstüberschreitung dem Menschen inhärent zu sein scheint – sodass mit dem Verlust der eschatologischen Transzendenz sogar eine trans- oder posthumane Selbstaufhebung der Gattung Anziehungskraft gewinnen kann. Der Mensch scheint es mit sich selbst nicht gut auszuhalten.

Der Transhumanismus, dem ich mich damit wieder zuwende, hat seine Ursprünge im radikaleren Posthumanismus der 1980er Jahre.[9] Er beginnt mit einer futuristischen Verherrlichung der Technik und der Vision eines posthumanen Maschinenzeitalters, so etwa in Hans Moravecs *Mind Children. The Future of Robot and Human Intelligence* (1988):

> Was uns erwartet, ist [...] eine Zukunft, die sich aus unserer heutigen Sicht am ehesten mit den Worten »postbiologisch« oder sogar »übernatürlich« beschreiben lässt. Es ist eine Welt, in der die menschliche Rasse von der Flut des kulturellen Wandels weggeschwemmt wurde, entthront von ihrer eigenen künstlichen Nachkommenschaft. [...] [I]m nächsten Jahrhundert werden sie [die Maschinen] zu Wesen ausreifen, die ebenso komplex sind wie wir selbst, und schließlich zu etwas, das alles uns Bekannte überschreitet – und wir werden stolz sein können, wenn sie sich als unsere Nachkommen bezeichnen. (Moravec 1988: 1; Übers. T. F.)

Moravec formulierte auch bereits die Idee einer digitalen Unsterblichkeit durch »*transmigration*« des Geistes, die nach seiner Schät-

9 Im Allgemeinen strebt der Transhumanismus nur die Verbesserung des gegenwärtigen Menschen an, während der Posthumanismus den Menschen grundsätzlicher kritisiert und seine Ersetzung durch eine neue Spezies ins Auge fasst. Beide Richtungen sind aber nicht streng voneinander zu trennen. Sorgner (2010) nennt als mögliches Kriterium für ein posthumanes Wesen den Verlust der gemeinsamen Paarungsfähigkeit, vergleichbar dem Verhältnis von Mensch und Schimpanse; es würde sich demnach um eine neue biologische (oder biotechnologische) Art handeln. Bostrom hingegen definiert Posthumanität recht arbiträr dadurch, dass mindestens eine der folgenden Eigenschaften vorliegen muss: (a) Lebenserwartung von über 500 Jahren, (b) kognitive Fähigkeiten, die mehr als zwei Standardabweichungen über dem heutigen menschlichen Maximum liegen, (c) weitgehende Kontrolle über die eigenen Sinneswahrnehmungen, (d) weitgehendes Verschwinden psychischer Leiden (Bostrom 2018: 38).

zung schon im Jahre 2018 (!) technisch möglich sein sollte (ebd.: 108). Während die biologische Menschheit langsam ausstirbt, werde der Mensch durch Computersimulation die Fortexistenz seines Geistes sichern. Moravecs Nachfolger Ray Kurzweil hat die Prognose inzwischen korrigiert: Er erwartet die Singularität, die Verschmelzung von Mensch und Computer zum Cyborg und damit die digitale Unsterblichkeit, erst für 2045 (Kurzweil 2005). Der Gedanke des *mind uploading* bleibt der gleiche:

> Bis heute ist unsere Sterblichkeit an die Lebensdauer unserer *Hardware* gebunden. Wenn die Hardware am Ende ist, sind wir es auch. [...] Sobald wir jedoch den Sprung wagen und uns selbst in unserer Computertechnik instantiieren, wird unsere Identität auf einer sich stetig fortentwickelnden Bewusstseinsdatei basieren. Wir werden dann keine Hardware mehr sein, sondern Software. (Kurzweil 1999: 205 f.)

Doch die gemäßigtere transhumanistische Bewegung ist inzwischen nicht mehr nur auf ein posthumanes Zeitalter fokussiert, sondern widmet sich allen Varianten der Optimierung der menschlichen Natur, die sich mit biotechnologischen Mitteln auch in naher Zukunft erreichen ließen. Auch dies könnte nach und nach zu einem »Homo optimus« führen, wie ihn der Oxforder Futurologe Ian Pearson anpreist:

> Mit optimierten Genomen und durch externe Technologie verbesserten Körpern könnten die Menschen schöner sein [...], intelligenter, physisch begabter, sozial verbundener, allgemein gesünder und rundum glücklicher. (Pearson, zit. n. Griffiths 2016; Übers. T. F.)[10]

Man mag solche und ähnliche Versprechungen für zu oberflächlich und töricht halten, um sich ernsthaft mit ihnen zu beschäf-

10 Es sei noch eine andere Beschreibung künftiger transhumanistischer Freuden zitiert: »Sie haben soeben Ihren 170. Geburtstag gefeiert und sich nie besser gefühlt: Jeder Tag ist ein Fest. Sie haben völlig neue Kunstformen erfunden und sich dabei auf ihre neu erworbenen Empfindungen und kognitiven Fähigkeiten gestützt. Sie hören immer noch Musik – aber eine, die so hoch über Mozart steht wie dieser über schlechter Fahrstuhlmusik. [...] Die Dinge werden immer besser, aber schon jetzt ist jeder Tag phantastisch.« (Bostrom 2018: 152 f.)

tigen. Doch sind die transhumanistischen Utopien inzwischen zu weit verbreitet, um sie einfach ignorieren zu können. Vor allem aber können Gedankenexperimente zu einer Umgestaltung der menschlichen Natur am Ende immerhin dazu beitragen, uns mit den Unvollkommenheiten der menschlichen Existenz eher auszusöhnen. Daher wende ich mich jetzt den eingangs genannten Argumenten zu.[11]

Ist die menschliche Natur verbesserungsfähig?

Beginnen wir mit der Frage, ob sich die menschliche Natur durch genetische, neurotechnische oder andere Eingriffe denn grundlegend verbessern ließe. Dabei sollen alle *vorübergehenden* Eingriffe durch pharmakologische oder technische Mittel (Stimmungsaufheller, kognitive Enhancer, Stimulantien, Neuromodulation) hier außer Acht bleiben. Sie unterliegen zwar ebenfalls einer ethischen Bewertung, diese ist aber nicht von grundlegender, also anthropologischer Natur, sondern wird sich vor allem an individuellen Nebenwirkungen oder sozialen Folgewirkungen orientieren müssen (zum Beispiel an der Ungleichverteilung der nötigen Ressourcen, einem möglichen »Steigerungswettlauf« etc.). Ich betrachte im Folgenden also nur denkbare *dauerhafte* Eingriffe in die Natur des Menschen. Gäbe es denn zumindest der Möglichkeit nach eine bessere Ausgabe von Homo sapiens – einen biotechnisch revolutionierten »Homo optimus«?

(1) Kognitive Fähigkeiten

Beginnen wir mit dem kognitiven *enhancement*, also der Steigerung von Vigilanz, Aufmerksamkeits-, Lern- und Gedächtnisleistungen, wie sie bereits jetzt durch Psychostimulanzien wie Methylphenidat, Modafinil oder Amphetamine möglich ist. Auch die transkranielle Neurostimulation wird zur Förderung von Lernleistungen

11 Vgl. zum Folgenden auch die in eine ähnliche Richtung argumentierenden Beiträge von Hauskeller (2011, 2014), einem der wichtigsten Kritiker des Transhumanismus.

zunehmend eingesetzt (Kuo/Nitsche 2012; Krause/Kadosh 2013). Allerdings würde nur eine *allgemeine* Steigerung der menschlichen Kognitionsleistungen das Problem der Ungerechtigkeit vermeiden, das sich bei individuellem *enhancement* sofort stellen würde (viele scheinbare Vorteile des *neuroenhancement* wären freilich rasch hinfällig, wenn es *jedem* zugutekäme). Fragen wir uns also: Wäre die generelle, also nicht nur situationsbezogene und selektive Steigerung der genannten Fähigkeiten wirklich wünschenswert?

Die Erhöhung von *Aufmerksamkeitsleistungen* scheint auf den ersten Blick ein unbestreitbarer Vorteil zu sein, wenn es um Lerngeschwindigkeit oder die berufliche Leistungsfähigkeit geht. Doch Aufmerksamkeit ist ein knappes Gut, um das viele Reize und mögliche Gegenstände konkurrieren. Eine übermäßige Fokussierung muss notwendig zur Ausblendung anderer, möglicherweise ebenfalls relevanter Objekte führen. So berichten Probanden und Patienten unter der Einnahme von Methylphenidat (Ritalin), einem Psychostimulans zur Behandlung von Aufmerksamkeitsdefiziten, dass die erhöhte Fixierung auf die jeweilige Aufgabe alles andere zweitrangig werden lässt. Das Bedürfnis nach zwischenmenschlichen Beziehungen und das Interesse an neuen Erfahrungen sind reduziert, Spontaneität und Kreativität nehmen ab.[12] Eine erhöhte Fokussierungsfähigkeit mag in bestimmten Situationen zweifellos von Vorteil sein – eine generelle Steigerung der menschlichen Aufmerksamkeitsleistung jedoch hätte einen Verlust an Offenheit, Flexibilität und Beeindruckbarkeit durch Neues zum Preis. Stattdessen würde die ohnehin schon bestehende Spirale von Leistungssteigerung, Beschleunigung und Konkurrenz weiter vorangetrieben. Wollen wir also immer besser funktionieren – oder aber beweglich, offen und kreativ bleiben? Wir haben es mit einem typischen Optimierungskonflikt zu tun, der letztlich auch alle anderen vermeintlichen Verbesserungen charakterisiert.

Analog verhält es sich beispielsweise mit der Steigerung der

12 Vgl. dazu Swartwood et al. (2003), Mohamed (2014), Fallon et al. (2017) und Gvirts et al. (2017).

Gedächtnisleistung. Sich vieles oder alles merken zu können, erscheint als ein selbstverständlicher Gewinn, und vielfach ist es das auch. Doch gerät dabei leicht die lebenswichtige Balance zwischen Erinnern und Vergessen aus dem Blick. Das Vergessen nämlich entlastet das Gedächtnis von einer Überfülle an Details, sodass die wirklich bedeutsamen Erinnerungen überhaupt erst hervortreten können (Fuchs 2012). Darauf hat bereits William James aufmerksam gemacht:

> Selektion ist der Kiel, auf den unser geistiges Schiff gebaut ist. Und im Fall des Gedächtnisses ist ihr Nutzen offensichtlich. Wenn wir uns an alles erinnerten, wären wir in den meisten Fällen ebenso schlecht dran, als wenn wir uns an nichts erinnern könnten. (James 1890/1950: 680; Übers. T. F.).

Das Vergessen erlaubt es auch, das Erlebte zu verarbeiten, abzulegen und so die potenziell lähmende Wirkung der Vergangenheit zu neutralisieren, die andernfalls im Leben immer weiter anwachsen würde. Nur so erhält der Geist die Möglichkeit zur Erneuerung, die Fähigkeit, die Welt immer wieder mit neuen Augen zu sehen.

Die Bedeutung dieser Balance lässt sich anhand einer seltenen Anomalie erkennen, nämlich der *Hyperthymesie.* Menschen mit diesem Syndrom können zwar mit Hilfe ihres überentwickelten Gedächtnisses jeden Tag ihres Lebens minutiös nachzeichnen, doch sind sie zugleich auch einem ständigen Kreuzfeuer von meist belanglosen Erinnerungen ausgesetzt, die sie nicht unterdrücken können.[13] Zudem erschwert die überkonkrete Erinnerung das Denken in Begriffen. Denn es gibt für die Betroffenen, wie Lurija (2000) es beschreibt, keinen »Baum« an sich, ebenso wenig wie

13 So schreibt die Hypermnestikerin Jill Price in ihrer Autobiographie: »Als ich heranwuchs und immer mehr Erinnerungen in meinem Gehirn gespeichert wurden und immer mehr davon als flirrende Bilderflut durch mein Bewusstsein strömten, fühlte ich mich wie eine Gefangene meines Gedächtnisses.« (Price 2009: 8) »Pausenlos tauchen irgendwelche Erinnerungen auf, als hätte ich eine Leinwand in meinem Kopf, auf der zufällig zusammengefügte Szenen aus meinem Leben ablaufen – ein wirrer Film, der völlig unkontrollierbar zwischen verschiedenen Tagen und Jahren, zwischen guten und schlechten Erfahrungen [...] hin und her springt.« (Ebd.: 32)

eine allgemeine »Eiche« oder »Buche«, sondern immer nur jeweils *diese eine*, ganz bestimmte Buche hinter dem Haus, während ihnen die Buche im Stadtwald wiederum als ein ganz anderer, mit dem ersten unvergleichbarer Baum erscheint. Wer also keine Einzelheit vergessen kann, vermag auch nicht zu abstrahieren und sieht daher buchstäblich vor lauter Bäumen den Wald nicht mehr.[14]

Vergessen wirkt somit auf mehrfache Weise befreiend; ja letztlich *ermöglichen* Erinnern und Vergessen einander, so wie Vorder- und Hintergrund. Wenn daher die bloße Maximierung des Gedächtnisses keinen wirklichen Vorteil, sondern eher eine Gefahr darstellt, müsste man für ein sinnvolles *enhancement* in der Lage sein, Erinnerungen danach auszuwählen, ob man sie behalten oder vergessen möchte. Doch selbst wenn eine solche Selektion technisch überhaupt möglich wäre, bliebe immer noch die Frage, wovon sie abhängig sein soll – die Relevanz von Erinnerungen ändert sich nämlich ständig, und es kann gut sein, dass wir zu einem späteren Zeitpunkt die getroffene Wahl gerne wieder rückgängig machen würden. Es ist gerade das Charakteristikum unseres Gedächtnisses, dass es eine lebendige Balance zwischen Erinnern und Vergessen herstellt, die sich je nach gegenwärtigen Erfordernissen immer wieder neu konfiguriert – das scheinbar Vergessene kann in geeigneten Situationen unverhofft wiederauftauchen. Dagegen würde eine gezielte Löschung oder umgekehrt die Erzeugung von Erinnerungen durch Hirnstimulation eine artifizielle Identität an die Stelle der eigenen Lebensgeschichte setzen. Ein solches Gedächtnisdesign mag für Transhumanisten attraktiv sein, die meisten Menschen werden vor einer solchen Möglichkeit aber doch zurückschrecken. Noch ist Authentizität für uns ein hohes Gut.

14 Ähnlich charakterisiert Jorge Louis Borges in seiner Erzählung »*Funes el Memorioso*« (»Das unerbittliche Gedächtnis«) einen Hypermnestiker, der zwar ohne Mühe Englisch, Französisch, Portugiesisch und Latein gelernt hatte, jedoch »zum Denken nicht sehr begabt war. Denken heißt, Unterschiede vergessen, heißt verallgemeinern, abstrahieren. In der vollgepfropften Welt von Funes gab es nichts als Einzelheiten, fast unmittelbarer Art.« (Borges 1981b: 181)

(2) Glück und Moral

Gehen wir weiter zur Verbesserung der *Stimmung*. Wer wollte es den Menschen verübeln, wenn sie angesichts der Mühsal und der vielfältigen Frustrationen des Lebens ihrem Glückserleben pharmakologisch oder technologisch nachhelfen wollten? Doch Wohlbefinden, Zufriedenheit und Glück sind gewissermaßen die Belohnungen, die die Natur für uns vorgesehen hat, der Ertrag von Mühe und Anstrengung, und sie stehen in der Regel durchaus im Verhältnis zum investierten Aufwand. Bergwanderer kennen die deutlichen Unterschiede im Glückserleben, wenn sie einen Gipfel selbst bestiegen haben oder aber sich mit der Seilbahn hinauffahren ließen. Jede intensivere Lebensfreude ist die Frucht des Erreichens von realen Zielen, und sie ist meist proportional zu den Widerständen auf dem Weg dahin.[15]

Würden Wohlbefinden und Glück nun gewissermaßen gratis auf einem dauerhaft hohen Pegel gehalten, so würde nicht nur das menschliche Streben nach Selbstentwicklung und Selbstüberschreitung erlahmen. Das Glückserleben würde auch abflachen, da es eben »unverdient« und nicht als befriedigendes Resultat eigener Anstrengung zustande käme. Zugleich nähme die Frustrationstoleranz ab, da die Überwindung von Widerständen und Rückschlägen nicht mehr in gleichem Maß eingeübt würde. Tatsächliche individuelle und gesellschaftliche Missstände hingegen würden im Zuge eines inflationären Wohlbefindens gar nicht mehr wahr- oder

15 Die für die Erfahrung von Befriedigung und Glück relevanten Zentren im Gehirn (limbisches System, *Nucleus accumbens*) heißen nicht zufällig »Belohnungssysteme«. Das Verlangen und die Aussicht auf Belohnung sind neurobiologisch gesehen für die Handlungsmotivation, für Neugier und Erfolgsstreben von zentraler Bedeutung. Freilich ist damit das menschliche Streben nicht hinreichend erklärt; es wäre grotesk anzunehmen, es sei Beethoven, van Gogh oder Kafka in erster Linie darum gegangen, sich durch ihr Werk Wohlbefinden oder Lust zu verschaffen.

Da die Botenstoffe des Belohnungssystems (Dopamin, Endorphine) allerdings auch dann ausgeschüttet werden, wenn ein Mensch z. B. Drogen konsumiert oder sich dem Glücksspiel hingibt, kann statt einer gesunden Handlungsmotivation auch eine Sucht entstehen. Das Lustgefühl wird dann direkt gesucht, nicht mehr auf dem Weg der Überwindung von realen Widerständen.

gleichgültig hingenommen, anstatt gegen sie anzukämpfen. All dies ähnelt den psychischen Veränderungen, die sich auch bei Drogenkonsumenten im Langzeitverlauf beobachten lassen. Denken wir schließlich noch an Huxleys *Brave New World* (1932), in der die allgemeine Einnahme der stimmungsaufhellenden Droge »Soma« der seichten Luststeigerung und zugleich Ruhigstellung der Bevölkerung dient: Ein solches »*enhancement*« erscheint wenig erstrebenswert, selbst wenn die Glückssteigerung eine freiwillige, nicht eine staatlich verordnete Maßnahme wäre.[16]

Eine ganz andere Variante von Vorschlägen zielt auf die Verbesserung der *Sozialität und Moralität* des Menschen. Gerade die Aussicht auf kognitive Leistungssteigerung des Menschen, so argumentieren zum Beispiel Persson und Savulescu (2012), würde ein Gefahrenpotenzial in sich bergen, wenn sie nicht mit einer Erhöhung der Bereitschaft einherginge, altruistisch zu empfinden und prosozial zu handeln. Denn die evolutionäre Ausstattung des Menschen sei nur auf die Beziehungen in Kleingruppen und auf die unmittelbare Zukunft ausgerichtet, für die Bewältigung globaler Aufgaben und den Umgang mit gefährlichen Technologien aber psychologisch und moralisch unzureichend. Da Eigenschaften wie Altruismus oder Gerechtigkeitsempfinden eine biologische Basis hätten, sei es ethisch gesehen unerlässlich, auch solche moralischen Dispositionen pharmakologisch oder gentechnologisch zu optimieren (vgl. zum Überblick auch Lavazza/Reichlin 2019).

So lässt sich beispielsweise durch das Hormon Oxytocin das Vertrauen, die Empathie und die Bindungsneigung von Menschen steigern. Könnte man nicht chronisch bindungsunwillige Personen dadurch beziehungsfähiger machen oder gleich die ganze Mensch-

16 Natürlich könnte es im Zuge eines generellen *enhancement* dazu kommen, dass immer mehr Menschen die pharmakologisch oder technologisch erzeugte Lust der Befriedigung nach einer Anstrengung vorziehen. Schon jetzt benutzen ja viele lieber den Lift, um auf einen Gipfel zu gelangen, und das ist auch ihr gutes Recht. Gefährlich wäre jedoch eine generelle Tendenz zur anstrengungslosen Luststeigerung, die zu allen Begleiterscheinungen der Sucht führen würde. Spätestens hier wird die Frage nach dem Menschenbild, das solchen Optimierungsbestrebungen zugrunde liegt, eine politische.

heit? – Auch der Neurotransmitter Serotonin fördert prosoziales Verhalten und erhöht die Aversion dagegen, anderen Gewalt zuzufügen. Das wurde in einer Studie zu dem bekannten »Trolley-Dilemma« untersucht: Eine Straßenbahn droht fünf Personen auf einem Gleis zu überrollen; darf man diese *fünf* Personen retten, indem man die Bahn auf ein anderes Gleis umleitet, auf dem sie nur *eine* Person töten würde? Eine pharmakologische Erhöhung des Serotoninspiegels führt nun bei Versuchspersonen dazu, dass sich eher ihr emotionaler Widerstand gegen eine herbeigeführte Tötung durchsetzt als die rational-utilitaristische Überlegung, die Bahn umzulenken und dadurch einen Menschen zu töten (Crocket et al. 2010). Wäre Serotonin also ein geeigneter *moral enhancer*?

Doch gerade das letzte Beispiel zeigt, dass es hinsichtlich moralischer Dilemmata gar keinen allgemeinen Konsens gibt – Utilitaristen würden die Serotonin-Erhöhung als eine Begünstigung »irrationaler« Moralempfindungen wohl entrüstet ablehnen. Zudem geht auch hier eine einseitige Förderung von moralischen Dispositionen immer mit nachteiligen Folgen an anderer Stelle einher. Wenn Oxytocin Menschen beziehungsorientierter macht, sind sie auch eher bereit, *Nachteile* in der Beziehung in Kauf zu nehmen, ja sich womöglich zu ihrem Schaden von anderen dominieren zu lassen. Wie sich gezeigt hat, führt Oxytocin-Einwirkung auch eher dazu, Mitglieder der eigenen Gruppe gegenüber Fremden zu bevorzugen, es begünstigt sogar Vorurteile und Xenophobie (De Dreu et al. 2010, 2011). Das neurochemisch gesteigerte Bindungsempfinden bleibt also auf die Kerngruppe fokussiert, ganz im Gegensatz zu der von Persson und Savulescu erhofften universalistischen Moral. Und wenn Menschen durch Serotonin oder andere Mittel aggressionsgehemmter werden, mag dies auf den ersten Blick eine friedlichere Welt begünstigen, doch zugleich schafft es Schurken oder Psychopathen, die nur auf die Manipulation anderer aus sind, freie Bahn.[17] Schon im Ultimatum-Spiel, einem weiteren Testverfahren zur Erfassung der gegenseitigen Fairness der Teilnehmer, zeigt sich

17 Zumindest solange nicht ein allgemeines und globales moralisches *enhancement* realisiert wäre – was freilich ein unwahrscheinliches Szenario darstellt.

unter Serotonin eine erhöhte Bereitschaft, auch unfaire Angebote der Gegenseite zu akzeptieren (Crocket et al. 2010). Eine erhöhte Aggressionshemmung wäre also ein zweischneidiges Schwert, und es könnte sich herausstellen, dass eine serotonin-optimierte Welt keineswegs friedlicher, sondern am Ende autoritärer und gewaltsamer aussähe, als man es sich vorgestellt hatte.

Damit wird die Aporie einer moralischen Verbesserung des Menschen deutlich: Es gibt gar keine moralischen Dispositionen, die uneingeschränkt zu bejahen sind, da hier das Gute oder das für den Menschen Angemessene offenbar wesentlich in einem Ausgleich gegensätzlicher Anforderungen, also in einer Proportionalität besteht, die die unvermeidbaren Widersprüche der Conditio humana immerhin zu versöhnen sucht.

(3) Altern und Tod

Die zentralen biotechnischen Utopien schließlich richten sich auf das Altern und den Tod. Die Fortschritte der Bio-Gerontologie, insbesondere die Entdeckung von Genen, die den Alterungsprozess steuern, haben den Visionen Auftrieb gegeben, das Altern des Körpers anzuhalten und die Lebenszeit immer weiter auszudehnen, ja womöglich Unsterblichkeit zu erlangen. »Das größte aller Übel abzuschaffen: den Tod«, forderte Max More (1990: 10; Übers. T. F.), einer der Begründer der transhumanistischen Bewegung, und falls doch nicht eine garantierte Unsterblichkeit das Ziel sei, dann immerhin eine nicht mehr durch Alterung begrenzte Lebenszeit (More 2009).[18] Gegen den Einwand, es könnte uns angesichts der

18 Gemeint ist Folgendes: Wenn der Tod auch nicht mehr unausweichlich durch Alterung und Desintegration des Organismus eintreten würde, so wäre er doch immer noch eine kontingente Möglichkeit, nämlich aufgrund äußerer Ursachen wie Unfälle, Tötung oder Suizid. Damit wäre zwar eine prinzipiell unbegrenzte Lebenszeit gegeben, aber irgendwann würde aller Wahrscheinlichkeit nach doch ein von außen herbeigeführter Tod eintreten. Dahingegen liegt eine *notwendige* Unsterblichkeit (d. h. die de facto vollständige Unverwundbarkeit) gewiss jenseits des für lebendige Wesen Vorstellbaren (vgl. zu dieser Unterscheidung zwischen notwendiger und kontingenter Sterblichkeit auch Kreuels 2010, 2015).

Ewigkeit letztendlich doch langweilig werden, führen die Transhumanisten Nick Bostrom und Rebecca Roache viele Projekte an, die sich in der begrenzten menschlichen Lebenszeit nun einmal nicht realisieren lassen, etwa das Erlernen aller Musikinstrumente eines Orchesters, das Schreiben eines Buches in jeder wichtigen Sprache oder eine Reise zu Alpha Centauri. Wenn wir aber »von frühem Alter an vernünftigerweise erwarten könnten, unbegrenzt zu leben, dann könnten wir Projekte verfolgen, die dazu bestimmt sind, uns für hunderte oder tausende Jahre zu beschäftigen.« (Bostrom/Roache 2007: 126; Übers. T. F.)

Doch die Unsterblichkeit ist eine widersprüchliche Vorstellung, denn näher besehen gehört der Tod zum Leben wie die Nacht zum Tag. Vergegenwärtigen wir uns zunächst die Grundbedingungen des Lebendigen: Organismen erhalten sich selbst und ihre innere Ordnung gegenüber der Entropie, also den ungeordneten Prozessen der physikalischen Umgebung. Diese »unwahrscheinliche« Ordnung (Negentropie) ist aber aus prinzipiellen Gründen auf den Stoff- und Energieaustausch mit Umwelt angewiesen und bleibt damit immer prekär: Lebewesen sind bedürftig, und daher sind sie sterblich. Der Verlust der inneren Homöostase bedeutet ihren Untergang. Das Leben muss also gleichsam dem drohenden Zerfall fortwährend abgerungen werden; es ist vom Prinzip her der Möglichkeit des Todes ausgesetzt. Alle Lebewesen können sterben, und von den Mehrzellern an ist der Tod ihr sicheres Schicksal.

Doch diese Auseinandersetzung mit dem möglichen Nicht-Sein bedeutet, wie Hans Jonas (1992) betont hat, zugleich die Selbstaffirmation des Lebendigen: Leben bejaht sich selbst. Und dies ist zugleich die Grundlage für alles, was in der Welt überhaupt einen Wert oder ein Gut darstellt. Denn es ist die Bedeutsamkeit für das eigene Fortbestehen, die Dinge und Zustände für das Lebewesen attraktiv, erstrebenswert oder aber leidvoll und bedrohlich macht. Lust und Schmerz, Bedürfnis und Befriedigung haben ihren Grund darin, dass das Leben sich gegen den möglichen Tod behaupten muss. Die Bedrohung durch das Nicht-Sein, der Stachel des Todes ist es also, der die Bejahung des Lebens und seines Wertes erst zu sich kommen lässt. Die Lust am Leben hat daher die Angst vor dem Tod als ihr notwendiges Komplement.

Das gilt zunächst für die Grundbedingungen des Lebens; doch es entspricht auch unserer existenziellen Erfahrung. Erst mit dem Bewusstsein des Todes wächst die Wertschätzung des Lebens; nur das »Sein-zum-Tode« gibt dem Leben seinen eigentlichen Ernst. »Lehre uns denn zu zählen unsere Tage, damit wir ein weises Herz erlangen«, heißt es in den Psalmen (90, 12). »Wer die Menschen sterben lehrte, der würde sie leben lehren«, schreibt Montaigne im gleichen Sinn in seinen *Essais* (I, 20; 1998: 49). Menschen, die dem Tod nahe waren oder an einer todbringenden Erkrankung leiden, empfinden die verbleibende Zeit als umso kostbarer, und ihre Erfahrung der Gegenwart wird intensiver. Was würde es umgekehrt bedeuten, wenn die Lebenszeit nicht mehr begrenzt wäre? Die Erfahrungen von Glück, Intensität und Gegenwart würden verflachen, denn die Farben des Lebens leuchten erst vor dem dunklen Hintergrund des Todes. Sicherlich würde sich Lust immer noch von Schmerz, Freude von Leid abheben. Doch alle Freuden wären beliebig oft wiederholbar und bereits dadurch entwertet.

In Jorge Louis Borges' Erzählung »Der Unsterbliche« führt die Reise zu den unsterblichen Troglodyten den Erzähler zu der Erkenntnis, dass das endlose Leben die Erstarrung in der ewigen Wiederkehr des Gleichen und damit die äußerste Langeweile bedeutet (Borges 1981a). Nachdem er selbst vom Wasser des ewigen Lebens getrunken hat, wird der Erzähler immer mehr zu einem apathischen Wesen, das jedes Interesse an sich und der Welt verliert; denn nichts ist mehr von Bedeutung.

> Alles hat bei den Sterblichen den Wert des Unwiederbringlichen und des Gefährdeten. Bei den Unsterblichen dagegen ist jede Handlung (und jeder Gedanke) das Echo von anderen, die ihr in der Vergangenheit ohne ersichtlichen Beginn vorangingen. [...] Es gibt kein Ding, das nicht gleichsam verloren wäre zwischen unermüdlichen Spiegeln. Nichts kann nur ein einziges Mal geschehen, nichts ist auf kostbare Weise gebrechlich. (Borges 1981a: 20)

Mit unendlicher Lebenszeit bleibt alles immer noch möglich und alles reversibel. Damit gibt es auch im existenziellen Sinn keine Entscheidung mehr. Ich kann heute A statt B tun, aber es bleibt ohne Ernst und Dringlichkeit, denn beim nächsten Mal könnte ich wieder umgekehrt entscheiden. Nichts würde uns mehr drängen, die Zeit unseres Lebens zu nutzen, Pläne noch zu verwirklichen, ja zu uns selbst zu finden. Das Leben würde dahinplätschern, immer weiter, ohne Ende, aber auch ohne Ziel.[19]

Man mag einwenden, dass es ja schon genüge, die Lebensdauer wenigstens auf zwei- oder dreihundert Jahre zu erhöhen. Wie viel mehr Lebensmöglichkeiten ließen sich dann verwirklichen, welche Fähigkeiten noch erlernen, Begabungen nutzen, Projekte realisieren! Doch vergisst man dabei, dass eine solche Erweiterung zwar hochwillkommen erscheinen mag, aber doch nur aus der Perspektive unserer jetzigen Lebenserwartung. Wenn das menschliche Leben erst einmal durchschnittlich 300 Jahre lang ist, wird sich das Bewusstsein des Individuums der neuen Zeitspanne anpassen und sie als ebenso begrenzt empfinden wie wir unsere 80 oder 90 Jahre Lebensdauer. Und ist es wirklich so, dass der Wert von Erfahrungen und der Realisierung von Projekten in ihrer bloßen Aufsummierung liegt? Besteht das Gelingen des menschlichen Lebens in der Quantität der erzielten Glückserlebnisse? Das Bestreben, gleich dem Homo oeconomicus den Ertrag des eigenen Lebens zu maximieren, scheint für dessen Gelingen eher von Nachteil zu sein.

Doch noch etwas anderes kommt hinzu: Jede Verlängerung des Lebens, erst recht die Unsterblichkeit, würde das Gleichgewicht zwischen den Generationen zuungunsten der Nachkommen aufheben. Bereits biologisch gesehen ist der Tod der Individuen die Voraussetzung dafür, dass Raum für neues Leben und damit, im evolutionären Verlauf, auch für neue Varianten des Lebens entsteht. Mit ihrer Fortpflanzung haben Lebewesen dieses Prinzip realisiert. Ihr weiteres Fortleben würde nur zur Überbevölkerung führen und

19 Aus identitätstheoretischer Sicht hat vor allem Bernard Williams (1978) dafür argumentiert, dass ein unsterbliches Leben zwangsläufig zu Monotonie und ewiger Langeweile führen würde.

die ökologischen Ressourcen der Nachkommen rasch verbrauchen. Die Übervölkerung der Erde durch den Menschen ist bereits jetzt offensichtlich – man stelle sich vor, wie die Ausbeutung ihrer Ressourcen durch mehrhundertjährige oder unsterbliche Menschen noch potenziert würde; und welche Kriege um Land und Ressourcen auf die Unsterblichen zukämen.

Eine ähnliche Problematik betrifft die intergenerationellen Beziehungen. Die Mortalität ist letztlich die Voraussetzung der Natalität, der »Gebürtlichkeit« des Menschen, deren grundlegende Bedeutung Hannah Arendt (1986) aufgezeigt hat. Natalität ist für sie die Quelle des Neuen, der Verheißung und der Zukunft; sie bedeutet, die Welt immer wieder mit neuen Augen sehen und sich frei entscheiden zu können, ohne von einer schicksalhaften Vergangenheit determiniert zu sein. Doch dieser Neuanfang, den jedes Zur-Welt-Kommen eines Kindes bedeutet, ist in einem emphatischen Sinne nur möglich, wenn die Älteren diese Welt wieder verlassen. Die jüngeren Generationen hätten sonst niemals Raum für ihre eigene Blütezeit; sie würden nie von der Gerontokratie der Altvorderen befreit. Die Probleme der bereits bestehenden Überalterung westlicher Gesellschaften würden sich potenzieren. Der Tod ist noch immer die wirksamste Einschränkung unserer Neigung zur Egozentrik und zum Narzissmus. Wir geben das Leben an andere weiter und sorgen für ihre Zukunft, nicht nur für unsere eigene. Wenn unser Streben nicht vom Willen beseelt ist, den Kindern und Enkeln eine bessere Welt zu hinterlassen, kreist es um sich selbst und wird richtungslos. Wären die Menschen unsterblich, dürfte auch ihre Bereitschaft, Nachkommen zu zeugen und ihnen ihre eigene Zukunft zu ermöglichen, rasch nachlassen. Die Menschheit würde immer weiter altern, in ihren einmal eingespielten Lebensformen erstarren und schließlich, in der Wiederholung des Immergleichen, einer alles überschattenden Müdigkeit erliegen.

Doch auch für die Natalität und Spontaneität des Individuums hätte die Entgrenzung der Lebenszeit gravierende Folgen. Das Gewicht der Vergangenheit, des bereits Gelebten und Bekannten, der erworbenen Einstellungen und Gewohnheiten würde immer weiter zunehmen. Anders als die körperliche ließe sich die geistige Alterung nicht aufhalten, nämlich der Verlust der Formbarkeit der Persönlichkeit, der Offenheit für Neues, der Flexibilität und Kreativität, die in der Regel ein Privileg der Jugend sind. Gleichzeitig würde man mit zunehmender Lebenszeit in der je gegenwärtigen Welt immer mehr zum Fremden – wie dies alte Menschen in einer sich immer rascher verändernden Gesellschaft bereits heute erleben. Freilich könnte man sich vorstellen, so schreibt Jonas (1992), dass künftige Bioingenieure das Leben nicht nur von den beschwerlichen Begleiterscheinungen des Alterns befreien, sondern auch für eine regelmäßige Löschung von Altbeständen des Gedächtnisses sorgen würden. Das hätte allerdings zur Folge, dass die Kontinuität der persönlichen Identität fragmentiert oder ganz unterbrochen würde. Wir hätten also die Wahl, entweder immer mehr in der eigenen Vergangenheit zu leben oder aber in einer immer wieder neuen Gegenwart ohne personale Kontinuität.

Halten wir uns all dies realistisch vor Augen, dürfte die Utopie der Unsterblichkeit wohl doch an Attraktivität verlieren. Zweifellos stellt die Endlichkeit die größte Bürde der menschlichen Existenz dar. Sie ist aber, näher besehen, auch die Voraussetzung ihres Sinns, ihrer Ernsthaftigkeit und ihrer Würde. Der Wunsch, den Tod zu überwinden, wird die Menschheit wohl immer begleiten; uns mit der Endlichkeit zu versöhnen, mag uns aber leichter fallen, wenn wir uns die Konsequenzen einer biologischen Unsterblichkeit vor Augen führen.

Die Widersprüchlichkeit des Posthumanismus

Die Aussichten auf eine biologische Selbstverbesserung des Menschen erscheinen nach den bisherigen Überlegungen nicht gerade günstig. Jede denkbare Optimierung gerät bei Licht besehen sehr rasch in Zielkonflikte, die in der Evolution zum Menschen offenbar doch in einen gewissen Ausgleich gebracht worden sind. Man mag sich vorübergehende Verschiebungen dieser Balancen zugunsten jeweils einer Seite vorstellen, doch jede dauerhafte Umgewichtung muss unweigerlich in gravierende Nachteile umschlagen. Selbst der Tod, das »größte aller Übel«, lässt sich aus dem Leben nicht wegdenken, ohne dessen Wert und Sinn in Frage zu stellen.

Hinzu kommt, dass jede biotechnologische Perfektionierung menschlicher Eigenschaften und Fähigkeiten die Sicht auf den Menschen als eine Maschine, die sich manipulieren und optimieren lässt, fördern würde. Individuelle Mängel und kollektive Missstände würden zunehmend als Defekte der menschlichen Natur interpretiert, der gewissermaßen technologisch nachgeholfen werden muss. Überholung eines fehlerhaften Produkts träte an die Stelle persönlicher Entwicklung. Damit arbeiten die transhumanistischen Utopien gerade den Bestrebungen entgegen, die den Gedanken einer Verbesserung der menschlichen Welt bislang getragen hatten – den Bemühungen um gesellschaftliche, kulturelle und moralische Fortschritte, die auf individuellen und kollektiven Anstrengungen beruhen, Fortschritte, die sich nicht durch technischen Umbau des Menschen erreichen lassen, sondern durch Selbstbildung, Selbstentwicklung und die gemeinsame Gestaltung der Lebenswelt.

Doch ist die Idee des eigentlichen Posthumanismus noch in einem grundlegenderen Sinn selbstwidersprüchlich. Der Wunsch nach Verbesserung der menschlichen Natur geht immer noch von dieser Natur aus; ihre radikale Umgestaltung würde jedoch zu einer neuen, eben posthumanen Art führen, für deren »Optimiertheit« wir gar keine Maßstäbe mehr haben. Transhumanisten verkünden häufig, dass wir uns von den Möglichkeiten und Erlebnisformen dieses neuen Menschen gar keine Vorstellungen machen könnten. Über die Entwicklung nach der revolutionären »Singularität«, also der Verschmelzung von Mensch und künstlicher Intelligenz ab 2045, lassen sich nach Kurzweil (2005) keine Prognosen mehr anstellen.[20] Doch dann kann dieser neue Mensch, der Homo optimus,

20 Ebenso Bostrom (2005: 4f.; Übers. T. F.): »[S]o mag es uns Menschen an der Fähigkeit mangeln, ein realistisches und anschauliches Verständnis davon zu entwickeln, wie es wäre, ein radikal verbesserter [*enhanced*] Mensch (ein ›posthumanes Wesen‹) zu sein.«

kein sinnvolles Ziel für uns sein – denn es gäbe uns dann nicht mehr. Die Idee, wir sollten uns in posthumane Wesen umwandeln, beruht auf Werten, Wünschen oder Hoffnungen, die zu diesen Wesen gar nicht mehr passen, denn sie hätten ganz andere Werte und Wünsche.[21] Das Hervorbringen posthumaner Wesen kann dann nur noch durch den paradoxen Wunsch motiviert sein, Homo sapiens zu eliminieren und Raum für eine neue Spezies zu schaffen. Die Abschaffung des Menschen durch den Menschen ist aber, wie bereits C. S. Lewis feststellte, ein widersinniges Unterfangen. Es wären dann »das Wesen, das daraus Gewinn ziehen soll, und jenes, das geopfert wird, ein und dasselbe« (Lewis 1943/2007: 43).

Zum gleichen Ergebnis führt eine verwandte Überlegung: Denken wir die Freiheit zur radikalen Neugestaltung des Menschen konsequent zu Ende, dann muss sie auch die Möglichkeit einschließen, die eigenen Wünsche und den eigenen Willen zu verändern. Denn auch diese Wünsche sind ja nur von der Evolution zufällig hervorgebrachte Präferenzen, denen wir nicht folgen müssen. Doch dann wissen wir nicht mehr, was das Gute oder das »Beste« eigentlich sein soll, das eine Optimierung noch anstreben könnte. Alles *enhancement* und Re-engineering der menschlichen Natur orientiert sich ja noch an einer tradierten Wertordnung, die aber ohne ihre Basis in der jetzigen Natur ihren Sinn verlöre. Das Koordinatensystem, innerhalb dessen wir so etwas wie Fortschritt beurteilen könnten, hätte sich bereits vor jeder Transformation aufgelöst. Es gäbe gleichsam keinen archimedischen Punkt mehr, an dem man die posthumane Welt noch befestigen könnte. Nietzsches »Umwertung aller Werte« ist, bei Licht besehen, ein paradoxes Konzept.

Bei den transhumanistischen Utopien handelt es sich in der Regel um recht naive Projektionen menschlicher Wünsche aus der Jetztzeit: Intelligenz, Schönheit, Gesundheit, Glück, universelle Verständigung und Menschenliebe. Doch das ist nicht konsequent

21 So auch Bostrom: »Beim Nachdenken über die Möglichkeit und die psychologischen Eigenschaften von Wesen, die *auf posthumane Weise glücklich* sind, müssen wir von den kontingenten Merkmalen der menschlichen Psyche absehen [...].« (Bostrom 2018: 165)

zu Ende gedacht. Warum sollte der neue Mensch solch gewöhnliche Bestrebungen nicht hinter sich lassen? Warum nicht Nietzsches »blonde Bestie«[22] zum neuen Leitbild wählen oder auch den puren, amoralischen Hedonismus, wie ihn bereits der Marquis de Sade als Konsequenz einer radikal-materialistischen Weltsicht propagierte? Nichts spräche dagegen, denn aus der Sicht einer möglichen posthumanen Spezies wären alle moralischen Bedenken nur Ausdruck eines bornierten Traditionalismus. Dostojewkis Parabel vom Großinquisitor schließlich verweist noch auf eine ganz andere Möglichkeit: Warum sollten wir dem Menschen die Bürde der Freiheit, zwischen Gut und Böse zu entscheiden, nicht überhaupt abnehmen? Eine sozialtechnologische Glücksoptimierung, die die individuelle Freiheit ersetzt und die Organisation und Verteilung des Wohlbefindens ausgewählten Ingenieurseliten überträgt, würde die unheile Welt der Gegenwart befrieden und die selbstzerstörerische Menschheit endlich von sich selbst erlösen. Dass dies in Wahrheit eine Dystopie sei, kann nur behaupten, wer noch die gegenwärtige Natur des Menschen zum Maßstab nimmt – für die posthumane Spezies wäre es womöglich das neue Paradies.

Mind uploading oder Bewusstseinstransfer

Wenden wir uns schließlich der letzten Utopie des Transhumanismus zu: der Vorstellung, menschliches Bewusstsein in digitale Systeme »hochladen« und damit vom biologischen Organismus ablösen zu können. Dazu soll ein – bislang freilich fiktiver – technischer

22 Damit bezeichnete Nietzsche das Raubtierbedürfnis der höheren Rassen, sich für die kulturbedingten Zwänge durch Grausamkeit gegen fremde Völker schadlos zu halten: »Auf dem Grunde aller dieser vornehmen Rassen ist das Raubtier, die prachtvolle nach Beute und Sieg lüstern schweifende blonde Bestie nicht zu verkennen; es bedarf für diesen verborgenen Grund von Zeit zu Zeit der Entladung, das Tier muß wieder heraus, muß wieder in die Wildniß zurück […].« (Nietzsche 1988, 275)

Prozess das Gehirn emulieren,[23] also seine neuronale Struktur so kopieren, dass sie für andere Systeme verfügbar wird:

> Die Grundidee besteht darin, ein bestimmtes Gehirn zu nehmen, seine Struktur detailliert zu scannen und ein Software-Modell davon zu erzeugen, das seinem Original so nahekommt, dass es sich, auf der angemessenen Hardware betrieben, im Wesentlichen genauso verhalten wird wie das originale Gehirn. (Sandberg/Bostrom 2008: 7; Übers. T. F.)

> Im Erfolgsfall führt das Verfahren zu einer qualitativen Reproduktion des ursprünglichen Geistes – samt Erinnerungen und Persönlichkeit – als Software auf einem Computer. (Bostrom 2018: 41)

Diese »digitale Intelligenz« (ebd.) würde dann einen Cyborg oder Androiden bewohnen oder auch in der virtuellen Realität leben:

> Stellen Sie sich ein virtuelles Lebewesen vor, mit Sinnen, Emotionen und Bewusstsein, die unsere gegenwärtige menschliche Lebensform nur noch als trüben Zustand einer antiquierten Existenz erscheinen lässt. Die frei ist, immer frei von physischem Schmerz, zu jeder Reparatur von Schäden fähig, und mit einem hochgeladenen Geist, der niemals stirbt. (Paul/Cox 1996: xv; Übers. T. F.)

Verwiesen wird dabei häufig auf die angeblich absehbare Möglichkeit, das Gehirn mit Mikrochips zu verbinden und deren Signalmuster in das neuronale Netz einzuspeisen. Gehirne könnten dann, mit Sprach- oder anderer Software programmiert, mit neuen, ungeahnten Reservoirs an Wissen und Intelligenz gespeist, direkt an das Internet oder sogar an andere Gehirne angeschlossen werden; umgekehrt ließe sich das Bewusstsein graduell in externe Strukturen auslagern (Kurzweil 1999: 90 ff.; Mathwig 2008).

All dies ist freilich fern von jeder Realisierung, und es ist höchst fraglich, ob der Anschluss des Gehirns an elektronische Datenspeicher überhaupt möglich ist. Die bisherigen *brain-computer-interfaces* basieren nur auf sehr globalen Ableitungen der Hirnaktivität

23 Emulation (von lateinisch *aemulari* = nachahmen) bezeichnet in der Computertechnik ein System, das ein anderes in bestimmten Strukturen und Leistungen nachbildet, also nicht nur seinen Output simuliert.

mittels EEG oder Elektroden im Schädel. Die Signalmuster werden von Computern verarbeitet und ermöglichen es den Probanden, durch bloße Bewegungsvorstellungen einen Cursor auf dem Bildschirm zu lenken oder einen Roboterarm zu bedienen. Das ist sicher ein bemerkenswerter Erfolg, doch die umgekehrte Richtung, also eine Einspeisung spezifischer Signalmuster in das Gehirn, ist bislang völlig unmöglich. Für die tatsächliche »Programmierung« oder Verschmelzung des Gehirns mit digitalen Systemen bestehen angesichts der Komplexität der internen Vernetzungen und Interaktionen des neuronalen Systems keine erfolgversprechenden Aussichten. Wir werden uns also auch in Zukunft Fremdsprachen nur durch Lernen und Üben aneignen, nicht indem wir Programme bestellen und sie in unser Gehirn »downloaden«.[24]

Wie steht es nun mit der Möglichkeit eines *mind uploading?* – Zunächst besteht die Struktur des Gehirns in einer Vernetzung von über 100 Milliarden Neuronen und mehreren 100 Billionen Synapsen mit ganz unterschiedlichen Erregungsbereitschaften – der Gedanke, eine solche Struktur zu »scannen« oder zu »kopieren«, ist abenteuerlich genug.[25] Fantastisch wird er aber, wenn man bedenkt, dass ja nicht allein die Struktur, sondern die gesamte, sich ständig verändernde Aktivität des Systems bis hin zu den Transmitterausschüttungen in den einzelnen Synapsen erfasst werden müsste – es ist schwer zu sagen, was hier noch »gescannt« werden sollte.[26] Das Feuern von Neuronen mag sich bis zu einem gewissen Grad noch als digitale Information darstellen lassen (»on/off« entspricht 0/1).

24 Dass die computeromorphe Vorstellung eines »Downloads« in das Gehirn allen Gesetzmäßigkeiten neuronaler Lernprozesse widerspricht, die nämlich auf wiederholten, verkörperten Erfahrungen mit allmählicher Anpassung der synaptischen Strukturen beruhen, sei nur am Rande bemerkt.

25 Die Vorstellung klingt vielleicht nicht mehr ganz so phantastisch, wenn man bedenkt, dass das gegenwärtige Human Brain Project der EU zumindest die Funktionen von größeren Neuronenkomplexen des Neokortex mit massiver Computertechnologie emulieren soll. Zur Aussichtslosigkeit einer Simulation des Gehirns siehe aber das vorausgehende Kapitel, Anm. 14.

26 Kurzweil geht auf dieses Problem nicht näher ein (vgl. Kurzweil 1999: 90 ff., 195 ff.).

Doch das ist nur die Spitze des Eisbergs; bei allen Prozessen unterhalb dieser Ebene handelt es sich um analoge molekulare und atomare Prozesse mit letztlich quantenphysikalischen Unschärfen, die sich zudem in ständigem Fluss befinden. Ebenso gut könnte man versuchen, einen Wasserfall zu kopieren und an anderer Stelle weiterstürzen zu lassen.

Aber lassen wir solche Einwände einmal beiseite und wenden uns dem Grundgedanken des *mind uploading* zu. Wir haben es offenbar mit einem eigentümlichen Amalgam aus Materialismus und Idealismus zu tun: Einerseits wird Bewusstsein auf neuronale Prozesse im Gehirn reduziert und damit *materialisiert*. Andererseits wird es als die pure *Form* dieser Prozesse betrachtet, nämlich als Muster von Informationen, die sich im Prinzip vom Substrat vollständig ablösen und in andere Trägersysteme transferieren lassen. Dieser bereits erwähnte Funktionalismus ist nichts anderes als ein *Idealismus der Information*. Beide Annahmen, die materialistische und die idealistische, sind jedoch gleichermaßen blind für die lebendige Wirklichkeit der verkörperten Person. Ich kritisiere im Folgenden zunächst (1) die funktionalistische, dann (2) die neuroreduktionistische Voraussetzung des Bewusstseinstransfers.

1) Kritik des Funktionalismus

Mind uploading setzt den Geist gleich mit der Gesamtheit algorithmischer Prozesse in einem komplexen System wie dem Gehirn – mit einer Software, die grundsätzlich auf jeder Art von hinreichend komplexer Hardware oder *wetware* laufen könnte, ganz egal, ob sie nun aus Kohlenstoff, Silizium oder synthetischen Polymeren, aus Neuronen und Synapsen oder Transistoren und Mikrochips besteht. Bewusstsein basiert danach nur auf den funktionalen Beziehungen zwischen physikalischen Elementen, nicht auf der Biologie des Gehirns, erst recht nicht auf dessen Integration in den Lebensprozess des Organismus. Funktionale Beziehungen aber lassen sich als Daten- oder Informationsstrukturen beschreiben und werden damit für eine digitale Reproduktion verfügbar, wie es etwa der Neurowissenschaftler Christof Koch formuliert:

Sobald wir die relevanten Beziehungen zwischen allen relevanten Neuronen im Gehirn reproduzieren können, denke ich, dass wir Bewusstsein geschaffen haben. (Zit. n. Kuhn 2016: 34; Übers. T. F.)

Die Fortschritte der *artificial intelligence* haben dem Funktionalismus enormen Auftrieb verschafft. Die Leistungen menschlicher Intelligenz scheinen nicht an das Gehirn, erst recht nicht an Bewusstsein gebunden zu sein. Freilich hat kein künstliches System auch nur einen blassen Schimmer von dem, was es berechnet oder tut. Offensichtlich geht das entscheidende Merkmal von Schmerzen, Gefühlen oder Gedanken in der funktionalistischen Konzeption verloren – nämlich ihr *Erlebtwerden*. Noch immer gilt John Searles klassisches »Chinese-Room«-Argument (s. o. S. 36 f.): Selbst ein künstliches System, das perfekt aus dem Chinesischen übersetzen oder alle chinesischen Fragen passend beantworten kann, versteht noch kein Wort Chinesisch. Bedeutung lässt sich nicht auf funktionale Algorithmen reduzieren, wenn es kein bewusstes Subjekt gibt, das deren Bedeutung *versteht*.

Das Gleiche gilt aber für Schmerzen, für den Geschmack von Schokolade oder den Duft von Lavendel – keine qualitative Erfahrung lässt sich aus Daten und Informationen ableiten. Bewusstsein ist überhaupt nicht das geistlose Durchlaufen von informationellen Zuständen – es ist im Kern *Selbstgewahrsein*. Es ist *für mich*, dass ich Schmerzen habe, wahrnehme, verstehe oder denke. Und dieses Selbstgewahrsein beruht nicht erst auf einer Reflexion, es setzt sich auch nicht aus intentionalen Gehalten oder Informationen zusammen, sondern es charakterisiert schon das bloße, unreflektierte Erleben, wie etwa beim behaglichen, gedankenlosen Dösen in der warmen Sonne. Es handelt sich um ein *basales Selbstempfinden*, das den Hintergrund all unserer Erfahrungen bildet, ein *Lebensgefühl*, das unserer Leiblichkeit entstammt und sich in Wohl- oder Missbefinden, spezifischer in Hunger, Durst, Schmerz oder Lust manifestiert. Neurobiologisch gesehen setzt dieses Hintergrunderleben nicht nur neuronale Aktivitäten im Gehirn, sondern vitale Regulationsprozesse voraus, die den gesamten Organismus mit einbeziehen und die in Hirnstamm und höheren Zentren integriert werden.[27]

Nichts spricht dafür, dass sich dieses vitale Selbstempfinden in digitalen Algorithmen wiedergeben lässt. Nehmen wir nur das Beispiel des Schmerzes: Die Qualität der Unlust, das »Schmerzhafte« des Schmerzes, lässt sich weder digital in »Nullen« oder »Einsen« ausdrücken noch physikalisch in »negativen Ladungen«. Denn die Differenz von null und eins oder von plus und minus ist nur eine Konvention, ihr haftet nichts »Negatives«, nichts Leidvolles an. Alle digitalen Zeichen oder physikalischen Zustände sind selbst nur pure Positivität, Faktizität, Äußerlichkeit. In Sartres Terminologie sind sie nur *an sich*, nicht *für sich*. Nichts an ihnen deutet darauf hin, dass ein System, das diese Zustände durchläuft, so etwas wie Schmerz erleben könnte.

Das Gleiche gilt für alles Erstreben, das Auf-etwas-Aussein und Sich-vorweg-Sein, das bewusstes Leben auszeichnet. Künstliche Systeme durchlaufen nur Zustände, es geht ihnen um gar nichts. Kein Fühlen oder Streben motiviert und begleitet ihre Prozesse. Ein Torpedo ist zwar mit einem Zielsuchprogramm ausgestattet, das die Abweichung vom programmierten Ziel minimiert und so den Kurs fortlaufend anpasst. Doch der Torpedo »sucht« natürlich nichts, denn er ist sich selbst nicht vorweg. Nur bewusste Wesen bewegen sich im Raum möglicher Zukunft und erleben ihre Bewegung selbst *als zielstrebig*.

Mit anderen Worten: Der Kern des Bewusstseins, der uns erst zu fühlenden und wollenden Wesen macht, lässt sich informationstheoretisch gar nicht erfassen. Er ist untrennbar mit unserer leiblichen und damit auch biologischen Existenz verbunden. Was angenehm und was schmerzhaft, was das Gute und was das Schlechte ist, das ist durch keinen Algorithmus auszudrücken. Digitale Information trägt keine Werte. Und was immer wir einem menschlichen Gehirn an Daten und Informationen entnehmen, um es zu kopieren

27 Vgl. Panksepp (1998), Damasio (2011), Fuchs (2017: 138 ff.) sowie das Kapitel »Person und Gehirn« in diesem Band.

oder in ein künstliches System aus Prozessoren und Schaltkreisen zu transferieren, das Resultat wäre wieder nur »an sich«, pure Äußerlichkeit – bestenfalls ein empfindungsloses Zombiewesen. Unsterblichkeit stellt man sich gemeinhin anders vor.

Vollends ad absurdum geführt wird die Idee des *mind uploading*, wenn man an die Möglichkeit einer Mehrfachkopie denkt. Würde eine perfekte digitale Duplikation meines Gehirns, in welchem Substrat auch immer, tatsächlich meine subjektive Erfahrung wiederherstellen, dann wäre das Verfahren im Prinzip auch wiederholbar – ich könnte zweimal, dreimal oder öfter repliziert werden.[28] In welchem dieser Klone wäre meine ursprüngliche erstpersonale Erfahrung dann lokalisiert? Jedes der Duplikate würde behaupten, »ich« zu sein, würde sich an mein Leben erinnern, meine Identität fortsetzen – wer von ihnen wäre mein Rechtsnachfolger? – Doch solche abstrusen Gedankenspiele wollen wir nicht weiterverfolgen. Spätestens hier wird offensichtlich, dass die Idee, das Gehirn als eine Blaupause für die Unsterblichkeit zu nutzen, nichts mit der Realität zu tun hat, sondern mit einem naiven Glauben an das Computermodell des Geistes. Die menschliche Person ist keine kopierbare Datenmenge, kein digitales Programm, sondern ein lebendiger und erlebender Organismus. Die Idee des *mind uploading* verdient nicht einmal den Namen einer Utopie, denn sie ist nichts weiter als ein Märchen.

2) Kritik des Neuroreduktionismus

Die zweite Voraussetzung des *mind uploading* ist die unhinterfragte Identifizierung von Gehirn und Person, in typischer Formulierung:

> Alles, was eine Person ausmacht, also ihr Geist, ihr Bewusstsein, Emotionen, Erinnerungen, ihre Identität, ist physikalisch in der Struktur und den Prozessen des Gehirns gespeichert. (Mathwig 2008: 80)

Diese heute weit verbreitete neuroreduktionistische Ansicht werde ich an anderer Stelle noch näher untersuchen (vgl. das Kapitel

28 »Eine offensichtliche Konsequenz des Hochladens besteht darin, dass ein hochgeladener Geist beliebig oft kopiert werden könnte [...].« (Bostrom 2018: 41)

»Person und Gehirn« in diesem Band). Hier soll es genügen, eine ihrer Folgerungen zu widerlegen, die im Gedankenexperiment des »Gehirns im Tank« *(brain in a vat)* prägnant zum Ausdruck kommt: Ein von einem fiktiven Neurowissenschaftler dem Körper entnommenes Gehirn könnte, in einer Nährlösung lebendig erhalten, von einem Supercomputer so mit passenden Informationen gespeist werden, dass es das gleiche Erleben, die gleiche Welt produzieren würde, wie wir sie jetzt erleben – wir würden davon nichts bemerken.[29]

Das Gedankenexperiment soll demonstrieren, dass alles Selbst- und Welterleben ausschließlich im Gehirn produziert wird, unter der Voraussetzung, dass dieses mit den geeigneten Signalen von der Außenwelt versorgt wird. Es liegt allerdings auf der Hand, dass das Experiment nur beweist, was es bereits voraussetzt: dass nämlich Erleben nichts als eine Datenstruktur im Gehirn sei, gleich woher sie gespeist wird. Doch das Gehirn ist kein »Chinese Room«, kein geschlossenes System, das nur Input empfängt und Output ausgibt. Es ist vielmehr fortlaufend in rückgekoppelte Interaktionskreise mit dem Körper und der Umwelt einbezogen, und nur durch diese Interaktionen kommt bewusstes Erleben zustande.

Auch ein Supercomputer könnte niemals die homöostatische Selbstregulation des Organismus simulieren, all die komplexen Verflechtungen von neuronalen, neuroendokrinen und humoralen Prozessen, die den gesamten Körper einbeziehen und die dem leiblichen Selbstempfinden oder Lebensgefühl zugrunde liegen. Diese Prozesse sind biologischer und biochemischer Natur und lassen

29 So behauptet etwa der Neurophilosoph Thomas Metzinger: »Letztlich ist subjektives Erleben ein biologisches Datenformat« (2009: 23), erzeugt im Gehirn. »Im Prinzip könnten wir dieses Erlebnis also auch ohne Augen haben, und wir könnten es sogar als entkörpertes Gehirn in einer Nährlösung haben. Woher nehmen Sie eigentlich die Gewissheit, dass Sie sich nicht jetzt gerade, während Sie dieses Buch lesen, in einem Gefäß mit einer Nährlösung befinden?« (Ebd.: 40) – John Searle ist sogar der Auffassung, wir seien im Prinzip schon jetzt Gehirne im Tank: »Der Tank ist der Schädel, und die eingehenden ›Nachrichten‹ kommen durch Einwirkungen auf das Nervensystem herein.« (Searle 1983: 230; Übers. T. F.; ebenso Searle 2015: 77 f.)

sich in digitalen Informationen gar nicht darstellen. Ebenso wenig könnte ein Computer alle kreisförmigen Interaktionen zwischen dem Gehirn, dem wahrnehmenden und beweglichen Körper und der Umwelt simulieren, auf denen unser Erleben und Handeln in der Welt basiert. Genauer betrachtet würde also für das Experiment, sollte es überhaupt gelingen, kein computerisierter Tank und auch kein beweglicher Roboter genügen, sondern nur eine Apparatur, die am Ende nichts anderes wäre als ein lebendiger, sensomotorisch gegliederter und mit der Umwelt interagierender Körper.[30]

Ein entkörpertes Gehirn ist ebenso eine funktionalistische Fiktion wie das *mind uploading*. Gegen eine solche Zerebrozentrik richtet sich das Paradigma der *Verkörperung*: Nur als Organ eines Lebewesens kann das Gehirn auch als Vermittlungsorgan für subjektive Erfahrung dienen. Bewusstsein beruht auf der fortlaufenden Interaktion zwischen Gehirn, Körper und Umwelt. Es ist daher auch nicht lokalisierbar, weder als ein Innenzustand im Schädel noch als ein Datenmuster im Gehirn – es ist die übergreifende Tätigkeit eines lebendigen und mit seiner Umwelt in Beziehung stehenden Wesens. Mit anderen Worten: Der Mensch nimmt wahr, denkt und handelt, nicht das Gehirn. Und mit jeder Tätigkeit und Erfahrung verändert sich auch das Gehirn, denn es passt sich den übergeordneten Funktionskreisen des Wahrnehmens, Denkens und Handelns an, um sie immer besser zu vermitteln. Das nennen wir Lernen. Doch nicht das Gehirn lernt dabei, sondern der Mensch lernt, vermittels seines Gehirns.

Transhumanismus als Neognostizismus

Wenden wir uns nun noch einmal dem Grundgedanken des *mind uploading* zu. Es ist jetzt noch deutlicher zu erkennen, dass hinter den transhumanistischen Visionen eine ebenso reduktionistische wie dualistische Konzeption des Menschen steht: Das Phantasma

30 Eine ausführlichere Widerlegung des »Gehirn-im-Tank«-Arguments geben Cosmelli und Thompson (2010).

der Verschmelzung von Geist und Technik ist Ausdruck einer untergründigen Missachtung, ja Verachtung des *Lebens* und des *lebendigen Leibes.* Den Geist vom stofflichen Körper zu befreien, ist die Erlösung, die die Techno-Utopisten der Gegenwart uns in Aussicht stellen. Letztlich sind sie damit die säkularen Epigonen der neuplatonischen und gnostischen Lehren vom Körper als »Grab« oder »Kerker der Seele«.[31] Die Gnostiker der Spätantike sahen in der eigenmächtigen Erschaffung der Welt und des Menschen durch den Demiurgen (eine Art Widergott) einen Abfall vom uranfänglichen göttlichen Licht. Im irdischen Leben wird die reine Geistseele des Menschen, das *Pneuma*, verbunden mit der ihm wesensfremden, dunklen Materie des Körpers und damit verunreinigt. Kann sich der Geist aber durch moralische Läuterung und Askese vom Körper befreien, dann kehrt er schließlich in das *Pleroma*, die Sphäre des Lichtes und der Gottheit zurück.

Freilich besteht der reine Geist aus transhumanistischer Sicht nicht mehr aus Pneuma, sondern aus Datenstrukturen, aus *Information.* Als pure Form, als substratunabhängige Struktur soll er sich prinzipiell vom Körper ablösen und in ein anderes Substrat überführen lassen. Dieser funktionalistische Gedanke trennt die *Essenz* des Geistes scharf von seiner *Existenz* und weist der Essenz die Priorität zu. Das Paradigma der Verkörperung hingegen steht für das phänomenologische Prinzip, dass die Existenz der Essenz vorausgeht und ihr zugrunde liegt (Sartre 1946). Der reinen Information fehlt gerade das Entscheidende der Existenz, nämlich die *konkrete Individualität.* Information ist frei konvertibel und beliebig transferierbar, aber gerade dieser Vorzug ist zugleich ihr fataler Mangel: Sie kennt keine individuelle Perspektive, keinen Ort, von dem aus die Welt einem Subjekt erscheinen könnte, denn dieser Ort ist nichts anderes als der Leib. *Geist ist lebendig*, und in den toten Schaltkreisen eines Computers könnte er nicht überleben. Und nur das leibliche In-der-Welt-Sein ermöglicht uns auch die Freiheit, über die wir in der irdischen Welt verfügen. Denn der Leib ist das Medium unseres

31 So bereits Platon selbst (Gorgias 493a).

Lebensvollzugs, all unseres Fühlens, Denkens, Wollens und Handelns.

Die Transhumanisten haben eine andere Vorstellung von unserer Freiheit: In ihrer radikal-dualistischen, neognostischen Sicht muss der Geist vom Körper befreit werden, denn wir sind nur kontingenterweise in sterblichen Vehikeln gefangen. Im Gegensatz dazu besagt der Gedanke der Verkörperung, dass Körper keine Kerker und Geister keine Engel, sondern dass beide unauflöslich ineinander verschränkt sind. Niemals wird sich der Geist aus dem organischen Körper lösen und in Computer übertragen lassen. Unser bewusstes Erleben ebenso wie unsere personale Identität beruhen auf der leiblichen Existenz. In dieser verkörperten und damit freilich sterblichen Individuation besteht der Preis, den wir zu zahlen haben, um die Möglichkeiten, die Freiheit und das Wunder der irdischen Existenz zu erfahren.

Resümee

Ein Mensch aus wirklichem Fleisch und Blut zu sein, so Dostojewskis Zitat zu Beginn, beginnt uns lästig zu werden – lieber wollen wir »von einer Idee gezeugt werden«. Dem entspricht heute das funktionalistisch-kybernetische Paradigma: Menschen sind informationsverarbeitende Maschinen, ihr Bewusstsein und ihre Persönlichkeit bestehen aus Programmen und Algorithmen. Fortschritt soll darin bestehen, den mangelhaften Körper mittels Informations- und Biotechnologien aufzurüsten und schließlich in ein synthetisches Erzeugnis umzuwandeln. Denn die Leiblichkeit unserer Existenz ist einer der letzten Widerstände, die sich dem digitalen Fortschritt entgegenstellen:

> Unser Leib von heute ist der von gestern, noch heute der Leib unserer Eltern, der Leib unserer Ahnen. [...] Er ist morphologisch konstant; moralisch gesprochen: unfrei, widerspenstig und stur; aus der Perspektive der Geräte gesehen: konservativ, unprogressiv, antiquiert, unrevidierbar, ein Totgewicht im Aufstieg der Geräte. (Anders 1956/1983: 33)

Tatsächlich setzt unsere Verkörperung allen funktionalistischen Utopien eine unüberschreitbare Grenze: Ein Wesen aus Fleisch und Blut ist nicht in Algorithmen darstellbar. Und insofern bewusstes Erleben konstitutiv verkörpert ist, lässt es sich nicht in Gestalt von Informationen simulieren, kopieren oder transferieren. *Alles Erleben ist eine Form des Lebens.* Die Utopien der Transhumanisten scheitern bereits an ihrer völligen Verkennung dessen, was Leben ist. Sie wollen »von einer Idee gezeugt werden«, doch der Idealismus der Information ist steril. Die Mathematik zeugt keinen Menschen.

Nun kann die Tatsache, dass Leiblichkeit und Lebendigkeit für unsere Existenz konstitutiv sind, als solche noch keine Unverfügbarkeit der menschlichen Natur begründen. So wie wir medizinisch in unseren Körper eingreifen, so lassen sich auch generelle Eingriffe in unsere Natur damit nicht kategorisch ausschließen. Doch die Idee der Optimierung dieser Natur trifft, wie wir sahen, unausweichlich auf inhärente Konflikte und Widersprüche. Sie müssen sich einstellen bei dem Versuch, die Proportionen der menschlichen Anlagen und Fähigkeiten zu verschieben, wie sie sich im Verlauf der Evolution herausgebildet haben. Denn diese stellen ja selbst bereits sinnvolle Kompromisse dar, die aus den gegensätzlichen Anforderungen an ein komplexes Lebewesen wie den Menschen in einer variablen Umwelt resultieren. Jede Umgestaltung der menschlichen Natur wäre daher mit einem hohen Preis verbunden, und er wäre mit der gleichen Münze zu zahlen, die man scheinbar gewonnen hat.

Der Transhumanismus ignoriert die grundlegend antinomische Struktur unserer Existenz, die als verkörperte und irdische Existenz notwendig in Polaritäten eingebunden ist. Transhumanisten wollen diese Polaritäten und Widersprüche gerne loswerden – so als könnte es etwas geben wie reinen Geist, reines Glück, Wissen ohne Vergessen und Leben ohne Sterben. Doch wie sich Geist nicht vom Körper trennen lässt, so Lust nicht von Leid, Freiheit nicht von Begrenzung und Leben nicht vom Tod. Diese unhintergehbare Dialektik der verkörperten Existenz lässt sich mit einem Bild verdeutlichen, das zu den schönsten Passagen im sonst zumeist sehr nüchternen Werk Kants zählt:

Die leichte Taube, indem sie im freien Fluge die Luft teilt, deren Widerstand sie fühlt, könnte die Vorstellung fassen, daß es ihr im luftleeren Raum noch viel besser gelingen werde. (KrV A 5/Kant 1974: 51)

Selbst Tauben also bedürfen des Widerstandes der Luft für ihre Bewegung, und um sich gegen die Schwerkraft der Erde zu erheben, bleiben sie doch zugleich auf diese angewiesen. Denn Bewegung ist etwas Körperliches, und damit unterliegt sie der Dialektik der verkörperten Existenz: *Was als Widerstand, Erschwerung oder Leiden erscheint, ist tatsächlich die Voraussetzung des Gelingens.* Das gilt letztlich für alle Lebensvollzüge: Wir können nicht einen der Pole der Existenz behalten und uns vom anderen befreien. Selbst Bewusstsein bedarf der Materialität und der Schwere des Körpers, um zu existieren.

So sind es auch die spezifisch humanen Fähigkeiten zur Selbstreflexion und zur Freiheit, die einer Optimierung notwendige Grenzen setzen müssen. Die erhöhten Freiheitsgrade des Menschen im Vergleich zur Milieu- und Instinktgebundenheit der Tiere haben selbst einen Preis. Er besteht in der grundlegenden Labilität und Störungsanfälligkeit der menschlichen Konstitution ebenso wie in der Ambivalenz der Freiheit. Freiheit zum Guten und Freiheit zum Bösen sind nicht voneinander zu trennen. Insofern war Rousseaus Ambivalenz gegenüber der menschlichen Perfektibilität durchaus berechtigt: Zwar hat die Entwicklung des Menschen in der Wechselwirkung von kultureller und biologischer Evolution alle bloße Naturgeschichte hinter sich gelassen. Doch sie führt eben *nicht* zur Vollkommenheit als einem möglichen Endziel, sondern nur zu einer immer wieder neu zu suchenden Balance zwischen widersprüchlichen individuellen, gesellschaftlichen und moralischen Anforderungen. Die säkularen Utopien einer Selbstüberschreitung des Menschen wollen diese *Conditio humana* nicht anerkennen. Sich mit der Begrenzung der menschlichen Perfektibilität auszusöhnen, ist freilich selbst eine immer neu sich stellende Aufgabe.

Doch ohne eine Verankerung unserer Wünsche und Werte in einer menschlichen Natur würden wir am Ende den Orientierungsrahmen verlieren, der unserem Leben überhaupt Bedeutsamkeit und

Sinn verleiht. Es sind die leiblich-affektiven Bedingungen unserer Existenz, die uns die elementaren Werte vorgeben: Geburt, Hunger, Durst, Schmerz, Lust und Tod. Leben ist besser als Nicht-Leben, Nahrung besser als Hunger, Nähe besser als Ablehnung, Liebe besser als Hass. Dies soll nicht sein, jenes ist gut. Das primär Gute finden wir vor, weil es unserem Leben schon innewohnt, wir wählen es nicht nach freiem Belieben. Leiblichkeit ist damit auch die Voraussetzung für alle moralischen Urteile. Freilich gehen die Goldene Regel, Kants Sittengesetz oder der Gedanke des Unbedingten über unsere primären Bedürfnisse hinaus. Doch ohne die leiblich-affektive Basis, die unsere Natur uns vorgibt, würde auch alle moralische Orientierung ihr Koordinatensystem verlieren. Wir könnten dann nicht mehr sagen, was das Gute eigentlich ist. Damit wäre aber zugleich der Begriff der Optimierung sinnlos geworden. Die Abschaffung des Menschen durch den Menschen ist ein absurdes Unterfangen.

Es gilt also, unsere Leiblichkeit ebenso wie unsere leibliche Natur gegen ihre Herabsetzung und Entwertung zu verteidigen. Sie gibt sicher nicht von selbst vor, was für uns das gute, das gelingende Leben sein kann; aber sie enthält bessere Anhaltspunkte dafür als alles technisch induzierte Glück. Dass wir alle auf die eine oder andere Weise beschädigt, verletzlich und endlich sind, macht uns eigentlich zu Menschen. Geben wir uns daher mit der *Conditio humana* und ihrer unvermeidlichen *imperfectibilité* zufrieden. Sie ist vielleicht nicht das Beste, aber sicher auch nicht das Schlimmste, was uns geschehen konnte.

Literatur

Anders, G. 1983. *Die Antiquiertheit des Menschen.* Bd. 1: *Über die Seele im Zeitalter der zweiten industriellen Revolution.* München: Beck. (Erstausgabe 1956)

Arendt, H. 1986. *Elemente und Ursprünge totaler Herrschaft. Antisemitismus, Imperialismus, totale Herrschaft.* München, Zürich: Piper.

Bloch, E. 1977. *Das Prinzip Hoffnung.* Bd. 2. Frankfurt/M.: Suhrkamp. (Erstausgabe 1959)

Borges, J. L. 1981a. »Der Unsterbliche«. In: Ders., *Das Aleph. Gesammelte Werke 3/II. Erzählungen 2.* München, Wien: Hanser, S. 7-23.

Borges, J. L. 1981b. »Das unerbittliche Gedächtnis«. In: Ders., *Gesammelte Werke 3/I. Erzählungen 1.* München, Wien: Hanser, S. 173-182.

Bostrom, N. 2005. »Transhumanist Values«. In: *Journal of Philosophical Research* 30 (Supplement): S. 3-14.

Bostrom, N. 2018. *Die Zukunft der Menschheit. Aufsätze.* Berlin: Suhrkamp.

Bostrom, N., R. Roache. 2007. »Ethical Issues in Human Enhancement«. In: *New Waves in Applied Ethics.* Hg. von J. Ryberg, T. S. Petersen, C. Wolf. Basingstoke: Palgrave-Macmillan, S. 120-152.

Clark, A. 2003. *Natural-Born Cyborgs: Minds, Technologies, and the Future of Human Intelligence.* Oxford: Oxford University Press

Condorcet, M. J. C. Marquis de. 1963. *Entwurf einer historischen Darstellung der Fortschritte des menschlichen Geistes.* Hg. von W. Alff. Frankfurt/M.: Suhrkamp. (Erstausgabe 1794)

Cosmelli, D., E. Thompson. 2010. »Embodiment or Envatment? Reflections on the Bodily Basis of Consciousness«. In: *Enaction. Toward a New Paradigm for Cognitive Science.* Hg. von J. Stewart, O. Gapenne, E. Di Paolo. Cambridge, MA: MIT Press, S. 361-386.

Crockett, M. J., L. Clark, M. D. Hauser, T. W. Robbins. 2010. »Serotonin Selectively Influences Moral Judgment and Behavior through Effects on Harm Aversion«. In: *Proceedings of the National Academy of Sciences* 107 (40): S. 17433-17438.

Damasio, A. 2011. *Selbst ist der Mensch: Körper, Geist und die Entstehung des menschlichen Bewusstseins.* Übers. von S. Vogel. München: Siedler.

Dante Alighieri. 2012. *La Commedia. Die Göttliche Komödie. III. Paradiso/Paradies.* Italienisch-deutsch. Übers. und komm. von H. Köhler. Stuttgart: Reclam.

De Dreu, C. K., L. L. Greer, M. J. Handgraaf, S. Shalvi, G. A. Van Kleef, M. Baas, F. S. Ten Velden, E. Van Dijk, S. W. Feith. 2010. »The Neuropeptide Oxytocin Regulates Parochial Altruism in Intergroup Conflict among Humans«. In: *Science* 328 (5984): S. 1408-1411.

De Dreu, C. K., L. L. Greer, G. A. Van Kleef, S. Shalvi, M. J. Handgraaf. 2011. »Oxytocin Promotes Human Ethnocentrism«. In: *Proceedings of the National Academy of Sciences* 108 (4): S. 1262-1266.

Ditzen, B., M. Schaer, B. Gabriel, G. Bodenmann, U. Ehlert, M. Heinrichs. 2009. »Intranasal Oxytocin Increases Positive Communication and Reduces Cortisol Levels during Couple Conflict«. In: *Biological Psychiatry* 65 (9): S. 728-731.

Dostojewski, F. 2006. *Aufzeichnungen aus dem Kellerloch* (Erstausgabe 1864). Übers. von S. Geier. Frankfurt/M.: Fischer.

Fallon, S. J., M. E. Van der Schaaf, N. Ter Huurne, R. Cools. 2017. »The Neurocognitive Cost of Enhancing Cognition with Methylphenidate: Improved Distractor Resistance but Impaired Updating«. In: *Journal of Cognitive Neuroscience* 29 (4): S. 652-663.

Fuchs, T. 2012. »Vom Nutzen des Vergessens«. In: *Scheidewege. Jahresschrift für skeptisches Denken* 42: S. 198-213.

Fuchs, T. 2017. *Das Gehirn – ein Beziehungsorgan. Eine phänomenologisch-ökologische Konzeption*. 5. Aufl. Stuttgart: Kohlhammer.

Griffiths, S. 2016. »Is Technology Causing Us to ›Evolve‹ into a New SPECIES? Expert Believes Super Humans Called Homo Optimus Will Talk to Machines and Be ›Digitally Immortal‹ by 2050«. In: *Daily Mail online*. ⟨https://www.dailymail.co.uk/sciencetech/article-3423063/Is-technology-causing-evolve-new-SPECIES-Expert-believes-super-humans-called-Homo-optimus-talk-machines-digitally-immortal-2050.html⟩, letzter Zugriff 09. 11. 2019.

Gvirts, H. Z., N. Mayseless, A. Segev, D. Y. Lewis, K. Feffer, Y. Barnea, Y. Bloch, S. G. Shamay-Tsoory. 2017. »Novelty-seeking Trait Predicts the Effect of Methylphenidate on Creativity«. In: *Journal of Psychopharmacology* 31 (5): S. 599-605.

Haraway, D. 1995. »Ein Manifest für Cyborgs«. In: Dies., *Die Neuerfindung der Natur. Primaten, Cyborgs und Frauen*. Hg. und eing. von C. Hammer, I. Stieß, übers. von D. Fink, C. Hammer, H. Kelle, A. Scheidhauer, I. Stieß, F. Wolf. Frankfurt/M., New York: Campus, S. 33-72. (Erstausgabe 1985)

Hauskeller, M. 2011. »Is Ageing Bad for Us?« In: *Ethics & Medicine: An International Journal of Bioethics* 27 (1): S. 25-32.

Hauskeller, M. 2014. *Better Humans? Understanding the Enhancement Project*. London: Routledge.

Herder, J. G. 1967. *Ideen zur Philosophie der Geschichte der Menschheit. Erster und zweiter Teil*. Sämtliche Werke. Bd. XIII. Hg. von B. Suphan. Hildesheim: Olms-Weidmann. (Erstausgabe 1784-1785)

Hurlemann, R., A. Patin, O. A. Onur, M. X. Cohen, T. Baumgartner, S. Metzler, S., I. Dziobek, J. Gallinat, M. Wagner, W. Maier, K. M.

Kendrick. 2010. »Oxytocin Enhances Amygdala-dependent, Socially Reinforced Learning and Emotional Empathy in Humans«. In: *Journal of Neuroscience* 30 (14): S. 4999-5007.

Huxley, A. 1932. *Brave New World.* London: Chatto & Windus.

James, W. 1950. *The Principles of Psychology*. Bd. 1. New York: Dover. (Erstausgabe 1890)

Jonas, H. 1973. *Organismus und Freiheit. Ansätze zu einer philosophischen Biologie.* Göttingen: Vandenhoeck & Ruprecht.

Jonas, H. 1992. »Last und Segen der Sterblichkeit«. In: Ders., *Philosophische Untersuchungen und metaphysische Vermutungen.* Frankfurt/M.: Suhrkamp, S. 81-100.

Kant, I. 1974. *Kritik der reinen Vernunft.* Bd. I. Werkausgabe Bd. III. Hg. von W. Weischedel. Frankfurt/M.: Suhrkamp. (Erstausgabe 1781)

Krause, B., R. C. Kadosh. 2013. »Can Transcranial Electrical Stimulation Improve Learning Difficulties in Atypical Brain Development? A Future Possibility for Cognitive Training«. In: *Developmental Cognitive Neuroscience* 6: S. 176-194.

Kreuels, M. 2010. »Kontingente und notwendige Unsterblichkeit: Einige begriffliche Präzisierungen zur Makropulos-Debatte«. In: *Zeitschrift für philosophische Forschung* 64 (2): S. 246-259.

Kreuels, M. 2015. *Über den vermeintlichen Wert der Sterblichkeit.* Berlin: Suhrkamp.

Kuhn, R. L. 2016. »Virtual Immortality. Why the Mind-body Problem Is still a Problem«. In: *Skeptic Magazine* 21 (2): S. 26-34.

Kuo, M. F., M. A. Nitsche. 2012. »Effects of Transcranial Electrical Stimulation on Cognition«. In: *Clinical EEG and Neuroscience* 43 (3): S. 192-199.

Kurzweil, R. 1999. *Homo s@piens. Leben im 21. Jahrhundert. Was bleibt vom Menschen?.* Köln: Kiepenheuer & Witsch.

Kurzweil, R. 2005. *The Singularity Is Near: When Humans Transcend Biology.* New York: Penguin Press.

Lavazza, A., M. Reichlin. 2019. »Introduction: Moral Enhancement«. In: *Topoi* 38 (1): S. 1-5.

Lewis, C. S. 2007. *Die Abschaffung des Menschen.* Übers. von M. Gisi, Vorwort von H. U. von Balthasar. Einsiedeln: Johannes. (Erstausgabe 1943)

Lieberman, P. 2006. *Toward an Evolutionary Biology of Language.* Cambridge, MA: Harvard University Press.

Löwith, K. 1953. *Weltgeschichte und Heilsgeschehen. Die theologischen Voraussetzungen der Geschichtsphilosophie.* Stuttgart: Kohlhammer.

Lurija, A. R. 2000. *Der Mann, dessen Welt in Scherben ging. Zwei neurologische Geschichten*. Reinbek b. Hamburg: Rowohlt.

Marx, K. 1960. *Der achtzehnte Brumaire des Louis Bonaparte*. Marx-Engels-Werke. Bd. 8. Berlin: Dietz. (Erstausgabe 1852)

Mathwig, K. 2008. »Mind Uploading – Neue Substrate für den menschlichen Geist?«. In: *1. Deutsch-japanisch-koreanisches Stipendiatenseminar*. Bd. 57. Hg. vom Japanisch-Deutschen Zentrum Berlin. Berlin: JDZB, S. 79-83. ⟨www.jdzb.de/veroeffentlichungen/tagungsbaende/band-57⟩, letzter Zugriff: 12. 11. 2019.

Metzinger, T. 2009. *Der Ego-Tunnel. Eine neue Philosophie des Selbst: Von der Hirnforschung zur Bewusstseinsethik*. Berlin: Berlin Verlag.

Moravec, H. 1988. *Mind Children. The Future of Robot and Human Intelligence*. Cambridge, MA: Harvard University Press.

Mohamed, A. D. 2014. »Reducing Creativity with Psychostimulants May Debilitate Mental Health and Well-being«. In: *Journal of Creativity in Mental Health* 9 (1): S. 146-163.

Montaigne, M. de. 1998. *Essais*. Übers. von H. Stilett. Frankfurt/M.: Eichborn.

More, M. 1990. »Transhumanism: Towards a Futurist Philosophy«. In: *Extropy* 6: S. 6-12.

More, M. 2009. »Limitless Life: The Psychology of Forever«. In: *Death and Anti-death*. Bd. 7. *Nine Hundred Years After St. Anselm*. Hg. von C. Tandy. Palo Alto: Rio University Press, S. 239-274.

Nietzsche, F. 1980a. *Also sprach Zarathustra. Kritische Studienausgabe*. Bd. 4. Hg. von G. Colli, M. Montinari. Berlin: De Gruyter.

Nietzsche, F. 1980b. *Nachgelassene Fragmente 1885-87. Kritische Studienausgabe*. Bd. 12. Hg. von G. Colli, M. Montinari. Berlin: De Gruyter.

Nietzsche, F. 1988. »Zur Genealogie der Moral«. In: Ders., *Kritische Studienausgabe*. Bd. 5. 2. Aufl. Hg. von G. Colli, M. Montinari. Berlin: De Gruyter, S. 245-412.

Panksepp, J. 1998. *Affective Neuroscience: The Foundations of Human and Animal Emotions*. Oxford: Oxford University Press.

Pascal, B. 1978. *Pensées*. Übers. von E. Wasmuth. Heidelberg: Lambert Schneider.

Paul, G. S., E. D. Cox. 1996. *Beyond Humanity: CyberEvolution and Future Minds*. Rockland: Charles River Media.

Persson, I., J. Savulescu. 2012. *Unfit for the Future: The Need for Moral Enhancement*. Oxford: Oxford University Press.

Pico della Mirandola, G. 1990. *Über die Würde des Menschen*. Übers. von N. Baumgarten. Hamburg: Meiner. (Erstausgabe 1486)

Platon. 1982. »Gorgias«. In: *Sämtliche Werke*. Bd. I. Hg. von E. Loewenthal. Heidelberg: Lambert Schneider.

Price, J., B. Davis. 2009. *Die Frau, die nichts vergessen kann. Leben mit einem einzigartigen Gedächtnis*. Übers. von M. Klostermann. Freiburg: Kreuz.

Prost, M. 2016. *Die Entschlüsselung des menschlichen Bewusstseins: Vom Urknall zum menschlichen Denken*. Berlin, New York: Springer.

Rousseau, J.-J. 2010. *Abhandlung über den Ursprung und die Grundlagen der Ungleichheit unter den Menschen*. Erster Teil. Übers. von P. Rippel. Stuttgart: Reclam. (Erstausgabe 1755)

Sandberg, A., N. Bostrom. 2008. *Whole Brain Emulation: A Roadmap*. Technical Report #2008-3. Oxford: Future of Humanity Institute, Oxford University. ⟨www.fhi.ox.ac.uk/reports/2008-3.pdf⟩, letzter Zugriff: 12. 11. 2019.

Sartre, J.-P. 1946. *L'existentialisme est un humanisme*. Paris: Editions Nagel.

Searle, J. 1983. *Intentionality. An Essay in the Philosophy of Mind*. Cambridge: Cambridge University Press.

Searle, J. 2015. *Seeing Things as They Are. A Theory of Perception*. Oxford: Oxford University Press.

Sorgner, S. L. 2010. »Beyond Humanism: Reflections on Trans- and Posthumanism«. In: *Journal of Evolution and Technology* 21 (2): S. 1-19.

Swartwood, M. O., J. N. Swartwood, J. Farrell. 2003. »Stimulant Treatment of ADHD: Effects on Creativity and Flexibility in Problem Solving«. In: *Creativity Research Journal* 15 (4): S. 417-419.

Thomas von Aquin. 1933. *Die deutsche Thomas-Ausgabe (Summa theologica)*. Hg. von H. M. Christmann, übers. von Dominikanern und Benediktinern Deutschlands. Vollst., ungekürzte dt.-lt. Ausgabe. Graz u. a.: Styria.

Trotzki, L. 1968. *Literatur und Revolution*. Übers. und hg. von E. Schaefer und H. von Riesen. Berlin: Gerhardt. (Erstausgabe 1924)

Voegelin, E. 1939. *Die politischen Religionen*. Stockholm: Bermann-Fischer.

Voegelin, E. 1959. *Wissenschaft, Politik und Gnosis*. München: Kösel.

Williams, B. 1978. »Die Sache Makropulos: Reflexionen über die Langeweile der Unsterblichkeit«. In: Ders., *Probleme des Selbst. Philosophische Aufsätze 1956-1972*. Stuttgart: Reclam, S. 133-162.

Der Schein des Anderen

Empathie und Virtualität

Einleitung

Zu Beginn des 20. Jahrhunderts schrieb Edward M. Forster eine weitsichtige Erzählung mit dem Titel *The Machine Stops*, die die Virtualisierung der Realität vorwegnimmt (Forster 1989). Sie schildert eine Endzeit, in der die Menschen voneinander isoliert in bienenwabenähnlichen Kammern unter einer unbewohnbaren Erde leben. Eine mythisch-allgegenwärtige Maschine versorgt sie mit künstlicher Luft, Tablettennahrung, Lesestoff, Fernsehprogrammen und allen Annehmlichkeiten. Sie stellt auch eine visuelle Telekommunikation zwischen ihnen her, denn reale Begegnungen erfordern einen Transport außerhalb der Höhlen, dem die geschwächten Körper und Sinne nicht mehr gewachsen sind. Über Generationen hinweg ist die Abhängigkeit von der Maschine schließlich so gewachsen, dass die Menschen ersten Anzeichen von Funktionsstörungen im Versorgungssystem hilflos gegenüberstehen, bis die Maschine eines Tages plötzlich stehenbleibt und die Menschen am Einbruch der nackten Realität zugrunde gehen.

Am Ende des Jahrhunderts haben die Brüder Wachowski mit ihrem Film *Matrix* (1999) diese Negativutopie wieder aufgenommen. Intelligente Maschinen beherrschen darin die Erde und züchten die Menschen in gigantischen Plantagen, um ihre Gehirnströme als Energiequelle zu nutzen. Dazu wird ihren Gehirnen eine simulierte Wirklichkeit eingespeist, die »Matrix«. Die erlebte Welt besteht in Wahrheit nur aus den endlosen digitalen Zeichenreihen, die zu Beginn des Films über die Leinwand laufen. Virtualität und Realität sind ununterscheidbar geworden. Offensichtlich äußert sich in *Matrix* und ähnlichen Filmen die tiefe Verunsicherung durch eine digitale Welt, die sich zu einer planetaren künstlichen Intelligenz verselbständigt und zunehmend ihre eigene Wirklichkeit generiert. Virtualität ist zu einem zentralen Thema des 21. Jahrhunderts geworden.

Nun ist die Frage nach dem Verhältnis von Schein und Wirklichkeit ein menschliches Grundthema, und zwar deshalb, weil wir im Unterschied zu Tieren die Wirklichkeit immer auch unter Vorbehalt stellen, uns etwas Nicht-Seiendes vorstellen können, das heißt, weil wir so denken und so tun können, *als ob*. Die Sprachform des Irrealis – wäre, hätte, könnte – ist der Ausdruck unserer Befähigung zur Phantasie, zur Fiktionalität und damit auch zur Virtualität. Doch bis ins 20. Jahrhundert eröffnete diese Fähigkeit in erster Linie die Möglichkeit zu Probewelten, kontrafaktischen Gegenentwürfen, zur vorübergehenden Lockerung des Zwangs der Wirklichkeit. Schiller sah im Spiel und in der Kunst, also im Raum des »Als-ob«, den Raum der Freiheit gegenüber der Arbeit, die sich alltäglich an der widerständigen Natur abmüht (Schiller 2009). Dass der Mensch nur dort ganz Mensch sei, wo er spielt, konnte nur gesagt werden, solange das Spiel die Gegenwelt zur Realität blieb – also die Ausnahme von der Regel. Heute jedoch durchdringt die Virtualität immer mehr Bereiche der alltäglichen Lebenswelt – der Arbeit, der Beziehungen, der Freizeit. Visuelle Medien und digitale Kommunikation beherrschen unser Leben in einem Maß, dass wir ohne sie oft kaum noch existieren könnten. Sie werden zu einer Wirklichkeitsmaschine, an die wir angeschlossen sind wie die Menschen in Edward Forsters Erzählung.

Zur theoretischen Begleitung dieser Entwicklung eignen sich besonders konstruktivistische Philosophien und Medientheorien. Die Welt aus medialen Bildern und Telepräsenzen legt eine Erkenntnistheorie nahe, in der die Welt selbst als Bild ausgegeben wird – sei es als Produkt subjektiver Wahrnehmungsschemata oder als Konstrukt von Datenverarbeitungen im Gehirn. Unsere Sinnesorganisation selbst, so heißt es, vermittelt gar nicht Wirklichkeit, sondern erzeugt nur biologisch nützliche, überlebenstaugliche Fiktionen, ein »Kopfkino«, einen »Phenospace« oder »Ego-Tunnel«, wie Thomas Metzinger es nennt:

> Die zeitgenössische Begeisterung für das Vordringen des Menschen in künstliche virtuelle Welten übersieht, dass wir uns immer schon in einem

biologisch erzeugten »Phenospace« befinden: innerhalb einer durch mentale Simulation erzeugten virtuellen Realität. (Metzinger 1999: 243)

Die von der Natur erfundene Form von virtueller Realität ist das bewusste Erleben – ein Echtzeit-Weltmodell, das man als eine fortlaufende Online-Simulation sehen kann. (Metzinger 2009: 155)

Zwischen Realität, Fiktion und Illusion lässt sich dann nicht mehr sinnvoll unterscheiden; Virtualität wäre der Normalfall, nicht die Ausnahme.

In diesem Ego-Tunnel gibt es auch zum anderen Menschen nur einen virtuellen Weg, nämlich über die interne Simulation. Das Gehirn simuliert die an anderen Körpern wahrgenommenen Ausdrucksformen und Handlungen durch die virtuelle Aktivierung unserer eigenen Körperzustände und überträgt diese Quasi-Erlebnisse dann auf die anderen, so als ob wir an ihrer Stelle wären. Hier treffen sich die neurophilosophischen Konzepte mit den Simulationstheorien der sozialen Kognition.[1] Empathie und soziales Verstehen werden damit zu Projektionen innerer Repräsentationen oder Modelle auf andere. Man könnte etwas pointiert sagen, dass die Person, die eine andere wahrnimmt, nicht wirklich mit ihr interagiert, sondern nur mit inneren Modellen oder Simulationen ihrer Handlungen.

Der Neurokonstruktivismus entspricht einer gesellschaftlichen Entwicklung, in der die Unterscheidung von Künstlichem und Natürlichem, von Bild und Original, Schein und Wirklichkeit immer mehr nivelliert wird. Zunehmend leben wir in einer »Kultur der Simulation«, wie Sherry Turkle sie genannt hat (Turkle 2011: 4). Alle Medien weisen eine ambivalente Ontologie auf: Einerseits *vermitteln* sie Realität, basierend auf dem »Als-ob« der Bilder, Zeichen und Repräsentationen. Auf der anderen Seite tendieren sie dazu, sich zwischen das Subjekt und die vermittelte Realität zu schieben und *sich selbst* zu präsentieren. Das gilt nicht nur für unsere kognitive, sondern auch für unsere emotionale Teilnahme an der ver-

1 Vgl. dazu Gordon (1996), Gallese (2005) oder Goldman (2006).

mittelten Realität. Unsere Gefühlsbeziehungen zu anderen basieren zunehmend auf Vermittlung und Virtualität.

Doch dem liegt die schon erwähnte Befähigung des Menschen zugrunde, Fiktionen und Simulationen und damit eine Sphäre des Als-ob zu erschaffen. Wir werden sehen, dass auch die Wahrnehmung des anderen, die empathische Intersubjektivität, häufig Elemente von Imagination und Fiktion enthält; ja dass die Empathie sich überhaupt von der Begegnung abkoppeln und ins Fiktive und Illusionäre übergreifen kann. Wir verbinden uns, so könnte man sagen, durchaus empathisch auch mit unseren eigenen Imaginationen und Projektionen. Einerseits ist damit die Reichweite menschlicher Empathie nahezu unbegrenzt; andererseits aber erfasst sie, je weiter sie sich von der unmittelbaren, leibhaftigen Erfahrung entkoppelt, nicht mehr den anderen selbst, sondern nur noch ein Bild, ja häufig eine undurchschaute Projektion – den Schein des Anderen.

Lässt sich die Empathie vom unmittelbaren, zwischenleiblichen Kontakt ablösen und auf virtuelle Beziehungen übertragen? Und wenn ja, welche Veränderungen erfährt sie dabei? Um diese Fragen zu beantworten, unterscheide ich drei Formen der Empathie: 1) primäre, zwischenleibliche Empathie, 2) erweiterte Empathie, basierend auf der imaginativen Perspektivenübernahme, und 3) fiktionale Empathie, die sich auf abwesende und fiktive Personen richtet. Letztere ist charakterisiert durch ein »Als-ob«-Bewusstsein, das trotz der empathischen Gefühle den Unterschied zwischen Fiktion und Realität aufrechterhält. Vor diesem Hintergrund werde ich anschließend fragen, welche Folgen die zunehmende Virtualisierung von Wahrnehmung und Kommunikation für die Entwicklung der Beziehungen in unserer Kultur hat.

Empathie und Virtualität

Die Schwierigkeiten, das komplexe Phänomen der Empathie zu erfassen, reichen zurück bis zur Einführung des Begriffs gegen Ende des 19. Jahrhunderts und spiegeln sich in der aktuellen Auseinandersetzung zwischen konkurrierenden Theorien der sozialen Wahrnehmung: die *Theory of Mind*-Theorie (Baron-Cohen 1995), die Simulationstheorie (Goldman 2006; de Vignemont 2009), die Theorie der direkten Wahrnehmung (Zahavi 2001, 2011; Gallagher 2008) und die Theorie der leiblichen Kommunikation oder Interaktion (Fuchs/De Jaegher 2009) erheben gleichermaßen den Anspruch, unser alltägliches Verständnis der Gefühle und Intentionen anderer zu erklären. Die Schwierigkeit dieser Erklärung liegt sicher in der Komplexität des Phänomens selbst begründet. Einfühlung verläuft in Stufen und enthält verschiedene Komponenten. Ich werde im Folgenden die schon genannten drei Stufen der primären, erweiterten und fiktionalen Empathie unterscheiden.

1) Primäre, implizite oder zwischenleibliche Empathie

Primäre Empathie beruht auf der persönlichen Begegnung mit dem anderen, auf der zwischenleiblichen Interaktion.[2] Wenn wir jemanden in Zorn ausbrechen sehen, nehmen wir sein Gefühl unmittelbar im Ausdruck und Verhalten wahr. Dazu bedarf es keiner inneren Simulation der Wut, die wir erst in uns selbst wachrufen müssten, um sie dann auf den anderen zu übertragen, ebenso wenig wie einer Theorie über menschliches Verhalten, die uns darüber belehrt, was eine heftige Stimme, geballte Fäuste oder ein zorniger Gesichtsausdruck bedeuten. Wie bereits Scheler (1923/1973: 301 f.) argumentierte, nehmen wir im Lächeln des anderen unmittelbar die Freude, in seinen Tränen das Leid oder in seinem Erröten die Scham wahr, denn wir erleben den anderen primär als psychophysische Ausdruckseinheit. Daran ist freilich auch die *Resonanz* unseres eigenen Leibes beteiligt: Der Zornausdruck des anderen ruft in uns Empfindungen von Spannung, Zusammenzucken,

2 Vgl. zum Begriff der Zwischenleiblichkeit (*intercorporéité*) (Merleau-Ponty 2003: 256). Sie entspricht in etwa dem Stadium der Säuglingsentwicklung bis zum Ende des 1. Lebensjahres, das in der Entwicklungspsychologie auch als »primäre Intersubjektivität« (Trevarthen 1979) bezeichnet wird: Schon mit wenigen Monaten sind Säuglinge durchaus zu einer differenzierten Wahrnehmung der Gefühlsäußerungen anderer in der Lage.

Rückzugstendenzen hervor, und diese unterschwelligen Empfindungen gehen mit in die Wahrnehmung des Zornigen ein. Gefühle werden im *Ausdruck* verständlich, weil er einen leiblichen *Eindruck* erzeugt: Man spürt den anderen am eigenen Leib, auch wenn dieses Spüren nicht als solches bewusst wird, also implizit bleibt (Schmitz 1989; Fuchs 2018).

Dieser Eindruck, den der andere auf uns macht, ruft aber nun seinerseits einen Ausdruck in uns hervor (z. B. einen irritierten oder ängstlichen Blick), der wiederum vom anderen wahrgenommen wird und dessen leibliches Befinden modifiziert. So entsteht ein Wechselspiel, das in Sekundenbruchteilen abläuft, eine *zwischenleibliche Resonanz*, in die beide Partner in der Regel ohne Bewusstheit einbezogen sind. Wenn zwei Menschen sich begegnen, tasten ihre Körper einander ab, ihre Blicke und Handlungsimpulse setzen am anderen Körper an, und ihr sensomotorisches Körperschema verleibt sich den anderen gleichsam ein, sodass wir mit Hermann Schmitz (2011: 29-54) auch von einer *wechselseitigen Einleibung* oder *Inkorporation* sprechen können.[3] Auf diese Weise entsteht bei den Interaktionspartnern ein ganzheitlicher Eindruck vom Gegenüber, ein Gefühl für seine Stimmung oder Ausstrahlung ebenso wie für die spezifische Atmosphäre der Begegnung.

2) Erweiterte, explizite oder imaginative Empathie

Damit habe ich kurz die Dynamik der zwischenleiblichen Resonanz skizziert, die der primären Empathie zugrunde liegt. Nun sind die Möglichkeiten des einfühlenden Verstehens damit freilich noch nicht erschöpft. Auf der Grundlage der primären Empathie sind wir nämlich auch in der Lage, uns die Situation des anderen als solche bewusst zu machen, sie uns zu vergegenwärtigen: Was könnte ihn so zornig gemacht, empört oder verletzt haben, warum war er gerade in dieser Situation so empfindlich usw. Damit erweitern wir unser Verständnis und vertiefen die Einfühlung. Noch weiter führt die Möglichkeit, sich selbst in den anderen hineinzuversetzen: Ich

3 Vgl. auch Fuchs und De Jaegher (2009), Fuchs (2018).

stelle mir vor, wie ich an seiner Stelle empfinden oder reagieren würde. Hier gebrauchen wir nun eine Form der »Simulation«, die ich jedoch eher als Perspektivenübernahme oder auch *imaginative Vergegenwärtigung* bezeichnen möchte.

Diese Komponente der Empathie ist freilich von ganz anderer Art als die erste. Sie enthält zum einen eine *explizite Operation*, eben die bewusste Vergegenwärtigung der Situation des anderen, häufig mit Hilfe zusätzlicher, nicht der Situation unmittelbar zu entnehmender Informationen über ihn. Zum anderen bedeutet sie eine *imaginative Operation* mit dem Bewusstsein des »Als-ob« (als ob ich der andere wäre), die die unmittelbar leibliche Ebene übersteigt. Somit können wir von der primären, impliziten oder leiblichen Empathie eine erweiterte, explizite oder imaginative Empathie unterscheiden. Die letztere enthält bereits ein Element von »Als-ob« und damit von Virtualität.[4]

3) Fiktionale Empathie

Mit diesen beiden Formen ist die Reichweite der Empathie noch nicht erschöpft. Wir können unsere Empathie nämlich auch auf fiktive Personen oder sogar auf nicht-personale Agenten ausdehnen – ich bezeichne dies als *fiktionale Empathie*. Zu ihren Anlässen und Gegenständen gehören zum Beispiel:

– unbelebte Objekte wie etwa die sich umeinander bewegenden geometrischen Figuren im Experiment von Heider und Simmel

4 Im Gefolge der Entdeckung der »Spiegelneuronen« ist auch die erste, zwischenleibliche Form der Empathie häufig als eine Simulation konzipiert worden: Danach rufen neuronale Spiegelsysteme bei der Wahrnehmung des anderen eigenleibliche Empfindungen hervor, die dem wahrgenommenen Ausdruck des anderen entsprechen und die dann auf ihn projiziert werden (Gallese 2005; Gallese/Sinigaglia 2011). Tatsächlich besteht hier aber gar kein »Als-ob«, denn die eigenen Leibempfindungen und Bewegungsanmutungen, die in der Begegnung mit dem anderen mitschwingen, gehen nur implizit in die Wahrnehmung seines Ausdrucks ein. Zudem lösen viele an anderen wahrgenommene Gefühle gar nicht gleichartige, sondern eher gegenläufige leibliche Resonanzen aus, wie etwa bei der erschrockenen oder ängstlichen Reaktion auf einen Zornausbruch. Das Konzept der Simulation ist daher für die primäre Empathie ungeeignet (Fuchs 2019).

(1944), die bei Versuchspersonen unwillkürlich den Eindruck von intentionalen Bewegungen erwecken und sie dazu veranlassen, etwa zwischen einem Kreis und einem Dreieck eine Freundschaftsbeziehung herzustellen;
- Roboter, Avatare oder Computer, die eine scheinbare Intentionalität zeigen – man denke etwa an HAL 9000, den Bordcomputer des Raumschiffs aus Stanley Kubricks *2001 – Odyssee im Weltraum*, der im Verlauf des Films mehr und mehr ein personales Eigenleben entwickelt, ja dessen »Tod« durch Deaktivierung der Schaltkreise man schließlich empathisch mitempfindet;
- Personen in Filmen oder im Theater;
- Romanfiguren wie etwa Oliver Twist oder Anna Karenina;
- Fotos, Porträts, Briefe oder andere Nachrichten von realen, aber nicht gegenwärtigen Personen.

Wie wir sehen, gibt es offenbar sehr unterschiedliche und vielfältige Anlässe für fiktionale Empathie:
- zum einen unbelebte Objekte, die durch ihre Ausdrucksqualitäten oder Bewegungsgestalten unsere leibliche Resonanz anregen;[5]
- zum anderen Objekte, die durch ihr Verhalten Intentionalität, Absichtlichkeit oder Lebendigkeit simulieren (Computer, Roboter, Androiden);
- schließlich Personen, die uns nur virtuell, in Form von Bildern, Romanen, Filmen, Schauspielern oder in der Vorstellung gegeben sind, wobei hier noch einmal zwischen realen, aber abwesenden und rein fiktiven Personen zu unterscheiden ist.

5 Dies ist bei Kindern noch sehr ausgeprägt, die etwa einen leeren Luftballon als »armen Ballon« ansprechen, eine fallende Linie als »traurig« oder eine auf der Seite liegende Tasse als »müde« empfinden (Werner 1959). Dementsprechend »beleben« Kinder häufig ihre Spielsachen (z. B. Puppen) und fühlen ihnen ein Quasi-Bewusstsein ein.

Solche Anlässe zur fiktionalen Empathie sind allerdings immer begleitet von einem *Als-ob-Bewusstsein*, das in unterschiedlichen Formen auftritt. Eine davon ist das Bildbewusstsein: Wir nehmen ein Bild *als* Bild, einen Film *als* Film wahr, das heißt, so *als ob* sein Gehalt real wäre. Es gibt also eine »ikonische Differenz« (Boehm 1978) zwischen dem Bild als Gegenstand und der Welt im Bild, und im Bildbewusstsein sind wir beider Modi von Realität gleichzeitig bewusst.[6] Ähnlich verhält es sich beim Phantasiebewusstsein: Wenn wir tagträumen oder phantasieren, erkennen wir doch die eigene Vorstellung immer noch *als* Vorstellung.

Ein weiteres Als-ob-Bewusstsein finden wir beim »So tun als ob«-Spiel – etwa wenn ein Kind eine Banane als Telefonhörer verwendet, wenn es »Kapitän«, »Räuber« oder Ähnliches spielt. Auch wenn wir uns in einen Schauspieler im Theater einfühlen, dann mit dem zumindest latenten Bewusstsein, dass er seine Rolle nur spielt. Das wird an der Irritation oder dem Erschrecken deutlich, das uns befallen würde, wenn der Schauspieler plötzlich erkennbar »aus der Rolle fallen« oder etwa einen realen Schwächeanfall erleiden würde. Im Fall des Kinofilms ist das Als-ob- Bewusstsein zwar aufgrund der tieferen Immersion des Zuschauers in das Geschehen meist ganz in den Hintergrund gedrängt, bleibt aber latent gleichwohl erhalten. Wir suspendieren das Wissen um die Fiktionalität des Gesehenen, wir geben uns dem Schein hin, aber doch immer mit einer »doppelten Buchführung«.[7]

6 Bilder weisen damit einen eigentümlich ambivalenten Status zwischen Sein und Nicht-Sein auf, ein Problem, das Platon in *Der Sophist* behandelt: »(Fremder:) Ohne also zu sein und wirklich zu sein, ist es doch das, was wir eines Seienden Bild nennen? (Theaitetos:) In einer solchen Verflechtung scheint freilich das Nichtseiende mit dem Seienden verflochten zu sein, die ganz ungereimt ist.« (Sophistes 240b)

7 Mit unserem latenten fiktionalen Bewusstsein spielt meisterhaft Woody Allens Film *The Purple Rose of Cairo* (1985): Während darin eine Kinozuschauerin ihren männlichen Helden schmachtend im Film verfolgt, verlässt dieser plötzlich die Leinwand und steigt zu ihr hinunter in den Saal. Die anderen Schauspieler im weiterlaufenden Film sind darüber empört, fallen gleichfalls aus ihrer Rolle und versuchen vergeblich, ihren Mitspieler wieder zur Rückkehr in den Film zu veranlassen.

Besteht nun eigentlich ein prinzipieller Gegensatz zwischen realer und fiktionaler Empathie? – Was die primäre Empathie betrifft, so ist sie offenbar mit Fiktionalität durchaus vereinbar – man denke an die Interaktion mit einem fiktiven Akteur im Cyberspace oder an die Einfühlung in eine Filmfigur, die hinsichtlich der Intensität der Gefühle durchaus an reale Begegnungen heranreichen, ja sie darin sogar übertreffen kann. Wir sind auch in virtuellen Räumen durchaus leiblich anwesend, empfinden leibliche Resonanz und emotionale Beteiligung – auch wenn eine eigentliche *zwischen*leibliche Resonanz gar nicht zustande kommt. Aber auch die sekundäre Empathie, also die Perspektivenübernahme, enthält, wie zuvor ausgeführt, bereits eine Komponente von Virtualität, ein Als-ob-Bewusstsein: Auch hier werde ich ja nicht wirklich der andere, wenn ich mich in ihn hineinversetze. Diese imaginative Empathie kann auch bei Roman- oder Filmfiguren wirksam werden.

Worin liegt dann der Unterschied? – Natürlich bleiben wir uns in der fiktionalen Empathie dessen bewusst, dass wir nicht *wirklich* mit anderen zu tun haben. Selbst der Schauspieler im Theater, obgleich anwesend, interagiert nicht direkt mit uns. Im Normalfall unterliegen wir dabei also keiner ontologischen Täuschung, keiner Verwechslung von Fiktion und Wirklichkeit. Gleichwohl bleibt die Empathie möglich, denn indem wir uns dem Schein hingeben, lassen wir das Als-ob-Bewusstsein so weit in den Hintergrund treten, dass die fiktive Gestalt einer realen Person an Einfühlungsmöglichkeit nicht nachsteht – im Gegenteil. Das sogenannte *paradox of fiction* – also die Tatsache, dass wir für eine Person wie Anna Karenina tiefe Empathie empfinden können, von der wir doch wissen, dass sie gar nicht existiert – beruht nicht etwa auf einer irrationalen Einstellung oder gar einer Illusion, sondern auf der Eigenart des fiktionalen Bewusstseins, in »doppelter Buchführung« zwischen den beiden Auffassungen des Geschehens zu oszillieren.[8]

Die Schachtelung der Fiktionen wird noch dadurch betont, dass Allens Film den gleichen Namen trägt wie der Film, dem die Kinozuschauerin verfallen ist.

8 Vgl. zum *paradox of fiction* Radford und Weston (1975), Lamarque (1981), Carroll (2007).

Dieses Doppelbewusstsein ist allerdings eine kognitiv anspruchsvolle Leistung, eine Errungenschaft der frühen Kindheit (Fuchs 2013), die prekär bleibt und auch verloren gehen kann – dann wird der Schein auf einmal zur illusionären Wirklichkeit. Das ist ein klassisches Motiv der Literatur: Ovids Pygmalion verliebt sich in die von ihm selbst geschaffene Statue der Aphrodite, und sie gewinnt dadurch Lebendigkeit. Verliebtheit begünstigt also die Illusion und Projektion. Auch in E.T.A. Hoffmanns *Sandmann* wird der Student Nathanael von der stumpfen Automatenpuppe Olimpia bezaubert, während er seine menschliche Verlobte Clara im Wahn als »leblosen Automat« beschimpft und von sich stößt:

> Er saß neben Olimpia, ihre Hand in der seinigen, und sprach hochentflammt und begeistert von seiner Liebe in Worten, die keiner verstand, weder er, noch Olimpia. Doch diese vielleicht; denn sie sah ihm unverrückt ins Auge und seufzte einmal übers andere: »Ach – Ach – Ach!« – worauf denn Nathanael also sprach: »O du herrliche, himmlische Frau!« […] noch nie hatte er eine solche herrliche Zuhörerin gehabt. (Hoffmann 1960: 354 f., 357)

Der Gefühlsüberschwang hebt das Als-ob-Bewusstsein auf, und die Empathie wird zur Projektion. Auch das Problem der Unterscheidung von Menschen und Androiden, das heute Science-Fiction-Filme wie *Blade Runner* oder *Her* aufwerfen (s. o. S. 33), klingt bei Hoffmann bereits in ironischer Form an, wenn im Gefolge von Nathanaels traurigem Schicksal die jungen Männer der Gesellschaft verlangen, »daß die Geliebte […] nicht bloß höre, sondern auch manchmal in *der* Art spreche, daß dies Sprechen wirklich ein Denken und Empfinden voraussetze« (ebd.: 360).

In der Psychopathologie ist die Psychose meist mit einem Zusammenbruch des »Als-ob« verbunden, das den Übergang in den Wahn anzeigt (Fuchs 2017). In der Literatur sind zahlreiche Fälle beschrieben, in denen suchtartiges Computerspielen eine wahnhafte Einfühlung auslöste: Die jugendlichen Patienten hielten ab einem gewissen Zeitpunkt ihren Computer für belebt und wähnten, er treibe mit ihnen ein hinterhältiges Spiel (Podoll et al. 2000; Schmidt-Siegel et al. 2004). Sie konnten also die für das Bildbewusstsein konstitutive ikonische Differenz zwischen Bildträger und Bildgegenstand nicht aufrechterhalten. Besonders eindrucksvoll ist schließlich das Phänomen des »Transitivismus« in der Schizophrenie (Fuchs 2010). Hier büßt sogar die Fremdwahrnehmung das »Als-ob« ein und geht in eine Verschmelzung von Selbst und anderem über, wie etwa im folgenden Fallbeispiel:

> Ein junger Patient war im Gespräch häufig verwirrt, da er nicht mehr zwischen sich und dem Gesprächspartner zu unterscheiden vermochte. Er wusste dann nicht mehr, welche Gedanken zu wem gehörten, und hatte das Gefühl, dass sein Gegenüber irgendwie in ihn eindrang, eine Erfahrung, die seine Identität erschütterte und extrem beängstigend war. Wenn er die Straße entlangging, vermied er es sorgfältig, sein Spiegelbild in den Schaufenstern der Geschäfte zu betrachten, denn er war sich nicht sicher, auf welcher Seite er sich tatsächlich befand. (Parnas 2003: 232; Übers. T. F.)

Hier wird deutlich, dass die Perspektivenübernahme ein ähnliches Als-ob-Bewusstsein erfordert wie die Wahrnehmung des eigenen Spiegelbildes. Die Interaktion mit anderen beruht nämlich auf der Fähigkeit, zwischen der eigenen, leiblichen Perspektive und der virtuell eingenommenen Perspektive des anderen zu wechseln und *zugleich zu unterscheiden*, also die eigene Position gegenüber dem anderen zu behaupten. Bricht dieses Doppelbewusstsein zusammen, so kommt es gleichsam zu einer entgrenzten Empathie, und das Subjekt geht sich in der Wahrnehmung des anderen selbst verloren. Das Gleiche gilt für das Erblicken des eigenen Spiegelbildes. Auch die Psychopathologie zeigt uns somit, dass das Als-ob-Bewusstsein grundsätzlich prekär bleibt; zugleich macht sie deutlich, wie zentral für uns die Fähigkeit ist, zwischen Sein und Schein zu unterscheiden.

Zwischenresümee

Empathie hat sich als komplexes Phänomen erwiesen, bestehend einerseits aus implizit-leiblichen Komponenten, die sich aus der unmittelbaren Zwischenleiblichkeit ergeben, andererseits aus explizit-kognitiven und virtuellen Komponenten, die durch das Bild-, Vorstellungs- und Phantasiebewusstsein, das heißt durch ein unterschiedlich geartetes Als-ob-Bewusstsein ermöglicht werden. Diese Komponenten sind je nach Situation unterschiedlich gewichtet; wir können sie auch in folgender Reihe zunehmender Virtualität anordnen:

primäre Empathie	erweiterte Empathie	fiktionale Empathie
Zwischenleiblichkeit	Perspektivenübernahme	Imagination, Fiktion

→

Abbildung 1: Modalitäten der Empathie

Das bedeutet: Je unmittelbarer wir mit dem anderen in leiblichem Kontakt stehen und in eine gemeinsame Situation einbezogen sind, desto mehr steht die primäre Empathie im Vordergrund. Umgekehrt: Je mehr die leibliche Kommunikation in den Hintergrund tritt, desto wichtiger wird in der Regel die virtuelle oder imaginative Komponente der Empathie. Dabei wird der Grad der Immersion, also des Eintauchens in die virtuelle Welt und der Identifikation mit ihren Figuren, von unterschiedlichen Faktoren beeinflusst: Literarische Texte vermögen uns durch innere Monologe oder Ähnliches unmittelbar mit dem »Innenleben« der Figuren bekannt zu machen. Filme steigern die Empathie mit den dargestellten Personen besonders durch Schnittfolge, Nahaufnahmen, Begleitmusik und anderes. Mit den virtuellen Realitäten schließlich erreicht die Immersion eine neue Stufe, nämlich durch die Möglichkeit, mit den virtuellen Figuren oder Avataren sensomotorisch zu interagieren.

Freilich bewegt sich die fiktionale Empathie im Raum des Vorstellungsvermögens und der Einbildungskraft – ich bleibe damit in gewissem Sinn in meiner Eigenwelt, denn vorstellen lässt sich vieles, und es besteht immer die Gefahr, dass ich dabei meinen Projektionen unterliege. Die leibhaftige Gegenwart des anderen hingegen hat ihre eigene Widerständigkeit. Denn ebenso wie mir der andere in seinem Leib erscheint, entzieht er sich mir auch. Die zwischenleibliche Kommunikation verläuft nicht etwa bruchlos, sie bedeutet keine vollständige Einsfühlung (Scheler 1923/1973) oder Verschmelzung, sondern sie enthält einen subtilen Wechsel zwischen Resonanzen und Dissonanzen, die den Prozess der Interaktion vorantreiben. In der Säuglingsforschung haben Tronick et al. (1998) zeigen können, dass die affektive Kommunikation zwischen Mutter und Kind durch einen Wechsel zwischen *matches* und *mismatches*, also Passungen ebenso wie Störungen und anschließende »Reparaturen« der Affektabstimmung, charakterisiert ist. Dies ist gerade die Voraussetzung dafür, dass sich der Säugling als eigenes, von der Mutter abgegrenztes Wesen erlebt.

Aber auch als Erwachsene machen wir in jeder Begegnung die Erfahrung, dass der andere sich mir in seinem Gesicht und Ausdruck zuwendet und doch zugleich bis zu einem gewissen Grad entzieht. Levinas (1999) hat die intersubjektive Erfahrung geradezu davon abhängig gemacht, dass das Antlitz des anderen nicht meiner vollständigen Erfassung unterliegt, sondern immer ein Moment der Fremdheit und Unantastbarkeit behält – dass der andere also meine subjektive Eigenwelt immer übersteigt. Personen werden füreinander wirklich, insofern sie einander als Wesen erkennen, die immer auch jenseits dessen bleiben, als was sie sich zeigen. Diese Wirklichkeit der Person kann nun aber der Empathie entgleiten, und zwar, wie wir schon sahen, unter zwei Voraussetzungen: zum einen, wenn der Widerstand der leiblichen Kommunikation fehlt und die fiktionale Komponente sich von der Begegnung mit dem anderen abkoppelt; zum anderen, wenn das Als-ob-Bewusstsein schwindet und die Differenz zwischen Bild und Wirklichkeit, Schein und Realität verloren geht. An die Stelle der Begegnung tritt dann der illusionäre Schein des Anderen.

Virtualisierung in der Gegenwart

Werfen wir nun vor diesem Hintergrund einen Blick auf die eingangs genannten Tendenzen zur Virtualisierung in der gegenwärtigen Kultur. Gemeinsames Merkmal der medialen und virtuellen Welten ist eine Abkoppelung von der unmittelbar leiblichen Erfahrung, eine »Entkörperung« (*disembodiment*). Damit verschieben sich die Modalitäten der Empathie zunehmend zum fiktionalen Pol. Ich werde diese Entkörperung unter zwei Aspekten näher charakterisieren: 1) Phantomisierung, das heißt Nivellierung der Differenz zwischen Schein und Realität; 2) Medialisierung der Kommunikation.

1) Phantomisierung

Als »Phantomisierung« bezeichnete Günther Anders bereits 1956 die mediale Vorspiegelung unmittelbarer Realität: Das sicherste Mittel, die Wirklichkeit zu verdecken, bestehe darin, sie ständig und überall *abzubilden*, und zwar durch Abbilder, die ihren Bildcharakter selbst verschleiern, sodass »die Welt unter ihrem Bilde zum Verschwinden gebracht wird« (Anders 1956/1994: 154). Es entstehen Gebilde zwischen Sein und Schein, die Anders ›Phantome‹ nennt, nämlich Zeichen oder Bilder, die im Gewand von leibhaftigen Dingen auftreten. Ähnlich beschrieb später Baudrillard (1978, 1982) das »Simulacrum« als medial simulierte Scheingegenwart, die keine Unterscheidung zwischen Original und Kopie, Realität und Imagination mehr erlaubt. Zugleich stellen Medien wie Fernseher oder Smartphone eine scheinbare *Gleichzeitigkeit* mit der ganzen Welt her, einen virtuellen gemeinsamen Weltaugenblick. Zum Wesen des Bildes gehörte ursprünglich seine Zeitdifferenz zum Dargestellten, es war immer ein *Nach*bild seines Gegenstandes (Anders 1956/1994: 131 f.). Die Simulation jedoch geht mit der Simultaneität von Bild und Wirklichkeit einher.

Statt nur transparente Vermittler zu sein, schieben sich Medien damit immer mehr selbst vor die Realität. Ein Bild noch *als Bild* zu sehen, also sein »Als-ob« bewusst zu halten, fällt immer schwerer, wenn wir an die Entwicklung vom gemalten Bild über Fotografie und Film bis hin zur Liveübertragung denken. Im quasi-hypnoiden Zustand gibt der Zuschauer schließlich die Anstrengung auf, die Differenz zwischen Original und Abbild aufrechtzuerhalten. Der Schein besteht darin, die Verdoppelung der Wirklichkeit zu übersehen und zu vergessen, dass zwischen dem im Wohnzimmer verfolgten Tsunami und der wirklichen Flutwelle eine ontologische Kluft liegt – das Wohnzimmer bleibt schließlich trocken. Virtuell nehmen wir auf diese Weise an immer mehr Weltereignissen teil, sind dabei aber doch nicht wirklich betroffen. Die Gelegenheiten zur Empathie vervielfältigen sich, doch in gleichem Maß verflacht die Empathie selbst. Resultat dieser Entwicklung ist das, was Anders den *»medialen Idealismus«* nannte: Die Welt wird zum Schauspiel, der Zuschauer zum passiven Konsumenten der Vorstellungen, die die Medien ihm liefern:

> Die Welt ist nun meine geworden, meine Vorstellung, ja sie hat sich, wenn man das Wort »Vorstellung« einmal im Doppelsinne: nicht nur im Schopenhauerschen, sondern im Theatersinne, zu verstehen bereit ist, in eine »Vorstellung für mich« verwandelt. In diesem *für mich* besteht nun das idealistische Element. (Anders 1956/1994: 112)

Dass Massenmedien andererseits selbst *realitätserzeugend* wirken, indem sie nämlich Ereignisse wie »9/11« und andere Terroranschläge oder Amokläufe durch ihre öffentliche Abbildung in gewissem Sinn erst ermöglichen, ja geradezu hervorrufen, ist oft festgestellt worden. Dies trägt noch zusätzlich dazu bei, die Grenzen von Bild und Wirklichkeit zu verwischen. »9/11« besteht mehr in seinen medialen Bildern als in einem realen Ereignis; es ist in gewissem Sinn ein einziges Simulacrum.[9]

Bleibt der Konsument gegenüber den Bildmedien im Wesentlichen passiv, so beziehen Computermedien ihre Benutzer in ei-

9 In diesem Fall scheint der ambivalente ontologische Status eines »medialen Ereignisses« allerdings auch zu einem Misstrauen mancher Zuschauergruppen beigetragen zu haben, das sich in Verschwörungstheorien von einer Inszenierung des Anschlags manifestierte. Ähnlich könnte man in den aktuellen Ressentiments gegenüber der sogenannten »Lügenpresse« ein wieder zunehmendes Bewusstsein für den Vermittlungscharakter medialer Realität vermuten. Dabei handelt es sich freilich nicht um ein wirklich medienkritisches Bewusstsein, denn gerade die Kritiker einer vermeintlichen Manipulation bilden sich ihre alternative Realität vorzugsweise aus Echokammern des Internets. Insgesamt ist damit eher eine Tendenz erkennbar, die Differenz von Realität und Schein, von Wahrheit und Lüge zu verwischen, für unerkennbar zu erklären oder ganz aufzugeben.

ne sensomotorische oder auch verbale Interaktion ein und ermöglichen damit neue Formen der Immersion. Als Interaktions- und Kommunikationspartner wird der Computer zunächst selbst zu einem potenziellen Gegenstand der Empathie, dem häufig personale Attribute und Quasi-Intentionen zugeschrieben werden. Das Verhältnis zu Smartphones nimmt geradezu erotische Qualitäten an, erkennbar an der faszinierten Versenkung in den Bildschirm und dem sanften Streichen über den Touchscreen. Zur eigentlichen sensomotorischen Verschmelzung von Leib und Computer führt dann die virtuelle Realität der Computerspiele und des Cyberspace: Nicht mehr Zuschauer, sondern als Akteur mit dem Geschehen verbunden, erlebt der User eine magische Wirkung der eigenen Tätigkeit, und die Immersion erreicht ihren maximalen Grad. Die Illusion der eigenleiblichen Bewegung im digital erzeugten Raum begünstigt die Identifizierung mit Avataren oder anderen Stellvertretern ebenso wie die empathische Interaktion mit virtuellen Personen. Man kann geradezu von einer »Einleibung« des virtuellen Raums sprechen.

Dies scheint zunächst der oben formulierten These des *disembodiment* zu widersprechen. Tatsächlich ist es aber gerade die optimale visuelle, taktile und motorische Koppelung von User und Computer, die die Erfahrungen von Widerständigkeit, Entfernung und Fremdheit unterläuft, wie sie sonst für die leibliche Auseinandersetzung mit der Welt charakteristisch sind. Dies manifestiert sich nicht zuletzt in Begriffen wie »surfen«, »browsen« oder »skimmen«; sie verweisen auf die *Minimalisierung des Widerstandes* in einem Medium, das unbegrenzte virtuelle Bewegungsmöglichkeiten und damit das Erlebnis magischer Omnipotenz vermittelt. Verdrängt wird also die Realität des widerständigen Leibes mit seinen spürbaren Regungen und Bedürfnissen zugunsten eines dem Medium angeschlossenen Funktionsleibes, der in seinem Fungieren vollständig transparent geworden ist und jede Eigenanzeige verloren hat. Seine tatsächliche Bewegung ist auf ein Minimum reduziert. Es ist also gerade die leibliche Verschmelzung mit digitalen oder visuellen Medien, die zu den höchsten Stufen der Immersion und damit der Illusion führt.

2) Medialisierte Kommunikation
Die traditionellen Telemedien waren die Vorreiter in der Ersetzung realer Begegnung durch Scheinpräsenz. Inzwischen wird die virtuelle Begegnung zunehmend zum Merkmal der Alltagskultur insgesamt. Statt mit Personen interagieren wir immer häufiger mit Schein- oder Quasi-Subjekten: Wir werden von automatischen Ansagern bedient und detailliert befragt, wir sprechen mit Siri oder Alexa; im Netz interagieren wir mit *social bots* oder anderen nichtmenschlichen Akteuren, während wir selbst fortwährend elektronische Spuren, Bilder und Daten im virtuellen Raum hinterlassen, die wiederum von anonymen KI-Systemen verwertet werden.

Aber auch dort, wo wir mit wirklichen anderen kommunizieren, geschieht dies in einer zunehmend entkörperten Form. Mehr und mehr Lebensbereiche wandern in den digitalen Raum ab, *virtual communities* gedeihen ebenso wie Filterblasen und Echokammern. Selbst sonst intime Begegnungen werden zu *Online*-Dating oder *Online*-Psychotherapie. Im Netz aber ist der andere »nirgendwo«, er verliert seine leibliche Präsenz und bleibt eine Schnittstelle verschiedener Informationen, die ich im Verlauf der Kommunikation über ihn erwerbe. Welche Anteile an meinem Bild von ihm haben Selbststilisierung, Konstruktion, Fiktion, Projektion? Die Unterscheidungen selbst scheinen ihre Bedeutung zu verlieren. Zweifellos beschleunigt und vervielfacht die Telekommunikation die Kontakte, doch ohne reale Begegnung fehlt ihnen die Authentizität der zwischenleiblichen Resonanz.

Nicht dass die virtuellen Beziehungen die affektive Besetzung vermissen ließen – im Gegenteil: Gerade weil die entsinnlichte Kommunikation so viele Leerstellen lässt, bleibt umso mehr Raum für projektive Gefühlsinvestitionen. Was jedoch fehlt, ist die *Interaffektivität*, also die unmittelbare Rückkoppelung der emotionalen Regungen und Ausdrucksgesten, durch die wir im lebendigen Kontakt einander empathisch wahrnehmen. Stattdessen erzeugt das Internet, wie Eva Illouz gezeigt hat, häufig »fiktionale« oder »Phantomgefühle«, die nicht eigentlich auf den anderen selbst gerichtet sind:

Fiktionale Gefühle können denselben kognitiven Inhalt haben wie echte Gefühle: Man kann sich im Kino vor einer Seuche ekeln oder über den Verrat eines engen Freundes empören. Doch werden diese fiktionalen Gefühle dadurch hervorgerufen, dass wir uns auf ästhetische Formen einlassen, und sie sind selbstreferentiell – das heißt, sie verweisen auf das Selbst zurück und sind nicht Teil einer fortlaufenden und dynamischen Interaktion mit einem anderen. In diesem Sinn sind sie weniger verhandelbar als die Gefühle des wirklichen Lebens, was der Grund dafür sein mag, dass sie über ein in sich geschlossenes Eigenleben verfügen. (Illouz 2012: 377)

Solche fiktionalen Gefühle, hervorgerufen allein durch linguistische Signale des anderen, können sehr intensiv werden, auch wenn ihr Objekt gar nicht anwesend ist. Ihr fiktionaler oder projektiver Charakter ist allerdings verdeckt, denn schließlich gelten sie jemandem, der tatsächlich irgendwo in der Welt existiert. Während das »Als-ob« im Fall der Empathie für Anna Karenina im Bewusstsein bleibt, geht es in den entkörperten Kontakten zu anderen tendenziell verloren – so etwa beim Online-Dating, wo Imagination und tatsächliche Begegnung voneinander getrennt sind:

[D]er imaginative Stil, der sich in und durch Internet-Kontaktbörsen bildet, [muss] vor dem Hintergrund einer Technologie verstanden werden, die Begegnungen entkörperlicht und textualisiert, also den sprachlichen Austausch zu dem Mittel macht, über das eine psychologische intime Kenntnis hergestellt wird. Die so hergestellte Intimität beruht auf keiner Erfahrung und ist nicht körperlich grundiert, sondern entspringt der Produktion psychologischen Wissens und psychologischer Formen, sich aufeinander zu beziehen. Die Internetphantasie lebt von der Fülle textbasierten kognitiven Wissens. (Illouz 2012: 410)

Mehr noch: So wie es zur elektronischen Überbrückung selbst des Erdumfangs nur eines Tastendrucks bedarf, bleibt auch die *Online*-Interaktion ohne die Erfahrung von Fremdheit und zunehmender Vertrautheit. Der leiblich zu durchmessende Raum ist aufgehoben, und ohne Wartezeit erreichen die Teilnehmer sofort ihren Adressaten. Der Raum virtueller Sozialität ist hochgradig homogen: Jeder scheint mir gleich nah zu sein. Die feinen Graduierungen von Distanz und Nähe werden nivelliert, häufig entfallen auch die Zwischentöne des sozialen Umgangs. Damit erlaubt die virtuelle Kommunikation eine Intimität, zu der die Beteiligten im unmittelbaren Kontakt gar nicht bereit oder in der Lage wären. Der andere wird zur Projektionsfläche, zum Produkt meiner Vorstellung, aber auch zum Gegenstand meiner Willkür: ein Tastendruck, und die virtuelle Gemeinschaft ist wieder verschwunden. Ich war gar nicht wirklich *anwesend*.

Resümee und Ausblick

Die fortschreitende Entsinnlichung, die Wucherung der digitalen Zeichensysteme, der Phantombilder und Scheinpräsenzen haben eine schillernde Zwischenwelt erzeugt, die sich, so schreibt Bernhard Waldenfels (1995: 192), »zwischen Sehen und Gesehenes, Sagen und Gesagtes, zwischen Mitteilung und Mitgeteiltes, zwischen Handeln und Tat, zwischen Gefühlsregung und Gefühlsäußerung schiebt«. Eine Kultur der Virtualisierung und Simulation bedeutet grundsätzlich eine »Entkörperung«, einen Rückgang leiblicher und zwischenleiblicher Erfahrung. Zugleich tendiert die Empathie dazu, sich von dieser Erfahrung abzukoppeln und in die Virtualität zu verlagern – in einen Raum, wo wir es mit Zwittergebilden zwischen dem *Erscheinen* und dem *Schein* des anderen zu tun haben. Damit verschieben sich die vorherrschenden Modalitäten der Empathie vom zwischenleiblichen zum virtuellen und projektiven Pol (vgl. Abb. 1).

Noch wissen wir zu wenig über die langfristigen Folgen dieser Entwicklung. Aus Längsschnittstudien gibt es zumindest Hinweise auf einen signifikanten Rückgang empathischer Fähigkeiten seit der Jahrhundertwende.[10] Eine wahrscheinliche Ursache dürfte in der

10 In einer Längsschnitt-Metaanalyse von 72 Studien zwischen 1979 und 2009 fanden Konrath et al. (2011), dass die Empathiebereitschaft amerikanischer College-Studenten in dieser Periode um über 40 % abgenommen hatte, mit einem Hauptabfall nach 2000. Am meisten verringert hatten sich die Maße für empathisches Mitgefühl und Perspektivenübernahme. Die Autoren benennen selbst die Zunahme digitaler Medien und virtueller Beziehungen seit 2000 als mögliche Ursache: »Wenn so viel Zeit mit Online- statt mit realen Interaktionen verbracht wird, könnte sich eine interpersonelle Dynamik wie die Empathie si-

Zunahme virtueller Beziehungen und fiktionaler Empathie liegen, verbunden mit einer Verringerung zwischenleiblicher Erfahrung. Zwar schaffen virtuelle Medien ausgedehnte Netzwerke schwacher Bindungen, die sich ohne aufwändige Investitionen aufrechterhalten und abrufen lassen. Doch die Quantität der Kontakte im homogenen virtuellen Raum tritt offenbar zunehmend an die Stelle der Qualität empathischer Beziehungen und vertiefter Bindungen im leiblichen Raum abgestufter Nähe und Intimität.

Solche Entwicklungen lassen sich freilich nicht aufhalten oder gar zurückdrehen. Wir sollten sie vielmehr kritisch begleiten, um beständig zu überprüfen, ob wir tatsächlich wollen, was wir unreflektiert tun. Dazu ist ein kulturpessimistisches Lamento wenig hilfreich. Mehr wäre gewonnen, wenn wir angesichts des Fortschritts der digitalen Medien ein verfeinertes Bewusstsein für die unterschiedlichen Qualitäten sozialer Kommunikation entwickeln. Gerade aus dem Kontrast ließe sich erkennen, was leibliche Anwesenheit wirklich bedeutet: etwa dass sie nicht nur im abwechselnden Austausch von Botschaften besteht, sondern *gleichzeitige* Kommunikation ermöglicht, nämlich das aktive *Zuhören* mit den Zeichen der Aufmerksamkeit, des Fragens oder der Bestätigung durch Blicke oder Nicken. Kleist hat unübertrefflich beschrieben, wie ein solches Zuhören das Denken und Sprechen des Gegenübers stimuliert (Kleist 1805/1964). Dazu kommt die empathische

cher verändern. So ist es womöglich leichter, Freundschaften und Beziehungen online zu etablieren, doch diese Fähigkeiten werden sich nicht in reibungslose soziale Beziehungen im wirklichen Leben übertragen lassen.« (Ebd.: 188; Übers. T. F.)

Gleichzeitig haben einer weiteren Metaanalyse zufolge die sicheren Bindungsstile bei College-Studenten zwischen 1988 und 2011 signifikant ab-, die unsicheren Bindungsstile zugenommen (Konrath et al. 2014). Sicher wäre es voreilig, hier eindeutige Kausalitäten herzustellen, doch lässt sich jedenfalls sagen, dass die neuen Kommunikationsmedien die Empathie- und Bindungsfähigkeiten von amerikanischen Jugendlichen nicht gesteigert, sondern eher beeinträchtigt haben. Auch Zarins und Konrath (2017) gelangen in einem noch umfassenderen Überblick zur soziologischen Studienlage zu dem Resultat, dass zumindest für die USA eine Abnahme von Mitgefühl und eine Zunahme von Selbstzentrierung in den vergangenen Jahrzehnten kaum zu bestreiten sei.

Ausdruckswahrnehmung, die in digitaler Kommunikation trotz aller Emojis nicht mehr zu finden ist; die Möglichkeit der *Berührung* und des Berührtwerdens;[11] des *Blickens* und Erblicktwerdens; und schließlich das *atmosphärische Spüren* der Präsenz des anderen, das auf dem synästhetischen Zusammenwirken der Sinne beruht. Es zeigt sich nicht zuletzt im gemeinsamen Schweigen als einer der intensivsten Formen leiblicher Präsenz, die der technisch vermittelten Kommunikation unzugänglich ist (Böhme 2003: 141).

Von zentraler Bedeutung für unseren künftigen Umgang mit virtuellen Welten wird aber sein, dass wir die ontologische Unterscheidung von Virtualität und Realität nicht aufgeben. Wer das »Als-ob« von Imagination und Simulation nivelliert, wer die Differenz von Bild und Original, von Schein und Sein für unwesentlich erklärt, der leistet auch der populistischen Manipulation, den Fake News und letztlich einem Zerfall der gemeinsamen Öffentlichkeit Vorschub. Zu solchen Tendenzen gehört der postmoderne Konstruktivismus: Er gewinnt seine scheinbare Plausibilität aus einer Kultur- und Medienentwicklung, in der die genannten Unterscheidungen, oberflächlich gesehen, unscharf werden. Umso mehr bedarf es heute einer kritischen Differenzierung, einer »Unterscheidung der Geister«.

So lässt sich die These, die Welt sei letztlich ohnehin nichts anderes als ein Konstrukt oder eine Simulation im Kopf, mit guten Gründen bestreiten: Wahrnehmungen sind weder Simulationen noch Vorstellungen – dazu das nächste Kapitel –, und selbst unsere Vorstellungen werden uns ständig von der Realität bestätigt oder widerlegt. Dazu ist allerdings zweierlei erforderlich: der aktiv tätige Umgang mit der Welt und die konkrete Begegnung mit dem anderen. Beides wirkt als Korrektiv für unsere Entwürfe, Vorstellungen und Illusionen: im einen Fall durch direkte Rückwirkung, Erfolg und Misserfolg, im anderen Fall durch die Widerständigkeit, die

11 Wie sehr Menschen auf Hautkontakt, Berührung und Berührtwerden angewiesen sind, im leiblichen wie im emotionalen Sinn, zeigt nicht zuletzt die Haptikforschung (Grunwald 2017). Die gleichwohl zunehmenden Tendenzen zu einer »berührungslosen Gesellschaft« beschreibt von Thadden (2018).

Fremdheit des anderen und durch den Wechsel der Perspektive, den jede echte Begegnung mit sich bringt.

Ein letztes Kriterium für Wirklichkeit ist das *Widerfahrnis*: das, was uns zustößt, was wir nicht berechnen können. Wirkliches erschließt sich durch immer wieder neu zu überwindende Fremdheit, Unvorhersehbarkeit und Widerständigkeit (Waldenfels 1990). Umgekehrt schwindet die Wirklichkeit in dem Maß ihrer »Eingängigkeit«, der Reibungslosigkeit, mit der sie in die Sinne einströmt und die aufmerksame, kritische Wahrnehmung unterläuft (Fuchs 2008). Die bewegten und interaktiven Bilder sind in besonderem Maße geeignet, die Wahrnehmung zu beherrschen, den Blick zu bannen und sich unmittelbar mit unserer Imagination zu verbinden. Nicht umsonst galten Bilder in der menschlichen Kulturentwicklung seit jeher als mythische Mächte, deren magische und verwandelnde Kraft man durch strenge Tabus bis hin zu Bilderverboten zu zähmen versuchte. Wir leben allerdings in einer Gesellschaft, die wie keine vor ihr von Bilderverboten frei und von Bildern überflutet ist. Wollen wir die konkrete Wirklichkeit erfahren, müssen wir lernen, diese Flut zu hemmen und die sinnliche Erfahrung wieder mit leiblicher Gegenwart zu verknüpfen.

Entscheidend ist dabei die Erfahrung der Anwesenheit und Wirklichkeit des anderen. Wenn alles wirkliche menschliche Leben Begegnung ist, wie Martin Buber (1984: 15) schreibt, dann entscheidet sich an der Frage, ob und in welcher Weise wir einander begegnen, unser Verhältnis zur Wirklichkeit überhaupt. Nur der andere ist ein Sein jenseits des bloßen »für mich«, jenseits des medialen Idealismus oder der konstruktivistischen Innenwelt, aus der wir nie hinausgelangen. Nur der andere befreit mich auch aus dem Käfig meiner Vorstellungen und Projektionen, in dem ich immer nur mir selbst begegne. Der ethische Anspruch, der von ihm ausgeht, ist letztlich an seine leibliche Gegenwart gebunden: an seinen Blick, an seine Stimme, sein Gesicht. Und nur wenn andere für uns in dieser Weise wirklich werden, werden wir auch uns selbst wirklich. Niemand blickt uns aus einem Smartphone an. Die virtuelle Gegenwart des anderen kann die Zwischenleiblichkeit nicht ersetzen.

Anders, G. 1994. *Die Antiquiertheit des Menschen*, Bd. I.: *Über die Seele im Zeitalter der zweiten industriellen Revolution*. München: Beck. (Erstausgabe 1956)

Baron-Cohen, S. 1995. *Mindblindness: An Essay on Autism and Theory of Mind*. Cambridge, MA: MIT Press.

Baudrillard, J. 1978. »Requiem für die Medien«. In: Ders., *Kool Killer oder Der Aufstand der Zeichen*. Übers. von H.-J. Metzger Berlin: Merve, S. 83-118.

Baudrillard, J. 1982. *Der symbolische Tausch und der Tod*. Übers. von G. Bergfleth, G. Ricke, R. Voullie. München: Matthes & Seitz.

Boehm, G. 1978. »Zu einer Hermeneutik des Bildes«. In: *Die Hermeneutik und die Wissenschaften*. Hg. von H.-G. Gadamer, G. Boehm. Frankfurt/M.: Suhrkamp, S. 444-447.

Böhme, G. 2003. *Leibsein als Aufgabe. Leibphilosophie in pragmatischer Hinsicht*. Kusterdingen: Die Graue Edition.

Buber, M. 1984. *Das dialogische Prinzip*. Heidelberg: Lambert Schneider.

Carroll, N. 2007. *The Philosophy of Motion Pictures*. London: Blackwell.

De Vignemont, F. 2009. »Drawing the Boundary between Low-Level and High-Level Mindreading«. In: *Philosophical Studies* 144: S. 457-466.

Forster, E. M. 1989. »The Machine Stops«. In: Ders., *Collected Short Stories*. London: Penguin Books. (Erstausgabe 1909)

Fuchs, T. 2008. »Wirklichkeit und Entfremdung. Derealisierungen in Psychopathologie und Kultur«. In: Ders., *Leib und Lebenswelt*. Kusterdingen: Die Graue Edition, S. 260-282.

Fuchs, T. 2010. »Phenomenology and Psychopathology«. In: *Handbook of Phenomenology and Cognitive Science*. Hg. von S. Gallagher, D. Schmicking. Dordrecht: Springer, S. 547-573.

Fuchs, T. 2013. »The Phenomenology and Development of Social Perspectives«. In: *Phenomenology and the Cognitive Sciences* 12: S. 655-683.

Fuchs, T. 2017. »The ›as if‹ Function and Its Loss in Schizophrenia«. In: *Imagination and Social Perspectives. Approaches from Phenomenology and Psychopathology*. Hg. von M. Summa, T. Fuchs, L. Vanzago. New York, London: Routledge, S. 83-98.

Fuchs, T. 2018. »Zwischenleibliche Resonanz und Interaffektivität«. In: *Psychodynamische Psychotherapie* 17: S. 211-221.

Fuchs, T. 2019. »Embodied Interaffectivity and Psychopathology«. In: *The*

Routledge Handbook of Phenomenology of Emotions. Hg. von T. Szanto, H. Landwehr. New York, London: Routledge.

Fuchs, T., H. De Jaegher. 2009. »Enactive Intersubjectivity: Participatory Sense-making and Mutual Incorporation«. In: *Phenomenology and the Cognitive Sciences* 8: S. 465-486.

Gallagher, S. 2008. »Direct Perception in the Intersubjective Context«. In: *Consciousness and Cognition* 17: S. 535-543.

Gallese, V. 2005. »Embodied Simulation: From Neurons to Phenomenal Experience«. In: *Phenomenology and the Cognitive Sciences* 4: S. 23-48.

Gallese, V., C. Sinigaglia. 2011. »What Is so Special about Embodied Simulation?« In: *Trends in Cognitive Sciences* 15: S. 512-519.

Goldman, A. 2006. *Simulating Minds. The Philosophy, Psychology, and Neuroscience of Mindreading*. Oxford: Oxford University Press.

Gordon, R. M. 1996. »›Radical‹ simulationism«. In: *Theories of Theories of Mind*. Hg. von P. Carruthers, P. K. Smith. Cambridge: Cambridge University Press, S. 11-21.

Grunwald, M. 2017. *Homo hapticus. Warum wir ohne Tastsinn nicht leben können*. München: Droemer.

Heider, F., M. Simmel. 1944. »An Experimental Study of Apparent Behavior«. In: *American Journal of Psychology* 57: S. 243-259.

Hoffmann, E. T. A. 1960. »Der Sandmann«. In: Ders., *Fantasie- und Nachtstücke*. München: Winkler, S. 331-363.

Illouz, E. 2012. *Warum Liebe weh tut. Eine soziologische Erklärung*. Übers. von M. Adrian. Berlin: Suhrkamp.

Kleist, H. 1964. »Über die allmähliche Verfertigung der Gedanken beim Reden«. In: Ders., *Sämtliche Werke*. Hg. von P. Stampf. Berlin, Darmstadt, Wien: Wissenschaftliche Buchgesellschaft, S. 1032-1037. (Erstausgabe 1805)

Konrath, S. H., E. H. O'Brien, C. Hsing. 2011. »Changes in Dispositional Empathy in American College Students over Time: A Meta-analysis«. In: *Personality and Social Psychology Review* 15: S. 180-198.

Konrath, S. H., W. J. Chopik, C. Hsing, E. H. O'Brien. 2014. »Changes in Adult Attachment Styles in American College Students over Time: A Meta-analysis«. In: *Personality and Social Psychology Review* 18: S. 326-348.

Lamarque, P. 1981. »How Can We Fear and Pity Fictions?«. In: *British Journal of Aesthetics* 21: S. 291-304.

Levinas, E. 1999. *Die Spur des Anderen. Untersuchungen zur Phänomenologie und Sozialphilosophie*. Übers., hg. und eing. von W. N. Krewani. Freiburg, München: Karl Alber.

Merleau-Ponty, M. 2003. »Der Philosoph und sein Schatten«. In: Ders., *Das Auge und der Geist. Philosophische Essays*. Hamburg: Meiner, S. 243-274.

Metzinger, T. 1999. *Subjekt und Selbstmodell*. Paderborn: Mentis.

Metzinger, T. 2009. *Der Ego-Tunnel. Eine neue Philosophie des Selbst: Von der Hirnforschung zur Bewusstseinsethik*. Berlin: Berlin Verlag.

Parnas, J. 2003. »Self and Schizophrenia: A Phenomenological Perspective«. In: *The Self in Neuroscience and Psychiatry*. Hg. von T. Kircher, A. David. Cambridge: Cambridge University Press, S. 217-241.

Platon. 1982. *Der Sophist*. In: *Sämtliche Werke*. Bd. II. Hg. von. E. Loewenthal. Übers. von F. Schleiermacher. Heidelberg: Lambert Schneider. (Zitiert nach der Stephanus-Paginierung).

Podoll, K., E. Habermeyer, B. Nöller, H. Ebel, H. Sass. 2000. »Internet als Wahnthema bei paranoider Schizophrenie«. In: *Nervenarzt* 71: S. 912-914.

Radford, C., M. Weston. 1975. »How Can We Be Moved by the Fate of Anna Karenina?«. In: *Proceedings of the Aristotelian Society*, Supplementary Volume 49: S. 67-93.

Scheler, M. 1973. »Wesen und Formen der Sympathie«. In: Ders., *Gesammelte Werke*, Bd. 9. Bern, München: Francke. (Erstausgabe 1923)

Schiller, F. 2009. *Über die ästhetische Erziehung des Menschen: in einer Reihe von Briefen*, Frankfurt/M.: Suhrkamp.

Schmidt-Siegel, B., T. Stompe, G. Ortwein-Swoboda. 2004. »Being a Webcam«. In: *Psychopathology* 37: S. 84-85.

Schmitz, H. 1989. »Über leibliche Kommunikation«. In: Ders., *Leib und Gefühl. Materialien zu einer philosophischen Therapeutik*. Paderborn: Junfermann, S. 175-218.

Schmitz, H. 2011. *Der Leib*. Berlin: De Gruyter.

Thadden, E. v. 2018. *Die berührungslose Gesellschaft*. München: Beck.

Trevarthen, C. 1979. »Communication and Cooperation in Early Infancy: A Description of Primary Intersubjectivity«. In: *Before Speech. The Beginning of Interpersonal Communication*. Hg. von M. Bullowa. Cambridge: Cambridge University Press, S. 321-347.

Tronick, E. Z. et al. 1998. »Dyadically Expanded States of Consciousness and the Process of Therapeutic Change«. In: *Infant Mental Health Journal* 19: S. 290-299.

Turkle, S. 2011. *Alone Together. Why We Expect More from Technology and Less from Each Other*. New York: Basic Books.

Waldenfels, B. 1990. *Der Stachel des Fremden*. Frankfurt/M.: Suhrkamp.

Waldenfels, B. 1995. »Ein menschlicher Traum für Wachende«. In: *Neue Realität: Herausforderung der Philosophie*. Hg. von H. Lenk, H. Poser. Berlin: Akademie Verlag, S. 190-204.

Werner, H. 1959. *Einführung in die Entwicklungspsychologie*. München: Barth.

Zahavi, D. 2001. »Beyond Empathy. Phenomenological Approaches to Intersubjectivity«. In: *Journal of Consciousness Studies* 8: S. 151-167.

Zahavi, D. 2011. »Empathy and Direct Social Perception: A Phenomenological Proposal«. In: *Review of Philosophy and Psychology* 2: S. 541-558.

Zarins, S., S. Konrath. 2017. »Changes over Time in Compassion-Related Variables in the United States«. In: *The Oxford Handbook of Compassion Science*. Hg. von E. M. Seppälä, E. Simon-Thomas, S. L. Brown, M. C. Worline, C. D. Cameron, J. R. Doty. Oxford: Oxford University Press, S. 331-352.

Wahrnehmung und Wirklichkeit

Skizze eines interaktiven Realismus

Einleitung

Wohl kaum eine Zeit hat der Wahrnehmung so wenig Vertrauen entgegengebracht wie die gegenwärtige. Bereits im Kindergarten werden Kinder im Zuge einer naturwissenschaftlich orientierten Pädagogik mit Experimenten, Messungen und Sinnestäuschungen konfrontiert, um ihren intuitiven Umgang mit der Welt in einen experimentellen oder konstruktivistischen Zugang zu überführen. Sie sollen sich möglichst früh in »kleine Forscher« verwandeln, die Versuchen mehr trauen als ihren Wahrnehmungen.[1] Für die Erwachsenen hält später der Neurokonstruktivismus die Einsicht bereit, dass die Wahrnehmung uns überhaupt nur eine mehr oder minder illusionäre Welt vorspiegele, nämlich eine neuronale Simulation der physikalischen Realität:

Die Welt um Sie herum, mit ihren reichen Farben, Texturen, Klängen und Düften ist eine Illusion, eine Show, die Ihr Gehirn Ihnen vorführt […]. Wenn Sie die Realität wahrnehmen könnten, wie sie wirklich ist, wären Sie

1 Als Beispiel für entsprechende Initiativen sei die vom Bundesministerium für Bildung und Forschung (BMBF) geförderte Stiftung »Haus der kleinen Forscher« genannt, deren Konzept zufolge Kinder »bereits im KiTa-Alter zu zentralen Aspekten forschenden Vorgehens fähig [sind]. Sie können Vermutungen aufstellen, Versuche durchführen und erste Schlussfolgerungen ziehen«, um sich auf diese Weise »ein Bild von der Welt zu konstruieren« (Stiftung Haus der kleinen Forscher 2015: 9, 12). – Die dazu passende konstruktivistische Pädagogik ist in zahlreichen Schriften repräsentiert, wie z. B. *Konstruktivismus in der Elementarpädagogik: Wie Kinder ihre Welt erschaffen und erforschen* von L. Kaiser (2012). Die Autorin sieht die Grundvoraussetzung von Pädagogik darin, »dass es eine allgemeingültige und intersubjektiv erfassbare Wirklichkeit nicht gibt« (ebd.: 4). Stattdessen sei zu fragen, wie »das ästhetisch-konstruktivistisch orientierte Lernen das Kind als Forscher und Konstrukteur in seiner Entwicklung unterstützen« könne (Klappentext). Dass bereits ihre Grundannahme die Möglichkeit von gemeinsamer Aufmerksamkeit, Verständigung und damit Pädagogik selbst aufheben würde, scheint der Autorin nicht aufzufallen.

schockiert von ihrer farb-, geruchs- und geschmacklosen Stille. (Eagleman 2015: 37; Übers. T. F.)

Bewusstes Erleben gleicht einem Tunnel. Die moderne Neurowissenschaft hat gezeigt, dass der Inhalt unseres bewussten Erlebens nicht nur ein inneres Konstrukt, sondern auch eine höchst selektive Form der Darstellung von Information ist. [...] Zuerst erzeugt unser Gehirn eine Simulation der Welt, die so perfekt ist, dass wir sie nicht als ein Bild in unserem eigenen Geist erkennen können. Dann generiert es ein inneres Bild von uns selbst als einer Ganzheit. [...] Wir stehen also nicht in direktem Kontakt mit der äußeren Wirklichkeit oder mit uns selbst. [...] Wir leben unser bewusstes Leben im Ego-Tunnel. (Metzinger 2009: 21 f.)

Nach dieser neurokonstruktivistischen Konzeption ist die reale Welt in dramatischer Weise verschieden von der, die wir erleben. Was wir wahrnehmen, sind nicht die Dinge selbst, sondern nur Bilder oder Repräsentationen, die sie im Gehirn hervorrufen. Die tatsächliche Welt ist ein eher trostloser Ort von Energiefeldern und Teilchenbewegungen, bar jeder Qualitäten. Das milliardenfache Flimmern neuronaler Erregungen erzeugt meine Illusion einer Außenwelt, während ich in Wahrheit in der Höhle meines Schädels eingesperrt bleibe. Diese inzwischen weit verbreitete Auffassung unserer Erfahrung als eines »Kinos im Kopf« (Damasio 2002) führt freilich in einen erkenntnistheoretischen (Neuro-)Solipsismus. Denn wie wir uns mit anderen über unsere Wahrnehmungen verständigen, wenn wir diese anderen doch selbst nur in Form gehirnerzeugter Simulationen wahrnehmen, bleibt eine ungelöste Frage.

Erfreulicherweise lässt sich die Wahrnehmung selbst von solcherart »Aufklärung« nicht beirren, sodass uns die gemeinsame lebensweltliche Realität vorerst erhalten bleibt. Aus phänomenologischer Sicht hat Merleau-Ponty den »Wahrnehmungsglauben« (*foi perceptive*) hervorgehoben als einen Realismus, der unseren Wahrnehmungen notwendig innewohnt:

Wir sehen die Sachen selbst, die Welt ist das, was wir sehen: Formulierungen dieser Art sind Ausdruck eines Glaubens, der dem natürlichen Menschen und dem Philosophen gemeinsam ist, sobald er die Augen öffnet; sie verweisen auf eine Tiefenschicht stummer Meinungen, die unserem Leben inhärent sind. (Merleau-Ponty 1964/1986: 17)

Dieser Glaube impliziert zugleich die intersubjektive Gültigkeit der Wahrnehmung: Wir gehen immer davon aus, dass auch andere sehen können, was wir sehen – wir »nehmen es für wahr«, wie schon das Wort sagt. »Diese nicht zu rechtfertigende Gewissheit einer gemeinsamen sinnlichen Welt ist der Sitz der Wahrheit in uns.« (Ebd.: 28) Offenbar lässt sich der Realismus der Wahrnehmung allen Widerlegungsversuchen zum Trotz nicht aufheben, wie der phänomenologische Psychiater Erwin Straus nicht ohne Ironie bemerkt hat: »Der naive Realismus wird mit jeder Generation, so scheint es, wiedergeboren. Die Zahl seiner Anhänger übertrifft bei weitem die aller anderen philosophischen Schulen, und das ohne allen Aufwand an Unterweisung und Werbung.« (Straus 1963: 952)

Doch ist diese Gemeinsamkeit der sinnlichen Welt wirklich »nicht zu rechtfertigen«, wie Merleau-Ponty schreibt? Bleibt uns nur eine »Lehre von den zwei Wahrheiten«,[2] der naiv-lebensweltlichen und der naturwissenschaftlich aufgeklärten Wahrheit? – Ich werde im Folgenden eine zwar nicht naive, aber dennoch realistische Gegenposition zu den Konzeptionen eines vom Gehirn simulierten Weltmodells vertreten. Danach ist die erlebte Welt kein Schein, kein Modell oder Konstrukt; wir sehen, hören oder tasten die Dinge selbst, nicht ihre Stellvertreter, Bilder oder Repräsentationen. Denn Wahrnehmen, so die erste These, ist weder eine Aktivität des Gehirns noch ein Vorgang in einer mentalen Innenwelt, sondern eine aktive Auseinandersetzung von Lebewesen mit ihrer Umwelt, oder kurz: *Wahrnehmung bedeutet sensomotorische Interaktion.*

Menschliche Wahrnehmung aber ist noch mehr als das. Nur der Mensch nämlich vermag Gegenstände und Situationen *als solche* zu erfassen, d. h. in Unabhängigkeit von einer rein subjektiven Perspektive. Dies beruht auf der evolutionär grundlegend neuartigen

2 So die Bezeichnung für die Unterscheidung einer »niederen«, philosophischen von einer »höheren«, theologischen Wahrheit, wie sie von einigen scholastischen Philosophen vertreten wurde.

Fähigkeit, die Perspektive der anderen mitzuvollziehen: Wir sehen, hören, tasten und behandeln die Dinge gewissermaßen immer auch mit den Augen, Ohren und Händen der anderen. Die Objektivität oder der Realismus der Wahrnehmung resultiert, so die zweite These, aus einer *impliziten Intersubjektivität*. Diese bildet sich in der frühen Kindheit vor allem in Situationen gemeinsamer Aufmerksamkeit und gemeinsamen Handelns heraus und schreibt sich der Wahrnehmung ein – kurz: *Menschliche Wahrnehmung entsteht durch Interaktion mit anderen.*

Daraus ergibt sich die dritte These: Die grundlegende Realität ist für uns nicht die von den Spezialwissenschaften, insbesondere der Physik, abstrahierte Welt mathematisch beschreibbarer Größen und Teilchen, sondern die durch implizite Intersubjektivität konstituierte, gemeinsame Realität der Lebenswelt. Das »Für-wahr-Nehmen« der menschlichen Wahrnehmung beruht nicht nur auf der Verlässlichkeit des sensomotorischen Umweltkontakts, sondern auch auf einem kollektiven Verweisungszusammenhang, in den jede einzelne Wahrnehmung eingebettet ist. An die Stelle eines naiven tritt damit ein *lebensweltlicher Realismus.*

Wahrnehmung als Interaktion

Nach dem gängigen kognitionswissenschaftlichen Modell ist Wahrnehmung eine »durch die Sinnesorgane und das Gehirn vermittelte Repräsentation der objektiven Realität [...] im Bewusstsein« (Stadler/Plümacher 1996: 1722). Sie kann demzufolge auch als ein linear-kausaler Prozess analysiert werden, der von einem Objekt als Ursache seinen Ausgang nimmt und über die Weiterleitung von »Reizen« oder »Sinnesdaten« und ihre neuronale Verarbeitung schließlich in der *Repräsentation* des Objekts im Gehirn sein Ziel findet. Es gibt also eine vorausgehende »objektive Realität«, von der wir aber nur indirekt Kenntnis erlangen können. Was wir wahrnehmen, ist nicht die Realität selbst, sondern es sind nur deren Stellvertreter in der Innenwelt des Bewusstseins – Bilder, Repräsentationen, Modelle oder Simulationen. Diese Wahrnehmungstheorie entspricht letztlich dem Modell naturwissenschaftlicher Erkenntnis: Subjekt (Innenwelt) und Objekt (Außenwelt) bleiben grundlegend voneinander getrennt.

Diese repräsentationalistische Auffassung der Wahrnehmung geht letztlich zurück auf die neuzeitliche Konzeption des Bewusstseins, nämlich als eines Innenraums oder Behälters, in den die Bilder der Dinge gelangen. Bereits bei Descartes ist jeder mögliche Gegenstand der *res cogitans* oder des Bewusstseins eine *idea* – ein Gedanke, eine Vorstellung oder ein Bild. Auch was wir sehen, sind nur Bilder und nicht die Dinge selbst. Vor allem der Idealismus ist als jene Philosophie zu nennen, die sich in der Nachfolge Descartes' aus dieser Bildtheorie der Wahrnehmung entwickelt. Für Locke, Hume und Kant sind unsere Wahrnehmungen *impressions*, *ideas* oder »Vorstellungen«, aus denen wir immer nur unsichere Schlüsse auf die eigentliche Wirklichkeit ziehen können. Der Idealist sitzt gleichsam in der Kammer seines Bewusstseins und empfängt dort die *ideae* als Abgesandte und Repräsentanten der Dinge, die er selbst niemals zu sehen bekommt – in Lockes Worten:

> Denn meines Erachtens ist der Verstand einem Kabinett gar nicht so unähnlich, das gegen das Licht vollständig abgeschlossen ist und in dem nur einige kleine Öffnungen gelassen wurden, um äußere, sichtbare Ebenbilder oder Ideen von den Dingen der Umwelt einzulassen. (Locke 1690/2006: 185)

Aus dieser idealistischen Konzeption leiten sich bis in die Gegenwart alle internalistischen, repräsentationalistischen oder konstruktivistischen Wahrnehmungstheorien ab. Searle hat kürzlich auf den grundlegenden Fehlschluss hingewiesen, dem sie sämtlich unterliegen: Verwechselt wird dabei das intentionale Objekt der Wahrnehmung – der *gesehene Baum selbst* – mit der Wahrnehmung als Bewusstseinsvorgang, das heißt mit meinem *Sehen des Baumes*, das ich mir als solches bewusst machen kann, sodass der Baum nun zum bloßen Inhalt meines Bewusstseins zu werden scheint (vgl. Searle 2015: 24-29). Unter dieser Voraussetzung kann man zu dem Fehlschluss verleitet werden, wir sähen nur Bilder von Bäumen und nicht sie selbst. Nun ist freilich mein »Sehen des Baumes« verschieden vom Baum als solchem – schon weil ich ihn nur aus einer bestimmten Perspektive sehe; doch was ich sehe, ist gleichwohl der Baum und nicht etwa ein »gesehener Baum«. Mit anderen Worten: Es gibt keinen Stellvertreter, kein Bild des Baumes »in meinem Bewusstsein«.

Im Gegensatz zu solchen idealistischen Theorien stehen nun *interaktive Konzeptionen* der Wahrnehmung, wie sie bereits in den Funktions- bzw. Gestaltkreistheorien Jakob von Uexkülls und Viktor von Weizsäckers entwickelt wurden und heute in den Theorien der Verkörperung und des Enaktivismus wiederauftauchen (*embodied and enactive cognition*, Varela et al. 1991; Thompson 2007; Fingerhut et al. 2013). Wahrnehmung ist in diesen Konzeptionen keine Umwandlung äußerer Reize in ein inneres Modell der Welt, sondern eine aktive, sensomotorische und durch die Interessen des Lebewesens motivierte Erschließung der Umwelt. Dies setzt zuallererst einen lebendigen und beweglichen Organismus voraus. Wahrnehmend steht ein Lebewesen nicht der Welt gegenüber, sondern ist immer schon in ihr tätig und gewissermaßen in sie verstrickt. Das liegt schon im Sinn des Wortes wahr-*nehmen* oder per-*zipieren* (von *capere* = ergreifen): Wahrnehmen kann nur ein Wesen, das sich zu bewegen und etwas zu ergreifen vermag, das also über *agency*, einen Bewegungs- und Handlungssinn, verfügt.

Die Aktivität der Wahrnehmung liegt also nicht nur in der Zuwendung der Aufmerksamkeit. Was ein Lebewesen wahrnimmt, ist auch abhängig von seiner Bewegung, und wie es sich bewegt, hängt ab von seinen Wahrnehmungen. Nach der sensomotorischen Theorie von O'Regan und Noë (2001) bzw. Noë (2004) bedeutet Wahrnehmen ein geschicktes Umgehen mit Objekten, indem der Organismus die Veränderungen der sensorischen Reize fortlaufend in Beziehung zu seiner Eigenbewegung setzt: Unser Blick streift über die Umgebung und liefert so die Basis unserer visuellen Wahrnehmung. Die berührende Hand wird von der Gestalt und Struktur des Gegenstandes geleitet, während umgekehrt diese Struktur durch die Bewegungen der Hand ertastet wird. Darüber hinaus nehmen wir Gegenstände immer als Möglichkeiten des Ergreifens und Umgehens wahr, das heißt mit ihren »Aufforderungscharakteren« (Lewin 1969) oder »Affordanzen« (Gibson 1979). Ein Gegenstand wie eine Zange kann als solcher nur von einem verkörperten Wesen wahrgenommen werden, das in der Lage ist, mit ihm umzugehen, etwa weil es geeignete Glieder hat, um auf die Zange zuzugehen, sie zu ergreifen und damit etwas zu erfassen.

In diesen Funktionskreisen von Wahrnehmen und Handeln nimmt die Sensorik die Motorik vorweg und erhält andererseits über diese fortwährend Rückmeldungen von der Umwelt. Das heißt, Rezeptivität und Spontaneität, »Innen« und »Außen« lassen sich nicht länger voneinander trennen. Damit aber entfällt die Grundvoraussetzung des Repräsentationalismus. Denn Repräsentationen stehen immer »für etwas«, wovon sie selbst *getrennt* oder zumindest trennbar sein müssen. Wenn sich nun aber die Welt für uns nur in der ständigen Interaktion mit ihr konstituiert, wenn wir also immer schon *handelnd* in der Welt sind, dann gibt es kein abtrennbares »Inneres« mehr, welches das »Äußere« abbilden, rekonstruieren oder re-präsentieren könnte. In einem fortlaufenden interaktiven Kreisprozess kann kein Segment »für ein anderes« stehen – auch wenn der Kreis durch das Gehirn verläuft. An die Stelle von Repräsentationen treten in der enaktiven Konzeption daher erworbene und flexible Schemata der sensomotorischen Interaktion mit der Umwelt. Kognition schließt freilich auch die dafür gebildeten neuronalen Netzwerke ein, realisiert sich jedoch nur in zirkulären, mit der Umwelt rückgekoppelten Prozessen. In diesen Interaktionen fungiert das Gehirn als ein vermittelndes oder *Beziehungsorgan* (Fuchs 2008), nicht als interner Produzent der Wahrnehmung.

Dementsprechend beruht auch die *Entwicklung* des Wahrnehmungsvermögens auf Interaktion, also auf Bewegung und Handlung in der Umwelt. Das gilt bereits für die Raumwahrnehmung. In einem klassischen Experiment haben Held und Hain (1963) gezeigt, dass neugeborene Kätzchen, die zunächst blind sind, keinerlei Raumwahrnehmung entwickeln können, wenn man sie in den ersten Lebenswochen nur in ihrer Umgebung herumträgt, ohne dass sie sich dabei selbst bewegen können. Obwohl sie den gleichen visuellen Reizen ausgesetzt waren wie andere Kätzchen, lernten sie ohne Eigenbewegung nicht, räumlich zu sehen. Das heißt: Nur der empfindende *und zugleich bewegliche* Organismus formt den erlebten Raum, nämlich aus den kohärent miteinander verknüpften Mustern von Motorik und Sensorik einschließlich des Gleichgewichtssinns.

Bereits etwas so Grundlegendes wie den Raum erfahren wir also nur als verkörperte und agierende Wesen. Der enaktive Ansatz verallgemeinert diese Erkenntnis: Die erlebte Welt entsteht für uns im Verlauf unserer Interaktionen mit ihr. Die Wahrnehmung verfügt über Objektivität, weil sie – phylogenetisch ebenso wie ontogenetisch – *an der Welt für sie* gebildet ist.[3] In der Ontogenese schließt diese Interaktion die Ausformung der Gehirnstrukturen ein, die erforderlich sind, um die Umwelt adäquat wahrzunehmen. Dies wurde eindrucksvoll demonstriert durch Experimente des Neurowissenschaftlers Mriganka Sur und seiner Forschungsgruppe (Melchner et al. 2000). Sie durchtrennten den Sehnerv neugeborener Frettchen, sodass der Stumpf mit dem Teil des Zwischenhirns zusammenwuchs, der sonst Impulse des *Hör*nervs an das Hörzentrum im Kortex weiterleitet. Nun gelangten visuelle Reize in eine Hirnregion, die normalerweise akustische Signale verarbeitet. Erstaunlicherweise passte sich das Areal aber nach und nach an die neuen Sinnesreize an: Durch regelhaft miteinander verknüpfte visuelle und motorische Afferenzen stimuliert, wurde *aus dem Hör- ein Sehzentrum*. Es bildeten sich sogar für das Sehzentrum charakteristische Nervenzellen, sodass die Frettchen nach einigen Wochen trotz der Neuverschaltung in der Lage waren, mit dem betreffenden Auge zu sehen.

Daraus lässt sich das Prinzip ableiten: Nicht das Gehirn erzeugt die Funktion, sondern umgekehrt *schafft sich die Funktion im verkörperten Vollzug ihr zerebrales Organ*. Daher auch die erstaunlichen Heilungskräfte des Gehirns: Selbst nach großräumigen Hirnläsi-

3 Nach Goethe ist das Auge »am Lichte fürs Licht« gebildet (Goethe 1975: 323).

onen können Sprach-, Gedächtnis- und Orientierungsfunktionen von der anderen Hemisphäre wieder übernommen werden, und zwar *indem der Betroffene diese Funktionen übt.* Durch sensorische, motorische ebenso wie durch geistige Tätigkeit formen sich im Gehirn die zur Funktion passenden Netzwerkstrukturen. Sie werden dann jedes Mal zu einem vollständigen Funktionskreis geschlossen, wenn der Organismus wieder auf eine entsprechende Situation in der Umwelt trifft und mit dieser interagiert.

Die Objektivierungsleistung der Wahrnehmung

Wahrnehmen und Bewegen sind also in fortlaufenden Kreisprozessen miteinander verknüpft, und das Lebewesen bildet in der Wahrnehmung mit seiner Umwelt ein übergreifendes System. Mit anderen Worten: Die Trägerprozesse, die für Wahrnehmungserlebnisse erforderlich sind, überschreiten fortwährend die Gehirn- und die Körpergrenzen. Damit habe ich die erste eingangs genannte These begründet: *Wahrnehmung bedeutet sensomotorische Interaktion mit der Umwelt.*

Diese interaktive Konzeption macht zwar den Begriff interner Repräsentationen sinnlos, doch könnte man nun andererseits fragen: Wie kommt in dieser Interaktion, ja Verstrickung von Lebewesen und Umwelt denn das »Gegenüber« zustande, als das sich uns die Dinge in der Wahrnehmung präsentieren? Schließlich wird, wie Hans Jonas zu Recht feststellt, in jeder Wahrnehmung »das äußere Objekt erfasst nicht bloß als ein ›so‹ Seiendes, sondern auch als ›da‹ [...]. Wahrnehmung ist ihrer inneren Beschaffenheit nach das Gewahrwerden einer solchen Anwesenheit, d. h. die Erfahrung der Wirklichkeit des Gegenstandes.« (Jonas 1973: 238)

Die Antwort auf diese Frage liegt in einem Prinzip, das Hegel in seiner Logik als »vermittelte Unmittelbarkeit« bezeichnet hat (Hegel 1812/1979: 115): In der Wahrnehmung lassen die vermittelnden sensomotorischen Prozesse das Wahrgenommene durchscheinen, sie werden *transparent.* Obgleich sich das wahrnehmende Bewusstsein auf der Basis des gesamten Interaktionsgeschehens bildet, richtet es sich doch nur auf den Gegenstand selbst, der uns so in seiner Unmittelbarkeit erscheint – eben als wirklicher.[4] In diesem Sinn lässt sich der Körper mit seinen Empfindungen und Bewegungen auch als das Medium auffassen, *durch das hindurch* wir die Welt wahrnehmen, das dabei aber selbst in den Hintergrund tritt.

Bereits auf *physiologischer* Ebene tragen verschiedene Mechanismen zu dieser Selbstverborgenheit des Körpers in der Wahrnehmung bei: So wird die Eigenmotorik der Blickbewegung durch sogenannte *Efferenzkopien* oder *Reafferenzen*[5] in der Sensorik mitberücksichtigt und ausgeglichen. Anderenfalls würde mit jeder Augenbewegung auch die gesehene Umwelt zu schwanken beginnen (schließt man hingegen ein Auge und bewegt nun den anderen Augapfel mit einem leichten seitlichen Fingerdruck von außen – eine physiologisch »nicht vorgesehene« Augenbewegung –, so sieht man die Umgebung tatsächlich hin und her schwanken!).[6]

4 Der Gedanke, dass »der direkte Konnex zwischen Subjekt und Objekt notwendig nur als indirekter, der unmittelbare Zusammenhang mit dem Sein nur als vermittelter« möglich ist, findet sich, ebenso wie der Bezug auf Hegel, bereits bei Plessner (1928/1975: 48 f.) »Ein Wirkliches kann *als* Wirkliches gar nicht anders mit dem Subjekt in Relation sein, es sei denn […] als Er-scheinung, […]: als vermittelte Unmittelbarkeit.« (ebd.: 329)

5 Dabei wird ein Bewegungsentwurf im Gehirn noch vor Auslösung der Motorik »in Kopie« an sensorische Areale weitergeleitet, damit diese von den später eintreffenden sensorischen Rückmeldungen der Umwelt die Eigenbewegung wieder »abziehen«; vgl. Holst und Mittelstaedt (1950).

6 Dies ist nur ein Beispiel für die zahlreichen physiologischen Mechanismen, mittels deren die Wahrnehmung eine kohärente Realität vermittelt. Auch die seit der Antike immer wieder zur Begründung des Skeptizismus angeführten Sinnestäuschungen beruhen darauf, dass die Wahrnehmung gerade nicht bloße »1 : 1-Abdrücke« oder »photographische Abbilder« von physikalischen Reizen liefert, sondern uns vielmehr befähigt, uns in der Umwelt zu orientieren, wirkliche Dinge zu erkennen und mit ihnen handelnd umzugehen. Sie stellt daher z. B. Form- oder Farbkonstanzen auch dort her, wo das Wahrnehmungsfeld diskontinuierlich oder verzerrt ist (so sehen wir ein schräg gestelltes Rechteck nicht als Rhombus, sondern immer noch als Rechteck; eine rote Rose bleibt auch in der Dämmerung noch rot usw.). Sie hebt Kontraste hervor, unterscheidet Vorder- und Hintergrund, vervollständigt uneindeutige Konturen zu Gestalten und gleicht perspektivische Verzerrungen aus. Die daraus resultierenden sogenannten Illusionen beruhen insofern

Ebenso zeigt sich im *phänomenalen* Erleben die Medialität des Leibes darin, dass wir mit unserer Aufmerksamkeit die vermittelnden oder »proximalen« Empfindungen in der Regel auf die »distalen« Gegenstände und Situationen hin überschreiten.[7] In diesem Sinn schreibt Heidegger:

> Viel näher als alle Empfindungen sind uns die Dinge selbst. Wir hören im Haus die Tür schlagen und hören niemals akustische Empfindungen oder auch nur bloße Geräusche. Um ein reines Geräusch zu hören, müssen wir von den Dingen weghören, unser Ohr davon abziehen, d. h. abstrakt hören. (Heidegger 1935/1977: 10 f.)

Auch die Blickbewegungen unserer Augen nehmen wir in der Regel gar nicht bewusst wahr, wir sind schon bei den Dingen, die wir dadurch fixieren. Das gleiche Prinzip gilt für das Tasten: Jede Tastempfindung ist zunächst einmal eine Affektion des Leibes an seinen Grenzflächen. Doch eben *durch diese Affektion* sind wir in der Lage, einen Gegenstand zu *ertasten*, also seine Oberflächenstruktur, Ausdehnung, Lage und so weiter zu erfassen. Eine geübte blinde Person vermag sogar durch das Tasten der Punkte einer Braille-Schrift einen Text zu lesen, also sich *durch ihre Finger hindurch* auf geistige Sachverhalte zu richten – so wie wir als Sehende das durch »blickendes Abtasten« der Schrift tun.

Durch Affektionen des Leibes hindurch richtet sich also das wahrnehmende Subjekt auf die Wirklichkeit der ihm erscheinenden Dinge, oder mit anderen Worten, es fasst leibliche Empfindungskomplexe *als* die Gegenstände seiner Welt auf.[8] Das Gleiche gilt für

auf höchst sinnvollen Anpassungen der Wahrnehmung an die Erfordernisse eines beweglichen und sich in der Welt mittlerer Größen orientierenden Lebewesens.

7 Vgl. zu den Termini »proximal« und »distal« in diesem Zusammenhang Polanyi (1985).

8 Vgl. noch einmal Jonas: »Nun besteht aber dieses Paradox der Sinneswahrnehmung, daß die empfundene Affektivität ihrer Gebung, die für die Erfahrung der *Wirklichkeit* des Wirklichen nötig ist, [...] zum Teil auch wieder aufgehoben sein muß, um die Erfassung seiner *Objektivität*, seines getrennt Für-sich-Bestehens zu erlauben. Das Moment der Begegnung wird im Gleichgewicht gehalten durch das der Abstraktion, ohne welche die Empfindung sich nie zur Wahrnehmung erheben würde [...], [die Abstraktion liegt] im Absehen vom Zustand der Sinnes-

das *handelnde* Subjekt: Vermittels des Leibes – häufig der Hand – verfolgen wir unsere Handlungsziele, in der Regel ohne des Leibes dabei gewahr zu werden. Ja im geschickten Umgang mit Instrumenten, etwa beim Klavierspielen oder Autofahren, inkorporieren wir buchstäblich diese Instrumente, sodass sie ihrerseits zu Medien unseres Handelns werden. Daher spürt ein erfahrener Autofahrer die Haftung oder Glätte der Straße unter den Rädern seines Wagens, so wie der Blinde den Boden an der Spitze seines Stockes spürt und nicht in seiner Hand.

Damit ist nun eine Form der *impliziten Verknüpfung* in der Wahrnehmung bezeichnet, »in welcher das vermittelnde Zwischenglied notwendig ist, um die Unmittelbarkeit der Verbindung herzustellen« (Plessner 1928/1975: 324). Wahrnehmen und Handeln bedeuten unser »Zur-Welt-Sein« (Merleau-Ponty) durch das stillschweigend vermittelnde, implizite Medium des Leibes. In unseren Wahrnehmungen sind wir immer schon über den Leib hinaus und erfassen in vermittelter Unmittelbarkeit, was sich durch ihn als Erfahrungsgehalt präsentiert: Es sind weder Sinnesdaten noch Zeichen, weder Bilder noch Repräsentationen, sondern es ist eine relational, in Beziehung zu uns erfasste und doch unmittelbar erfahrene Wirklichkeit.

Die implizite Intersubjektivität der Wahrnehmung

Wahrnehmung bedeutet also vermittelte Unmittelbarkeit unserer Beziehung zur Welt. Nun gilt allerdings für uns Menschen, dass wir im Unterschied zum Tier von der Indirektheit dieser Beziehung wissen: Was immer wir wahrnehmen oder tun, wir können immer auf das Wahrnehmen des Wahrgenommenen oder auf den Vollzug des Handelns selbst reflektieren, unsere Aufmerksamkeit gleichsam von den distalen Zielen zurückziehen und auf die proximalen Vermittlungen richten. Das kann, so Plessner, schließlich dazu führen,

erregung selber […], also in der bloßen Tatsache, daß man das Objekt anstatt die eigene organische Affiziertheit wahrnimmt. […] In solchem Erscheinen ist die affektive Basis aufgehoben und ihr Befund neutralisiert.« (1973: 239) dass der Mensch an der Unmittelbarkeit seines Wissens, an der Direktheit seines Realkontakts, wie sie für ihn mit absoluter Evidenz besteht, irre wird. [...] Natürlich, so heißt es dann, meint das Subjekt, Wirklichkeit zu fassen und sie selber zu haben. Aber das ist nur für das Subjekt richtig. Faktisch bewegt es sich unter Bewusstseinsinhalten, Vorstellungen und Empfindungen. (Plessner 1928/1975: 329)

Dies hatte bereits Nietzsche in seiner einflussreichen Erkenntniskritik formuliert:

Um jedes Wesen legt sich derart ein konzentrischer Kreis, der einen Mittelpunkt hat und der ihm eigentümlich ist. Ähnlich schließt uns das Ohr in einen kleinen Raum ein, ähnlich das Getast. Nach diesen Horizonten, in welche, wie in Gefängnismauern, jeden von uns unsere Sinne einschließen, *messen* wir nun die Welt, wir nennen dieses nah und jenes fern, dieses groß und jenes klein, dieses hart und jenes weich: [...] Wir sind in unserem Netze, wir Spinnen, und was wir auch darin fangen, wir können gar nichts fangen, als was sich eben in *unserem* Netze fangen läßt! (Nietzsche 1899: 1092 f.)

In diesem Skeptizismus liegt auch die eingangs skizzierte neurokonstruktivistische Erkenntnistheorie begründet: Die Welt erscheint dann nur noch als ein internes Konstrukt des Wahrnehmungssystems oder des Gehirns. Doch damit wird gleichsam das Kind mit dem Bade ausgeschüttet. Denn gerade die Relativierung des bloß subjektiven Eindrucks, die wir als Menschen vermittels der Reflexion vornehmen können, ermöglicht die eigentliche *Objektivität* unserer Wahrnehmung. Die Fähigkeit zur Reflexion bedeutet nämlich zugleich die Möglichkeit, implizit den Standpunkt anderer zu berücksichtigen, oder des »generalisierten Anderen« (Mead 1969: 120).

Betrachten wir dies näher: Die Wahrnehmung gibt uns die Dinge in perspektivischer Ansicht und doch als sie selbst, als Gegenstände, unabhängig von unserem bloßen Anblick oder momentanen Eindruck. Berkeleys »*esse est percipi*« entspricht jedenfalls nicht unserem Wahrnehmungserleben – keiner käme auf den Gedanken, die Dinge tauchten erst mit ihrer Wahrnehmung auf und verschwänden ohne sie wieder ins Nichts. Wie ist das möglich? – Hier komme ich nun zur zweiten zu Beginn aufgestellten These: Die objektivierende Leistung der menschlichen Wahrnehmung verdankt sich einer *impliziten Intersubjektivität*. Die von mir wahrgenommenen Dinge sind zugleich immer auch für andere grundsätzlich wahrnehmbar und erreichbar, das heißt prinzipiell für gemeinsame Handlungen verfügbar. Durch die implizite Teilnehmerperspektive (»Wir«-Perspektive) erhält meine subjektive Wahrnehmung ihre prinzipielle (wenn auch im Einzelfall zu korrigierende) Objektivität. Mit anderen Worten: Die menschliche Wahrnehmung ist intersubjektiv konstituiert. Ich will dies im Folgenden näher begründen.

Was wir wahrnehmen, sind weder Bilder noch Modelle, sondern Dinge und Menschen. Das ist zunächst keineswegs selbstverständlich: Wenn ich beispielsweise einen Tisch wahrnehme, dann sehe ich ihn doch eigentlich immer nur aus *einer*, zumal begrenzten Perspektive. Husserl hat jedoch gezeigt, dass die Wahrnehmung ihre eigene Perspektivität insofern aufhebt, als sie aktuelle und weitere mögliche Aspekte integriert. Die verschiedenen Ansichten (»Abschattungen«), die Rückseite, aber auch die Materialität des Tisches werden implizit »hinzugesehen« oder »appräsentiert«, wie Husserl es ausdrückt, sodass ich *den Tisch selbst* sehe und nicht einen bloßen Empfindungseindruck oder ein subjektives Bild (Husserl 1966: 3-24; 1984: 588 f.).

Doch diese implizit mitgesehenen Ansichten enthalten auch eine latente *Intersubjektivität*: Der Tisch, den ich dort sehe, ist nämlich ein Gegenstand, den gleichzeitig *andere von anderen Blickwinkeln aus sehen könnten*. Somit gewinnt der Gegenstand seine eigentliche Objektivität erst durch die Möglichkeit, dass er von verschiedenen Subjekten wahrgenommen wird – also durch eine implizit vorausgesetzte Vielfalt anderer Perspektiven. Husserl spricht hier auch vom »Horizont möglicher eigener und fremder Erfahrung« oder von einer »offenen Intersubjektivität«.[9] Ähnlich konstituiert

9 »Also jedes Objektive, das mir in meiner Erfahrung und zunächst in einer Wahrnehmung vor Augen steht, hat einen apperzeptiven Horizont, den möglicher Erfahrung, eigener und fremder. Ontologisch gesprochen, jede Erscheinung, die ich habe, ist von vorneherein Glied eines offen endlosen, aber nicht explizit verwirk-

sich nach Sartre – der hier auf Husserl zurückgreift – ein Objekt nicht für ein reines Subjekt, sondern immer in einem Verweisungszusammenhang, in den die anderen einbezogen sind:

> Ob ich diesen Tisch oder diesen Baum oder dieses Stück Mauer allein oder in Gesellschaft betrachte, immer ist der Andere da als eine Schicht konstituierter Bedeutungen, die dem von mir betrachteten Gegenstand selbst angehören; kurz, als der wirkliche Bürge seiner Gegenständlichkeit. [...] So erscheint jeder Gegenstand – weit davon entfernt, wie bei Kant durch ein einfaches Verhältnis zum *Subjekt* konstituiert zu werden – in meiner konkreten Erfahrung als vielwertig, er ist ursprünglich gegeben als Träger der Systeme von Verweisungen auf eine unendliche Vielheit von Bewusstseinsindividuen; *bei* dem Tische und *bei* der Mauer entdeckt sich mir der Andere als das, worauf sich der betrachtete Gegenstand fortwährend beruft, und zwar genauso, wie wenn Peter und Paul konkret in Erscheinung treten. (Sartre 1962: 314)

Doch nicht nur den Gegenstand, sondern auch *sich selbst* erfährt das wahrnehmende Subjekt immer als für andere wahrnehmbar, wie Merleau-Ponty betont:

> Sobald ich sehe, muss das Sehen mit einer komplementären oder anderen Sicht synchronisiert sein: mit der Sicht meiner selbst von außen, so wie ein Anderer mich sehen würde, der sich inmitten des Sichtbaren eingerichtet hat und dieses von einem bestimmten Ort aus sieht. (Merleau-Ponty 1964/1986: 177)

Die menschliche Wahrnehmung, so lassen sich diese Überlegungen zusammenfassen, ist kein einsames Verhältnis eines Subjekts zu seiner Welt. Sie enthält immer schon die mögliche Gegenwart und die möglichen Perspektiven der anderen – selbst Robinson sah seine Insel immer auch mit ihren Augen, noch bevor Freitag auf den Plan trat. Die Objekte der Wahrnehmung bestehen nicht nur »für mich«, sondern sie sind immer schon kollektiv konstituiert. Diese Fähigkeit, die eigenen Wahrnehmungen grundsätzlich mit

lichten Umfanges möglicher Erscheinungen von demselben, und die Subjektivität dieser Erscheinungen ist die offene Intersubjektivität.« (Husserl 1973: 289; vgl. dazu auch Zahavi 1996: 39 ff.)

anderen zu teilen, ermöglicht aber zugleich eine Abhebung oder Distanzierung des Subjekts vom Objekt der Wahrnehmung – eine *Objektivierung.* Zum gleichen Resultat kam bereits Plessner: Die besondere Sozialität des Menschen, nämlich seine Fähigkeit zur Perspektivenübernahme, begründet seine »exzentrische Position« und damit die von der Realität, »die sich offenbaren soll, geforderte Distanz, den Spielraum, in welchem allein Wirklichkeit zur Erscheinung kommen kann« (Plessner 1928/1975: 331).

Der (Neuro-)Konstruktivismus verkennt also die Objektivierung, die die menschliche Wahrnehmung als implizit intersubjektive Wahrnehmung leistet, denn er betrachtet nur die individuellen Prozesse der Reizübertragung vom Objekt zum jeweiligen Gehirn. Da nun jedes Gehirn, den neurokonstruktivistischen Annahmen zufolge, nur seinen *eigenen* virtuellen Raum erzeugt, kann es keinen »gemeinsamen Simulationsraum« oder »Ego-Tunnel« zweier Personen geben. Mit anderen Worten: Ließe sich Wahrnehmung *restlos* als ein physikalisch-physiologischer Prozess beschreiben, der sich jeweils zwischen einem Gegenstand und einem Gehirn abspielt, *dann könnten zwei Menschen nicht gemeinsam ein und denselben Gegenstand betrachten.* Die zwei Prozesse liefen, vom Objekt ausgehend, in verschiedene Richtungen und streng getrennt voneinander ab, und die beiden Personen blieben in ihre jeweilige Welt eingeschlossen – zumal sie ja auch selbst füreinander nur Simulationen oder Projektionen wären.

Doch in jeder Interaktion und Verständigung mit anderen beziehen wir uns auf einen gemeinsamen Raum, auf gemeinsam intendierte Gegenstände und Situationen. Jeder alltägliche Tauschakt beim Einkaufen setzt voraus, dass wir es in der Interaktion nicht mit inneren Bildern zu tun haben. Der Geldschein, den ich in der Hand halte, ist nicht meine subjektive Einbildung, sondern er ist zugleich der vom Verkäufer gesehene und in Empfang genommene Schein. Käufer und Verkäufer haben Anteil am intersubjektiven und insofern objektiven Raum gemeinsamer Gegenständlichkeit. Ihre subjektive Wahrnehmung des Geldscheins ist also zwar eine je *individuelle, perspektivische* Wahrnehmung – sie sehen den Schein ja aus verschiedener Richtung –, jedoch nicht etwa virtuell oder bloß subjektiv in dem Sinne, als wäre das Gesehene »nur im Subjekt«. Vielmehr werden die Prozesse der Vermittlung, die der Wahrnehmung zugrunde liegen, transparent für eine *gemeinsam* intendierte Wirklichkeit, die den Subjektivismus übersteigt. Sehend, wahrnehmend befinden wir uns immer schon in einem gemeinsamen Raum mit anderen. An die Stelle eines »naiven Realismus« können wir insofern einen *lebensweltlichen Realismus* setzen.

Genese der intersubjektiven Wahrnehmung

Auch wenn Husserl von einer transzendentalen Intersubjektivität der Wahrnehmung ausgeht – empirisch gesehen lässt sich eine *Genese* dieser Struktur schwerlich bestreiten: Sie muss im Verlauf der frühen Kindheit in sozialen Interaktionen erlernt und erworben werden. Die menschliche Wahrnehmung ist weder a priori gegeben noch bloßer Naturprozess, sondern sie ist eine in Situationen gemeinsamer Aufmerksamkeit und Praxis, das heißt gleichgerichteter Intentionalität, sozialisierte oder *kultivierte* Wahrnehmung. Ähnlich wie sich der sensomotorische Raum durch Interaktion mit der *physischen* Umgebung bildet (wie wir an dem Versuch mit den neugeborenen Kätzchen gesehen haben), so konstituiert sich der objektive oder intersubjektive Raum der menschlichen Wahrnehmung im Zuge *sozialer* Interaktionen.

Das wahrnehmende Erfassen der Dinge als solcher setzt ein Heraustreten aus dem primären, subjektzentrierten Situationsbezug und damit eine Beweglichkeit der Perspektive voraus, die in typischen, nämlich *triadischen* sozialen Interaktionen erlernt wird (Fuchs 2013). Ab dem 8./9. Lebensmonat beginnen Babys, sich gemeinsam mit Erwachsenen Gegenständen zuzuwenden (*joint attention*, vgl. Tomasello 2002: 77f.). Sie lernen, deren Zeigegesten zu verstehen, gehen selbst dazu über, auf Dinge zu zeigen, und vergewissern sich dabei der Aufmerksamkeit der Erwachsenen durch kurze Blicke. Zeigen beinhaltet den gemeinsamen Bezug auf ein Drittes – daher »triadisch« –, das von beiden Partnern gesehen oder gehandhabt wird, und beide sind sich dieser gemeinsamen Gerichtetheit auch bewusst.

Joint attention verwandelt die Einstellung zu den Dingen ebenso wie zu den anderen grundlegend. »Mit anderen Augen gesehen«, werden die Dinge zu *Gegenständen* im Sinn des Wortes, die nun unabhängig und in Distanz von der primären subjektiven Perspektive gegeben sind. In Heideggers Terminologie: Aus *zuhandenen* Dingen werden *vorhandene* Objekte. Um andererseits den Gegenstand einem Erwachsenen zu zeigen, muss das Kind erfassen, was dieser Erwachsene sieht, also seine räumliche Perspektive zumindest implizit mitvollziehen – eine Perspektive, die sich nicht mehr nur dyadisch auf das Kind, sondern auch auf die gemeinsame Umwelt richtet und die sich von der eigenen unterscheidet. Objekt-Triangulierung ermöglicht somit eine *geteilte* oder *»Wir-Intentionalität«* (Tomasello/Rakoczy 2003: 121), die nach und nach die kindliche Wahrnehmung prägt.

Sie wird noch unterstützt durch den *interaktiven Umgang* mit Objekten: Eingebettet in Handlungszusammenhänge, wird die gemeinsame Bezugnahme auf den Gegenstand durch wechselseitige Interaktionen validiert. Die Kugel, die das Kind sieht, ist die Kugel, die es von der Mutter erhält und ihr zurückgibt, mit der sie gemeinsam spielen und die so in die intersubjektive Vertrautheit mit der Welt eingebettet wird. Die Wahrnehmung ist damit von Anfang an interaktiv und zugleich kulturell geprägt: Teller, Löffel, Stuhl, Spielsachen, Kleidung, Schuhe – nahezu alles, womit sich das Kind vertraut macht, sind kulturell geformte Gegenstände und entsprechend vorgeprägte Vollzüge.

Zur Sozialität der Wahrnehmung trägt auch eine angeborene Tendenz von Säuglingen bei, von Erwachsenen zu lernen, die in der gegenwärtigen Säuglingsforschung als »natural pedagogy« bezeichnet wird (Csibra/Gergely 2009). Sogenannte »ostensive Hinweisreize« (Augenkontakt, Gesten, Vokalisierungen) signalisieren dem Kind einen Lernkontext (»pass auf, das ist wichtig!«), sodass es die nachfolgende, auf ein Objekt bezogene Handlung des Erwachsenen als bedeutsam begreift und häufig nachzuahmen versucht.

Damit fungieren andere Personen als Quelle von Einstellungen zu Dingen und Ereignissen in der gemeinsamen Umgebung. Hinzu kommt ein Phänomen, das die Entwicklungspsychologie als »soziale Bezugnahme« (*social referencing*) bezeichnet: Konfrontiert man ein etwa 9 Monate altes Kind mit einem ihm unbekannten, Unsicherheit oder Angst auslösenden Objekt, etwa einem sich piepsend auf das Kind zubewegenden Roboter, so wird es zuerst nach den Eltern sehen, um festzustellen, ob sie ängstlich oder freudig auf das Objekt reagieren, und sich dann in seiner Reaktion an ihnen orientieren (Hornik et al. 1987; Hirshberg/Svejda 1990). Jeder Schritt der Erschließung der kulturellen Welt beruht damit auf einem Vorrat sedimentierter Erfahrung anderer; die Dinge erhalten für das Kind ihren Sinn aus deren Umgang mit ihnen. Auf diese Weise konstituiert sich die gemeinsame Lebenswelt.

Joint attention und die damit verbundene Zeigegeste ist schließlich auch die Voraussetzung für den Erwerb der *Sprache*: »Zeigen« und »Zeichen«, »Deuten« und »Bedeutung« sind etymologisch verwandt. Mit der Zeigegeste verbinden sich die ersten Worte: Die Eltern zeigen auf Gegenstände und benennen sie; die Kinder erkennen, dass die Eltern Wörter mit einer Bezeichnungsabsicht verwenden, und beginnen, sie zu übernehmen. Dieser Lernprozess ist immer eingebettet in kooperative Aktivitäten: Windeln wechseln, gemeinsames Essen, einen Turm aus Klötzchen bauen und so weiter sind die typischen Kontexte, in denen die entsprechenden Wörter erlernt werden. Das Sprachvermögen entwickelt sich also in intersubjektiven Handlungsvollzügen, in der auf die gemeinsame Umwelt gerichteten Praxis (Bruner 1987; Nelson 1996).

Mit der Aneignung sprachlicher Bedeutungen erwirbt das Kind nun auch die implizite Intersubjektivität des »generalisierten Anderen«, die sich wiederum in der Wahrnehmung niederschlägt. Mit ihrer Benennung werden die Dinge zum Bestand einer gemeinsamen Sphäre symbolischer Bedeutungszusammenhänge, die der Wahrnehmung eine erweiterte Allgemeinheit und Objektivität verleihen. Denn nunmehr verweist jeder wahrgenommene Gegenstand nicht nur räumlich auf die möglichen Perspektiven der anderen, sondern ebenso auf eine Schicht gemeinsam konstituierter und habitualisierter Bedeutungen, die den Wahrnehmungen nicht etwa sekundär hinzugefügt werden, sondern ihnen eingeschrieben sind.

Die sprachlich-begriffliche Einteilung und Klassifizierung der Welt teilt sich also der Wahrnehmung mit, nämlich als eine *Typisierung* (»Löwe«, »Tiger«, »Leopard«), die wir schon mitsehen, bevor wir eine explizite Benennung vornehmen wie »Das ist ein Tiger«. Was ein Tiger ist, haben wir in Situationen gemeinsamer Aufmerksamkeit und Benennung erfasst, und sein Begriff ist in der Folge als Schema und Typus in unsere Wahrnehmung eingegangen. Wir sehen also nicht irgendwelche Farben und Formen, die wir dann als Tiger deuten, sondern die Sinneinheit »Tiger« ist uns bereits sinnlich gegeben. Dieser Sinn des Wahrgenommenen ist immer bezogen auf den Verweisungszusammenhang aller Dinge und ihre Einbettung in die gemeinsame Lebenswelt, die – nun auf der höheren Stufe symbolisch vermittelter Bedeutungen – wiederum allen Wahrnehmungen ihre objektive, das heißt intersubjektiv gültige Realität verleiht.

Subjektivierung der Wahrnehmung in der Schizophrenie

Dass die objektivierende Leistung der Wahrnehmung nicht ein für alle Mal gegeben ist, sondern auch wieder verloren gehen kann, zeigt ein abschließender Blick auf pathologische Erlebnisformen in der Schizophrenie. Hier kommt es besonders zu Beginn akuter Psychosen häufig zu einer radikalen und verstörenden *Subjektivierung* der Wahrnehmung, sodass die Patienten nur noch *Bilder von Dingen* sehen statt die Dinge selbst (Fuchs 2005). Als Folge davon erscheint ihnen die Umgebung unwirklich und unecht, als wäre sie nur für sie inszeniert. Zugleich zersetzen sich die vertrauten, intersubjektiv konstituierten Bedeutungen der Dinge und Situationen:

> [W]o man auch hinguckt, sieht alles schon so unwirklich aus. Die ganze Umgebung, alles wird wie fremd, und man bekommt wahnsinnige Angst. […] [I]rgendwie ist plötzlich alles für mich da, für mich gestellt. Alles um

einen bezieht sich plötzlich auf einen selber. Man steht im Mittelpunkt einer Handlung wie unter Kulissen. (Klosterkötter 1988: 69)

Auf der Straße wirkte alles sonderbar und irgendwie unheimlich – wie wenn ein Krieg ausbräche oder die Welt unterginge. […] Ständig fuhren Autos vorbei, als ob sie vor etwas auf der Flucht wären; alles machte mir große Angst. Die KFZ-Schilder waren Signale für etwas, das ich erst noch entschlüsseln musste. Ich suchte nach einer Art Code […]. (Eine Patientin der eigenen Klinik)

Solche pathologischen Erlebnisformen illustrieren *ex negativo* die objektivierende Leistung der normalen Wahrnehmung. Die Objektivität wird ihr nicht erst durch ein nachträgliches Realitätsurteil zuerkannt, sondern sie ist ihr als »Wahrnehmungsglaube« inhärent: Wahrnehmung überschreitet sich selbst auf ihren Gegenstand hin. In der Schizophrenie hingegen erfassen die Patienten nicht mehr »durch ihre Wahrnehmung hindurch« den distalen Gehalt; stattdessen tritt der proximale, »subjektive« Wahrnehmungsvorgang selbst ins Bewusstsein. Dadurch werden die Patienten gleichsam zu Zuschauern ihres eigenen Sehens:

Ich merke, wie meine Augen die Dinge sehen. (Stanghellini 2004: 113; Übers. T. F.)

Ich sah alles wie durch eine Filmkamera. (Sass 1992: 132; Übers. T. F.)

Es war, wie wenn meine Augen Kameras wären […], als wäre mein Kopf riesengroß, so groß wie das Universum, und ich war ganz hinten und die Kameras vorne. (de Haan/Fuchs 2010: 329 f.; Übers. T. F.)

Hier gerät das Subjekt gleichsam in eine Position außerhalb der Welt; es wird buchstäblich zu einem Homunculus im Kopf, der seine eigenen Wahrnehmungen wie projizierte Bilder betrachtet. *Nur in der Psychose also* entsteht das Bewusstseinsgehäuse, das Locke'sche »Kabinett«, in dem das Subjekt die *ideae*, die Bilder und Repräsentationen der Dinge, wahrnimmt. Diese Subjektivierung kann sich sogar bis zu dem Eindruck steigern, die Existenz des Wahrgenommenen selbst hänge von der eigenen Wahrnehmung ab – eine pathologische Form von Berkeleys *»esse est percipi«*:

Immer wenn ich meinen Blick von ihnen [den Wachposten, T. F.] abwandte, verschwanden sie. Tatsächlich schien alles, worauf ich nicht meine ganze Aufmerksamkeit richtete, nicht zu existieren. (Landis 1964: 90; Übers. T. F.)

Wenn ich eine Tür sehe und dann wegschaue, ist es, als ob die Tür zu existieren aufhörte. (Henriksen 2011: 24; Übers. T. F.)

In der Schizophrenie kann also das wahrnehmende In-der-Welt-Sein, nämlich die implizite Intersubjektivität und damit Objektivität der Wahrnehmung, verloren gehen. Die Patienten werden dann gewissermaßen unfreiwillig zu »subjektiven Idealisten«, ja zu Solipsisten, die in ihre defizienten Wahrnehmungen wie in eine Eigenwelt eingeschlossen bleiben. Gerade daran aber können wir noch einmal die Objektivierung erkennen, welche die normale Wahrnehmung leistet. Der »Ego-Tunnel«, in dem wir nach der neurokonstruktivistischen Konzeption leben, das Kopf-Kino, das uns angeblich von unserem Gehirn präsentiert wird, ist in Wahrheit nur ein pathologischer Zustand, den Patienten in der Psychose erleben (Fuchs 2015). Im gewöhnlichen Erleben hingegen befinden wir uns in der gemeinsamen Mitwelt, konstituiert durch die implizite Intersubjektivität der Wahrnehmung.

Auch bei der Patientin im letzten Fallbeispiel kommt es zu einer Entfremdung der Wahrnehmung, nämlich zu einem Verlust des »Wahrnehmungsglaubens«, der schließlich in den Verfolgungswahn mündet:

Es kam mir immer unwirklicher vor, wie ein fremdes Land. [...] Dann kam mir die Idee, das ist doch gar nicht mehr deine alte Umgebung. [...] [E]s könnte ja gar nicht mehr unser Haus sein. Irgendjemand könnte mir das als Kulisse einstellen. Eine Kulisse, oder man könnte mir ein Fernsehspiel einspielen. [...] Dann hab ich die Wände abgetastet. [...] Ich habe geprüft, ob das wirklich eine Fläche ist. (Klosterkötter 1988: 64 f.)

Die Subjektivierung und zugleich Entfremdung der Wahrnehmung lässt auch für diese Patientin nur noch Kulissen bestehen, während wir sonst die Dinge selbst in ihrer Konstanz und Verlässlichkeit erblicken. Diese fundamentale Erschütterung des Wahrnehmungsglaubens, dieser »ontologische Zweifel« kann ab einem bestimmten Punkt nur noch im Wahn aufgefangen werden: Die Patientin entwickelte im weiteren Verlauf die Überzeugung, dass eine Geheimdienstorganisation sie zu Versuchszwecken missbrauche und ihr über Strahlen Scheinbilder in das Gehirn projiziere. Der Wahn stellt damit zwar eine neue Form der Kohärenz und Sinngebung in einer rätselhaft verfremdeten Welt dar. Doch er bedeutet zugleich den Verlust der impliziten Intersubjektivität der Wahrnehmung, den Rückzug aus der gemeinsamen Wirklichkeit in eine solipsistische Eigenwelt.[10]

Resümee

Die gegenwärtig dominierenden naturalistischen und konstruktivistischen Theorien der Wahrnehmung fassen diese als eine interne Repräsentation oder Simulation der Außenwelt auf, die aus eintreffenden Sinnesdaten im Gehirn erzeugt wird. Damit schreiben sie der Wahrnehmung gegenüber der physikalischen Realität einen grundsätzlich illusionären Charakter zu (»Online-Simulation«, »Kopf-Kino«, »Ego-Tunnel«). Demgegenüber habe ich zu Beginn zwei Thesen formuliert, die den primären »Wahrnehmungsglauben« zu verteidigen und einen lebensweltlichen Realismus der Wahrnehmung zu begründen vermögen, nämlich *(1) eine enaktivistische* und *(2) eine sozialinteraktionistische These*:

1) Wahrnehmen beruht weder auf einem bloßen Datentransport von außen nach innen noch auf einer internen Modellierung, sondern auf einer *fortlaufenden sensomotorischen Interaktion von*

10 Eine andere mögliche »Gegenprobe« zur Objektivierung der Wahrnehmung könnte eine Analyse des *Traumbewusstseins* darstellen: Auch hier kommt es zu einer Subjektivierung und einem Verlust der Gegenständlichkeit. Der Träumende wird passiv in auf ihn zentrierte Situationen versetzt, die durchweg eine intensive eigenbezügliche Bedeutsamkeit zeigen, auch wenn diese oft rätselhaft bleibt. Er ist nicht in der Lage, diese Situationen auf eine allgemeine Perspektive hin zu überschreiten und so zu relativieren. Auch der Träumende sieht also nur Bilder, keine Gegenstände.

Lebewesen mit ihrer Umgebung. Jede Wahrnehmung bedeutet eine übergreifende Koppelung von Organismus und Umwelt. Damit entfällt die Trennung von Innen und Außen, die der Repräsentationalismus voraussetzt. Die gleichwohl objektivierende Leistung der Wahrnehmung resultiert auf dieser Stufe aus *vermittelter Unmittelbarkeit*, nämlich aus der Transparenz der vermittelnden leiblichen Prozesse für die distalen Gehalte der Wahrnehmung.

2) Menschliche Wahrnehmung überwindet darüber hinaus die Perspektivität des zentrierten Umweltbezugs durch eine *implizite Intersubjektivität*, das heißt durch eine Mitberücksichtigung der möglichen Perspektiven anderer. Damit vermag sie Gegenstände und Situationen *als solche* zu erfassen, das heißt in ihrer Unabhängigkeit vom Wahrnehmungsakt. Diese implizite Intersubjektivität beruht ontogenetisch auf frühen sozialen Interaktionen: Gemeinsame Aufmerksamkeit, gemeinsame Praxis und schließlich gemeinsame Sprache konstituieren eine geteilte oder »Wir-Intentionalität«, die sich der individuellen Wahrnehmung einschreibt und damit ihren *lebensweltlichen Realismus* begründet.

Auf der ersten Stufe der Wahrnehmung, die wir mit den Tieren gemeinsam haben, gibt es noch keinen Begriff der Wirklichkeit im Sinne der Unterscheidung von »Unwirklichkeit« – Tiere erfahren nur den sensomotorischen Realkontakt mit der Umwelt, der zwar misslingen kann, damit aber noch keinen Begriff des »Unwirklichen« oder des Scheins erzeugt. Wirklichkeit im genuinen Sinn gibt es nur für den Menschen. Erst aus der Intersubjektivität resultiert eine Allgemeinheit, die unsere Wahrnehmungen und Erfahrungen zu möglichen Erfahrungen anderer macht. Mit ihr konstituiert sich die wahrgenommene Welt als eine implizit intersubjektive Realität, der damit auch das legitime Prädikat der Objektivität zukommt – eine Objektivität der Wahrnehmung, die durch weitere Verständigung und Perspektivenabgleich mit anderen immer auch korrigierbar bleibt und sich gerade dadurch vom bloßen Schein absetzt.

Es bleibt abschließend noch die dritte eingangs aufgestellte These zu begründen: Der lebensweltliche Realismus der Wahrnehmung kann nie vollständig durch naturwissenschaftliche Modellannahmen ersetzt oder auf physikalische Prozesse reduziert werden. Denn Modelle dienen nur einer sich bewähren müssenden Berechenbarkeit und Vorhersagbarkeit beobachtbarer Naturprozesse, und wie erfolgreich sie diese Zwecke auch erfüllen mögen – als *Modelle* können sie keine »eigentliche« transphänomenale Realität beschreiben. Es wäre unsinnig, Modelle als »realer« anzusehen als die gemeinsam wahrgenommene Wirklichkeit. Vielmehr beruht die Validität aller Naturbeobachtungen und empirischen Forschungsresultate umgekehrt auf der lebensweltlichen Realität, jenseits deren es keine Position der Beobachtung und Erkenntnis geben kann. Dies hat etwa Habermas in seiner Auseinandersetzung mit dem Neurodeterminismus betont:

> Die Objektivität der Welt konstituiert sich für einen Beobachter nur zugleich mit der Intersubjektivität der möglichen Verständigung über das, was er vom innerweltlichen Geschehen kognitiv erfasst. Erst die intersubjektive Prüfung subjektiver Evidenzen ermöglicht die fortschreitende Objektivierung der Natur. Darum können die Verständigungsprozesse selbst nicht im Ganzen auf die Objektseite gebracht, also nicht vollständig als innerweltlich determiniertes Geschehen beschrieben und auf diese Weise objektivierend »eingeholt« werden. (Habermas 2004: 883)

Objektivität von Erkenntnis beruht demnach auf der Intersubjektivität symbolischer Verständigungsprozesse. Doch gilt, wie wir sahen, bereits für unsere unmittelbar erfahrene Wirklichkeit, dass sie die Intersubjektivität der Wahrnehmung impliziert und daraus zugleich ihre Validierung bezieht. Darin liegt die lebensweltliche Voraussetzung für alle wissenschaftliche Praxis und Erkenntnis.

Der reduktionistische Naturalismus beziehungsweise Physikalismus ist insofern inkonsistent, als er die eigene Abhängigkeit von der intersubjektiv konstituierten Lebenswelt übersieht. Diese beruht auf der triadischen Beziehungsstruktur »Ich – Du – Es«: Als Mitglieder einer Kommunikationsgemeinschaft beziehen wir uns in gemeinsamer Aufmerksamkeit auf Gegenstände unserer Umwelt. Der wissenschaftlichen Beobachterperspektive, der Perspektive der dritten Person, geht also die Teilnehmer- oder »Wir«-Perspektive voraus, an die auch die wissenschaftliche Erkenntnis als eine spezielle Form sozialer Praxis immer gebunden bleibt. Physikalische Gegenstände sind unabhängig von intersubjektiver Erfahrung gar nicht identifizierbar. Was ein Gehirn, was Neuronen, Moleküle, Atome oder Energiefelder sind, ergibt sich nur aus einem gemeinsamen Vorverständnis, aus Konventionen und wissenschaftlicher Praxis. Daraus folgt aber, dass eine *rein physikalisch* gedachte Natur immer ein theoretisches Konstrukt bleiben muss, aus dem sich Bewusstsein, Wahrnehmung und Intersubjektivität nicht ohne Rest ableiten lassen.

Dirk Hartmann hat auf den »zweiten naturalistischen Fehlschluss«[11] im Reduktionismus aufmerksam gemacht. Er liegt darin, dass die auf der Modell- oder Konstruktebene postulierten materiellen Strukturen und Prozesse nun ihrerseits *der lebensweltlichen Erfahrung untergeschoben* und schließlich zur eigentlichen Wirklichkeit hypostasiert werden:

> Ein Messer besteht aus Klinge und Griff, das Material der Klinge ist eine Legierung, diese besteht aus Molekülen, die eine Verbindung von Atomen sind, die aus noch kleineren Teilchen bestehen – alles nur eine Sache des »immer genaueren Hinsehens«. Übersehen wird dabei, dass die Konstruktgegenstände im Gegensatz zu den Gegenständen der Phänomenebene nicht unabhängig von den Theorien, in welchen sie auftreten, zugänglich sind. (Hartmann 1998: 326)

Konstrukte oder Modelle sind insofern nicht unsere Wahrnehmungen, wie der Neurokonstruktivismus behauptet, sondern vielmehr die von den Spezialwissenschaften, insbesondere der Physik, abstrahierten Welten mathematisch beschreibbarer Teilchen, Wellen und Energiefelder. Diese entziehen sich prinzipiell der gemeinsamen Wahrnehmung und lassen sich immer nur indirekt plausibi-

11 Der »zweite«, da als naturalistischer Fehlschluss üblicherweise der Schluss vom Sein auf ein Sollen bezeichnet wird.

lisieren oder falsifizieren. Solche Konstrukte oder Modelle mögen sich durchaus erfolgreich auf die Beschreibung und Vorhersage physikalischer und physiologischer Prozesse anwenden lassen und treffen insofern zweifellos Aspekte der transphänomenalen Welt. Doch werden uns diese Aspekte immer nur auf indirektem Weg und über gemeinsame Wahrnehmungserfahrungen zugänglich.

Es gilt daher für die intersubjektive, lebensweltliche Wahrnehmung das Gleiche wie für die intersubjektiven Verständigungsprozesse bei Habermas: Sie lässt sich nicht vollständig auf die Objektseite bringen. Physiologische Untersuchungen können physikalische und organismische *Bedingungen* von Wahrnehmungen aufklären; eine hinreichende *Erklärung* der Wahrnehmung als interaktiver Beziehung zwischen Menschen und ihrer Umwelt vermögen sie nicht zu liefern. Die grundlegende Realität ist für uns nicht die in den Spezialwissenschaften abstrahierte Welt mathematisch beschreibbarer Größen, Teilchen oder neuronaler Aktivitäten; es ist vielmehr die durch implizite Intersubjektivität konstituierte Realität der Lebenswelt. Es wäre daher unsinnig, physikalische Modelle, Elektronen oder Quarks als »realer« anzusehen als diese gemeinsam wahrgenommene Wirklichkeit. Vielmehr beruht die Gültigkeit aller empirischen Forschungsresultate umgekehrt auf der lebensweltlichen Realität, jenseits deren es keine Position der Beobachtung und Erkenntnis geben kann.

Literatur

Bruner, J. 1987. *Wie das Kind sprechen lernt.* Bern, Stuttgart: Huber.

Csibra, G., G. Gergely. 2009. »Natural Pedagogy«. In: *Trends in Cognitive Sciences* 13 (4): S. 148-153.

Damasio, A. 2002. »Wie das Gehirn Geist erzeugt«. In: *Spektrum der Wissenschaft*, Dossier 2: *Grenzen des Wissens*: S. 36-41.

De Haan, S., T. Fuchs. 2010. »The Ghost in the Machine: Disembodiment in Schizophrenia. Two Case Studies«. In: *Psychopathology* 43 (5): S. 327-333.

Eagleman, D. 2015. *Incognito: The Secret Lives of the Brain.* New York: Pantheon Books.

Fingerhut, J., R. Hufendiek, M. Wild. (Hg.) 2013. *Philosophie der Verkörperung. Grundlagentexte zu einer aktuellen Debatte.* Berlin: Suhrkamp.

Fuchs, T. 2005. »Delusional Mood and Delusional Perception. A Phenomenological Analysis«. In: *Psychopathology* 38 (3): S. 133-139.

Fuchs, T. 2008. *Das Gehirn – ein Beziehungsorgan. Eine phänomenologisch-ökologische Konzeption.* Stuttgart: Kohlhammer.

Fuchs, T. 2013. »The Phenomenology and Development of Social Perspectives«. In: *Phenomenology and the Cognitive Sciences* 12 (4): S. 655-683.

Fuchs, T. 2015. »Wege aus dem Ego-Tunnel. Zur gegenwärtigen Bedeutung der Phänomenologie«. In: *Deutsche Zeitschrift für Philosophie* 63 (5): S. 801-823.

Gibson, J. 1979. *The Ecological Approach to Visual Perception.* Boston: Houghton Mifflin.

Goethe, J. W. v. 1975. »Zur Farbenlehre«. In: Ders., *Goethes Werke.* Hamburger Ausgabe in 14 Bänden. Bd. 13: *Didaktischer Teil.* 7. Aufl. Hg. von E. Trunz. München: Deutscher Taschenbuch Verlag, S. 314-536.

Habermas, J. 2004. »Freiheit und Determinismus«. In: *Deutsche Zeitschrift für Philosophie* 52 (6): S. 871-890.

Hartmann, D. 1998. *Philosophische Grundlagen der Psychologie.* Darmstadt: Wissenschaftliche Buchgesellschaft.

Hegel, G. F. W. 1979. *Wissenschaft der Logik I. Erster Teil. Die objektive Logik. Erstes Buch. Werke.* Bd. 5. Frankfurt/M.: Suhrkamp. (Erstausgabe 1812)

Heidegger, M. 1977. »Der Ursprung des Kunstwerkes«. In: Ders., *Gesamtausgabe.* Bd. 5. *Holzwege.* Frankfurt/M.: Klostermann, S. 1-74. (Erstausgabe 1935)

Held, R., A. Hein. 1963. »Movement-Produced Stimulation in the Development of Visually Guided Behavior«. In: *Journal of Comparative Physiology and Psychology* 56 (5): S. 872-876.

Henriksen, M. G. 2011. *Understanding Schizophrenia. Investigations in Phenomenological Psychopathology.* Unveröffentlichte Dissertation. Kopenhagen: Fakultät für Gesundheitswissenschaften der Universität Kopenhagen.

Hirshberg, L. M., M. Svejda. 1990 »When Infants Look to Their Parents: I. Infants' Social Referencing of Mothers Compared to Fathers«. In: *Child Development* 61 (4): S. 1175-1186.

Holst, E. v., H. Mittelstaedt. 1950. »Das Reafferenzprinzip«. *Naturwissenschaften* 37 (20): S. 464-476.

Hornik, R., N. Risenhoover, M. Gunnar. 1987. »The Effects of Maternal Positive, Neutral, and Negative Affective Communications on Infant Responses to New Toys«. In: *Child Development* 58 (4): S. 937-944.

Husserl, E. 1966. *Analysen zur passiven Synthesis*. Husserliana Bd. XI. Hg. von M. Fleischer. Den Haag: Martinus Nijhoff.

Husserl, E. 1973. *Zur Phänomenologie der Intersubjektivität. Texte aus dem Nachlass II. 1921-28*. Husserliana Bd. XIV. Hg. von I. Kern. Den Haag: Martinus Nijhoff.

Husserl, E. 1984. *Logische Untersuchungen. II/2. Untersuchungen zur Phänomenologie und Theorie der Erkenntnis*. Husserliana XIX/2. Hg. von U. Panzer. Den Haag: Martinus Nijhoff.

Jonas, H. 1973. *Organismus und Freiheit. Ansätze zu einer philosophischen Biologie*. Göttingen: Vandenhoeck & Ruprecht.

Kaiser, L. S. 2012. *Konstruktivismus in der Elementarpädagogik: Wie Kinder ihre Welt erschaffen und erforschen*. Hamburg: Diplomica Verlag.

Klosterkötter, J. 1988. *Basissymptome und Endphänomene der Schizophrenie*. Berlin, Heidelberg, New York: Springer.

Landis, C. 1964. *Varieties of Psychopathological Experience*. New York: Holt, Rinehart & Winston.

Lewin, K. 1969. *Grundzüge der Topologischen Psychologie*. Bern, Stuttgart: Huber.

Locke, J. 2006. *Versuch über den menschlichen Verstand*. Bd. I. *Buch I und II*. Übers. von C. Winkler. Hamburg: Meiner. (Erstausgabe 1690)

Mead, G. H. 1969. *Philosophie der Sozialität. Aufsätze zur Erkenntnisanthropologie*. Frankfurt/M.: Suhrkamp.

Melchner, L. v., S. L. Pallas, M. Sur. 2000. »Visual Behaviour Mediated by Retinal Projections Directed to the Auditory Pathway«. In: *Nature* 404 (6780): S. 871-876.

Merleau-Ponty, M. 1986. *Das Sichtbare und das Unsichtbare*. Hg. von C. Lefort, übers. von R. Giuliani, B. Waldenfels. München: Fink. (Erstausgabe 1964)

Metzinger, T. 2009. *Der Ego-Tunnel. Eine neue Philosophie des Selbst: Von der Hirnforschung zur Bewusstseinsethik*. Berlin: Berlin Verlag.

Nelson, K. 1996. *Language in Cognitive Development*. Cambridge: Cambridge University Press.

Nietzsche, F. W. 1899. *Morgenröthe. Gedanken über die moralischen Vor-*

urtheile. Nietzsche's Werke. Erste Abtheilung, Bd. 4. Leipzig: E. G. Naumann.

Noë, A. 2004. *Action in Perception*. Cambridge, MA: MIT Press.

O'Regan, J. K., A. Noë. 2001. »A Sensorimotor Account of Vision and Visual Consciousness«. In: *Behavioral and Brain Sciences* 24 (5): S. 939-1011.

Plessner, H. 1975. *Die Stufen des Organischen und der Mensch*. Berlin: De Gruyter. (Erstausgabe 1928)

Polanyi, M. 1985. *Implizites Wissen*. Übers. von H. Brühmann. Frankfurt/M.: Suhrkamp.

Sartre, J.-P. 1962. *Das Sein und das Nichts*. Reinbek/Hamburg: Rowohlt.

Sass, L. A. 1992. *Madness and Modernism. Insanity in the Light of Modern Art, Literature, and Thought*. New York: Basic Books.

Searle, J. 2015. *Seeing Things as They Are: A Theory of Perception*. Oxford: Oxford University Press.

Stadler, M., M. Plümacher. 1996. »Wahrnehmung«. In: *Enzyklopädie Philosophie und Wissenschaftstheorie*. Bd. IV. Hg. von J. Mittelstraß. Stuttgart: Metzler, S. 1722-1731.

Stanghellini, G. 2004. *Disembodied Spirits and Deanimatied Bodies: The Psychopathology of Common Sense*. Oxford: Oxford University Press.

Stiftung Haus der kleinen Forscher. 2015. *Pädagogischer Ansatz der Stiftung »Haus der kleinen Forscher«*. 5. Aufl. Berlin: Stiftung Haus der kleinen Forscher. ⟨https://www.haus-der-kleinen-forscher.de/fileadmin/Redaktion/1_Forschen/Paedagogik/Paedagogikbroschuere.pdf⟩, letzter Zugriff 06. 11. 2019.

Straus, E. 1963. »Philosophische Grundlagen der Psychiatrie: Psychiatrie und Philosophie«. In: *Psychiatrie der Gegenwart*. Bd. I/2. Hg. von H. W. Gruhle, R. Jung, W. Mayer-Gross, M. Müller. Berlin, Göttingen: Springer, S. 926-994.

Thompson, E. 2007. *Mind in Life: Biology, Phenomenology, and the Sciences of Mind*. Cambridge, MA: Harvard University Press.

Tomasello, M. 2002. *Die kulturelle Entwicklung des menschlichen Denkens. Zur Evolution der Kognition*. Übers. von J. Schröder. Frankfurt/M.: Suhrkamp.

Tomasello, M., H. Rakoczy. 2003. »What Makes Human Cognition Unique? From Individual to Shared Intentionality«. In: *Mind & Language* 18 (2): S. 121-147.

Varela, F. J., E. Thompson, E. Rosch. 1991. *The Embodied Mind: Cognitive Science and Human Experience*. Cambridge, MA: MIT Press.

Zahavi, D. 1996. *Husserl und die transzendentale Intersubjektivität. Eine Antwort auf die sprachpragmatische Kritik*. Dordrecht, Boston, London: Kluwer.

B. Personalität und Neurowissenschaften

Person und Gehirn

Zur Kritik des Zerebrozentrismus

Einleitung

Finden wir das, was eine Person ausmacht, in ihrem Gehirn? Zeigen sich ihre Wahrnehmungen, Gedanken, Gefühle und Wünsche in den farbigen Abbildungen von Hirnprozessen? Sind die Liebe, das Glück oder die Schuld, die ein Mensch empfindet, letztlich neuronale Zustände? – Die Neurobiologie, zumindest in ihrer gegenwärtig dominierenden Interpretation, legt das in der Tat nahe. Der Blick in den Schädel wird damit vermeintlich zum Blick in das Innerste der Person, in ihre Wünsche und Ängste, ihr Glück und ihr Leiden:

> Unsere Gedanken und Träume, unsere Erinnerungen und Erfahrungen entstehen alle in diesem merkwürdigen neuronalen Stoff. Wer wir sind, das findet sich in seinen komplexen Aktivierungsmustern aus elektrochemischen Impulsen. (Eagleman 2015: 5; Übers. T. F.)

Das Gehirn wird zum neuen Subjekt, zum Denker unseres Denkens und Täter unseres Tuns; Subjektivität selbst hingegen ist nur eine nützliche Illusion:

> Letztlich ist subjektives Erleben ein biologisches Datenformat […], eine hochspezifische Weise der Präsentation von Information über die Welt, bei der diese so erscheint, als wäre sie das Wissen eines Ego. In Wirklichkeit aber existiert so etwas wie »das Selbst« nicht. (Metzinger 2009: 23)

Beliebt zur Illustration dieser Sichtweise ist auch das von Hilary Putnam (1981) in die Gehirn-Geist-Debatte eingeführte Gedankenexperiment vom »Gehirn im Tank« (*brain in a vat*): Selbst wenn wir nur geeignet stimulierte Gehirne in einer Nährlösung wären, so Putnam, würden wir davon doch gar nichts bemerken. Das Gehirn würde ein Subjekt und eine Welt halluzinieren, die der erlebten Welt vollkommen gliche – eine perfekte Illusion wie die computererzeugte Welt der *Matrix* im gleichnamigen Film. Auch Metzinger hält die gewöhnliche visuelle Wahrnehmung für eine Art *Online*-Halluzination, einen vom Gehirn erzeugten Technicolor-Film: »Im Prinzip könnten wir dieses Erlebnis also auch ohne Augen haben, und wir könnten es sogar als entkörpertes Gehirn in einer Nährlösung haben.« (Metzinger 2009: 40)

Zum gleichen Ergebnis scheint auch das Gedankenexperiment einer Gehirntransplantation zu führen. Würde das Gehirn einer Person A in den Körper der Person B transplantiert, dann erhielte nicht etwa B ein neues Gehirn, sondern A einen neuen Körper – wo das Gehirn ist, da muss auch die Person sein. »Diese einfache Tatsache«, so der Neurowissenschaftler Gazzaniga, »macht klar, dass Sie Ihr Gehirn sind. Die Neuronen, die in seinem gewaltigen Netzwerk verbunden sind [...] – das sind Sie.« (Gazzaniga 2005: 31; Übers. T. F.) Das ist zwar alles andere als eine Tatsache. Doch scheint das Gehirn der einzige Teil des Körpers zu sein, den wir haben müssen, um wir selbst zu sein; der Rest ist austauschbar. Personen sind zerebrale Subjekte, und Bilder des Gehirns die modernen Ikonen der Person.

Noch eine weitere Entwicklung trägt zur Identifizierung von Person und Gehirn bei, nämlich die rationalistische Konzeption personaler Identität, die auf John Locke (1690) zurückgeht. Demnach basiert diese Identität einzig auf der bewussten Erinnerung und dem Selbstbewusstsein, nicht auf der körperlichen Existenz.[1] Ich bleibe so lange ich selbst, als ich mich an meine früheren Zustände erinnern und sie mir selbst zuschreiben kann; anderenfalls würde meine Identität zunichte. Diese Psychologisierung der Person bedeutete eine radikale Abkehr von der aristotelischen Position,

1 Locke definiert in seinem *Essay Concerning Human Understanding* (1690) die Person als »ein denkendes intelligentes Wesen, das Vernunft und Reflexion besitzt und sich als sich selbst denken kann, als dasselbe denkende Etwas in verschiedenen Zeiten und an verschiedenen Orten« (Locke 1690/2006: 419). Personale Identität besteht folglich in der Kontinuität von Gedächtnis und Selbstbewusstsein: »So weit nun dieses Bewusstsein rückwärts auf vergangene Taten oder Gedanken ausgedehnt werden kann, so weit reicht die Identität dieser Person.« (Ebd.: 420)

der zufolge Personen grundsätzlich lebendige, in einem physischen Leib verkörperte Wesen waren. Da nun das Gehirn zunehmend als Sitz von Gedächtnis und Bewusstsein galt, leistete Lockes Umdeutung auch der Gleichsetzung von Person und Gehirn Vorschub (Vidal 2011).

All diesen dargestellten Auffassungen von Personalität ist eines gemeinsam: Sie beruhen auf der letztlich dualistischen Voraussetzung, es gebe nur Bewusstsein und Gehirn, Mentales und Physisches. Das *Lebewesen*, der lebendige Organismus als zugrunde liegende Einheit, taucht hingegen nicht mehr auf. Bewusste Tätigkeiten werden nicht als Funktionen eines Organismus angesehen, sondern kurzerhand mit Gehirnprozessen gleichgesetzt. Der Körper bleibt in dieser Sicht ein bloßer Trägerapparat für das Gehirn, in dem die unkörperliche Innenwelt des Bewusstseins und damit auch die Person entsteht. Dieser neuroreduktionistische Personbegriff soll im Folgenden einer Kritik unterzogen werden. Die Gegenthese, die ich anschließend ausführen werde, lautet: Das Gehirn ist nur ein Organ der Person, nicht ihr Sitz. Mit anderen Worten: *Personalität bedeutet verkörperte Subjektivität.*

1. Kritik des zerebralen Subjekts

Subjektivität und Intentionalität

Ist das Gehirn der Ort von Subjektivität und Bewusstsein? Beginnen wir mit Leibniz' bekanntem Vergleich aus der *Monadologie*:

> Denkt man sich eine Maschine, deren Einrichtung so beschaffen wäre, dass sie denken, empfinden und wahrnehmen könnte, so kann man sie sich derart proportional vergrößert denken, dass man in sie wie in eine Mühle eintreten könnte. Bei der Besichtigung ihres Inneren wird man dann aber nichts weiter finden als einzelne Teile, die einander stoßen, niemals aber etwas, woraus eine Wahrnehmung zu erklären wäre. (Leibniz 1714/1982: 33)

Das gilt heute unverändert: Wer das Gehirn eines Menschen untersucht, findet Nervenzellen und elektrochemische Prozesse, aber niemals seine Angst oder seinen Schmerz, seine Empfindungen oder Gedanken. Denn weder Neuronen noch Hirnzentren noch Gehirne als ganze sind Subjekte eines Erlebens. Die visuelle Hirnrinde ist zweifellos für das Sehen erforderlich, aber sie selbst sieht rein gar nichts, denn Sehen, Wahrnehmen, Empfinden sind *Tätigkeiten von Lebewesen.* Hunde, Katzen und Menschen sehen etwas, nicht ihre Gehirne. Wer das Sehen *in* einem Lebewesen sucht, der hat es bereits durch zu genaues Hinsehen verloren.

Wenn Hirnforscher also behaupten, Bewusstsein sei doch zweifellos im Gehirn lokalisiert, so unterliegen sie einem Kategorienfehler. Menschen sind bewusst, nicht Gehirne. Dass wir »Bewusstsein« nicht sehen können, sondern nur bewusste Menschen, bedeutet nicht, dass deren Erleben an einem verborgenen Ort in ihrem Inneren zu finden wäre. Bewusstsein ist überhaupt kein lokalisierbarer Gegenstand, auf den man zeigen könnte wie auf einen Stein oder Apfel, sondern eine *Beziehung* von Subjekt und Welt. Es ist ein Wahrnehmen-von ..., Sprechen-mit ..., Sich-Erinnern-an ..., Wünschen-von ..., das heißt ein gerichteter Prozess, der *eine Welt eröffnet.* Diese intentionale Beziehung von Subjekt und Welt lässt sich nicht verdinglichen oder im Schädel einsperren. »*Wo* ist dann das Bewusstsein, das Wahrnehmen, das Denken?« Leibniz' Vergleich zeigt bereits: Die Frage selbst ist falsch gestellt.

Ein zweiter Einwand: Ist subjektives Erleben überhaupt objektivierbar? Lässt es sich in objektiven, zum Beispiel neurobiologischen Termini beschreiben? – Thomas Nagel hat gezeigt, dass jede subjektive Erfahrung an eine zentrierte Perspektive gebunden ist, die sich nicht in einer objektiven, physikalischen Beschreibung rekonstruieren lässt (Nagel 1974). Wie fühlt es sich an, genau *diese* Schmerzen zu haben, *diese* Angst zu erleben? Lässt sich der Sachverhalt, dass ich gerade Schmerzen empfinde, auch als ein bestimmtes neuronales Aktivitätsmuster in meinem Gehirn beschreiben? Nein, denn schon die Umformulierung »Thomas Fuchs hat jetzt Schmerzen« bringt die Tatsache, dass es *mein* Schmerz ist und dass *ich* es bin, der unter ihm leidet, nicht mehr zum Ausdruck.[2] Selbst wenn

2 Dies hat Hermann Schmitz ausführlich gezeigt, dessen grundlegender Analyse subjektiver Tatsachen bzw. Sachverhalte ich hier folge: »Ein Sachverhalt [...] ist

diese Aussage aus der 3.-Person-Perspektive in allen Fällen zuverlässig zuträfe (etwa auf der Grundlage gleichzeitiger Beobachtung meiner Gehirnvorgänge), fehlte ihr doch das entscheidende Merkmal der Subjektivität, nämlich dass *ich selbst* ebenjener Thomas Fuchs bin, auf den sich die Aussage bezieht. Erst recht gälte dies für eine exakte Beschreibung aller physikalischen Prozesse in meinem Gehirn – nirgends wäre darin die Meinhaftigkeit, das »Schmerzhafte des Schmerzes« wiederzufinden. Zwischen beiden Aussageweisen liegt ein kategorischer Sprung: Die Wirklichkeit meines Schmerzes ist *von grundsätzlich anderer Art* als die Wirklichkeit objektiver physiologischer Tatsachen – und in gewissem Sinn ist sie sogar »wirklicher« als diese.[3]

Leiblichkeit

Die bisher genannten Einwände gegen den Neuroreduktionismus beruhten auf der irreduziblen Intentionalität und Subjektivität personalen Bewusstseins. Doch damit ist die Reichweite des Personbegriffs noch nicht erschöpft. Dass personale Lebensvollzüge nicht mit Hirnprozessen identifiziert werden können, zeigt sich erst recht, wenn wir über das reine Bewusstsein hinaus die lebendige Realität der Person ins Auge fassen. Sie beruht offensichtlich auf ihrer *Leiblichkeit* oder *Verkörperung*, freilich nicht nur in dem Sinn, dass Bewusstsein einen funktionsfähigen Körper voraussetzt, sondern dass eine Person sich in ihrem Leib realisiert und darstellt, ja dass wir sie in jeder Begegnung mit ihrer leiblichen Erscheinung geradezu *identifizieren*.

Die meisten unserer Tätigkeiten sind an das Medium des Leibes gebunden. Um tasten, hören, sehen oder sprechen zu können, be-

subjektiv, wenn höchstens *einer*, und zwar nur im eigenen Namen, ihn aussagen kann, während die Anderen zwar mit eindeutiger Kennzeichnung darüber sprechen, aber nie und nimmer das Gemeinte aussagen können.« (Schmitz 1995: 6)

3 »Subjektive Tatsachen sind sozusagen in höherem Maß als objektive Tatsachen tatsächlich; sie haben die Lebendigkeit des blutvoll und dringlich Wirklichen, während die bloß objektive, allein durch objektive Tatsachen konstituierte Welt so etwas wie ein Präparat ist, abgeblasst und zurechtgemacht für Erzählungen in der dritten grammatischen Person [...].« (Schmitz 1995: 7)

darf es offensichtlich nicht nur eines Gehirns, sondern auch eines tastenden, hörenden, sehenden, sprechenden Leibes. Dabei ist es nicht etwa so, dass wir den Leib dabei wie ein bloß äußerliches Instrument gebrauchen. Einen Walzer tanzend, setze ich nicht meinen Gliederapparat von außen her in Bewegung, sondern *ich selbst bin es*, der tanzt, indem ich mich in den Rhythmus der Musik einschwinge und meine Bewegungen kinästhetisch vollziehe. Einem geübten Tänzer, einem Schauspieler oder Pianisten wird es daher kaum einfallen, sich mit seinem Kopf oder Gehirn zu identifizieren. Mein Leib verfügt selbst über eine eigene, »operative Intentionalität« (Merleau-Ponty 1966), seine Bewegungen sind sinnvoll, zielgerichtet und der Umwelt angepasst, ohne dass ich sie gleichsam von außen steuern müsste.

Freilich sind dafür auch erworbene neuronale Bereitschaften erforderlich, nämlich Muster von Bewegungssequenzen im motorischen Kortex, im Kleinhirn und in den Basalganglien. Doch auch diese »steuern« oder »determinieren« meine Glieder nicht, als wären sie bloße Ausführungsorgane. Vielmehr sind die neuronalen Funktionen ihrerseits eingebettet in den ständigen Interaktionskreis von 1) körperlicher Eigenbewegung, 2) Rückwirkung und Widerstand der Umwelt und 3) kinästhetischer, taktiler und visueller Wahrnehmung. Der Körper mit seinen Sinnen und Gliedern ist der eigentliche »Spieler im Feld«, während das Gehirn als ein Mediator fungiert, der diese rückgekoppelten Interaktionen vermittelt und fortlaufend modifiziert (Fuchs 2011). Ich tanze und bewege mich als lebendiges, leibliches Wesen, *vermittels* meines Gehirns – aber ich setze nicht wie ein Homunculus meine Glieder vom Gehirn aus in Gang.

Meine Leiblichkeit prägt daher auch grundlegend meine persönliche Weise, in der Welt zu sein. Mich als dieser Leib vorzufinden, diese Gestalt und Konstitution zu haben, Kind oder Erwachsener, Mann oder Frau, klein oder groß, gesund oder behindert zu sein, ist der Ausgangspunkt aller Selbst- und Welterfahrung. Umgekehrt schlägt sich die individuelle Entwicklung nicht nur in einer »psychischen« Charakter- oder Persönlichkeitsstruktur nieder. Auch der

Leib ist Träger und Ausdruck der individuellen Biographie; er hat und *kennt* seine eigene Geschichte. Dies nennen wir Leibgedächtnis. Von Geburt an sedimentieren sich die Erfahrungen, die das Kind mit Menschen und Dingen macht, als Verhaltensentwürfe, Fähigkeiten und Gewohnheiten in seinem impliziten, leiblichen Gedächtnis (Fuchs 2008: 37ff.). Dieses in jedem Tun und Verhalten implizit wirksame Gedächtnis macht den individuellen Habitus eines Menschen aus, seine persönliche Weise, in der Welt zu leben und mit anderen umzugehen.

Die Person bildet sich in ihrem und durch ihren Leib, sie kommt in ihm immer deutlicher und individueller zur Erscheinung. Ihr Sein ist fortwährendes Werden, und dieses Werden ist in zunehmendem Maß ein Tun. Der Leib ist daher keine Hülle, hinter der sich die Person verbirgt und die nur symbolisch von ihr Anzeige gibt. Vielmehr sind ihre Einstellungen, Verhaltensweisen und Gewohnheiten immer zugleich Haltungen, Bewegungsmuster und Dispositionen ihres Leibes – bis in den charakteristischen Stil des Gangs, der Gestik und Mimik, der Artikulation und Prosodie hinein. Wir erkennen einen Menschen an seiner Haltung und seinem Verhalten wieder; seine Leiblichkeit ist Teil seiner Persönlichkeit, seiner Identität. Nicht nur »innere«, psychische oder mentale Eigenschaften, sondern auch der individuell geprägte Leib konstituiert die Person.

Verkörperte Personen sind wir daher auch füreinander. Wir nehmen den anderen nicht als einen dinglichen Körper wahr, aus dessen äußeren Bewegungen wir auf einen wie in einer Kapsel verborgenen »Bewohner« im Inneren schließen. Als Leib wird der Körper vielmehr zur lebendigen Erscheinung der Person, in ihm stellt sie sich dar und wird uns »leibhaftig« gegenwärtig. Im Blick der Augen sehe ich *den anderen selbst*; seine Hand in der Begrüßung ergreifend, gebe ich *ihm* die Hand, und in seinen Worten vernehme ich *ihn selbst*. Wäre die Person irgendwo im Inneren des Körpers, dann würden wir nur leere Blicke sehen und statt Worten nur Töne hören, in denen sich niemand ausspricht, die wir nur als Anzeichen für eine an sich unzugängliche Innenwelt interpretieren könnten.

Personen aber sind das Ur-*Phänomen*: das, was sich zeigt und was in seinem Erscheinen selbst anwesend ist.

Interpersonalität

Gänzlich abwegig wird die Identifizierung von Personalität und Gehirn, wenn wir die Person in ihrer konstitutiven Relationalität, also in ihren sozialen Beziehungen betrachten. Die Familien- und Verwandtschaftsverhältnisse eines Menschen, seine sozialen Rollen etwa des Geschlechts, Berufs oder Stands sind untrennbar mit dem Begriff der Person verbunden. Nicht zufällig entstammt der Begriff der Theaterwelt – ursprünglich bezeichnete *persona* bekanntlich die Maske oder Rolle im Theater und, davon abgeleitet, die Rolle eines Individuums in der Gesellschaft. Ob diese Relationalität wie etwa bei Buber oder Löwith radikal gefasst wird – das heißt, der Mensch wird überhaupt erst durch Teilnahme an sozialen Beziehungen zur Person – oder nur als ein zentrales Merkmal von Personalität gilt, in jedem Fall entzieht sich der Begriff einer Beschränkung auf das Individuum: »Personsein ist das Einnehmen eines Platzes, den es gar nicht gibt ohne einen Raum, in dem andere Personen ihre Plätze haben« (Spaemann 1996: 193). Personen gibt es nur im Plural. Und personale Identität beruht nicht auf einer selbstgenügsamen Innerlichkeit, sondern sie ist notwendig relationaler Natur: »Die Anderen brauche ich nicht erst anderswo zu suchen, ich finde sie innerhalb meiner Erfahrung« (Merleau-Ponty 1974: 166), nämlich in den Beziehungsmustern, Reaktionsweisen, Orientierungen und Präferenzen, die meine Persönlichkeit ausmachen.

Die intersubjektive Grundstruktur der Person gilt nun gerade auch für das Merkmal, das häufig als besonderer Beleg für ihre Individualität angesehen wird, nämlich das *Selbstbewusstsein*. Auch dieses ist eine Errungenschaft, die die Gemeinschaft und Interaktion mit anderen voraussetzt. »Ich bin nur in Kommunikation mit dem Anderen«, schreibt Jaspers; »ein einziges isoliertes Bewusstsein wäre ohne Mitteilung, ohne Frage und Antwort, daher ohne *Selbst*bewusstsein [...], es muss im anderen Ich sich wiedererkennen« (Jaspers 1973: 50, 55). Das gilt bereits für die Entwicklung in der frühen Kindheit: Im Verlauf des ersten Lebensjahrs lernt der Säugling zunächst zu begreifen, dass andere »wie ich« sind, und zwar indem er sie imitiert und vorsprachlich mit ihnen kommuniziert (Trevarthen 2001; Meltzoff/Prinz 2002). Sich auf diese Weise in anderen wiederzuerkennen, ist die Voraussetzung für die Fähigkeiten der Perspektivenübernahme und der eigentlichen Selbstreflexion, die das Kind im Lauf der weiteren praktischen und sprachlichen Interaktionen erwirbt: Es lernt, sich selbst mit den Augen anderer zu sehen (Tomasello 2002, 2009; Fuchs 2012a).

Diese interaktive Dynamik schlägt sich in der Struktur von Personalität bleibend nieder, insofern das entwickelte Selbstbewusstsein die Beziehungen mit anderen zwar verinnerlicht hat, aber Intersubjektivität doch immer *als konstitutives Moment* in sich enthält. Denn das Selbstverhältnis impliziert, sich aus der Perspektive des »generalisierten Anderen« (Mead 1973) zu sehen und mit sich selbst so zu sprechen, wie jemand anderes zu einem sprechen würde. In diesem Sinn hat schon Platon Gedanken verstanden als »das innere Gespräch der Seele mit sich selbst, was ohne Stimme vor sich geht« (Sophistes 263e). Perspektivenbeweglichkeit und Reflexionsfähigkeit sind also Resultat einer ursprünglich interaktiven Bewegung – gewissermaßen ein organisierter Niederschlag von Interaktionserfahrungen. Insofern ist die Grundstruktur von Personalität nicht rein individualistisch oder substanzialistisch, sondern nur als dynamische, offene Struktur zu begreifen: Selbstbewusstsein ist ein »Selbstgespräch«, das implizit die anderen immer mit einbezieht. Es ist offensichtlich, dass diese komplexe, zugleich selbstbezügliche und intersubjektive Struktur von Selbstbewusstsein sich einer Reduktion auf lokale Hirnaktivitäten entzieht, auch wenn in der Hirnforschung gerne von »Selbstmodulen« oder »Selbstmodellen« und entsprechenden Hirnarealen die Rede ist.[4]

4 Vgl. zum »Selbstmodul« etwa Blakeslee (1996), zum »Selbstmodell« Metzinger (1999). Die inhärenten Grenzen der Modellierung von Selbstbewusstsein durch die Hirnforschung thematisiert Lindemann (2007: 407 ff.).

Die bisherige Kritik am zerebralen Subjekt galt dem Kategorienfehler der Identifizierung eines Teils mit dem Ganzen, nämlich des Gehirns mit der Person. Bennett und Hacker (2003) haben ihn als *mereologischen Fehlschluss* bezeichnet. Der Psychiater Erwin Straus formulierte es einmal kurz und treffend: »Der Mensch denkt, nicht das Gehirn.« (Straus 1956: 112) Was aber sehen wir dann in den bunten Bildern des Gehirns, auf denen bestimmte Strukturen erhöhte neuronale Aktivitäten zeigen? Stellen sie uns nicht zumindest die materiellen Korrelate unserer mentalen Vorgänge dar?

Hier haben wir es mit einem zweiten, *lokalisatorischen Fehlschluss* zu tun, nämlich der Identifizierung von Bewusstseinstätigkeiten mit lokalen Gehirnaktivitäten: Im visuellen Kortex werden vermeintlich optische Wahrnehmungen erzeugt, im Mandelkern sitzt die Angst, im Temporallappen die Erinnerungen. Immer neue Areale finden sich für alle Arten von seelisch-geistigen Phänomenen – Schmerzen, Trauer, Empathie, Schadenfreude, rassische Vorurteile, bewusste Täuschung, ja selbst Persönlichkeitszüge.[5] Dieses Forschungsprogramm beruht in erster Linie auf bildgebenden Verfahren, die die spezifischen Hirnaktivitäten sozusagen *in vivo* wiedergeben. Die suggestiv wirkenden Abbildungen der Gehirnaktivität »beim Wahrnehmen«, »beim Fühlen« oder »Denken« legen es allzu nahe, solche Tätigkeiten mit den lokalen Aktivitäten zu identifizieren.

Grenzen der Bildgebung

Doch die Evidenz der Bilder ist trügerisch. Zunächst messen die Techniken gar nicht die neuronale Aktivität selbst, sondern nur indirekte Parameter, bei der funktionellen Magnetresonanztomographie (fMRT) etwa den erhöhten Blutfluss und Sauerstoffverbrauch in bestimmten Hirnarealen. Tatsächlich handelt es sich auch gar nicht um »Bilder des Gehirns«, sondern um Visualisie-

5 Vgl. im Überblick Fuchs (2016: 68 f.).

rungen statistischer Konstrukte, gebildet aus den Mittelwerten von meist etwa 10 bis 20 Probanden, da sich aufgrund der äußerst geringen Aktivitätsunterschiede individuell kaum aussagekräftige Ergebnisse gewinnen lassen. Zudem wird zur Kontrastierung die Grundaktivität des Gehirns im Voraus ermittelt und dann von den gemessenen Werten subtrahiert, damit im Bild nur die lokal erhöhten Aktivierungen hervortreten. Dabei ist freilich keineswegs geklärt, ob die untersuchten Erlebnisphänomene tatsächlich den am meisten aktivierten Strukturen entsprechen. Zwar ist das Gehirn unbestreitbar regional spezialisiert, das heißt, verschiedene Areale und Zentren erfüllen unterschiedliche Funktionen. Dennoch sind zur gleichen Zeit auch alle anderen Hirnregionen (in denen bei der funktionellen Bildgebung scheinbar nichts geschieht) aktiv und in unterschiedlicher Weise am gesamten Erleben beteiligt.

Was die Bilder tatsächlich zeigen und was dabei im Gehirn geschieht, bedarf also sorgfältiger Interpretation. Dazu kommt, dass die Aufnahmen in Laborsituationen entstehen und dabei die Beziehungen der Bewusstseinsprozesse zum Umweltkontext in der Regel ebenso ausgeblendet bleiben wie ihr zeitlicher Verlauf. Diese Aspekte – Relationalität, Intentionalität und Zeitlichkeit – sind aber essenzielle Merkmale von Bewusstsein. Nimmt man all diese methodischen Einschränkungen zusammen, so können Daten zu lokalen Stoffwechselaktivitäten des Gehirns zwar bis zu einem gewissen Grad seine funktionelle Spezialisierung wiedergeben, jedoch nicht mehr als *Indikatoren* für psychische Vorgänge liefern. Bildlich gesprochen: Man sieht nur den Rauch, nicht das Feuer, und selbst vom Rauch nur eine Momentaufnahme.

Wenn Hirnforscher nun also dennoch behaupten, im Gehirn »Gedanken lesen zu können« (Haynes et al. 2007; Haynes 2012), so ist zunächst schlicht festzuhalten, dass Stoffwechselprozesse keine Gedanken sind. Zwar ist es inzwischen möglich, die spezifische Verteilung von Hirnaktivität bestimmten Kategorien von Objekten, Farben oder Ähnlichem zuzuordnen, an die eine Person gerade denkt. Dazu werden die Objekte der Person zuerst wiederholt präsentiert, dann die im fMRT erhobenen Daten durch massiven

Computereinsatz so gemittelt, dass sich im weiteren Verlauf mit hoher Wahrscheinlichkeit aus den Aktivitätsmustern auf einen von mehreren alternativen Denkinhalten schließen lässt. Ähnliches gilt auch für die mögliche Unterscheidung einfacher Denkoperationen wie etwa Addieren versus Subtrahieren, Bejahen versus Verneinen (vgl. Schleim 2008: 84ff.). Doch handelt sich dabei immer nur um Korrelationen, die gemäß den Aussagen der Probanden zuvor schon hergestellt wurden und die über recht grobe Kategorisierungen nicht hinausgehen – ein Verfolgen von Gedanken ist nicht möglich.

Holismus des Bewusstseins

Doch abgesehen von den genannten methodischen Problemen verbirgt sich in der Lokalisierung von Bewusstseinstätigkeiten ein noch grundlegenderer Trugschluss. Denn keine von den jeweils spezialisierten Regionen ist für sich in der Lage, die komplexen Integrationsleistungen zu erbringen, wie sie Bewusstsein zugrunde liegen. Vielmehr ist an jedem subjektiven Erlebnis immer ein über das gesamte Gehirn ausgebreitetes Netz von Neuronenverbänden beteiligt, und dies in engster Verknüpfung mit dem übrigen Organismus. Das entspricht auch der Komplexität des Erlebens selbst: Alle speziellen Funktionsbezeichnungen, wie Sehen, Hören, Denken, Fühlen et cetera, lösen Einzelfunktionen des Bewusstseins heraus, während tatsächliche subjektive Erlebnisse immer holistisch bleiben. So sind alle Wahrnehmungen nicht nur in ein leibliches Hintergrunderleben eingebettet, sondern auch mit Gefühlen, Erinnerungen und Sprachkonzepten verbunden. Einen »puren« Schmerz, ein »reines« Sehen oder Hören gibt es nicht. Bewusstes Erleben setzt sich aber nicht aus Teilkomponenten zusammen; es ist umgekehrt ein *primär einheitlicher Prozess*, der sich je nach den Erfordernissen der Situation in spezifische Tätigkeiten und Leistungen differenziert.

Deshalb ist die Rede von »neuronalen Korrelaten des mentalen Zustands X« irreführend: Sie impliziert nämlich, dass sich Phänomene wie Wahrnehmungen, Gefühle oder Denkvorgänge von der Bewusstseinstätigkeit insgesamt isolieren ließen. Doch diese Phänomene sind keine abtrennbaren Zustände, sondern sie setzen ein *Subjekt* voraus, das wahrnimmt, fühlt und denkt. Was aber das »Korrelat« dieses Subjekterlebens ist, welche Hirnzentren und -aktivitäten dafür mindestens erforderlich sind, ja ob es nicht über das Gehirn hinaus den ganzen Organismus einbezieht, das lässt sich mittels Bildgebungsstudien gar nicht entscheiden. Mit der Feststellung lokaler Aktivitätsunterschiede hat man daher einen mentalen Zustand als solchen weder lokalisiert noch mit neuronalen Prozessen identifiziert.[6]

Wir sehen, dass auch die zunehmende Erforschung der funktionellen Spezialisierung des Gehirns es nicht erlaubt, daraus auf eine Lokalisierung von Bewusstseinsaktivitäten *als solchen* zu schließen. Bewusstsein ist keine lokale, sondern eine *integrale Funktion* des Organismus, insofern er in ständigen Interaktionen mit seiner Umwelt verknüpft ist. Diese Konzeption sei abschließend im Überblick vorgestellt.[7]

3. Personalität als verkörperte Subjektivität

Unsere Erlebnisse werden wir im Gehirn nicht finden, ja nicht einmal für sie hinreichende neuronale Korrelate, so unabdingbar die Gehirnaktivität dabei ist. Wie ist das Verhältnis von Person und Gehirn dann angemessen zu begreifen?

Wir sagten, der Mensch denkt, fühlt, nimmt wahr und handelt, nicht das Gehirn. Und der Mensch ist zunächst ein lebendiger Organismus, ein Wesen aus Fleisch und Blut. Dies entspricht auch dem klassischen Verständnis der Person als einer leibseelischen Einheit. Personen gibt es nur als verkörperte Subjekte, das heißt als *Lebewesen*.

Für die gegenwärtigen Neurowissenschaften spielt der Körper

6 Vgl. zur Kritik auch Noë und Thompson (2004).

7 Vgl. dazu meine ausführliche Darstellung in *Das Gehirn – ein Beziehungsorgan* (Fuchs 2016).

allerdings eine ganz untergeordnete Rolle. Er bleibt eine Art physiologischer Trägerapparat für das Gehirn, in dem die unkörperliche Innenwelt des Bewusstseins entstehen soll. Doch dieser »Zerebrozentrismus« vernachlässigt die Wechselbeziehungen und Kreisläufe, in denen das Gehirn steht – so als würde man das Herz ohne Kreislauf untersuchen oder die Lunge ohne den Atemzyklus. Der Grund dafür liegt darin, dass die Neurowissenschaften keinen Begriff vom lebendigen Organismus haben. Sie sind immer noch gefangen in der Computermetaphorik des Geistes, als ob aus neuronalen Rechenprozessen Bewusstsein herausspringen könnte, wenn sie nur genügend komplex sind. Was hier fehlt, hat bereits im 19. Jahrhundert Ludwig Feuerbach erkannt:

> Weder die Seele denkt und empfindet, noch das Hirn denkt und empfindet; denn das Hirn ist eine *physiologische Abstraktion*, ein aus der Totalität herausgerissenes, vom Schädel, vom Gesicht, vom Leib überhaupt abgesondertes, für sich selbst fixiertes Organ. Das Hirn ist aber nur solange Denkorgan, als es mit einem menschlichen Kopf und Leibe verbunden ist. (Feuerbach 1846/1967: 177)

Denken und empfinden kann also nur der lebendige Mensch. In den letzten zwei Jahrzehnten hat sich in den Kognitions- und Neurowissenschaften eine neue Richtung entwickelt, die diese Zusammenhänge in den Vordergrund rückt, die *»embodied cognitive neuroscience«*.[8] Sie betrachtet Subjektivität als verkörpert im gesamten Organismus und als eingebettet in die Umwelt. Bewusstsein sitzt demnach nicht im Gehirn, sondern erstreckt sich über den empfundenen Leib bis in die für uns jeweils relevante Umgebung.

Gehirn, Körper und Umwelt

Wie können wir uns das näher vorstellen? Die Grundlage des bewussten Erlebens besteht in zwei kontinuierlichen Interaktionsbeziehungen, nämlich a) der von Gehirn und Körper sowie b) jener von Gehirn, Körper und Umwelt.

8 Vgl. insbesondere Varela et al. (1992), Gallagher (2005) und Thompson (2007).

a) Alles Bewusstsein beruht primär auf der ständigen Interaktion des Gehirns mit dem übrigen Organismus, auf den Signalen etwa von den Gliedern, Muskeln, Herz, Kreislauf und Eingeweiden, nicht zuletzt auf dem biochemischen Milieu von Blut und Liquor, in welches das Gehirn eingebettet ist. Signale aus diesen peripheren Systemen werden in Hirnstamm, Zwischenhirn und höheren Hirnzentren verarbeitet, während umgekehrt neuronale und neuroendokrine Signale die Peripherie und das innere Milieu des Körpers fortlaufend regulieren. Diese kreisförmige Interaktion von Gehirn und Gesamtorganismus bildet nun die Basis für ein *leibliches Hintergrunderleben*, das uns ständig begleitet, was immer wir gerade wahrnehmen, denken oder tun. Es ist ein »Empfinden des Lebens selbst« (Damasio 1995: 207), mit der Tönung des Wohl- oder Missbehagens, der Lust oder Unlust, Frische oder Erschöpfung und anderer grundlegender Stimmungen, die bereits ein *präreflexives Selbsterleben* beinhalten, »wie einem zumute ist«.

In diesen basalen Lebensgefühlen »spiegelt sich der augenblickliche Zustand des Körpers in verschiedenen Dimensionen wider, beispielsweise auf einer Skala, die von der Lust bis zum Schmerz reicht; ihren Ursprung haben sie nicht in der Großhirnrinde, sondern auf der Ebene des Hirnstamms« (Damasio 2011: 33). Zwar ist unsere Aufmerksamkeit zumeist auf Wahrnehmungen, Vorstellungen oder Gedanken gerichtet, was uns dazu verleiten kann, diese Funktionen für die eigentliche Bewusstseinstätigkeit zu halten. Doch alle höheren intentionalen Leistungen bleiben immer eingebettet in das basale leibliche Selbsterleben. Die Aufrechterhaltung der Homöostase, also des inneren Milieus und damit der Lebensfähigkeit des Organismus, ist die primäre Funktion des Bewusstseins, wie es sich in Trieb, Hunger, Durst, Lust oder Unlust manifestiert. Wir können dies auch so formulieren: *Prozesse des Lebens und Prozesse des (Selbst-)Erlebens sind untrennbar miteinander verknüpft.*[9] Als bewusste Wesen sind wir zugleich leibliche, verkörperte Wesen.

In gleicher Weise sind auch die *Affekte* als Kern unseres subjekti-

9 Vgl. dazu Thompson (2007: 128 ff.) und Fuchs (2012b).

ven Erlebens an die vor allem über den Hypothalamus vermittelte Interaktion von Gehirn und übrigem Organismus gebunden. Stimmungen und Gefühle sind, biologisch betrachtet, immer gesamtorganismische Zustände, die nahezu alle Subsysteme des Körpers einbeziehen: zentrales und autonomes Nervensystem, hormonelles System, Herz, Kreislauf, Atmung, Eingeweide, mimische und gestische Ausdrucksmuskulatur. Sich zu ängstigen, ist nicht möglich ohne das Gefühl einer leiblichen Spannung oder eines Zitterns, ohne das Klopfen des Herzens oder die Beengung der Atmung, und Analoges gilt für Zorn, Freude oder Trauer. Jedes Gefühl ist untrennbar verknüpft mit Veränderungen der Körperlandschaft, und ohne diese *leibliche Resonanz* könnten wir Gefühle im vollen Sinn gar nicht erleben (Damasio 2000; Fuchs 2016: 145 f.). Bereits das basale Bewusstsein und die Gefühle beruhen somit keineswegs nur auf neuronalen Prozessen im Neokortex, sondern sie erstrecken sich auf den ganzen Körper.

b) Gehen wir nun über zu den sensomotorischen Interaktionen mit der Umwelt, der Grundlage unseres In-der-Welt-Seins. Auch alles Wahrnehmen und Handeln bedarf des Körpers, aber nicht etwa nur als eines Apparats zur Signalübertragung oder Bewegungsausführung, sondern insofern nur der zugleich sensible wie bewegliche Körper auch die *Einheit* von Wahrnehmung und Bewegung vermittelt. Jakob von Uexküll (1920/1973) hat vom sensomotorischen »Funktionskreis« gesprochen: Was ein Lebewesen wahrnimmt, ist immer abhängig von seiner Bewegung und umgekehrt. Das gilt für die Bewegungen der Hand, die ein Objekt ertastet, ebenso wie für das Abtasten von Gegenständen mit dem beweglichen Blick: Im Sehen ist die tatsächliche oder mögliche Eigenbewegung des Körpers immer mitberücksichtigt (Noë 2004). Wir *nehmen* wahr, das heißt, wir sehen hin, hören zu, tasten ab. Wahrnehmen ist daher kein bloßer Innenzustand des Gehirns, sondern eine fortlaufende körperliche Interaktion mit der Umwelt.

Handlungen sind natürlich erst recht verkörpert: Wenn ich spreche, beruht dies nicht nur auf einem sich abspulenden Bewegungsprogramm in meinem Gehirn, sondern auch auf den ständigen Rückmeldungen meiner Kehlkopfmuskulatur, auf dem Hören meiner eigenen Stimme und auf den Reaktionen der Zuhörer. Sprechen ist ebenso wie das Greifen oder Tanzen keine Fähigkeit oder Tätigkeit des Gehirns, sondern die eines verkörperten Subjekts. Allgemein gilt: Das Gehirn stellt mit seinen Netzwerken gewissermaßen »offene Schleifen« bereit, die aber erst durch den Körper und passende Objekte der Umwelt zum jeweiligen Funktionskreis von Wahrnehmen und Handeln geschlossen werden.

Bewusstes Erleben entsteht daher nur *im übergreifenden System von Organismus und Umwelt*, durch das resonante Zusammenspiel vieler Komponenten, zu denen das Gehirn und der gesamte Körper mit seinen Organen, Sinnen und Gliedern ebenso gehören wie die passenden Gegenstände der Umgebung. Das Gehirn ist das Organ, das diese Interaktionen vermittelt, kurz: ein *Vermittlungs-*, ein *Beziehungsorgan*. Doch im Gehirn selbst gibt es kein Erleben, kein Bewusstsein, keine Gedanken. Zum Vergleich kann man an eine andere zentrale Lebensfunktion denken, nämlich die *Atmung*: Finden wir sie im Inneren der Lunge? Sicherlich nicht – die Atmung ist an gar keinem Ort. Sie ist der gesamte Prozess, in dem der Organismus Umgebungsluft aufnimmt, umwandelt und wieder abgibt, ein Austausch- und Kreisprozess also, der ohne die Umwelt, die Atmungsorgane, den Blutkreislauf, den Stoffwechsel von Sauerstoff und Kohlendioxid im gesamten Organismus nicht möglich wäre. Auch die Lunge ist ein Beziehungsorgan, das seine Funktion nur eingebettet in Kreisprozesse ausüben kann.

So ist auch Bewusstsein an keinem Ort; es ist keine innere Abbildung der Welt im Gehirn, sondern es ist selbst der lebendige Prozess unserer verkörperten Interaktion mit der Welt. Unabdingbar für bewusstes Erleben ist das Gehirn, weil in ihm alle oben genannten Kreisprozesse verknüpft sind – vergleichbar den Gleisen, die in einem Hauptbahnhof zusammenlaufen. Ohne den Hauptbahnhof bräche der Zugverkehr, analog dem bewussten Erleben, freilich zusammen. Dennoch, um den Vergleich fortzuführen, *wird der Zugverkehr weder vom Bahnhof erzeugt, noch ist er dort zu lokalisieren.* Der Verkehr bedient sich vielmehr umgekehrt des Gleissystems mit seinen vielfältigen Verknüpfungen, Kreuzungen und seiner zentralen Koordinationsstelle im Hauptbahnhof, damit die Transportprozesse möglichst reibungslos ablaufen und Personen ihre Ziele erreichen. Analog stellt die Bewusstseinstätigkeit das »ökologische Integral« der gesamten, je aktuellen Beziehungen zwischen Gehirn, Organismus und Umwelt dar: Bewusstsein ist In-der-Welt-Sein.

Hirntransplantation

Die Lebendigkeit des verkörperten Subjekts wirft schließlich auch ein kritisches Licht auf das Gedankenexperiment der Gehirntransplantation. Die dabei implizierte Identifikation der Person mit dem Gehirn beruht auf der Annahme, ihre Identität bestehe in nichts anderem als ihren psychischen Dispositionen, Erinnerungen und Kenntnissen, wie sie in den neuronalen Strukturen des Gehirns gespeichert seien. Das Transplantationsargument setzt also eine cartesianische, entkörperte Sicht der Person voraus. Doch wie wir sahen, besteht Selbstsein primär in einem präreflexiven, leiblichen Hintergrundgefühl, das nicht auf neuronalen Prozessen in der Hirnrinde, sondern auf dem Lebensprozess des gesamten Organismus beruht. Die Einbettung des Gehirns in biochemische, neuroendokrine und humorale Prozesse der vitalen Selbstregulation lässt sich nicht nach dem Muster digitaler Informationsverarbeitung in einem Computer begreifen. Diese zirkulären, lebendigen Prozesse aber sind es, aus denen basales Selbsterleben resultiert.

Was im Gedankenexperiment vorausgesetzt wird, nämlich die Kontinuität phänomenaler Selbsterfahrung nach der Hirntransplantation, ist daher alles andere als selbstverständlich. Wir wissen nicht im Geringsten, welche Folgen eine Trennung von Gehirn und Körper und damit eine Unterbrechung der Kontinuität von Leben und Erleben hätte. Ob sich die Bewusstseinsfunktionen nach Abtrennung des Hirnstamms vom Rückenmark und Reimplantation in einen neuen Körper überhaupt regenerieren würden, ist höchst fraglich. Für eine erfolgreiche Transplantation müssten zudem die komplexen Rückkoppelungsschleifen zwischen Gehirn und Körper auf vitaler und sensomotorischer Ebene exakt wiederhergestellt werden. Und selbst dann wären gravierende Störungen des Selbsterlebens zu erwarten, denn die gesamten endokrinen, autonomen, interozeptiven und emotionalen Reaktionen des fremden Körpers würden nicht mehr zu den neuronalen Dispositionen des Gehirns passen. Eine schwere Selbstentfremdung und Desorientierung bis zur psychotischen Verwirrtheit wären die wahrscheinlichsten Folgen.

Darüber hinaus sind alle körperlichen Fähigkeiten, die auf dem prozeduralen Leibgedächtnis beruhen – Laufen, Greifen oder Sprechen, nicht zu reden vom Klavierspielen oder anderen komplexen Fähigkeiten –, an höchst subtile Gehirn-Körper-Koordinationen gebunden und müssten sämtlich neu erlernt werden. Denken wir schließlich an die verstörenden Auswirkungen auf das Identitätserleben, die von einer fremden Körpergestalt, einer anderen Stimme, einem fremden Gesicht und den befremdeten Reaktionen der anderen zu erwarten wären. All dies zusammengenommen lässt nur den Schluss zu, dass eine Gehirntransplantation nicht etwa die Identität der Person erhalten, sondern allenfalls ein neues, und zwar schwer gestörtes Individuum erzeugen würde, das weder mit dem Spender noch mit dem Empfänger der Transplantation in einer eindeutigen Kontinuität stünde. Die Person ist verkörpert in ihrem Leib, und eine Trennung von Gehirn und Körper würde sie nicht erhalten, sondern zerstören.[10]

Resümee

Will die Neurobiologie ins Innere der Person blicken, so sucht sie am falschen Ort. Nicht, dass die neuronalen Prozesse für bewusstes Erleben verzichtbar wären, im Gegenteil. Aber sie sind nicht der *Ort*, an dem wir das Bewusstsein und Selbstsein einer Person vorfinden. Der Mensch fühlt, sieht, denkt und handelt – nicht das Gehirn, nicht der Geist oder das Bewusstsein. Wir sind weder Ge-

10 Zur Kritik des Gedankenexperiments vom »Gehirn im Tank« vgl. das Kapitel »Jenseits des Menschen?« in diesem Band.

hirne noch Geister, sondern Lebewesen, also *lebende* und *erlebende* Wesen, verkörpert und sichtbar in ihrem Leib. *Es gibt uns nicht noch einmal in unserem Inneren.*[11]

Das Gehirn verfügt weder über geistige Zustände noch über Bewusstsein, denn das Gehirn *lebt nicht* – es ist nur das *Organ* eines Lebewesens, einer lebendigen Person. Die Gedankenexperimente von einem Gehirn im Tank oder einer Gehirntransplantation können wir getrost ad acta legen: Nur ein mit einem fühlenden und beweglichen Körper verbundenes Gehirn ist in der Lage, als zentrales Organ für mentale Prozesse zu dienen, denn nur durch die ständigen Interaktionen von Gehirn, Körper und Umwelt entstehen und stabilisieren sich die Strukturen des bewussten Erlebens.

Es ist daher irrig, das Subjekt oder die Person mit dem Gehirn zu identifizieren und nur in ihm das »Persönliche« zu suchen. Was eine Person wesentlich ausmacht, ist ihre Verkörperung, ihre Lebendigkeit ebenso wie ihr Sein-in-Beziehungen, und diese lebendigen, intentionalen und sozialen Beziehungen zur Welt sind weder Erzeugnisse des Gehirns noch in ihm aufzufinden. Zweifellos sind die Fähigkeiten der Person ebenso wie ihre Realisierung als bewusste Lebensäußerungen in besonderem Maß an die Gehirnfunktionen gebunden. Das Gehirn ist insofern eine zentrale Bedingung der Möglichkeit personalen Daseins in der Welt. Doch die Person ist nicht ein Teil des Körpers, sondern die leibseelische Einheit, der lebendige Mensch. Personen haben Gehirne, sie sind sie nicht.

11 Vgl. auch Merleau-Ponty (1966: 7): »[E]s gibt keinen inneren Menschen: der Mensch ist zur Welt, er kennt sich allein in der Welt.« Merleau-Ponty bezieht sich hier kritisch auf Augustinus' Begriff des »*intus hominis*«, freilich nicht um die Möglichkeit der inneren Selbstbeziehung oder Selbstreflexion zu negieren, sondern vielmehr um die Vorstellung zurückzuweisen, man würde in der Reflexion auf einen cartesianischen Geist oder auf sein »eigentliches Ich« treffen. Das Personalpronomen »ich« bezieht sich ja nicht auf ein »Ich« – eine Philosophenerfindung –, sondern auf den jeweiligen Sprechenden, das heißt auf die verkörperte *Person*. Das Gleiche gilt für die Selbstreflexion: sie ist die Reflexion eines *Lebewesens*, nicht eines Geistes auf sich selbst. Insofern bleibt auch die Hirnforschung, wenn sie die Person oder das Subjekt im Gehirn sucht, letztlich dem Innenwelt-Paradigma des Cartesianismus verhaftet.

Bennett, M. R., P. M. S. Hacker. 2003. *Philosophical Foundations of Neuroscience*. Oxford: Blackwell Publishing.

Blakeslee, T. 1996. *Beyond the Conscious Mind. Unlocking the Secrets of the Self*. New York: Plenum Press.

Crick, F. 1994. *Was die Seele wirklich ist. Die naturwissenschaftliche Erforschung des Bewusstseins*. München: Artemis & Winkler.

Damasio, A. 1995. *Descartes' Irrtum. Fühlen, Denken und das menschliche Gehirn*. Übers. von H. Kober. München: List.

Damasio, A. 2000. *Ich fühle, also bin ich. Die Entschlüsselung des Bewusstseins*. Übers. von H. Kober. München: List.

Damasio, A. 2011. *Selbst ist der Mensch: Körper, Geist und die Entstehung des menschlichen Bewusstseins*. Übers. von S. Vogel. München: Siedler.

Eagleman, D. 2015. *Incognito: The Secret Lives of the Brain*. New York: Pantheon Books.

Feuerbach, L. 1967. »Wider den Dualismus von Leib und Seele, Fleisch und Geist«. In: *Anthropologischer Materialismus. Ausgewählte Schriften I*. Hg. von A. Schmidt. Frankfurt/M., Berlin: Europäische Verlags-Anstalt, S. 165-191. (Erstausgabe 1846)

Fuchs, T. 2008. *Leib und Lebenswelt. Neue philosophisch-psychiatrische Essays*. Kusterdingen: Die Graue Edition.

Fuchs, T. 2011. »The Brain – a Mediating Organ«. In: *Journal of Consciousness Studies* 18: S. 196-221.

Fuchs, T. 2012a. »The Phenomenology and Development of Social Perspectives«. In: *Phenomenology and the Cognitive Sciences* 12: S. 655-683.

Fuchs, T. 2012b. »The Feeling of Being Alive. Organic Foundations of Self-Awareness«. In: *Feelings of Being Alive*. Hg. von J. Fingerhut, S. Marienberg. Berlin: De Gruyter, S. 149-166.

Fuchs, T. 2016. *Das Gehirn – ein Beziehungsorgan. Eine phänomenologisch-ökologische Konzeption*. 5. Aufl. Stuttgart: Kohlhammer. (Erstausgabe 2008)

Gallagher, S. 2005. *How the Body Shapes the Mind*. New York: Clarendon Press.

Gazzaniga, M. S. 2005. *The Ethical Brain*. New York: Dana Press.

Haynes, J. D., K. Sakai, G. Rees, S. Gilbert, C. Frith, R. E. Passingham. 2007. »Reading Hidden Intentions in the Human Brain«. In: *Current Biology* 17: S. 323-328.

Haynes, J. D. 2012. »Brain reading«. In: *I Know What You're Thinking: Brain Imaging and Mental Privacy*. Hg. von S. Richmond, G. Rees, S. J. Edwards. Oxford: Oxford University Press, S. 29-40.

Jaspers, K. 1973. *Philosophie II: Existenzerhellung*. Berlin, Heidelberg, New York: Springer.

Leibniz, G. W. 1982. »Monadologie«. In: *Vernunftprinzipien der Natur und der Gnade. Monadologie*. Hamburg: Meiner, S. 26-69. (Erstausgabe 1714)

Lindemann, G. 2007. »Plädoyer für einen methodologisch pluralistischen Monismus«. In: *Hirn als Subjekt? Philosophische Grenzfragen der Neurobiologie*. Hg. von H.-P. Krüger. Berlin: Akademie-Verlag, S. 401-410.

Locke, J. 2006. *Versuch über den menschlichen Verstand*. Hamburg: Meiner. (Erstausgabe 1690)

Mead, G. H. 1973. *Geist, Identität und Gesellschaft aus Sicht des Sozialbehaviorismus*. Hg. von C. W. Morris. Frankfurt/M.: Suhrkamp.

Meltzoff, A. N., W. Prinz. (Hg.) 2002. *The Imitative Mind: Development, Evolution, and Brain Bases*. Cambridge: Cambridge University Press.

Merleau-Ponty, M. 1966. *Phänomenologie der Wahrnehmung*. Berlin: De Gruyter.

Merleau-Ponty, M. 1974. *Die Abenteuer der Dialektik*. Frankfurt/M.: Suhrkamp.

Metzinger, T. 1999. *Subjekt und Selbstmodell*. 2. Aufl. Paderborn: Mentis.

Metzinger, T. 2009. *Der Ego-Tunnel. Eine neue Philosophie des Selbst: Von der Hirnforschung zur Bewusstseinsethik*. Berlin: Berlin Verlag.

Nagel, T. 1994. »Wie es ist, eine Fledermaus zu sein«. In: *Analytische Theorien des Selbstbewusstseins*. Hg. von M. Frank. Frankfurt/M.: Suhrkamp, S. 135-152.

Noë, A. 2004. *Action in Perception*. Cambridge, MA: MIT Press.

Noë, A., E. Thompson. 2004. »Are there Neural Correlates of Consciousness?«. In: *Journal of Consciousness Studies* 11: S. 3-28.

Platon. 1982. »Der Sophist«. In: *Sämtliche Werke*. Bd. II. Hg. von E. Loewenthal. Heidelberg: Lambert Schneider.

Putnam, H. 1981. *Reason, Truth, and History*. Cambridge: Cambridge University Press.

Schleim, S. 2008. *Gedankenlesen. Pionierarbeit der Hirnforschung*. Hannover: Heise.

Schmitz, H. 1995. *Der unerschöpfliche Gegenstand. Grundzüge der Philosophie*. 2. Aufl. Bonn: Bouvier.

Spaemann, R. 1996. *Personen. Versuche über den Unterschied zwischen ›etwas‹ und ›jemand‹*. Stuttgart: Klett-Cotta.

Straus, E. 1956. *Vom Sinn der Sinne*. 2. Aufl. Berlin: Springer.

Thompson, E. 2007. *Mind in Life. Biology, Phenomenology, and the Sciences of Mind*. Cambridge, MA: Harvard University Press.

Tomasello, M. 2002. *Die kulturelle Entwicklung des menschlichen Denkens. Zur Evolution der Kognition*. Übers. von J. Schröder. Frankfurt/M.: Suhrkamp.

Tomasello, M. 2009. *Die Ursprünge der menschlichen Kommunikation*. Übers. von J. Schröder. Frankfurt/M.: Suhrkamp.

Trevarthen, C. 2001. »The Neurobiology of Early Communication: Intersubjective Regulations in Human Brain Development«. In: *Handbook of Brain and Behaviour in Human Development*. Hg. von A. F. Kalverboer, A. Gramsberg. Dordrecht, Boston, London: Kluwer, S. 841-881.

Uexküll, J. v. 1973. *Theoretische Biologie*. Frankfurt/M.: Suhrkamp. (Erstausgabe 1920)

Varela, F., E. Thompson, E. Rosch. 1992. *Der mittlere Weg der Erkenntnis*. Übers. von H. G. Holl. München: Scherz.

Vidal, F. 2011. »Von unserem eigenen Gehirn überlebt«. In: *Images of the Mind. Bildwelten des Geistes aus Kunst und Wissenschaft*. Hg. von C. M. Schmitz, L. Kesner. Dresden: Wallstein Verlag, S. 41-48.

Verkörperte Freiheit

Eine libertarische Position

Einleitung

Die Freiheit, entscheiden und handeln zu können, ist unsere primäre, lebensweltliche Erfahrung. Kant schreibt 1783:

> Der praktische Begriff der Freiheit hat in der Tat mit dem spekulativen, der den Metaphysikern überlassen bleibt, gar nichts zu tun. Denn woher mir ursprünglich der Zustand, in welchem ich jetzt handeln soll, gekommen sei, kann mir ganz gleichgültig sein; ich frage nur, was ich nun zu tun habe, und da ist die Freiheit eine notwendige praktische Voraussetzung. [...] Selbst der hartnäckigste Skeptiker gesteht, dass, wenn es zum Handeln kommt, alle sophistischen Bedenklichkeiten wegen eines allgemein täuschenden Scheins wegfallen müssen. Ebenso muss der entschlossenste Fatalist, der er ist, solange er sich der bloßen Spekulation ergibt, dennoch, sobald es ihm um Weisheit und Pflicht zu tun ist, jederzeit so handeln, als ob er frei wäre, und diese Idee bringt auch wirklich die damit einstimmige Tat hervor, und kann sie auch allein hervorbringen. Es ist schwer, den Menschen ganz abzulegen. (Kant 1783/1964: 777)

Kant formuliert damit die unabweisbare Erfahrung praktischer Freiheit. Selbst wenn wir aufgrund philosophischer Überlegungen oder wissenschaftlicher Forschungsergebnisse zu dem Schluss kämen, die Willensfreiheit sei eine Illusion, so würde diese Illusion doch nicht weichen, im Gegenteil: Die Qual der Wahl zeigt uns oft genug, dass wir der Entscheidung nicht entkommen, ja dass wir, wie Sartre es ausdrückte, geradezu »zur Freiheit verurteilt sind«. Die Option des Determinismus bleibt insofern letztlich eine akademische – wir können uns gar nicht nach ihr *verhalten*.

Wir können aber noch weiter gehen: Es ist geradezu eine Grundbedingung unseres alltäglichen Umgangs miteinander, dass wir uns selbst und andere nicht als vollständig von physikalischen Ursachen determiniert ansehen. Moralische Gefühle wie Schuldempfinden,

Reue, Empörung, Tadel oder Dankbarkeit verlören ihren Gegenstand, wenn sich nachweisen ließe, dass die Handlungen, auf die sie sich richten, tatsächlich nur einem unabänderlichen physischen Geschehen entsprungen sind. Wir betrachten und behandeln einander als Personen, das heißt als Wesen, die nicht einfach inneren Impulsen oder biologischen Prozessen ausgeliefert sind, sondern die ihre primären Antriebe zu suspendieren vermögen, die innehalten und abwägen, ihr Handeln bestimmen und es nach Gründen ausrichten können. Nicht erst das Strafrecht, sondern bereits unsere alltäglichen Erwartungen und wechselseitigen Ansprüche beruhen auf dieser Voraussetzung. Daraus folgt umgekehrt: »Eine vollständige naturalistische Beschreibung und Erklärung menschlichen Handelns ist mit unserer lebensweltlichen Moralität unvereinbar.« (Nida-Rümelin 2005: 33)

Was diese einleitenden Thesen begründen sollen, ist nicht die Realität der Freiheit, sondern die *Verteilung der Beweislast*, die in einer seit Jahrhunderten umstrittenen philosophischen Frage wie derjenigen nach der Willensfreiheit freilich schon vorentscheidend sein kann. Wer behauptet, dass die Möglichkeit menschlicher Freiheit durch die naturwissenschaftliche Forschung oder philosophische Argumente widerlegt sei, der, so plädiere ich, trägt dafür die Beweislast. Denn er mutet uns eine schwere Inkonsistenz von praktischer Erfahrung und theoretisch gewonnener Überzeugung zu, die wir doch irgendwie in Einklang bringen sollten – was dann freilich nur durch ein eklatantes »Als-ob« möglich wäre, durch eine Virtualisierung unserer primären Erfahrung.

Ich halte die Bestreitung der Freiheit im starken Sinn nicht für überzeugend und möchte im Folgenden eine libertarische Konzeption vertreten, also die Freiheitsintuition der praktischen Erfahrung gegen die deterministische Infragestellung verteidigen. Ich beanspruche dabei nicht, sämtliche Probleme der Willensfreiheit zu lösen, etwa mit letzter Klarheit begreifbar zu machen, wie wir uns den Zusammenhang unserer willentlichen Entscheidungen und Handlungen mit neurophysiologischen Prozessen vorzustellen haben. Es genügt mir zu zeigen, dass es bislang keine überzeugenden empirischen oder philosophischen Argumente gegen die Legitimität unserer Freiheitserfahrung gibt.

Dabei will ich allerdings eine unfruchtbare Alternative in der Debatte von vorneherein vermeiden, die noch immer auf vorgezeichneten dualistischen Bahnen verläuft. Auf der einen Seite steht der rein physikalischen Gesetzen unterworfene Körperapparat einschließlich des Gehirns, auf der anderen Seite die intelligible, rationale Welt des Geistes. Je nach Standpunkt soll dann eine Seite die andere bestimmen, entweder »das Gehirn« oder aber »das Ich« die Entscheidungen treffen. Außer Acht bleibt dabei, dass Entscheidungen zuallererst einem *Lebensvollzug* angehören. Sich-Entscheiden stellt keinen isolierten und blitzartigen Willensakt dar, sondern einen zeitlich mehr oder weniger ausgedehnten, »reifenden« Prozess. In diesen Prozess aber gehen keineswegs nur bewusste Überlegungen und Begründungen ein, sondern auch vor- und unbewusste Motive, Gefühle, Intuitionen, Erwartungen, Erfahrungen, letztlich die ganze persönliche Lebensgeschichte des Handelnden.

An die Stelle des Dualismus von rationalem Subjekt oder Gehirn als maßgeblicher Instanz möchte ich daher den Begriff einer *verkörperten oder personalen Freiheit* setzen. Die Person ist ja nicht etwas aus Geist und Körper Zusammengesetztes, sondern sie ist primär ein *Lebewesen,* also eine leib-seelische Einheit, und insofern sind auch ihre Entscheidungen Lebensvollzüge, in denen leibliche, affektive und gedankliche Komponenten miteinander interagieren. Will man also die Ursache für eine Handlung eines Menschen angeben, so darf man sie weder in einem »Ich« noch im Gehirn suchen, sondern nur im Menschen insgesamt mit all seinen seelischen und körperlichen Zuständen, oder mit anderen Worten, in der Person als verkörperter Subjektivität.

Diese These möchte ich im Folgenden ausführen. Ich beginne zunächst mit einer begrifflichen Vorklärung der Frage, ob einem physiologischen Teilsystem wie dem Gehirn Entscheidungen überhaupt sinnvoll zugeschrieben werden können. Daraus ergeben sich einige Voraussetzungen, von denen ausgehend im Folgenden ein verkörperter libertarischer Freiheitsbegriff entwickelt wird. Im dritten Abschnitt wende ich mich dann einigen naturwissenschaftlichen und philosophischen Einwänden gegen einen solchen Freiheitsbegriff zu.

Können Gehirne entscheiden?

Betrachten wir zu Beginn die naturalistische Position etwas näher. Nach Gerhard Roth sind »die beiden entscheidenden Komponenten des Phänomens ›Willensfreiheit‹, nämlich etwas frei zu wollen [...] und etwas in einem freien Willensakt aktuell zu verursachen, eine Täuschung« (Roth 2001: 445). Tatsächlich, so Roth, werden Entscheidungen durch unbewusste emotionale Prozesse im limbischen System gesteuert und die motorischen Handlungen dann vom Gehirn ausgelöst, bevor dies der Person bewusst wird. Erst nachträglich werden die Entscheidungen des Gehirns vom Bewusstsein gleichsam ratifiziert. Das Gehirn gaukelt uns somit das Gefühl des Handelns nur vor. Korrekterweise müsse man sagen: »Nicht das Ich, sondern das Gehirn hat entschieden.« (Roth 2004: 77)[1]

Entscheiden also Gehirne? – Nehmen wir zum Vergleich einen Schachcomputer und geben ihm eine bestimmte Stellung der Figuren ein, um herauszufinden, ob Zug A oder Zug B in dieser Stellung der günstigere ist. Mittels eines programmierten Algorithmus berechnet der Computer das Resultat: Zug B.[2] Sollen wir nun sagen,

1 Ähnlich äußert sich Wolf Singer: »Da wir, was tierische Gehirne betrifft, keinen Anlaß haben zu bezweifeln, daß alles Verhalten auf Hirnfunktionen beruht und somit den deterministischen Gesetzen physiko-chemischer Prozesse unterworfen ist, muß die Behauptung der materiellen Bedingtheiten von Verhalten auch auf den Menschen zutreffen.« (Singer 2004: 37)

2 Der Einfachheit halber denke man hier an ein Endspiel, in dem der Computer tatsächlich alle Züge vollständig berechnen kann, bis er zum optimalen Zug gelangt. In Eröffnung und Mittelspiel hingegen werden aufgrund der Grenzen der Rechnerkapazität komplexere »Bewertungs«-Algorithmen aktiviert, die unter Rückgriff auf gespeicherte Partien die Vor- und Nachteile der jeweils berechneten Position gewichten. Natürlich handelt es sich bei der »Bewertung« um einen anthropomor-

der Computer habe eine Entscheidung für B getroffen? Natürlich nicht, denn die Möglichkeit der Berechnung von Zug A hat dabei in Wahrheit niemals bestanden. Das Resultat B stand im Moment der Eingabe von vornherein fest, nicht anders als die Lösung einer komplexen Gleichung, und nur die Tatsache, dass der elektronische Vorgang aufgrund seiner Komplexität *in endlicher Zeit ablief*, könnte hier so etwas wie einen fortschreitenden »Entscheidungsprozess« suggerieren – so als ob der Apparat gezögert und sich dann entschieden hätte. Die Alternative »A oder B« bestand also nur *in unserem Denken* – sobald wir das Programm in Gang setzten, war es um sie geschehen.

Hier treffen wir auf ein Konstituens des Entscheidungsbegriffs, nämlich das der *kontrafaktischen Möglichkeit*. Sich-Entscheiden setzt voraus, das bloß Faktische einklammern und die in Betracht kommenden Alternativen als Möglichkeiten denken zu können – ich könnte dies tun oder auch nicht oder etwas anderes. Das ist die Voraussetzung dafür, dass es zu jedem Tun-Können auch ein Anderskönnen gibt, nämlich mindestens das Unterlassen. »Denn wo das Tun in unserer Gewalt ist, da ist es auch das Unterlassen, und wo das Nein, da auch das Ja«, so bereits Aristoteles (Nikomachische Ethik, 1113b7). Die Voraussetzung für Entscheidungsfreiheit ist also zunächst ein Raum des Denkens, der Möglichkeiten, in dem wir uns frei von faktischen Zwängen zu bewegen vermögen. Wir können uns Mögliches vorstellen, indem wir die unmittelbare Realität gewissermaßen suspendieren. Der menschliche Geist ist wesentlich durch die *Negation* charakterisiert, also durch die Fähigkeit, nicht nur A, sondern auch Nicht-A zu denken, ein Entweder-oder oder den Irrealis: könnte, hätte, würde. Doch Negation, Nicht-Sein und damit die Möglichkeit *als solche* gibt es in der physikalischen Natur nicht. Ebenso wenig gibt es Negation in der digitalen Welt des Computers. Für Computer existiert also tatsächlich nichts Mögliches, und daher entscheiden sie auch nichts, gleichgültig wie viel

phen Begriff (die Gewichtung erfolgt nur durch einen Zahlenvergleich), und der Ablauf des Programms lässt auch dann keine Freiheitsgrade zu.

Zeit sie zur Berechnung benötigen. Selbst ein Zufallsgenerator würde daran nichts ändern, denn auch von einer Lottomaschine würden wir nicht sagen, sie habe heute die Entscheidung für die Zusatzzahl 12 getroffen.

Nun mag man einwenden, dass Gehirne ganz anders arbeiten als Computer. Das ist richtig, aber darauf kommt es hier nicht an: Betrachtet nämlich der Neurowissenschaftler die neuronalen Prozesse als rein physikalisch determinierte Abläufe, dann ist die Anzahl der Variablen zwar größer, das Resultat aber nicht weniger vorbestimmt. Somit gab es etwa bei meiner Entscheidung, ob ich lieber ins Kino gehe oder an diesem Aufsatz schreibe, tatsächlich niemals eine andere Möglichkeit als die faktisch realisierte. Der Begriff der Entscheidung setzt jedoch die Existenz alternativer Möglichkeiten für ein Subjekt voraus, nämlich die Vorstellung von Zukünftigem, dem ich meine Zustimmung geben oder auch verweigern kann. Nun soll aber Roth oder Singer zufolge meine Erwägung und Bewertung von Alternativen für das Resultat der Entscheidung letztlich *keine Rolle* spielen, denn dieses Resultat wird durch neuronale Programme erzeugt, und meine subjektiven Überlegungen und Bewertungen sind dabei nur eine Begleitmusik. Da nun mein Gehirn nicht anders konnte, als mich zum Schreiben zu bestimmen, und die Möglichkeit, ins Kino zu gehen, *auf der neuronalen Beschreibungsebene* niemals existierte, hat es auch keine Entscheidung getroffen.

Fazit: Eine ausschließlich naturwissenschaftliche Beschreibung der Welt, in der keine Subjekte von Vorstellungen, Wünschen und Bewertungen vorkommen, macht den Begriff der Möglichkeit und damit den Begriff der Entscheidung sinnlos. Das Mögliche, das heißt das Nicht-Seiende, das wir uns vorstellen können und in der Entscheidung wählen, ist im bloß Tatsächlichen nicht aufzufinden. Scheidet die Perspektive des Subjekts als illusionär oder irrelevant aus, dann hat niemals eine andere Möglichkeit existiert als das faktische Geschehen: Gehirne entscheiden nicht.

Natürlich ist es auch nicht das von Roth fingierte Ich oder ein immaterieller Geist, der stattdessen die Entscheidung trifft. Sich zu entscheiden und danach zu handeln, bedeutet eine Selbstbestimmung, die, wie Gesa Lindemann schreibt, sinnvollerweise nur dem Organismus als ganzem zugesprochen werden kann oder der verkörperten Person:

> Das Gehirn wäre dabei als das Organ zu verstehen, durch das der Organismus sich selbst steuert. Es ist das Mittel, durch das der Organismus einen Freiheitsspielraum gegenüber der Umgebung gewinnt und ausfüllen kann. Folglich wäre es unangemessen, davon zu sprechen, das Gehirn würde entscheiden, denn dadurch würde das Organ der Selbststeuerung mit dem Vollzug der Steuerungsleistung identifiziert, dessen Subjekt aber der Organismus als ganzer ist, das heißt das organisch gebundene Subjekt. (Lindemann 2007: 261)

Rationalistische Philosophen setzen hier gewissermaßen zu hoch an und weisen die Entscheidung dem subjektiven Geist zu. Neurodeterministen hingegen setzen zu tief an, sie unterschreiten die Ebene, auf der sich die Entscheidung abspielt: nämlich nicht im Gehirn, sondern *im Lebensvollzug des verkörperten Subjekts oder der Person*. Das Gehirn ist ein Organ der Freiheit, aber es ist nur ihr Organ, nicht ihr Subjekt – Gehirne entscheiden nicht.

Freiheit als personale Fähigkeit

Der Nachweis dieser eigentlich trivialen Wahrheit hat uns immerhin ein wichtiges Ergebnis gebracht: Freie Entscheidungen setzen die Fähigkeit voraus, Möglichkeiten als solche zu erfassen und imaginativ vorwegzunehmen; sie bewegen sich also in einem *Möglichkeitsraum*, im Raum einer offenen Zukunft. Dieser Raum wird eröffnet durch eine *Hemmung*: Wir haben das Vermögen, unsere eigenen Impulse und Wünsche zu suspendieren, innezuhalten und zu prüfen, ob und in welcher Weise wir sie in Handlungen überführen.[3] Oft resultiert dieses Innehalten auch aus mehrdeu-

3 So bereits John Locke (1690/1981: 4, § 47): »Da der Geist, wie die Erfahrung zeigt, in den meisten Fällen die Kraft besitzt, bei der Verwirklichung und Befriedigung

tigen oder multivalenten Situationen, in denen sich verschiedene konkurrierende Möglichkeiten anbieten. Es sind zugleich Situationen einer mehr oder minder ausgeprägten Desorientierung, einer Krise (griechisch *krísis* = »Zwiespalt«, »Entscheidung«). Die Hemmung oder Unterbrechung der unreflektierten Lebensbewegung eröffnet nun ein *Moratorium*, einen mehr oder weniger ausgedehnten Zeitraum für den Prozess der Überlegung, des Mit-sich-zu-Rate-Gehens, der Artikulation und der Klärung von Motiven und Gründen. In virtuellen Probebewegungen nimmt die Person künftige Möglichkeiten, ihre Vorteile, Risiken oder Hindernisse vorweg, um so eine neue *Kohärenz*, eine neue Orientierung in ihrer Lebensbewegung zu finden.[4]

Dies ist freilich kein streng systematischer, sondern eher ein dynamisch-kreativer Prozess, in dem bewusste und unbewusste Komponenten, Gefühle, Wünsche, Vorstellungen, Erwartungen und Gründe einander wechselseitig beeinflussen und vorantreiben. Daher ist das Resultat auch nicht aus im Voraus bestehenden Determinanten ableitbar. Wir haben es weder mit einer Vektoraddition unabhängiger, vorab fixierter psychischer Bewegkräfte zu tun noch mit einem rationalen Kalkül oder Algorithmus von Gründen. Vielmehr gehen die verschiedenen Komponenten in den offenen Möglichkeitsraum des Prozesses ein und werden darin in ein freies Spiel versetzt, das die Form eines inneren Dialogs, eines *Selbstverhältnisses* annimmt. Dies ist nun die zentrale Voraussetzung der Freiheit: Indem wir uns in ein Verhältnis zu ihnen setzen, bleiben unsere Motive, Wünsche, Gründe nicht einfach, was sie sind, sondern sie treten gleichsam auf eine innere Bühne, auf der wir sie abwägen und bewerten können. Damit gewinnen wir ihnen ge-

irgendeines Wunsches *innezuhalten* und mit allen andern Wünschen der Reihe nach ebenso zu verfahren, so hat er auch die Freiheit, ihre Objekte zu betrachten, sie von allen Seiten zu prüfen und gegen andere abzuwägen. Hierin besteht die Freiheit, die der Mensch besitzt. [...] [Wir haben] die Kraft, die Verfolgung dieses oder jenes Wunsches zu unterbrechen, wie jeder täglich bei sich selbst erproben kann.«

4 Vgl. zum Folgenden auch die ausführlichere Darstellung in Fuchs (2007).

genüber die Freiheit der Stellungnahme und schließlich der Wahl. Das Selbstverhältnis verwandelt das Geschehen also fundamental. Wäre der Prozess des Überlegens und Entscheidens nur eine lineare Abfolge der beteiligten Komponenten, so hätten wir auf das Resultat keinen Einfluss. Die Freiheit der Entscheidung beruht auf dem Mit-sich-zu-Rate-Gehen, dem Selbstverhältnis der Person.[5]

Die neurobiologischen Experimente, die zur Frage der Willensfreiheit herangezogen werden, insbesondere das Libet-Experiment und seine Nachfolger, sind auf Bewegungsauslösungen oder Wahlreaktionen fokussiert, die sich in Sekundenbruchteilen vollziehen. Diese Fokussierung verfehlt das Phänomen gleichsam durch zu genaues Hinsehen. Freiheit in einem relevanten Sinn ist an einen zeitübergreifenden Prozess der Willensbildung gebunden, der sich nicht in beliebig kurze Teilmomente zerlegen lässt. Das Paradigma freier Entscheidungen sind daher auch nicht die beliebigen Wahlaufgaben der neurobiologischen Experimente, sondern eher lebenspraktische Entscheidungen. »Was passt zu mir?«, »Was ist mir wirklich wichtig?«, »Wer möchte ich sein?« – das sind Fragen, die sich in solchen Situationen stellen. Sie dienen der *Explikation* eines Lebensentwurfs, der sonst den impliziten Hintergrund des Lebens darstellt, aber noch nicht in besondere Gerichtetheiten oder Zielvorstellungen ausdifferenziert ist. Der Zukunftsbezug dieser Phase ist freilich mit dem Begriff der Vorstellung künftiger Möglichkeiten nur unzureichend beschrieben. Die Antizipation impliziert auch eine Art Vorausempfinden: »Wie ich mich fühlen werde, wenn ich dies tue.«

Hans Thomae (1960) hat diese Vorwegnahme mit dem Kunstbegriff der »*Vorahmung*« umschrieben. Er lässt »Vor*ahnung*« ebenso

5 Dieses dialogische Selbstverhältnis ist freilich nicht ohne eine zumindest implizite Intersubjektivität zu verstehen: Bei unseren Abwägungen und Entschlüssen gibt es immer so etwas wie einen inneren Zeugen, dem wir über unsere Motive und Handlungen berichten und Rechenschaft ablegen könnten, einen *impliziten Anderen*. Die Verantwortlichkeit für unsere Entscheidungen kommt daher auch nicht erst durch eine nachträgliche externe Zuschreibung zustande, sondern ist schon der *Genese* der Entscheidungen inhärent.

wie »Nach*ahmung*« anklingen und bringt damit sowohl das intuitive als auch das leiblich-mimetische Moment der Antizipation zum Ausdruck. Es geht um ein auch körperliches »Sich-Vorausspüren« in einer imaginierten Situation. Gelingende Entscheidungen bedürfen also eines affektiv-leiblichen Spürsinnes, in dem frühere Erfahrungen implizit enthalten sind.[6] Entscheiden heißt nun, sich heranzutasten an ein Gefühl der *Stimmigkeit*, der Kongruenz zwischen den imaginierten Möglichkeiten und einem aktualisierten Selbstentwurf, in dem die eigenen Motive, Erfahrungen, Neigungen und Wünsche enthalten sind. In diesem fortschreitenden Klärungsprozess durchdringen sich aktiv-suchende, kognitive und passiv-empfängliche, intuitive Momente, sodass die Person für sich selbst transparenter wird und sich mit der Wahl identifizieren kann. Im gelingenden Fall mündet dieser Prozess in den *Entschluss*, die als evident erlebte Kongruenz: »Das ist das Richtige«, »so stimmt es für mich«.

Dass wir vor dem Entschluss tatsächlich die Wahl haben, ist inhärenter Bestandteil einer Situation, die durch die Suspension vorgängiger Impulse, durch den Möglichkeitsraum des Denkens und vor allem durch unser Selbstverhältnis konstituiert wird. Der Entschluss bedeutet dann eine aktive »Schließung« dieses Möglichkeitsraums. Doch kann er sicher nicht als ein vom Abwägungsprozess losgelöster Akt einer unabhängigen Ich-Instanz begriffen werden, die irgendwann willkürlich in den Lauf des Geschehens eingreift. Wir müssen vielmehr die gesamte Bewegung des Erwägens und Entscheidens als einen dynamischen und offenen Prozess auffassen, als eine *Lebensbewegung*, in die der Entscheidende selbst einbezogen ist und dabei immer auch »ein anderer« wird. Entscheidungen sind umso freier, je mehr Aspekte und tiefere Schichten der Person in den dynamischen Prozess des Erwägens und Vorfühlens eingehen, je mehr sie dabei für sich selbst transparent und zugleich spürbar wird. Wir sind, wie Bergson (1889/1911: 135) schreibt, dann

6 Vgl. hierzu auch Damasios (1995) Theorie der »somatischen Marker«, also leiblicher Empfindungen wie des »Bauchgefühls«, die für gelingende Entscheidungen erforderlich sind.

frei, »wenn unsere Handlungen aus unser ganzen Persönlichkeit hervorgehen, wenn sie sie ausdrücken«.

Der Prozess enthält somit einen hermeneutischen Zirkel: Das personale Subjekt steht ihm nicht unabhängig gegenüber, sondern es artikuliert, erfährt und entwickelt sich in ihm. Zugleich ist es aber auch die übergreifende Instanz, die den Prozess vorantreibt und leitet. Im Abwägen bewege ich ja nicht müßig abstrakte Möglichkeiten hin und her, sondern ich bin mir fortwährend bewusst, dass ich die Entscheidung zu treffen habe und dass es dabei auf mich ankommt, da sie nun einmal nicht von selbst geschieht. Der Entschluss ist also nur die Kulmination eines bereits von Anfang an dynamisch-volitionalen und zugleich selbstreflexiven Prozesses.

Die Wahl einer Alternative im Entschluss hat daher nicht selbst noch einmal einen höherstufigen, außerhalb des Prozesses stehenden Grund, auf den sie zurückgeführt werden könnte. Sie geschieht andererseits – von indifferenten, völlig gleichwertigen Alternativen einmal abgesehen – nicht auf beliebige oder rein dezisionistische Weise, sondern *indem sich die Person mit einer Alternative identifiziert*, sie ergreift und so die ihr entsprechenden Gründe wirksam macht. Gelingende Entscheidungen beruhen insofern auf einem Prozess der Identitäts- und Kohärenzbildung. Das Selbstverhältnis mündet in ein *Selbsteinverständnis* der Person mit der Wahl und damit derjenigen Zukunft, die sie durch ihre Identifikation für sich übernimmt. Auch den Entschluss erfahren wir daher als Selbstvollzug – und nur deshalb, nicht etwa aufgrund einer späteren sozialen Zuschreibung erleben wir uns auch als verantwortlich für unsere Handlung.

Fassen wir diese Analyse des Entscheidungsprozesses zusammen, dann können wir Willensfreiheit auch definieren als die Fähigkeit einer Person,

- ihre primären Impulse zu suspendieren,
- in einer Phase des Moratoriums ihr Wollen gemäß ihren Motiven, Überzeugungen und Überlegungen selbst zu bilden,
- im Lichte ihres Selbstverhältnisses sich mit den Möglichkeiten zunächst tentativ zu identifizieren,

- im Entschluss zu einer inneren Kohärenz oder Stimmigkeit zu gelangen und schließlich
- ihren Entschluss in eine Handlung überzuführen.

Die Handlungsauslösung, mit der sich die Neurobiologie ganz überwiegend beschäftigt, ist also nur die letzte Phase des gesamten Bogens einer Handlung aus Freiheit, der mit der Suspension und Unterbrechung des unproblematischen Lebensvollzugs begonnen hat.

Verkörperte Freiheit

So weit eine kurze Phänomenologie der Entscheidung. Wie können wir diese Darstellung nun mit physiologischen Prozessen in Gehirn und Körper in Beziehung setzen? Das Konzept der verkörperten Freiheit schreibt die Entscheidung weder einem immateriellen Geist noch dem Gehirn zu. Sich zu entscheiden und danach zu handeln, bedeutet wie schon gesagt eine Selbstbestimmung, die nur dem Organismus als ganzem zukommen kann bzw. der lebendigen Person. Wenn wir daher eine Sichtweise der physiologischen Prozesse entwickeln wollen, die mit einer verkörperten Freiheit vereinbar ist, müssen wir den Begriff der sogenannten »mentalen Verursachung« revidieren (Walter 2006). Denn er scheint zu implizieren, dass der Geist in physiologische Prozesse eingreift, und gerät so in dualistische Aporien. Stattdessen benötigen wir einen Ursachenbegriff, der sich dem Organismus selbst zuschreiben lässt, und dieser besteht in der *zirkulären Kausalität* des Lebendigen.[7]

Dieser Begriff bezeichnet zunächst die Wechselbeziehung zwischen dem Ganzen und den Teilen eines lebendigen Systems. Ein Lebewesen lässt sich als ein sich selbst organisierendes (autopoietisches) System betrachten, das fortwährend die Komponenten reproduziert, aus denen es selbst besteht (Organe, Zellen, Makromoleküle), während umgekehrt diese Komponenten das System als Ganzes ausmachen und erhalten. Das Ganze ist also die

7 Der Begriff stammt aus der Synergetik von Hermann Haken (2013); siehe dazu ausführlich Thompson 2007, 417 ff., Fuchs 2017, 121 ff.

Bedingung seiner Teile, aber es wird umgekehrt auch von ihnen realisiert. Zirkuläre Kausalität bedeutet nun, dass der Organismus seine Komponenten strukturiert und in übergeordnete Funktionen einbindet (»top down«- oder »abwärts«-Kausalität); zugleich wirken die Komponenten ihrerseits so zusammen, dass die übergreifenden Prozesse zustande kommen (»bottom-up«- oder »aufwärts«-Kausalität).

Eine solche zirkuläre Kausalität charakterisiert z. B. die Beziehungen zwischen den Genen und dem Organismus: Die genetische Struktur des einzelnen Zellkerns steuert den Aufbau spezialisierter Zellorgane und -funktionen (»aufwärts«-Kausalität). Umgekehrt bestimmen jedoch die Konfiguration und die Funktionen des gesamten Organismus, welche Gene überhaupt Relevanz für die Entwicklung und Regulation einer bestimmten Einzelzelle erhalten, ob sie sich zum Beispiel zu einer Muskel- oder einer Nervenzelle entwickelt (»abwärts«-Kausalität). Ein anderes Beispiel bildet ein körperlicher Vollzug wie das Gehen: verschiedenste Muskeln, Agonisten und Antagonisten müssen dabei vom Organismus in ein koordiniertes Bewegungsgeschehen eingebunden werden, das sie doch zugleich erst ermöglichen.

Mit der zirkulären Kausalität treten nicht etwa neuartige, den physikalischen Erhaltungsgesetzen widersprechende Naturkräfte auf. Vielmehr sind Makro-Strukturen in der Lage, durch ihre Form und Konfiguration bestimmte Eigenschaften ihrer Komponenten zu *selektieren* und andere zu *blockieren* (Moreno/Umerez 2000). Damit erhalten diese Komponenten neue, emergente Qualitäten: So ist das in Hämoglobin eingebettete Eisen in der Lage, Sauerstoff aus der Atemluft *reversibel* zu binden, also an geeigneter Stelle im Organismus wieder freizugeben, während anorganisches Eisen irreversibel rostet. Für solche emergenten Eigenschaften bedarf es keines physikalischen Wunders, sondern nur einer höheren Ordnungsstruktur (in diesem Fall des Hämoglobins), die ihre eigenen Aufbauelemente in spezifische Verhaltensmuster einbindet. Man kann die »abwärts«-Kausalität auch in Entsprechung zur aristotelischen *causa formalis* sehen.

In dieser Weise können nun auch Bewusstseinsprozesse als übergeordnete Strukturen im physischen Verhalten des Lebewesens formierend wirksam sein. Geistiges wirkt dabei freilich nicht als externe Kraft auf Hirn- oder Körperprozesse ein, sondern es wirkt als Formprinzip *in ihnen* und *durch sie*. Wenn ich zum Beispiel spreche, zeigen die Muskeln meiner Zunge und meines Kehlkopfs bestimmte, geordnete Bewegungsmuster. Ihre unmittelbare (Wirk-)Ursache oder *causa efficiens* ist die neuronal ausgelöste Acetylcholin-Freisetzung an den motorischen Endplatten der Muskelfasern. Dennoch ist es ebenso richtig zu sagen, dass sich meine Zunge und mein Kehlkopf genau so bewegen, *weil ich bestimmte Worte spreche* und mich dabei auf ihren geistigen Gehalt richte. Die übergeordnete, formierende oder organisierende Ursache der Muskelaktionen ist mein Sprechen (»abwärts«), das seinerseits durch eine Reihe von physiologischen Mechanismen realisiert wird (»aufwärts«).

Doch das Gleiche gilt für die dazu erforderlichen *neuronalen* Prozesse in den motorischen oder anderen Arealen meines Gehirns: Sie verlaufen in dieser bestimmten Weise, *weil ich diese Worte spreche*, denn es gäbe gar kein übergeordnetes Zentrum im Gehirn, das dieses Sprechen hervorbringen oder steuern könnte. Alle neuronalen Teilsysteme und -prozesse sind wie Zunge und Kehlkopf nur notwendige, nicht hinreichende Bedingungen für die Realisierung meiner Sprechhandlung – die hinreichende Bedingung ist nichts anderes als der lebendige Organismus mit seinen Muskeln, Sehnen, Nerven und Neuronenverbänden, *der ich bin*. Die vollständige Ursache für mein Sprechen ist also weder meine Zunge noch mein Gehirn (auch wenn beide notwendig sind, um es zu realisieren), sondern ich bin es selbst. In jeder bewussten Tätigkeit (Sprechen, Schreiben, Laufen, Denken) wirkt die lebendige Person selbst als integrale Ursache dieser Tätigkeit. *Als verkörperte Lebensvollzüge* können Bewusstseinsprozesse daher im Verhalten eines Menschen wirksam sein, ohne »von außen« auf Hirnprozesse einzuwirken.

Somit können wir nun auch freie Entscheidungen und Handlungen als Selbststeuerung des Organismus auffassen, nicht auf Basis eines Interaktionismus zwischen Geistigem und Physischem, sondern auf der einer zirkulären Kausalität. Freie Entscheidungen und Handlungen sind Teil des übergreifenden Lebensprozesses, der bewusste Abwägungen und die ihnen entsprechenden neuronalen Aktivitäten als zwei unterschiedliche Aspekte umgreift. Es ist nicht zuletzt die phylogenetische und ontogenetische Entwicklung des Gehirns, die dem menschlichen Organismus diese Freiheitsgrade des Lebensprozesses erlaubt. Dies schließt insbesondere präfrontale Hirnfunktionen ein, die der Kontrolle emotionaler Impulse hemmend zugrunde liegen, aber auch der Fähigkeit, die primär dominierende Eigenperspektive zugunsten einer anderen Perspektive zu relativieren und so zum moralisch verantwortlichen Akteur zu werden. Diese Fähigkeiten der Selbststeuerung eignet sich das Kind im Verlauf seiner sozialen Entwicklung an, und sie werden im Zuge dieser intersubjektiven Erfahrungen auch in seinem Gehirn verankert (Fuchs 2017, 223 f.). Das Gehirn wird damit durchaus zum Organ der Freiheit – allerdings nur zu ihrem Organ, nicht zu ihrem Subjekt.

Gegenpositionen

Damit habe ich eine Darstellung und Begründung des Phänomens der Willensfreiheit aus einer verkörperten, libertarischen Sicht gegeben. Könnte sich dieses Phänomen nun immer noch als eine Illusion herausstellen? Betrachten wir die Argumente für eine solche Annahme. Es handelt sich im Wesentlichen um zwei Typen:

1) Externe (naturwissenschaftlich begründete) Einwände: Die Welt insgesamt oder jedenfalls unser Gehirn seien deterministisch verfasst, also nicht so eingerichtet, dass sie Freiheit überhaupt zuließen.
2) Immanente (philosophisch begründete) Einwände: Die Idee der Freiheit, wie sie hier umrissen wurde, sei in sich selbst widersprüchlich und daher nicht aufrechtzuerhalten.

Der starken oder libertarischen Freiheitskonzeption wird heute zumeist eine *kompatibilistische Position* gegenübergestellt, wonach ein eingeschränkter Freiheitsbegriff mit dem Determinismus vereinbar sei. Diese Position stelle ich im Anschluss an die externen Einwände dar.

1) Externe Einwände

(a) Allgemeiner Determinismus

Als Determinismus bezeichnet man die metaphysische Lehre, wonach der Verlauf aller Ereignisse in der Welt durch Ausgangsbedingungen und Naturgesetze vollständig festgelegt ist, sodass es zu jedem Zeitpunkt nur genau eine mögliche Zukunft gibt. In Anlehnung an den Laplace'schen Dämon spricht man auch vom Laplace-Determinismus: Eine überlegene Intelligenz könnte bei vollständiger Kenntnis des Zustandes der Welt zu einem gegebenen Zeitpunkt alle künftigen Weltzustände vorausberechnen. Zusammen mit der Annahme, dass die entsprechenden Gesetze physikalische Gesetze sind, ergibt sich der *Physikalismus*: Alle Ereignisse einschließlich menschlicher Handlungen lassen sich prinzipiell vollständig physikalisch erklären. Das Problem ist offensichtlich: Wäre der universelle Determinismus wahr, dann gäbe es keine Verzweigungsstellen mehr im Weltverlauf und zu keinem Zeitpunkt mehr als *eine* reale Möglichkeit. Das aber macht den Begriff der Entscheidung sinnlos, denn alle Vorstellungen von alternativen Möglichkeiten hätten keinen Einfluss auf den Weltverlauf.

Dagegen gibt es einen grundlegenden Einwand, wie ihn vor allem Geert Keil formuliert hat: Um den Weltverlauf als notwendig und unausweichlich zu fixieren, müssten die Naturgesetze ihn in eine bestimmte Richtung lenken, also *regieren* können. Bislang ist aber noch niemals ein Naturgesetz präsentiert worden, das universell gültige Aussagen über den Verlauf bestimmter Ereignisse machen könnte, das also *Immer wenn, dann*-Sätze über tatsächliche Verläufe enthielte (Keil 2007: 30 f.). Wenn ein Apfel zur Erde fällt, gilt das Newton'sche Gesetz, aber aufgrund der Überlagerung mit anderen Kräften fällt er mal etwas schneller, mal etwas langsamer; vielleicht kommt er auch nicht auf der Erde an, sondern wird von einem Vogel vorher abgefangen und so weiter. Es kann also immer etwas dazwischenkommen. Der tatsächliche Weltverlauf kennt Überlagerungen, Singularitäten und chaotische Prozesse. Erst recht hat die probabilistische Quantenphysik der Doktrin des universalen Determinismus einen schweren Schlag versetzt. Physiker gestehen in der Regel durchaus zu, dass Naturgesetze in Reinform nur Aussagen über ideale Gegenstände einer Modellwelt treffen, hingegen auf die empirische Welt angewandt immer nur approximativ oder *ceteris paribus* gelten. Es zeigt sich also, dass Naturgesetze gar keinen alternativlosen Weltverlauf vorschreiben. Nach neueren Interpretationen sind sie überhaupt nur als probabilistische Regularitäten aufzufassen, die in systematischer Form beschreiben, was geschieht oder geschehen kann (Buchheim 2004: 44 ff.; Keil 2007: 32). Sie haben also keine *präskriptive*, sondern nur eine *deskriptive* Gültigkeit.

Der wissenschaftstheoretische Status von Naturgesetzen hat sich mithin erheblich gewandelt: An die Stelle der göttlich verfügten »Gesetzeskraft«, die ihnen noch im 18. Jahrhundert zugeschrieben wurde, ist der bescheidenere Status von Regularitäten getreten, die die beobachtbaren Naturprozesse aufweisen. Die Gesetzmäßigkeiten, die wir dabei feststellen, richten sich nach dem, was tatsächlich in der Welt geschieht, nicht umgekehrt. Sie haben keine kausale Kraft, mit der sie die Welt lenken. Freilich schließen sie gewisse Möglichkeiten aus, gelten also restriktiv; aber wenn ihnen Genüge getan ist, bleiben immer noch Spielräume übrig. Um ein Beispiel zu geben: Die geltenden Naturgesetze schließen aus, dass ich mit einem Luftsprung die Erdumlaufbahn erreiche, aber sie legen nicht fest, wohin ich in meinem nächsten Urlaub reisen werde. Der Laplace-Determinismus würde aber erfordern, dass es eine Einrichtung der Welt gibt, die alle Möglichkeiten bis auf eine ausschließt. Solche Gesetzesvorrichtungen mit kausaler Kraft gibt es in der Physik nicht. Wenn wir nun in Bezug auf bestimmte Ereignisklassen in der Welt keine Verlaufsgesetze vorfinden, die immer gültig sind und unfehlbare Voraussagen erlauben, dann wird die Behauptung, es müsse sie dennoch geben, unser Wissen sei nur nicht weit genug vorangeschritten, zu einer Glaubensdoktrin. Zu solchen Ereignisklassen gehören insbesondere menschliche Handlungen.

(b) Spezieller Determinismus

Gilt dann der Determinismus wenigstens bereichsspezifisch, also zum Beispiel für die Vorgänge im menschlichen Gehirn? – Anders als Roth und Singer suggerieren, gibt es in Wahrheit keine deterministischen neurobiologischen Gesetze, die auch nur die Voraussage einer Handlung eines bestimmten Menschen in den nächsten Sekunden oder Minuten erlauben würden. Gute psychologische Kenntnisse sind dazu weit besser geeignet. Dies liegt nicht nur an der Komplexität des Gehirns, sondern auch an seiner Abhängigkeit von der individuellen Vorgeschichte, vor allem aber an seiner Plastizität und fortwährenden Umbildung während jeder Interaktion mit der Umwelt. Unter diesen Voraussetzungen wäre es ein sinnloses Unterfangen, nach deterministischen Gesetzen für die Hirnaktivitäten beziehungsweise die Handlungen eines Menschen zu suchen. Selbst Libet und seine Nachfolger, deren Experimente zur Willensfreiheit sich im Bereich von Sekunden bewegen, können aus der Beobachtung von Hirnprozessen bestenfalls statistische Wahrscheinlichkeiten für das Eintreten nachfolgender Handlungen berechnen.[8] Doch gleich ob 30, 50, 70 oder 95 Prozent – nichts davon genügt für einen Determinismus des Gehirns. »Ein bisschen Determinismus« gibt es nicht – entweder gilt er ganz oder gar nicht.

Auch Korrelationen zwischen Erleben oder Handeln und Hirnprozessen bedeuten natürlich keine Determiniertheit. Sie werden zwar meist in Formulierungen ausgedrückt, wonach Gehirnprozesse Handlungen »zugrunde liegen«, sie »realisieren«, »steuern«, »auslösen« und so weiter. Solche Vokabeln erwecken jedoch nur einen deterministischen Eindruck, implizieren aber keine strenge naturgesetzliche Determination. Näher besehen, wird der Deter-

8 So etwa die neueren Experimente zur Willensfreiheit von John-Dylan Haynes (Soon et al. 2008).

minismus des Gehirns von Neurobiologen nur behauptet, nicht bewiesen, sosehr man sonst auch auf empirische Forschung pocht. Niemand kann aber heute sagen, ob mikrophysikalische Indeterminiertheiten oder Verstärkungsmechanismen, wie sie aus der Chaostheorie bekannt sind, sich nicht auf der makrophysikalischen Ebene auswirken. Zufälligkeiten sind jedenfalls auf der molekularen und zellulären Ebene des Gehirns in reichem Maß zu finden: Fluktuationen des Membranpotenzials, Ausschüttungen von Transmitter-Paketen oder Aktivierungen einzelner Neuronen verlaufen nichtdeterministisch und sind nicht genau vorhersagbar (Falkenburg 2012: 295 ff.). Es könne, so räumt sogar Roth ein, »nicht ausgeschlossen werden, dass vergleichsweise kleinste Abweichungen auf der Ebene einzelner Elemente in komplexen Systemen wie dem Gehirn zu großen Abweichungen des Systemverhaltens insgesamt führen« (Pauen/Roth 2008: 110). Roth bestreitet nur, dass diese mögliche Indeterminiertheit etwas anderes als Zufälligkeit implizieren könne und daher für unsere Freiheit relevant sei. Darauf komme ich noch zurück.

Ich fasse zusammen: Wer glaubt, die Freiheit von Entscheidungen lasse sich mit dem wissenschaftlichen Weltbild nicht vereinbaren oder nur dann, wenn der Freiheitsbegriff sozusagen in vorauseilendem Gehorsam an den postulierten Determinismus angepasst werde, der schätzt die wissenschaftliche Lage nicht richtig ein. Mit der Praxis der Naturwissenschaft hat dieses vermeintliche »wissenschaftliche Weltbild« wenig zu tun. Eher kann man von einem *szientistischen* Weltbild sprechen, das freilich kaum empirisch begründet ist, sondern eher den Charakter einer metaphysischen Doktrin trägt. Wir finden, so behaupte ich, in den Naturwissenschaften keine empirischen Befunde, die unserer Erfahrung der Wahlfreiheit unüberwindlich entgegenstehen.

2) Die kompatibilistische Gegenposition

Betrachten wir nun die derzeit am häufigsten vertretene Gegenposition zur libertarischen Freiheitsauffassung, den Kompatibilismus:

Danach sind Freiheit und Determinismus miteinander vereinbar. Der Preis für diese Theorie ist allerdings hoch: Die schwächere Freiheit, die uns nach kompatibilistischer Aussage genügen soll, besteht im Wesentlichen nur noch in der *Handlungsfreiheit*, also der Fähigkeit, gemäß unseren Wünschen und frei von äußerem oder innerem Zwang zu handeln. Was der Kompatibilist bestreiten muss, ist die Freiheit der *Willensbildung*, also das Anderskönnen im Entscheidungsverlauf.

Freilich sind die Intuitionen gegen den Kompatibilismus schwerwiegend. Wer zum ersten Mal von der Auffassung hört, der Wille sei zugleich frei und streng determiniert, wird dies für absurd halten. Wie soll unsere Verantwortlichkeit mit einem unabwendbaren Handlungsverlauf, einem So-und-nicht-anders-Können vereinbar sein? Kompatibilisten versuchen daher zumeist, einen determinismusverträglichen Sinn der Rede von alternativen Handlungsmöglichkeiten zu retten, nämlich durch die Formulierung: »Eine Person hätte anders handeln können, wenn sie sich anders entschieden hätte«,[9] was impliziert »Da sie sich nun einmal nicht anders entschieden hat, konnte sie auch nicht anders handeln«. Das ist eine listige sprachphilosophische Umdeutung, doch der Einwand liegt natürlich auf der Hand: Wie hätte sich die Person denn anders entscheiden können, wenn sie auch dazu determiniert war? Bieri geht deshalb noch eine Stufe weiter zurück: Raskolnikow hätte anders entscheiden können, wenn er anders *gedacht* hätte (2001: 322). Aber wie hätte er anders denken sollen? Dazu hätte sich der Weltlauf bereits *noch* früher verzweigen müssen, doch auch das wäre wiederum durch den Determinismus ausgeschlossen. Jede Wahl, die wir treffen, wäre bereits durch frühere Ereignisse außerhalb unseres Einflussbereichs vorherbestimmt.

Das heißt: Tatsächliches Anderskönnen ist nicht nur durch ei-

9 Diese Interpretation des Anderskönnens hat George Edward Moore vorgeschlagen (Moore 1912). Sie gibt eine kontrafaktische Bedingung an, unter der jemand anders entscheiden oder handeln würde, und wird dementsprechend auch als »konditionale Analyse« bezeichnet. Vgl. zur Diskussion dieser Analyse im Folgenden auch Buchheim (2004).

ne fiktive Variation der Umstände einer Entscheidung zu erfassen, sondern es ist selbst ein *besonderer Zustand der offenen Möglichkeit*, in dem sich jemand befindet. Wenn ich mit mir zu Rate gehe, ob ich ein attraktives Stellenangebot annehme oder meine sichere Stelle behalte, dann ist es aus libertarischer Sicht *tatsächlich* noch nicht festgelegt, wie die Entscheidung ausfällt; ich könnte *sowohl* A *als auch* B tun. Der Kompatibilist hingegen umgeht diese reale Möglichkeit der Alternativen, indem er das wirklich Vorgegebene nur *fiktiv auswechselt*, um dann noch sagen zu können, unter diesen fiktiven Umständen wäre auch eine andere Handlung möglich gewesen. Das ist allerdings nicht ganz redlich. Denn der hypothetisch angenommene alternative Verlauf – ich hätte »anders denken können« – hätte ja nur dann Realität werden können, wenn *ich überhaupt* ein anderer, ja letztlich wenn *der Lauf der Welt insgesamt* ein anderer gewesen wäre. So aber heißt es am Ende doch nichts anderes, als dass ich eben nicht anders handeln *konnte*.

Pauen und Roth (2008) haben eine Interpretation der alternativen Handlungsmöglichkeiten vorgeschlagen, die im universellen Determinismus gewissermaßen einen eigenen Bereich abzugrenzen versucht, nämlich die Selbstdetermination einer Person. Danach ist eine Handlung dann selbstbestimmt, wenn es sich auf die Person selbst, genauer auf ihre personalen Präferenzen, Überzeugungen und Wünsche zurückführen lässt, dass sie diese Handlung A und nicht eine Alternative B ausführt. Die Übereinstimmung des Entschlusses und Handelns mit den eigenen Präferenzen sei ein hinreichendes Merkmal freier Entscheidungen, auch wenn diese bestehenden Präferenzen ihrerseits das Ergebnis determinieren. Damit wäre zugleich dem allgemeinen Determinismus Genüge getan, denn auch wenn die Handlung letztlich auf physikalisch determinierte neuronale Prozesse zurückzuführen sei, so seien es doch genau diejenigen Prozesse, die auch den Präferenzen der Person zugrunde liegen (Pauen/Roth 2008: 39, 42).

Können wir uns damit beruhigen, dass wir uns selbst im universellen Determinationszusammenhang gewissermaßen einen eigenen Ereignisstrang zurechnen können? Offenbar nur dann, wenn dieser Strang selbst noch einmal unserer eigenen möglichen Beeinflussung unterliegt. Pauen und Roth (2008: 55) betonen daher, dass die personalen Präferenzen grundsätzlich Gegenstände wirksamer Entscheidungen werden können: Ich könnte zu dem Entschluss kommen, meine Überzeugung von der Unrechtmäßigkeit des Stehlens aufzugeben, da ich sie nur meiner konventionellen Erziehung zuschreibe, und mich demgemäß in Zukunft frei zu einem Diebstahl entscheiden.

Doch damit wird das Problem des Anderskönnens wiederum in die Vergangenheit verschoben: Wie sollte ich mir eine Überzeugung als frei gewählte zuschreiben können, wenn die Determinanten dieser Wahl sich ihrerseits meinem Einfluss entzogen haben? Dass ich meine von anderen übernommenen Präferenzen, meine Überzeugungen und Charaktereigenschaften kritisch zu reflektieren vermag, ändert nichts an meiner Unfreiheit ihnen gegenüber, solange ihre Veränderung nur entweder zufällig oder deterministisch zustande kommt. Die vermeintliche Freiheit der Selbstwahl mündet in eine letztlich deterministische Sicht des Selbst.[10] Die Freiheit des Anderskönnens wird durch den Rekurs auf die personalen Präferenzen nicht vor dem Determinismus gerettet, wenn die Freiheit des Anders*sein*-Könnens nicht plausibel gemacht werden kann. Es bleibt dabei: Der universale deterministische Kausalzusammenhang macht den Begriff der alternativen Möglichkeiten sinnlos.

Ich will nun nicht weiter auf die kompatibilistische Position eingehen, sondern abschließend einige häufig gegen die libertarische Position vorgebrachte Einwände diskutieren, die sie als selbstwidersprüchlich zu erweisen versuchen. Ich orientierte mich dabei insbesondere an den Gegenargumenten von Robert Kane (1996) und Geert Keil (2007).[11]

10 Vgl. zu diesem kritischen Einwand auch Rinofner-Kreidl (2007).

11 Eine noch ausführlichere Auseinandersetzung mit diesen Positionen ist bei Tewes (2017) zu finden.

3) Immanente Einwände

Abschließend seien einige primär philosophische Einwände gegen die libertarische Position diskutiert.

a) Einwand des Dualismus: Bedeutet libertarische Freiheit, wie von ihren Gegnern oft unterstellt wird, dass im Entscheiden ein immaterieller Geist auf die Körperwelt einwirkt?

Nein, der libertarische Standpunkt setzt keinen dualistischen Interaktionismus voraus. Bewusste Erlebnisse sind zwar verkörpert, also auch physisch realisiert, das bedeutet aber nicht, dass sie physikalisch determiniert sein müssen. Der Begriff der verkörperten Freiheit, wie er hier vertreten wird, impliziert gerade, dass wir nur als verkörperte Subjekte frei sind, das heißt, dass das Bewusstsein nur, insofern es in den Organismus eingebettet und von physischen Prozessen getragen ist, auch eine steuernde und handlungswirksame Funktion ausüben kann. *Zwischen* einer Bewusstseinstätigkeit und den neuronalen Substratprozessen kann es gar keine Wechselwirkung geben, weder eine Kausalität in die eine noch in die andere Richtung – nämlich dann nicht, wenn beide als Momente eines einheitlichen Lebensvollzugs, als Funktionen des Organismus angesehen werden, die uns nur unter verschiedenen Aspekten erscheinen.[12] Dass es also neuronale Korrelate bewusster Ereignisse gibt, gefährdet unsere Freiheit nicht, im Gegenteil – sofern keine neurodeterministische Zusatzannahme ins Spiel kommt (so auch Keil 2007: 96).

b) Einwand der Kausallücke: Setzt die libertarische Freiheit lokale Lücken des Indeterminismus im ansonsten deterministischen Ablauf des Universums voraus? Werden wir zum Beispiel durch Quantensprünge frei, die dem Willen die nötige Indeterminiertheit eröffnen, an der er gleichsam ansetzen könnte?

12 Vgl. zu dieser grundsätzlichen Konzeption Fuchs (2017).

Nein, denn Nicht-Determiniertheit ist kein Ausnahmeereignis, sondern eine globale Verfassung der Welt – es gibt keine deterministischen Gesetze für den Weltverlauf. Kein Ereignis ist in dem Sinne Laplace-determiniert, dass es schon von Anbeginn der Welt an feststand. Natürlich geschieht häufig das Vorausgesagte, aber noch häufiger lässt sich eben nicht voraussagen, was geschieht; und alles, was nicht naturgesetzlich unmöglich ist, bleibt möglich. In welcher Weise eine solche Nicht-Determiniertheit im Gehirn genauer zu fassen ist, bleibt eine offene Frage – es mag sein, dass quantenphysikalische in Verbindung mit chaostheoretisch zu fassenden Unbestimmtheiten hier eine Rolle spielen. Einstweilen genügt es, die Behauptung zurückzuweisen, dass alle neuronalen Ereignisse streng determiniert abliefen – sie ist nämlich schlicht nicht belegt.

Eine kausale Lücke würde auch in einer beliebig detaillierten naturalistischen Beschreibung menschlicher Handlungen nicht auftauchen. Um dies zu illustrieren, können wir uns vorstellen, dass ein fiktiver Physiker in der Lage ist, alle Handlungen, die ich heute im Laufe des Tages ausführen werde, vollständig als Materiebewegungen zu beschreiben, die beteiligten Massen, Kräfte, Felder zu berechnen und zu physikalischen Gesetzen in Beziehung zu setzen. Keine meiner Handlungen wird die Naturgesetze verletzen, und dennoch wäre es absurd zu glauben, dass die Zustandsfolge meines Organismus als ganze mit den Mitteln der Physik erklärbar oder gar prognostizierbar sei.[13] Die Ebene der Überlegungen, Gründe, Motive und Intentionen taucht in den Berechnungen einfach nicht auf; ebenso bleibt deren Wirksamkeit *physikalisch gesehen* unauffällig. Zur Absicherung unserer Subjektivitäts- und Freiheitserfahrung bedarf es also nur der Annahme, dass die neuronalen Trägerprozesse *nicht ausschließlich* durch physikalische Gesetzmäßigkeiten bestimmt sind. Das Kausalprinzip – jedes Ereignis hat eine Ursache – bleibt gültig, aber es impliziert keineswegs einen Determinismus. Die übergeordnete und vollständige Ursache einer freien Handlung aber ist die verkörperte Person selbst, nicht bestimmte Ereignisse in ihrem Körper.

13 In dieser Argumentation folge ich Nida-Rümelin (2007: 153 f.).

c) Einwand des absoluten Willens: Bieris im *Handwerk der Freiheit* (2001) wiederholt vorgetragenes Hauptargument gegen den libertarischen Freiheitsbegriff lautet, ein im starken Sinne freier Wille müsse ein durch nichts bedingter, quasi absoluter Wille sein, unabhängig von den Einstellungen, Wünschen und Präferenzen der wollenden Person. Er würde uns dann gleichsam nur zustoßen, und wir könnten ihn uns gar nicht zurechnen, nicht zu eigen machen. Mit Recht könnten wir jede Verantwortung für einen solchen Willen, der wie ein Deus ex Machina über uns käme, ablehnen. – Das klingt überzeugend. Das Problem ist nur: Kein Vertreter der libertarischen Freiheit hat einen solchen absoluten Willen je vertreten, und das ist auch gar nicht nötig. Denn auch wenn wir uns frei zwischen alternativen Möglichkeiten entscheiden können, bleiben die Alternativen doch mit unseren Fähigkeiten, Neigungen und Überlegungen sinnvoll verknüpft. Der Wille kann bedingt und dennoch frei sein. Das wird im Folgenden noch deutlicher werden.

d) Zufallseinwand: Eng mit dem Letzteren verknüpft ist der wohl am häufigsten auftauchende Einwand gegen die libertarische Auffassung: Eine völlig freie Entscheidung zwischen zwei begründeten Alternativen müsse letztlich eine grundlose sein, denn die Gründe sollen ja der Voraussetzung nach über keine kausale Kraft verfügen, um den Entschluss herbeizuführen. Die Person könnte sich dann *unter gleichen Bedingungen und mit den gleichen Gründen* sowohl für A als auch für B entscheiden. Das hieße, die Entscheidung würde gar nicht aus den vorangehenden Abwägungen resultieren, sondern am Ende aus purem Zufall oder bloßer Willkür. Eine zufällige oder irrationale Handlung aber könnten wir weder uns selbst noch anderen zuschreiben – wir wären gar nicht für sie verantwortlich. Es scheint, als würden wir hier tatsächlich in eine Aporie geraten: Entweder geschieht eine Handlung mit unvermeidlicher Notwendigkeit oder aber aus Zufall und irrationaler Willkür, und beides ist mit unserer Freiheitsintuition nicht vereinbar.

Dagegen ist Folgendes zu sagen: Die Offenheit des Entscheidungsprozesses bedeutet nicht, dass eine Person am Ende des

Überlegens, wenn sie also zu dem Schluss gekommen ist, A sei B vorzuziehen, immer noch ebenso gut B tun könnte – dies wäre in der Tat irrational. Nachdem man die Alternativen geklärt und sich innerlich auf eine festgelegt hat, ebenso gut noch das Entgegengesetzte tun zu können – das wäre nicht das, was mit der Freiheit der Wahl zwischen alternativen Möglichkeiten gefordert ist. Vielmehr ist der ganze Entscheidungsprozess, wie oben dargestellt, als eine zeitliche Einheit, als eine Lebensbewegung anzusehen. Das bedeutet, dass der Zustand der Person zum Zeitpunkt t_1 in ihren späteren Zuständen t_2, t_3, t_4 … in gewissem Sinn mitenthalten ist, dass also alle diese Zustände nicht nur punktuell oder »im Querschnitt« existieren. Der Zustand unmittelbar vor dem Entschluss integriert also den gesamten Verlauf des Entscheidungsprozesses.[14] Dessen Offenheit bedeutet also nicht, dass der Möglichkeitsraum im Verlauf des Prozesses unverändert bliebe, dass das Überlegen also jedes Mal wieder bei null begänne.

Aber die Person könnte doch auch am Ende ihres Überlegens noch zögern, sie könnte ihren Entschluss noch einmal suspendieren und sich neu besinnen. Dann mag der Prozess statt zum Resultat A doch noch zum Resultat B führen. Aber auch dann wird die Person die Handlung B aus nachvollziehbaren Gründen durchführen – sie hatte eben gute Gründe für A *ebenso* wie für B (Kane [1996: 126] spricht von einer »two-way rationality«). Unter gegebenen Umständen anders zu handeln, bedeutet also nicht etwa irrationale Willkür, so als stieße uns unser Wille gleichsam aus dem Nichts heraus zu – es bedeutet vielmehr, dass immer die Möglichkeit der erneuten Suspension und damit des »Weiterüberlegens« besteht.[15] Beendet die Person schließlich diesen Prozess – aus welchen Gründen auch immer, sei es weil sie unter Zeitdruck steht oder weil ihr eine Wahl hinreichend stimmig erscheint –, *so ist sie es, die den betreffenden*

14 Man kann dies auch durch Husserls Analyse des inneren Zeitbewusstseins erläutern: Jeder gegenwärtige Moment enthält die *Retentionen* der vorausgehenden Momente, wenngleich (in die Vergangenheit blickend) in zunehmend abgeschwächter oder überlagerter Form (Husserl 1969).

15 So auch die Argumentation von Keil (2007: 114).

Grund durch den Abschluss des Prozesses wirksam macht. Denn Gründe als solche machen uns nur geneigt, nötigen uns aber nicht. Und es gibt auch nicht noch einmal einen höherstufigen Grund, der uns veranlasst, die Gründe für A denen für B vorzuziehen. Im Entschluss kommt also durchaus ein volitionales, manchmal sogar dezisionistisches Element zum Tragen. Das macht den Entschluss aber keineswegs blind oder irrational. Denn sowohl für A als auch für B gab es gute Gründe, und diese Gründe sorgen dafür, dass sich die Person ihre Handlung in beiden Fällen zu eigen machen kann.

Nun scheint diese Überlegung der kompatibilistischen Umdeutung schon sehr nahezukommen: »Wenn die Person P anders gedacht und entschieden hätte, dann hätte sie auch anders gehandelt.« In der Tat, diese retrospektive Formulierung wird der Libertarier gar nicht bestreiten; er wird sie nur anders interpretieren, nämlich nicht als hypothetische Variation in einer anderen Welt, sondern als faktische Aussage über den Entscheidungsprozess. Der Libertarier besteht darauf, dass die grundsätzliche Indeterminiertheit und Offenheit der eigenen Zukunft es der Person ermöglicht, unter *gegebenen* Bedingungen tatsächlich so oder anders entscheiden zu können.[16] Anders denken und entscheiden zu können, ist dann nicht mehr fiktiv, sondern es begleitet den Entscheidungsprozess als real mögliche »Alternativität«. Anders als der Determinist muss der Libertarier also nicht die Vorgeschichte der tatsächlichen Handlung ändern oder dem Handelnden fiktiv eine andere Persönlichkeit mit anderen Präferenzen unterstellen, um doch in legitimer Weise von einem *Anderskönnen unter den gegebenen Umständen* sprechen zu können.

16 Dass die *retrospektive* Überlegung auch dann einen hypothetischen Charakter behält, ist offensichtlich: Natürlich kann sie die Vergangenheit der Entscheidung nicht mehr verändern. Sie gilt aber gleichwohl, insofern sie die Annahme der gegenwärtig bestehenden Entscheidungsfreiheit einer Person in die Vergangenheit zurückprojiziert.

Resümee

Mein Ausgangspunkt war unsere libertarische Intuition, die praktische Realität unserer Freiheitserfahrung. Diese Erfahrung ist unabweisbar, und naturwissenschaftlich oder psychologisch begründete Determinismen können gewissermaßen nur sekundär und von außen her Zweifel an dieser Realität säen. Auch der kompatibilistische Versuch eines Kompromisses – die Annahme, ein strenger Determinismus sei mit einem reduzierten Freiheitsbegriff vereinbar – gleicht eher einem Orwell'schen »Doppeldenk«, das es dem Philosophen oder Naturwissenschaftler erlaubt, einerseits ein geschlossenes physikalistisches Weltbild aufrechtzuerhalten, andererseits im Alltag weiterhin gemäß unserer Freiheitsintuition zu leben.

Diese klare lebensweltliche Intuition begründet eine Beweislastverteilung zuungunsten der deterministischen Position. Wer die Freiheit im starken Sinn bestreitet, braucht dazu sehr überzeugende Argumente; allgemeine deterministische Postulate oder fragwürdig interpretierte empirische Forschungsergebnisse genügen dafür nicht. Ich habe zu zeigen versucht, dass es überzeugende Einwände gegen unsere libertarische Intuition nicht gibt. Doch es ist der Dominanz naturwissenschaftlichen und szientistischen Denkens in unserer Kultur zuzuschreiben, dass sich die Beweislast inzwischen nahezu umgekehrt hat. Freiheit muss sich heute rechtfertigen; ja sie scheint zu einem Anachronismus zu werden, an dem nur noch ein paar Unaufgeklärte oder Unbelehrbare ernsthaft festhalten. Dies wird begünstigt durch die sich immer weiter ausbreitende Illusionsdoktrin, wonach unserer primären lebensweltlichen Erfahrung in einer physikalischen Welt nur ein illusionärer und virtueller Charakter zukommen könne. Freilich wissen wir: Selbst wenn Freiheit uns nur noch als Illusion erschiene, würde diese Illusion in der Praxis nicht verschwinden. Und gerade deshalb können deterministische Positionen auch mit einer gewissen Frivolität vertreten werden. Wenn es Freiheit nicht gibt, dann lasst uns eben in Zukunft einfach so tun als ob – warum auch nicht?

Es mag diese Haltung einer Tendenz entsprechen, die sich am Ende durchsetzt. Doch ich möchte ein Letztes zu bedenken geben: Würden wir die Rahmenbedingung des Determinismus für unser Leben akzeptieren, so hätte dies nicht nur Konsequenzen für unser Gefühl der Verantwortlichkeit und darauf basierende gesellschaftliche Institutionen wie das Strafrecht. Es hätte vor allem zur Folge, dass wir unser Leben und unsere Welt nicht mehr zukunftsoffen denken würden; dass wir die Möglichkeit des Neuen, des Kreativen in der Welt immer geringer schätzen und uns stattdessen in den Käfig eines universellen Determinismus einsperren würden. Die Zukunft wäre kein offener Raum von Möglichkeiten mehr, sondern durch vergangene Zustände und Naturgesetze eisern festgelegt. Sich selbst als ein Wesen zu denken und zu verstehen, das seine Entwicklungsmöglichkeiten von der Zukunft her erfährt und das sie in einer immer wieder neuen Weise zu ergreifen vermag – dies scheint mir zum Kern eines Menschenbildes zu gehören, für das einzutreten sich lohnt.

Literatur

Aristoteles. 1985. *Nikomachische Ethik*. Hg. von G. Bien, übers. von E. Rolfes. Hamburg: Meiner. (Zitiert nach der Bekker-Paginierung)

Bergson, H. 1911. *Zeit und Freiheit*. Jena: Diederichs. (Erstausgabe 1889)

Bieri, P. 2001. *Das Handwerk der Freiheit. Über die Entdeckung des eigenen Willens*. München: Hanser.

Buchheim, T. 2004. »Libertarischer Kompatibilismus. Drei alternative Thesen auf dem Weg zu einem qualitativen Verständnis der menschlichen Freiheit«. In: *Der freie und der unfreie Wille. Philosophische und theologische Perspektiven*. Hg. von F. Hermanni, P. Koslowski. München: Fink, S. 33-78.

Damasio, A. 1995. *Descartes' Irrtum. Fühlen, Denken und das menschliche Gehirn*. Übers. von H. Kober. München: List.

Falkenburg, B. 2012. *Mythos Determinismus: Wieviel erklärt uns die Hirnforschung?*. Berlin, Heidelberg: Springer.

Fuchs, T. 2007. »Was heißt ›sich entscheiden‹? Die Phänomenologie von

Entscheidungsprozessen und die Debatte um die Willensfreiheit«. In: *Freiheit auf Basis von Natur?*. Hg. von T. Buchheim, T. Pietrek. Paderborn: Mentis, S. 101-118.

Fuchs, T. 2017. *Das Gehirn – ein Beziehungsorgan. Eine phänomenologisch-ökologische Konzeption*. 5. Aufl. Stuttgart: Kohlhammer.

Haken, H. 2013. *Synergetik: Eine Einführung*. Berlin, Heidelberg: Springer.

Husserl, E. 1969. *Zur Phänomenologie des inneren Zeitbewusstseins*. Husserliana X. Den Haag: Martinus Nijhoff.

Kane, R. 1996. *The Significance of Free Will*. Oxford, New York: Oxford University Press.

Kant, I. 1964. »Rezension zu Johann Heinrich Schulz: Versuch einer Anleitung zur Sittenlehre für alle Menschen«. In: *Werke*. Bd. 12. Frankfurt/M.: Suhrkamp, S. 771-778. (Erstausgabe 1783)

Keil, G. 2007. *Willensfreiheit*. Berlin: De Gruyter.

Lindemann, G. 2007. »Plädoyer für einen methodologisch pluralistischen Monismus«. In: *Hirn als Subjekt? Philosophische Grenzfragen der Neurobiologie*. Hg. von H.-P. Krüger. Berlin: Akademie-Verlag, S. 401-410.

Locke, J. 1981. *Versuch über den menschlichen Verstand*. Bd. 1. Hamburg: Meiner. (Erstausgabe 1690)

Moore, G. E. 1912. *Ethics*. London: Williams & Norgate.

Moreno, A., J. Umerez. 2000. »Downward Causation at the Core of Living Organisation«. In: *Downward Causation. Minds, Bodies and Matter*. Hg. von P. B. Andersen, C. Emmeche, N. O. Finnemann, P. V. Christiansen. Aarhus: Aarhus University Press, S. 99-117.

Nida-Rümelin, J. 2005. *Über menschliche Freiheit*. Stuttgart: Reclam.

Nida-Rümelin, J. 2007. »Freiheit als naturalistische Unterbestimmtheit«. In: *Freiheit auf Basis von Natur?*. Hg. von T. Buchheim, T. Pietrek. Paderborn: Mentis, S. 141-154.

Pauen, M., G. Roth. 2008. *Freiheit, Schuld und Verantwortung. Grundzüge einer naturalistischen Theorie der Willensfreiheit*. Frankfurt/M.: Suhrkamp.

Rinofner-Kreidl, S. 2007. »Compatibilistic Visions. A Response to Michael Pauen's ›Self-determination, Free Will, Responsibility, and Determinism‹«. In: *Synthesis Philosophica* 22 (2): S. 477-481.

Roth, G. 2001. *Fühlen, Denken, Handeln. Wie das Gehirn unser Verhalten steuert*. Frankfurt/M.: Suhrkamp.

Roth, G. 2004. »Worüber Hirnforscher reden dürfen – und in welcher Weise?«. In: *Hirnforschung und Willensfreiheit*. Hg. von C. Geyer. Frankfurt/M.: Suhrkamp, S. 66-85.

Singer, W. 2004. »Verschaltungen legen uns fest. Wir sollten aufhören von Freiheit zu sprechen«. In: *Hirnforschung und Willensfreiheit*. Hg. von C. Geyer. Frankfurt/M.: Suhrkamp, S. 30-65.

Soon, C. S., M. Brass, H. J. Heinze, J. D. Haynes. 2008. »Unconscious Determinants of Free Decisions in the Human Brain«. In: *Nature Neuroscience* 11 (5): S. 543-545.

Tewes, C. 2017. *Libertarismus, Willensfreiheit und Verursachung*. Frankfurt/M.: Klostermann.

Thomae, H. 1960. *Der Mensch in der Entscheidung*. München: Barth.

Thompson, E. 2007. *Mind in Life: Biology, Phenomenology, and the Sciences of Mind*. Cambridge, MA: Harvard University Press.

Walter, S. 2006. *Mentale Verursachung: Eine Einführung*. Paderborn: mentis Verlag.

Hirnwelt oder Lebenswelt?

Zur Kritik des Neurokonstruktivismus

Einleitung

Dass alles, was Menschen erleben, in Wahrheit eine Konstruktion und Vorspiegelung ihrer Gehirne sei, gehört heute zu den gängigen Überzeugungen von Neurowissenschaftlern und Neurophilosophen. Von Schmerz oder Ärger über Farben oder Musik bis hin zu Liebe oder Glauben gibt es kaum noch ein Phänomen, das nicht irgendwo im Gehirn untergebracht wird. Der Kosmos entsteht im Kopf, und die Wahrnehmung wird gewissermaßen zu einer physiologischen Illusion. Typische Beschreibungen lauten dann etwa folgendermaßen:

> Was Sie sehen, ist nicht, was *wirklich* da ist; es ist das, wovon Ihr Gehirn *glaubt*, es sei da. (Crick 1994: 30)

> Die geistige Multimedia-Show ereignet sich, während das Gehirn externe und interne Sinnesreize verarbeitet. (Damasio 2002: 36)

> Sie können nach außen fassen und den Stoff der physischen Welt berühren [...]. Doch dieses Tastgefühl ist keine direkte Erfahrung. Obwohl es sich so anfühlt, als fände die Berührung in Ihren Fingern statt, geschieht tatsächlich doch alles in der Kontrollzentrale des Gehirns. Ebenso ist es mit all Ihren Sinneserfahrungen [...]. Ihr Gehirn hat die äußere Welt nie direkt erfahren und wird es auch niemals tun. (Eagleman 2015: 40 f.; Übers. T. F.)

> [W]ir [befinden] uns immer schon in einem *biologisch* erzeugten *»Phenospace«*: innerhalb einer durch mentale Simulation erzeugten virtuellen Realität. (Metzinger 1999: 243)

Dies ist also das Weltbild des Neurokonstruktivismus: Wir sind in unser Gehirn eingeschlossen wie eine Muschel in ihre Schale, und die qualitative Welt der Sinne ist eine Welt der Illusion. Der Baum vor mir ist eigentlich nicht grün, seine Blüten duften nicht, der Vogel in seinen Zweigen singt nicht melodisch: Das alles sind nur zweckmäßige Scheinwelten, die das Gehirn anstelle nackter, materiell-kinematischer Prozesse erzeugt. Wie der Baum in Wirklichkeit aussieht, kann man nicht sagen, denn er »sieht gar nicht aus« – er besteht nur aus abstrakten, mathematisch beschreibbaren Teilchen und Größen. Ja, unser Bewusstsein selbst ist nur eine Simulation, die das Gehirn aus solchen physikalischen Teilchen und Größen, genannt Informationen, errechnet.

Nun ist das neurobiologische Unternehmen der Naturalisierung des Geistes nur der letzte Schritt in einem auf die Neuzeit zurückgehenden Prozess der Entanthropomorphisierung, der Spaltung von Lebenswelt und Wissenschaft. Bereits für Galilei, Descartes und andere Protagonisten des Naturalisierungsprojekts ist die Welt nicht das, als was sie uns in alltäglicher Erfahrung erscheint. Ihre eigentliche Natur ist der Wahrnehmung nicht zugänglich; sie muss mit mathematischen Begriffen erst aufgedeckt werden. Damit erhält die Lebenswelt den beschriebenen illusionären Status: Wir glauben, so Descartes, »wir sähen die Fackel selbst und hörten die Glocke selbst, während wir nur die Bewegungen empfinden, die von ihnen ausgehen« (Descartes 1649/1984: 41). Die Wahrnehmung vermittelt nur Repräsentationen der Dinge in unserem Bewusstsein, in Wahrheit also Scheinbilder, zweckmäßig erzeugt durch unsere natürliche Sinnesorganisation. Erst die Wissenschaft kann uns darüber Auskunft geben, in welcher Welt wir tatsächlich leben.

Freilich ist Descartes' dualistische Ontologie heute längst auf dem Rückzug. Der Materialismus löst das Problem, das durch die Spaltung zwischen der sinnlich wahrgenommenen Welt und dem wissenschaftlich konzipierten Universum entsteht, indem er nur noch Letzterem ontologische Realität zuspricht. In einem Punkt jedoch knüpfen die Verfechter des modernen Naturalismus noch immer an Descartes und den nachfolgenden Idealismus an: Auch für sie ist die wahrgenommene Welt nur subjektive Erscheinung, nämlich eine Sequenz von »Vorstellungen« oder »Repräsentationen« als inneren Stellvertretern der äußeren Welt. Die Neurobiologie übernimmt diese idealistische Konzeption der Wahrnehmung, so heftig sie ansonsten den Dualismus bekämpft. Es genügt ihr, den Begriff der Repräsentation materialistisch umzudeuten, nämlich zur Bezeichnung derjenigen neuronalen Prozesse, die den subjektiven Bildern der Außenwelt zugrunde liegen sollen. Durch spezifische Erregungsmuster oder Datenstrukturen spiegelt das Gehirn die Strukturen der Umwelt wider. Wie sich zeigt, passen die idealistische Innenwelt des Bewusstseins und die neurobiologische Innenwelt des Gehirns überraschend gut zueinander: Denn sowohl aus idealistischer wie aus materialistischer Sicht hat das Subjekt keinen wirklichen Anteil an der Welt. Die Verknüpfung beider Traditionen wird durch die Erkenntnistheorie des Neurokonstruktivismus hergestellt.

Nun gibt es einen Bereich der Welt, der sich der Verbannung in eine mentale Innenwelt in besonderer Weise widersetzt: Es ist der eigene Leib, den wir bewohnen, jedoch nicht wie der Kapitän sein Schiff oder der Fahrer sein Auto, sondern in der Weise, dass wir selbst *dieser Leib sind* – in der räumlichen Ausdehnung und Meinhaftigkeit der leiblichen Empfindungen, in der gespürten Beweglichkeit der Glieder und in allen leiblichen Fähigkeiten, durch die wir mit den Dingen der Welt umgehen. Der Leib ist das primäre Medium des In-der-Welt-Seins und damit auch das Zentrum unserer Lebenswelt. Das Programm der Naturalisierung lässt sich daher nur konsequent durchführen, wenn es gelingt, diesen subjektiven Leib als Illusion oder Projektion zu erweisen und den physikalisch definierten Körper an seine Stelle zu setzen. Nicht zufällig wandte bereits Descartes beträchtliche Mühe auf, um die primäre Erfahrung der Räumlichkeit und Meinhaftigkeit des erlebten Leibes zu unterminieren. Vor allem Phänomene wie das Phantomglied, das Amputierte an der Stelle des fehlenden Gliedes empfinden, aber auch die beliebige Teilbarkeit des Körpers im Gegensatz zum Geist sollten seine Zeitgenossen davon überzeugen, dass die alte, aristotelisch-thomistische Konzeption der *Koextension* von Seele und Körper aufzugeben sei (Descartes 1641/1959: 155 ff.). Die Seele sitzt im Gehirn, genauer in der Epiphyse, nicht im Körper als ganzem. Die enge Verbindung, ja Vermischung von Seele und Körper, die Descartes gleichwohl zugestand (ebd.: 145), sollte doch nichts daran ändern, dass die Seele des Körperkonglomerats nicht bedürfe und von ihm radikal verschieden sei.

Der gleichen Problematik begegnen wir im Neurokonstruktivismus wieder, wenn auch unter materialistischem Vorzeichen. Im Interesse des Naturalisierungsprogramms muss die leibliche Subjektivität als Konstrukt erwiesen werden. Das Phantomglied und verwandte Erfahrungen bei Gesunden, in denen eigenleibliche Empfindungen außerhalb der Körpergrenzen lokalisiert werden, ja selbst die sogenannten außerkörperlichen Erfahrungen scheinen hinreichend zu belegen, dass unser subjektiver Leib nichts anderes ist als ein *gewohnheitsmäßiger Phantomkörper*, eine Simulation oder Konstruktion des Gehirns, die unter bestimmten Umständen an nahezu beliebiger Raumstelle erzeugt werden kann. So gibt der Hirnforscher Ramachandran zwei von jedem leicht durchführbare Experimente zu räumlichen Verlagerungen des Leiberlebens außerhalb des Körpers an, die belegen sollen: »Ihr eigener [subjektiver] Körper ist ein Phantom, ein Phantom, das Ihr Gehirn aus rein praktischen Gründen vorübergehend konstruiert hat« (Ramachandran/Blakeslee 2001: 114).[1] Das räumliche Körperschema, die Propriozeption, die Bewegungsempfindungen oder Kinästhesen – all das wird demnach an bestimmten Arealen vor allem des Scheitelhirns erzeugt und in den vom Gehirn konstruierten, virtuellen Raum hineinprojiziert.

Die grundlegende Spaltung zwischen der sinnlich wahrgenommenen Welt und dem naturwissenschaftlich konzipierten Universum kehrt somit wieder in der Spaltung zwischen dem subjektiven *Leib* und dem physiologischen *Körper*, so als ob diese zwei

1 Eines der bekanntesten Experimente dieser Art ist die »Gummihand-Illusion«: Wird eine sichtbare Gummihand auf dem Tisch synchron mit der unter dem Tisch verborgenen eigenen Hand rhythmisch berührt, so nimmt die Versuchsperson die Gummihand nach einiger Zeit als ihre eigene Hand mit Berührungsempfindungen wahr (Botvinick/Cohen 1998). – Metzinger und Blanke haben dieses Prinzip auf eine Ganzkörper-Illusion ausgeweitet: Wird bei einer Versuchsperson mittels Videobrille die Wahrnehmung eines Scheinkörpers erzeugt, der nun gleichzeitig mit ihrem eigenen Körper am Rücken gestreichelt wird, so kommt es zu einer Verlagerung des Selbsterlebens in den Scheinkörper (Blanke/Metzinger 2008).

unterschiedlichen Welten angehörten – der eine der vom Gehirn konstruierten »Innenwelt« des Bewusstseins, der andere der objektiv-physikalischen Welt. Die oben genannten Dissoziationen von leibräumlicher und körperräumlicher Erfahrung sollen unsere lebensweltliche Intuition, im verletzten Fuß auch den Schmerz zu empfinden, als neuronal erzeugte Illusion erweisen. Um diese gesamte Konzeption noch einmal zusammenfassen und zugleich die zentrale lebensweltliche Bedeutung des Leiberlebens zu verdeutlichen, zitiere ich aus einem Buch Gerhard Roths mit dem bezeichnenden Titel *Aus Sicht des Gehirns*:

> Die Feststellung, dass die von mir erlebte Welt des Ich, meines Körpers und des Raumes um mich herum ein Konstrukt des Gehirns ist, führt zu der vieldiskutierten Frage: Wie kommt die Welt wieder nach draußen? Die Antwort hierauf lautet: Sie kommt nicht nach draußen, sie verlässt das Gehirn gar nicht. Das Arbeitszimmer, in dem ich mich gerade befinde, der Schreibtisch und die Kaffeetasse vor mir werden ja nur als »draußen« in Bezug auf meinen Körper und mein Ich erlebt. Diese beiden sind aber ebenfalls Konstrukte, nur ist es so, dass mit der Konstruktion meines Körpers auch der zwingende Eindruck erzeugt wird, dieser Körper sei von der Welt umgeben und stehe in deren Mittelpunkt. Und schließlich wird [...] ein Ich erzeugt, *das das Gefühl hat, in diesem Körper zu stecken*, und dadurch wird es erlebnismäßig zum Zentrum der Welt. (Roth 2003: 48; Hervorh. T.F.)

Der subjektive Leib stellt nach dieser Auffassung ein ganz besonderes Konstrukt des Gehirns dar, das uns nämlich die Illusion vermittelt, tatsächlich in der Welt zu leben und mit ihr in Beziehung zu stehen. Der »Kosmos im Kopf«, also die behauptete Virtualität der erlebten Welt ebenso wie des Ich, beruht wesentlich auf der Annahme, auch das Leiberleben sei nur virtueller Natur, oder mit anderen Worten: das Subjekt sei nicht verkörpert, nicht im Leib zu Hause, sondern es entspringe allein dem Gehirn, wie Athene dem Haupt des Zeus. Das Programm der Naturalisierung erfordert daher, diesen subjektiven Leib als Illusion oder Projektion zu erweisen und den physikalisch definierten Körper an seine Stelle zu setzen.

Soll hingegen die Wahrnehmung mehr als eine virtuelle Welt

vermitteln und soll die Lebenswelt gegenüber dem neurowissenschaftlichen Dominanzanspruch wieder in ihr Recht gesetzt werden, so muss vor allem die behauptete Virtualität des Leiberlebens widerlegt werden. Dazu werde ich im Folgenden eine Argumentation entwickeln, die auf der impliziten Intersubjektivität der Wahrnehmung beruht. Wie sich zeigen wird, vermag sie unsere Erfahrung des leiblichen In-der-Welt-Seins zu beglaubigen und so die Vorstellung einer monadischen Innenwelt des Subjekts im Gehirn zu widerlegen.

Leibliches In-der-Welt-Sein: Die Koextension von Leib und Körper

Vergegenwärtigen wir uns zunächst die Tatsache, dass wir den subjektiven Leib und den organischen Körper normalerweise durchaus als *koextensiv* erfahren: Dort, wo wir beim Atmen ein Weit- und Engwerden spüren, hebt und senkt sich auch der sichtbare Brustkorb. Der empfundene Schmerz sitzt dort, wo der Nagel auch den physischen Fuß gestochen hat. Und zeigt der Patient dem Arzt seinen schmerzenden Fuß, so wird dieser auch dort nach der Ursache suchen. Wäre die subjektive Leiberfahrung nur eine Illusion, könnte er die Aussage des Patienten als bedeutungslos ignorieren. Es gibt also eine räumliche Übereinstimmung oder *Syntopie* von Leiblichem und Körperlichem, auf die bereits Husserl hingewiesen hat: In der »Kompräsenz« des in der subjektiven und in der objektiven Einstellung Gegebenen konstituiere sich der Leib als »physisch-aesthesiologische Einheit« (Husserl 1952: 161).[2] Das Phänomen der Phantomschmerzen zeigt uns zwar, dass der Organismus im Ausnahmefall auch ohne das betreffende Glied eine entsprechende Schmerzempfindung erzeugen kann, macht aber den Normalfall nicht weniger erstaunlich: Wie ist es eigentlich möglich, dass wir den Schmerz tatsächlich da empfinden, wo sich auch der dazu passende verletzte Körperteil befindet – und nicht zum Beispiel im Gehirn?

2 Vgl. zur Koextension von Leib und Körper Fuchs (2002: 135 ff.).

Der naheliegende Begriff der »Projektion« von Leibempfindungen in den Raum des Körpers führt nicht weiter, denn in einer virtuellen Welt käme dieser objektive Körperraum gar nicht vor. Eine Projektion »nach außen« kann es nicht geben, wenn diese Außenwelt doch nach der Voraussetzung nur eine vom Gehirn konstruierte Innenwelt sein soll – es gäbe gar kein »wohin« der Projektion. Die früher noch üblichen Projektionskonzepte sind daher in den kognitiven Neurowissenschaften weitgehend zugunsten eines einheitlichen phänomenalen, gleichwohl aber virtuellen Raums aufgegeben worden, eines »*Phenospace*« (Metzinger 1999: 243). Der empfundene Schmerz in meinem Fuß ist demzufolge ebenso ein Hirnkonstrukt wie der gesehene Fuß und mit ihm die gesamte Umgebung, die ich wahrnehme.

Sobald wir nun aber in eine *intersubjektive* Situation eintreten wie der erwähnte Patient beim Arztbesuch, wird rasch deutlich, dass subjektives Erleben und objektive Situation keineswegs zwei strikt voneinander getrennten Welten angehören. Die »Syntopie« oder das Zusammenfallen des Ortes von Schmerz und Verletzung betrifft nämlich jetzt den von Arzt und Patient *gemeinsam* wahrgenommenen Körper: Wo der Patient den Schmerz empfindet und wohin er deutet, ebendort sucht und findet der Arzt auch dessen Ursache. Beide sehen den gleichen Fuß, der schmerzt *und* verletzt ist. Der Verweis auf den jeweiligen »Phenospace« von Arzt und Patient hilft nun nicht mehr weiter – wenn die Rede von einer Realität des Körpers überhaupt irgendeinen Sinn haben soll, dann in der intersubjektiven Situation. Denn hier kommen die subjektiven Räumlichkeiten beider Personen in einer Weise zur Deckung, *die ihre bloße Subjektivität aufhebt.* Der von beiden Personen übereinstimmend gemeinte Körper kann kein subjektives Scheingebilde mehr sein. Er befindet sich im gemeinsamen, intersubjektiven und insofern objektiven Raum.

Ich will diesen Punkt der Argumentation noch weiter verdeutlichen: Nach der neurokonstruktivistischen Voraussetzung produziert jedes Gehirn nur seinen *eigenen* virtuellen Raum; es kann somit keinen »gemeinsamen Phenospace« von Arzt und Patient geben.

Daraus folgt aber: Wenn sich Wahrnehmung restlos als ein physikalischer Prozess beschreiben und erklären ließe, der sich jeweils zwischen einem Gegenstand und einem Gehirn abspielt, *dann könnten zwei Menschen gar nicht gemeinsam ein- und denselben Gegenstand betrachten*. Die zwei Prozesse liefen, vom betrachteten Objekt ausgehend, in verschiedene Richtungen und streng getrennt voneinander ab, und die beiden Personen blieben in ihre jeweilige Welt eingeschlossen. Sie könnten zwar versuchen, sich über ihre Innenwelten zu verständigen, hätten dafür aber keine gemeinsamen Referenzobjekte mehr. Jedes Zeigen-auf-etwas verbliebe nur im eigenen Illusionsraum, und daher gäbe es auch für die sprachlichen Indexwörter (»dieses«, »hier«, »ich«) keine gemeinsamen Richtungen und Ankerpunkte. Damit aber entfiele auch die Grundlage sprachlicher Verständigung. Die neurokonstruktivistische Illusionsthese führt also in letzter Konsequenz zu einem »Neuro-Solipsismus«.

Doch schon der einfache Vorgang, dass der Arzt ein Rezept für ein Schmerzmittel schreibt und das Papier dem Patienten übergibt, beruht darauf, dass beide denselben Gegenstand sehen und handhaben und nicht nur mit ihren internen Konstrukten oder Bildern umgehen. Beide haben Anteil am intersubjektiv konstituierten und insofern objektiven Raum gemeinsamer Gegenständlichkeit. Ihre subjektive Sicht ist also zwar eine je *individuelle* und *perspektivische* Sicht, jedoch nicht etwa virtuell oder subjektiv in dem Sinne, als wäre das Gesehene »nur im Subjekt«. Sehend befinden wir uns immer schon in einem gemeinsamen Raum mit anderen Sehenden (seien sie nun anwesend oder abwesend), deren Perspektiven wir als gleichermaßen gültig voraussetzen. Es ist ihr Sehen (Hören, Tasten…), das unsere eigene Wahrnehmung beglaubigt. Die Intentionalität der Wahrnehmung hebt somit die Gebundenheit an eine rein subjektive Perspektive auf; sie enthält eine *implizite Intersubjektivität*.[3]

3 Nach Husserl bezeugt gerade die horizonthafte Gegebenheit der Objekte, dass sie auch für andere zugänglich sind: Der Erfahrungsgegenstand, etwa ein Tisch, erschöpft sich nicht in den mir gegebenen Aspekten, sondern verfügt über einen Horizont gleichzeitiger Aspekte (etwa die Rückseite des Tisches), die mir nicht

Arzt und Patient nehmen also den gleichen, objektiven Körper wahr. Nun fällt aber die subjektive Stelle des Schmerzes mit dem objektiven, zeigbaren Ort des betreffenden Körperteils zusammen. Der subjektiv-leibliche und der objektive Raum kommen also *tatsächlich* zur Deckung, und wir müssen die Frage wiederholen: Wie ist es möglich, dass der Patient den Schmerz gerade *dort* empfindet und nicht im Gehirn?

Schon die Richtung dieser Frage zeigt freilich, dass wir in cartesianischer Tradition noch immer gewohnt sind, Subjektivität kategorial vom lebendigen Organismus zu trennen. Evolutionär verhält es sich gerade umgekehrt: Ursprünglich ist der ganze Körper gewissermaßen ein Sinnes- und Fühlorgan. Gerade an seinen Grenzflächen mit der Umgebung ist der Organismus reizbar, sensibel und responsiv. *Die elementare Sensibilität beginnt an der Peripherie des Körpers.* Die Ausbildung eines nervösen Zentralorgans hebt diese periphere Sensibilität nicht auf, sondern integriert sie. Dass das leibliche Bewusstsein dennoch mit dem Organismus koextensiv bleibt, zeigt, dass es von Anfang an ein *verkörpertes Bewusstsein* ist. Es stellt das *»Integral« über dem lebendigen Organismus insgesamt* dar, nicht ein im Gehirn produziertes Phantom oder Modell.

So gesehen ist die Koextension von subjektivem Leib und organischem Körper nicht mehr verwunderlich. Sie ist aber auch funktionell sinnvoll: Das Bewusstsein ist dort, wo die entscheidenden Interaktionen mit der Umwelt stattfinden – in der Peripherie, nicht im Gehirn. Schließlich ist der Körper der eigentliche »Spieler im Feld«; daher ist es sinnvoll, dass seine Grenzen, Stellungen und Bewegungen in der Umwelt leibräumlich erlebt und nicht nur kognitiv registriert werden. Theoretisch wäre es zwar auch denkbar, dass Schmerzen uns ebenso ortlos zu Bewusstsein kämen wie Gedanken oder Erinnerungen. Doch ohne die Koinzidenz der

zugänglich sind, die aber prinzipiell von anderen wahrgenommen werden können. Aufgrund seiner Aspektivität existiert also der Gegenstand nicht nur für mich allein, sondern verweist immer zugleich auf andere (Husserl 1962: 468). Somit ist auch mein schmerzender Fuß ein implizit immer schon von anderen »mitgesehener« Fuß.

beiden Räume hätten wir unseren Körper nur als ein äußerlich zu hantierendes Werkzeug und wären nicht in ihm »inkarniert«. Nur weil das Bewusstsein in der schmerzenden Hand ist, zieht man sie unwillkürlich vor der Nadel zurück.[4] Nur weil die Empfindung des Töpfers in seiner tastenden Hand sitzt und er dort den Widerstand und die Struktur des Tones spürt, kann er ihn auch geschickt formen. Eine bloße »zentrale Verrechnung« im Gehirn könnte niemals leisten, was die unmittelbare Präsenz des Subjekts in seiner Hand ermöglicht, nämlich die Verknüpfung von Leib, Wahrnehmung, Bewegung und Objekt in einem einheitlichen sensomotorischen Aktionsraum: »Mein Leib ist *da*, wo er etwas zu tun hat«. (Merleau-Ponty 1966: 291)

Wenn ich also nach etwas taste, so bewege *und spüre ich* keine virtuelle, sondern meine wirkliche Hand, die ihrerseits einen wirklichen Gegenstand berührt. Ebenso spüre ich beim Atmen meine Brust sich heben und senken und nicht etwa ein »Konstrukt« meiner Brust. Das wird dadurch möglich, dass der subjektive leibliche Raum in den objektiven Raum des Organismus eingebettet, mit ihm koextensiv ist. Mit anderen Worten: Der Leib ist die Weise, wie wir uns als Organismen in Beziehung zur Umwelt erfahren. Wir sind *leibhaftig in der Welt* – und nicht Wesen, die nur »das Gefühl haben, in ihrem Körper zu stecken«, wie Roth meint.

Freilich ist die Ausdehnung des subjektiven Leibs flexibel – nämlich entsprechend den jeweiligen funktionellen Erfordernissen. Sie stimmt keineswegs immer mit den Grenzen des Körpers überein. So können auch Instrumente in das subjektive Körperschema inte-

4 Dies hat auch Descartes gesehen: Die Reizung der Schmerzfasern im Fuß werde zum Gehirn weitergeleitet, löse dort eine Nervenbewegung aus und lasse uns den Schmerz so empfinden, »als ob« er im Fuß wäre. Diese subjektive Lokalisierung sei aber dennoch sinnvoll: »Zwar hätte Gott die Natur des Menschen auch so einrichten können, dass dieselbe Bewegung im Gehirn dem Denken irgend etwas anderes darstellte, etwa sich selbst, sofern sie sich im Gehirn [...] befindet [...]; aber *nichts anderes hätte zur Erhaltung des Körpers gleich gut beigetragen.*« (Descartes 1641/1959: 157 ff.; Hervorh. T. F.) Nur zieht Descartes daraus nicht den notwendigen Schluss, das Subjekt der Schmerzen als *leibräumlich* zu denken. Dann gäbe es freilich auch kein »Als-ob« mehr.

griert werden: »Der Stock des Blinden«, so schreibt Merleau-Ponty, »ist für ihn kein Gegenstand mehr, er ist für sich selbst nicht mehr wahrgenommen, sein Ende ist zu einer Sinneszone geworden.« (1966: 173) Ebenso spürt der geübte Autofahrer die Qualität des Straßenbelags unter den Reifen seines Wagens oder die Spannbreite der Einfahrt, durch die der Wagen noch passt. Ein Amputierter vermag durch allmähliche Gewöhnung seine Prothese zu »inkorporieren«, sodass sie für ihn buchstäblich zu einem neuen Leibglied wird. Und sogar eine Gummihand kann sich vorübergehend mit dem empfundenen Leib verbinden, wenn sie passend in den Funktionskreis von Empfindung, Wahrnehmung und Bewegung einbezogen ist.

Statt nur zentrales Konstrukt zu sein, modifiziert sich also der subjektive Leibraum in Abhängigkeit von der jeweiligen Zone, in der die *tatsächliche* Auseinandersetzung mit der Umwelt stattfindet. Dies ist wiederum funktionell sinnvoll: Der physische Kontakt mit dem eigentlichen Widerstand der Umgebung muss in das subjektive Erleben eingehen, damit ein adäquater Umgang mit Objekten und Werkzeugen möglich wird. Die angeblichen »Illusionen«, die dabei entstehen, sind in Wahrheit höchst sinnvolle Verschiebungen unseres Leibbewusstseins im Kontakt mit der Umwelt. Wiederum folgt: Der objektive Raum des physischen Organismus und der subjektive Raum des leiblichen Erlebens sind *ineinander verschränkt* und modifizieren sich ständig wechselseitig.[5]

Eine Einschränkung freilich gilt: Phänomene wie die Phantomglieder oder andere Leib-Körper-Dissoziationen zeigen, dass die Diskrepanz zwischen dem objektiv-körperlichen und dem subjektiv-leiblichen Raum ausnahmsweise erhebliche Ausmaße annehmen kann.[6] Solche Ausnahmen sprechen aber ebenso wenig wie

5 Dies gilt z. B. auch für physiologische Veränderungen, wie sie beim Autogenen Training auftreten: Die autosuggestiv hervorgerufene Wärmeempfindung in einem Leibglied geht mit einer messbar erhöhten Durchblutung des entsprechenden Körperteils einher. Ähnlich sind die meisten der in der psychosomatischen Medizin thematisierten Phänomene in dieser wechselseitigen Verschränkung von Leiblichkeit und Körperlichkeit begründet.

6 Dabei spielt offenbar eine Reorganisation des somatosensorischen Kortex nach

die Verschiebungsphänomene beim Instrumentengebrauch gegen die *grundsätzliche Syntopie*, also gegen die prinzipiell koextensive Räumlichkeit von Leiblichem und Organisch-Körperlichem – im Gegenteil, sie bestätigen sie sogar. Wären nämlich Leib und Körper nicht normalerweise koextensiv, so wäre für den Amputierten sein Phantomglied nicht so irritierend; denn es gäbe dann auch keine mögliche *Diskrepanz* beider Räumlichkeiten.[7] Freilich sind die Formen und Grenzen des gespürten Leibes auch im Normalfall unscharf und fließend; schon deshalb können sie nicht mit den Körperformen exakt übereinstimmen. Die prinzipielle Koextension von Leib und Körper genügt jedoch, um die Illusionsthese zu widerlegen. Ebenso wenig wie das Vorkommen von optischen Täuschungen unsere visuelle Wahrnehmung als solche als Illusionen erweist, lassen Phantomglieder oder außerkörperliche Erfahrungen den Schluss auf eine generelle Virtualität unseres Leiberlebens zu.

3. Der Ort des Schmerzes

Fragen wir nun nach diesen Überlegungen noch einmal: Wo ist der Schmerz, wenn mir der Fuß wehtut? – Nach gängiger neurowissenschaftlicher Überzeugung dort, wo er angeblich erzeugt wird, also im Gehirn. Selbst Searle, sonst ein Kritiker des neurobiologischen Reduktionismus, ist dieser Auffassung: »Der gesunde Menschenverstand sagt uns, dass unsere Schmerzen sich im physikalischen Raum innerhalb unseres Körpers befinden [...] Doch wissen wir nun, dass dies falsch ist. Das Hirn bildet ein Körperbild, und Schmerzen – wie alle körperlichen Empfindungen – gehören zum Körperbild. Der Schmerz-im-Fuß ist buchstäblich im physikalischen Raum des Hirns.« (Searle 1993: 81) – Doch das Gehirn

Ausfall des peripheren Signalzustroms vom amputierten Glied eine zentrale Rolle (Ramachandran/Blakeslee 2001: 57 ff.).

7 So kann ein Armamputierter seinen Stumpf auf eine Wand zu bewegen und dabei zu seiner Bestürzung feststellen, wie das Phantom mühelos die Wand durchdringt und nun mit ihr »denselben« Raum einnimmt (vgl. Katz 1921). Doch keiner der beiden erlebten Räume ist an sich illusionär – sie sind vielmehr koextensive, sich überlagernde Modalitäten des einheitlichen Erfahrungsraums.

empfindet weder Schmerzen, noch enthält es sie. Es produziert auch kein »Körperbild«, denn der erlebte Leib ist kein »Bild« von einem Körper, sondern es ist der Körper selbst *als* empfundener. Alles was sich im Gehirn findet, *wenn* jemand Schmerz empfindet, sind bestimmte neuronale Aktivierungen (besonders im somatosensorischen Kortex und im Gyrus cinguli), die zwar notwendige Bedingungen des Schmerzerlebens darstellen, aber sicher keine Schmerzen *sind*.

Der Schmerz-im-Fuß ist somit *weder* im physikalischen Raum des Fußes *noch* im physikalischen Raum des Gehirns, denn Schmerzen sind nun einmal weder anatomische Dinge wie Sehnen oder Knochen noch physiologische Prozesse wie Ladungsverschiebungen an neuronalen Zellmembranen. Wo ist der Schmerz dann? Er ist im »Fuß-als-Teil-des-lebendigen-Körpers«, denn dieser einheitliche lebendige Körper bringt – nicht zuletzt vermittels des Gehirns – auch eine *leibliche, räumlich ausgedehnte Subjektivität* hervor. Dass ich sinnvoll aussagen kann »Ich habe Schmerzen im Fuß« und denselben Fuß auch meinem Arzt zeigen kann, setzt voraus, dass der subjektive Raum meines Schmerzes und der objektive Raum meines Fußes nicht zwei getrennten Welten angehören, sondern *syntopisch zur Deckung kommen*.

Das ist für ein physikalistisch geprägtes Denken schwer akzeptabel – wird hier nicht das »Gespenst in der Maschine« (Ryle 1949) wieder zum Leben erweckt? Soll der Seele insgeheim wieder Einlass in die physikalisch gereinigte Welt verschafft werden? – Tatsächlich war es ein selbstverständlicher Bestandteil aristotelischer und vorneuzeitlicher Überzeugungen, dass die Seele unteilbar und dennoch mit dem organischen Körper koextensiv sei.[8] Noch Kant schreibt in seiner vorkritischen Periode:

8 Vgl. Aristoteles (De anima 411b 24): »[I]n jedem der Teile sind alle Teile der Seele vorhanden«; später dann Meister Eckhart (1958: 161 ff.): »Die Seele ist ganz und ungeteilt vollständig im Fuße und vollständig im Auge und in jedem Gliede«, oder Thomas von Aquin: »Die Seele des Menschen ist als Ganze im ganzen Körper und als Ganze in jedem seiner Teile.« (STh I, q. 93, a. 3; Übers. T. F.)

> Ich würde mich also an der gemeinen Erfahrung halten und vorläufig sagen: wo ich empfinde, da *bin* ich. Ich bin ebenso unmittelbar in der Fingerspitze wie in dem Kopfe. Ich fühle den schmerzhaften Eindruck nicht an einer Gehirnnerve, wenn mich ein Leichdorn peinigt, sondern am Ende meiner Zehen. Keine Erfahrung lehrt mich, [...] mein unteilbares Ich in ein mikroskopisch kleines Plätzchen im Gehirn zu versperren, um von da aus den Hebezug meiner Körpermaschine in Bewegung zu setzen, oder dadurch selbst getroffen zu werden. [...] Meine Seele ist ganz im ganzen Körper und in jedem seiner Teile. (Kant 1766/1905: 324 f.)

Erklärt man nun die subjektive Erfahrung leiblicher Räumlichkeit nicht zum Schein, sondern setzt sie syntopisch in Bezug zum intersubjektiven und damit objektiven Raum, so knüpft dies in gewissem Sinn tatsächlich an die Lehren von einer Koextensivität von »Seele« und »Körper« an, allerdings mit einer ganz anderen, nichtdualistischen Begrifflichkeit. An die Stelle der außerweltlichen cartesischen Seele oder *res cogitans* tritt der subjektive, räumlich ausgedehnte Leib. Und an die Stelle des physikalistisch als bloße *res extensa* verstandenen Körpers tritt der lebendige Organismus: Er stellt ein einheitliches Funktionsganzes dar, das unteilbar und gleichwohl im physikalischen Raum ausgedehnt ist – in Parallele zum subjektiven Leib und dessen unteilbarer Ausdehnung.[9] Ein adäquater Begriff des Lebendigen muss daher den organismisch-körperlichen ebenso wie den subjektiv-leiblichen Aspekt umfassen. Beide hängen nicht nur äußerlich im Gehirn miteinander zusammen; sondern das Lebewesen als Ganzes erscheint einmal als le-

9 Die von Descartes behauptete beliebige Teilbarkeit des organischen Körpers ist also ebenso wenig aufrechtzuerhalten wie die Unausgedehntheit des Subjekterlebens (vgl. Descartes 1641/1959: 153 f.). Auch die leibliche Subjektivität ist unteilbar ausgedehnt, insofern ihr alle räumlich verteilten Leibempfindungen gleichermaßen zugehören und in der einheitlichen »Meinhaftigkeit« des Leibes vereinigt sind. Man kann dies beim eigenleiblichen Spüren mit geschlossenen Augen leicht nachprüfen. Räumlich ist auch die am ganzen Leib empfundene Frische oder Müdigkeit, das Missbefinden oder das Krankheitsgefühl (vgl. dazu Schmitz 1995: 117 ff.; Fuchs 2002: 97 ff.).

bendiger, empfindender und zugleich expressiver Leib,[10] das andere Mal als lebendiger Organismus.

Dass dieser lebendige Organismus zum Träger einer gleichfalls räumlich ausgedehnten Subjektivität werden kann, fügt der rein physikalisch beschreibbaren Welt keine neue Entität, keine Seelensubstanz hinzu, widerspricht also auch keinen physikalischen Gesetzen. Allerdings bedeutet es für uns selbst als lebendige Wesen eine fundamentale Veränderung: Wir sind keine im Gehirn eingeschlossenen Monaden mehr, denen ein Bild der Welt vorgespiegelt wird, sondern *wir bewohnen unseren Leib und durch ihn die Welt.* Die Phänomenologie kann damit unsere primäre Erfahrung wieder in ihr Recht setzen, als verkörperte Wesen in der Welt zu sein.

4. Resümee: Lebenswelt und Neurowissenschaften

Der Leib ist das Zentrum und die Grundlage der Lebenswelt. Durch seine ausgedehnte Räumlichkeit, Beweglichkeit und Geschicklichkeit sind wir in die Welt eingebettet und in ihr zu Hause. Durch seine Erscheinung, seine Bewegungen und seinen Ausdruck werden wir aber auch als Personen für andere wahrnehmbar und verständlich. Es ist die von Husserl (1952) so genannte *personalistische* oder lebensweltliche Einstellung, in der wir einander als leibliche Wesen, als verkörperte Subjekte erfahren. In der Lebenswelt begegnen wir einander nicht wie Körpervehikel, in deren Gehirnen wir die Gedanken und Gefühle des anderen lokalisieren, sondern als Personen, die ihren Leib bewohnen, in ihm erscheinen und sich ausdrücken.

Schon der Dualismus bei Descartes, aber auch der neurobiologische Konstruktivismus beruht nun auf einer doppelten »Entleiblichung«. Zum einen nämlich wird der lebendige Leib objektiviert zu einem bloßen Körperding; zum anderen wird das leibliche Sub-

10 In der Wahrnehmung eines schmerzverzerrten Gesichts wird der Schmerz auch der Perspektive der 2. Person zugänglich, erweist sich also auch in dieser Hinsicht als ein Phänomen, das nicht einer virtuellen Innenwelt angehört, sondern dem lebendigen und sichtbaren Leib als ganzem.

jekt zu einem Bewusstseins-Ich hypostasiert und in eine mentale Innenwelt eingeschlossen. Der Körper lässt sich dann aus der Beobachterperspektive oder 3. Person-Perspektive erforschen; dem Bewusstseinssubjekt bleibt nur noch die zwar unbestreitbare, aber doch unzugängliche 1. Person-Perspektive. Was damit wegfällt, ist zum einen die lebensweltliche oder Teilnehmer-Perspektive, die *Perspektive der 2. Person*; zum anderen das Prinzip des *Lebens*, das dem Organismus als ganzem zukommt. Der neurobiologische Reduktionismus ergibt sich dann aus einem Kurzschluss zwischen 1. und 3. Person-Perspektive, nämlich zwischen dem abstrahierten Bewusstsein und dem objektivierten Körper bzw. dem Gehirn als seinem *pars pro toto*. Doch es ist nicht das Gehirn, das fühlt, denkt, wahrnimmt oder sich bewegt, sondern nur das Lebewesen, der lebendige Organismus als ganzer.

Wie sich zeigt, ist die Leiblichkeit die Schlüsselstelle und zugleich die Achillesferse des neurobiologischen Reduktionismus. Um die physikalische Welt von allem Erlebten und Lebendigen zu reinigen, muss der subjektive Leib zum internen Konstrukt des Gehirns erklärt werden; seine räumliche Ausgedehntheit darf nur eine Illusion sein. Demgegenüber habe ich gezeigt, dass Leib und Körper eine »physisch-ästhesiologische Einheit« darstellen, wie Husserl es ausdrückt; dass also der subjektiv erlebte Leib und der intersubjektiv wahrgenommene, physische Körper syntopisch zur Deckung kommen. Dieser Körper ist freilich nicht mehr der teilbare Maschinenkörper der mechanistischen Physiologie und Medizin: Der Einheit des subjektiven Leibes entspricht vielmehr die unteilbare Einheit des lebendigen Organismus. Eine Neubegründung des Lebensbegriffs auf der Basis der leiblichen Selbsterfahrung ebenso wie einer systemischen Biologie ist insofern die zentrale Voraussetzung dafür, die naturalistische Aufspaltung der Person in Physisches und Mentales zu überwinden.[11]

Das Subjekt ist ausgedehnt über den leiblichen Raum, und dies nicht in Form eines Phantomgebildes, eines Hirnkonstrukts, son-

11 Dazu habe ich in meinem Buch *Das Gehirn – ein Beziehungsorgan* (Fuchs 2008) einen Ansatz entwickelt (insbes. Kap. 3).

dern als die in einen lebendigen Körper eingebettete und mit ihm koextensive *verkörperte Subjektivität.* Die somatosensorischen und motorischen Strukturen im Gehirn sind freilich notwendige Bedingungen dieses Subjekterlebens. Doch bedeutet dies nicht, dass das Leibsubjekt im Gehirn zu lokalisieren wäre wie Descartes' Seele in der Zirbeldrüse. Wir gehören der Welt an, mit Haut und Haaren – wir sind leibliche, lebendige und damit »organischere« Wesen, als es der neurowissenschaftliche Zerebrozentrismus suggeriert. Die Neurobiologie unterschlägt den Primat der lebensweltlichen oder Teilnehmer-Perspektive, in der allein sich Lebendiges und Leibliches wahrnehmen lässt. Stattdessen vertritt sie letztlich einen metaphysischen Realismus, der das »Gehirn an sich« erkennen zu können glaubt und der Lebenswelten als bloße Konstrukte betrachtet. Die Verfeinerungen neurobiologischer Messverfahren, so schreibt etwa Singer,

> machen oft als psychisch bezeichnete Phänomene zu objektivierbaren Verhaltensleistungen. [...] Darunter fallen Wahrnehmen, Vorstellen, Erinnern und Vergessen, Bewerten, Planen und Entscheiden, und schließlich die Fähigkeit, Emotionen zu haben. All diese Verhaltensmanifestationen lassen sich operationalisieren, aus der Dritten-Person-Perspektive heraus objektivieren und im Sinne kausaler Verursachung auf neuronale Prozesse zurückführen. (Singer 2004: 238)

Wie man aus der 3. Person-Perspektive (das heißt, ohne mit der betreffenden Person zu sprechen) Wahrnehmungen oder Emotionen feststellt, bleibt freilich Singers Geheimnis. Die *Teilnehmerperspektive* ist im Unterschied zur Beobachterperspektive die soziale Perspektive, in der Menschen einander als Personen wahrnehmen und miteinander kommunizieren. Das Erleben, Wahrnehmen, Fühlen und Handeln von Personen ist überhaupt nur aus dieser Perspektive zu erfassen und dann unter gewissen Einschränkungen auch mit neurowissenschaftlichen Befunden korrelierbar. Wer nicht weiß, was »Sehen« ist, und sich mit anderen Sehenden darüber verständigen kann, kann auch keine Neurophysiologie der optischen Wahrnehmung treiben. Schon die Gegenstandskonstitution erfordert vom Neurowissenschaftler also das Einnehmen der Teilnehmerperspektive. »Ohne Intersubjektivität des Verstehens keine Objektivität des Wissens.« (Habermas 2004: 885)

In der 2. Person-Perspektive begegnen wir einander als verkörperte Subjekte, als Lebewesen mit einem Leib, der weder in Innen- noch in Außenperspektive ein Hirnkonstrukt darstellt, sondern eine physisch-ästhesiologische Einheit. Und so wie es keinen Körper im Kopf gibt, so auch keine Hirnwelten, keinen »Kosmos im Kopf«. Denn der Kosmos ist nicht ein *ídios kósmos*, eine subjektive Innenwelt, sondern der *koinós kósmos*, die Welt, die wir mit den anderen teilen. Wirklichkeit ist mehr als »die gleichgültige Innenperspektive von Individuen, die sich einbilden, Subjekte zu sein« (Spaemann 2011: 293). Sie konstituiert sich in der wechselseitigen Wahrnehmung und Anerkennung von Personen, die wissen, dass sie nicht nur das Konstrukt des anderen sind und der andere nicht das ihre. Und indem der andere in seinem Leib für uns wirklich wird, werden wir auch uns selbst wirklich, als leibhaftige und in ihrem Leib erscheinende Wesen. Leiblichkeit, Lebenswelt und Wirklichkeit begründen einander wechselseitig.

Literatur

Aristoteles. 1950. *Vom Himmel – Von der Seele – Von der Dichtkunst*. Übers. von O. Gigon. Zürich: Artemis. (Zitiert nach der Bekker-Paginierung)

Blanke, O., T. Metzinger. 2008. »Full-Body Illusions and Minimal Phenomenal Selfhood«. In: *Trends in Cognitive Sciences* 13 (1): S. 7-13.

Botvinick, M., J. Cohen. 1998. »Rubber Hands ›Feel‹ Touch that Eyes See«. In: *Nature* 391 (6669): S. 756.

Crick, F. 1994. *Was die Seele wirklich ist. Die naturwissenschaftliche Erforschung des Bewusstseins*. München: Artemis & Winkler.

Damasio, A. 2002. »Wie das Gehirn Geist erzeugt«. In: *Spektrum der Wissenschaft,* Dossier 2: *Grenzen des Wissens*: S. 36-41.

Descartes, R. 1959. *Meditationes de prima philosophia. Meditationen über die erste Philosophie*. Übers. und hg. von L. Gäbe. Hamburg: Meiner. (Erstausgabe 1641)

Descartes, R. 1984. *Die Leidenschaften der Seele*. Übers., hg. und eing. von K. Hammacher. Hamburg: Meiner. (Erstausgabe 1649)

Eagleman, D. 2015. *Incognito: The Secret Lives of the Brain*. New York: Pantheon Books.

Fuchs, T. 2002. *Leib, Raum, Person. Entwurf einer phänomenologischen Anthropologie*. Stuttgart: Klett-Cotta.

Fuchs, T. 2008. *Das Gehirn – ein Beziehungsorgan. Eine phänomenologisch-ökologische Konzeption*. Stuttgart: Kohlhammer.

Habermas, J. 2004. »Freiheit und Determinismus«. In: *Deutsche Zeitschrift für Philosophie* 52 (6): S. 871-890.

Husserl, E. 1952. *Ideen zu einer reinen Phänomenologie und phänomenologischen Philosophie II*. Husserliana IV. Den Haag: Martinus Nijhoff.

Husserl, E. 1962. *Die Krisis der europäischen Wissenschaften und die transzendentale Phänomenologie*. Husserliana VI. Den Haag: Martinus Nijhoff.

Kant, I. 1905. *Träume eines Geistersehers, erläutert durch Träume der Metaphysik. Gesammelte Schriften*, Bd. 2. Berlin: Reimer. (Erstausgabe 1766)

Katz, D. 1921. *Zur Psychologie des Amputierten und seiner Prothese*. Leipzig: Barth.

Meister Eckhart. 1958. *Predigten*. Bd. 1. Übers. von J. Quint. Stuttgart: Kohlhammer.

Merleau-Ponty, M. 1966. *Phänomenologie der Wahrnehmung*. Übers. von R. Boehm. Berlin: De Gruyter. (Erstausgabe 1945)

Metzinger, T. 1999. *Subjekt und Selbstmodell*. 2. Aufl. Paderborn: Mentis.

Ramachandran, V. S., S. Blakeslee. 2001. *Die blinde Frau, die sehen kann. Rätselhafte Phänomene unseres Bewusstseins*. Übers. von H. Kober, Vorw. von O. Sacks. Reinbek/Hamburg: Rowohlt.

Roth, G. 2003. *Aus Sicht des Gehirns*. Frankfurt/M.: Suhrkamp.

Ryle, G. 1949. *The Concept of Mind*. London: Hutchinson & Co.

Schmitz, H. 1995. *Der unerschöpfliche Gegenstand. Grundzüge der Philosophie*. Bonn: Bouvier.

Searle, J. R. 1993. *Die Wiederentdeckung des Geistes*. Übers. von H. P. Gavagai. München: Artemis & Winkler.

Singer, W. 2004. »Selbsterfahrung und neurobiologische Fremdbeschreibung. Zwei konfliktträchtige Erkenntnisquellen«. In: *Deutsche Zeitschrift für Philosophie* 52 (2): S. 235-255.

Spaemann, R. 2011. *Schritte über uns hinaus. Gesammelte Reden und Aufsätze II*. Stuttgart: Klett-Cotta.

Thomas von Aquin. 1933. *Die deutsche Thomas-Ausgabe (Summa theologi-*

ca). Hg. von H. M. Christmann, übers. von Dominikanern und Benediktinern Deutschlands. Vollst., ungekürzte dt.-lt. Ausgabe. Graz u. a.: Styria.

C. Psychiatrie und Gesellschaft

Zwischen Psyche und Gehirn

Zur Standortbestimmung der Psychiatrie

Einleitung

Der britische Psychiater Sir Martin Roth hat die Psychiatrie einmal als »the most humane of the sciences and the most scientific of the humanities« bezeichnet (vgl. Cawley 1993: 159). Dieser nicht ins Deutsche übersetzbare Aphorismus bringt die Zwitterstellung, aber auch die einzigartige Brückenposition der Psychiatrie zum Ausdruck. Zwischen Natur- und Geisteswissenschaft angesiedelt, gleichermaßen theoretische und angewandte Wissenschaft, dem Menschen in seiner physischen, psychischen und sozialen Existenz zugewandt – so verfügt die Psychiatrie unter allen wissenschaftlichen Disziplinen wohl über die größte Spannbreite. Diese Spannbreite ist Bürde und Auftrag zugleich. Sie kann zu Lagerbildungen und zu einer zunehmenden Heterogenität des Faches führen, aber auch zu einer Integration von Aspekten, die der Komplexität des Menschen in einzigartiger Weise gerecht zu werden vermag. Sie kann wiederkehrende Identitätskrisen des Faches zur Folge haben, aber auch seine besondere Identität und Attraktivität begründen.

Schon seit ihrer Entstehung um 1800 bewegt sich die Psychiatrie im Spannungsfeld zwischen Geistes- und Naturwissenschaften, zwischen Verstehen und Erklären, zwischen Psyche und Gehirn. Auch im letzten Jahrhundert sind die Konflikte zwischen biologischen, psychodynamischen, anthropologischen oder sozialpsychiatrischen Ansätzen immer wieder mit Heftigkeit ausgetragen worden. Heute erscheint vielen die Umwandlung der Psychiatrie in eine »klinische Neurowissenschaft« auf molekularbiologischer Basis als Überwindung ihrer wechselvollen Geschichte von Irrungen und Wirrungen (Insel/Quirion 2005). Der traditionelle Dualismus von Psyche und Soma scheint sich in einen neurobiologischen Monismus aufzulösen: »Psychische Krankheiten sind Krankheiten des Gehirns«, postulierte Wilhelm Griesinger erstmals 1845,[1] oder »Mental disorders are brain disorders«, wie der Leitsatz der biologischen Psychiatrie heute lautet (Insel/Quirion 2005; White et al. 2012).

Seit der ersten »Dekade des Gehirns« ab 1990 wurden große Hoffnungen in diesen Umschwung gesetzt. Als naturwissenschaftliche Disziplin werde die Neuropsychiatrie schon bald psychische Krankheiten als Hirnfunktionsstörungen erklären und mit bildgebenden Verfahren und anderen Biomarkern objektiv diagnostizieren können. Auf dieser Basis werde man hochspezifische Medikamente entwickeln, ja mittels genetischer Screenings auch Risikopersonen für die präventive Behandlung identifizieren können.[2]

Die seither erzielten Fortschritte im Verständnis des Gehirns sind in der Tat beeindruckend. Ob man an die Identifizierung beteiligter Hirnstrukturen bei zahlreichen psychischen Funktionen ebenso wie Funktionsstörungen denkt, etwa bei Angst-, Zwangs- oder traumatischen Störungen, an die epigenetischen Zusammenhänge von Genvarianten, Lebensereignissen und Vulnerabilität oder an die Erkenntnisse über Neuroplastizität und den Einfluss der frühen Sozialisation auf die Hirnentwicklung – zweifellos ist unser Wissen über das Gehirn und seine Interaktionen mit der Umwelt eindrucksvoll angewachsen.

Und doch ist das Resultat der Hirnforschung nach drei Dekaden für die Psychiatrie ernüchternd. Trotz aller Versprechen und hunderten von Millionen investierter Forschungsmittel konnten kaum klinisch relevante Erkenntnisse zutage gefördert werden. Sieht man einmal von der Alzheimer-Demenz ab, so gibt es keine Möglichkeit, psychiatrische Erkrankungen durch apparative Untersuchungen oder Biomarker verlässlich zu diagnostizieren oder spezifischen Genvarianten zuzuordnen (Cuthbert/Insel 2013).

1 Vgl. Griesinger (1845). Es bleibt freilich festzuhalten, dass Griesinger selbst damit keineswegs eine rein biologische Sicht vertrat, sondern vor allem zeitgenössischen Anschauungen entgegentreten wollte, wonach Geisteskrankheiten nicht nur im Gehirn, sondern im gesamten Körper ihren Sitz haben könnten; vgl. dazu Schott und Tölle (2006).

2 Vgl. Charney et al. (2002), Hyman (2003), Monyer et al. (2004) und Haag (2007).

Ebenso wenig haben sich die therapeutischen Verfahren aufgrund neurobiologischer Erkenntnisse in relevanter Weise verändert. All dies wird inzwischen auch von hochrangigen Vertretern der neurobiologischen Forschung eingeräumt – um nur einige von vielen Beispielen zu zitieren:

Trotz offensichtlicher und rascher wissenschaftlicher Fortschritte ist allenthalben Enttäuschung über den Fortschritt des Verständnisses und der Behandlung schwerer psychiatrischer Krankheiten zu verzeichnen. (Krystal/State 2014: 201; Übers. T. F.)

Leider hat es in der Behandlung der Schizophrenie in den letzten 50 Jahren keine wichtigen Durchbrüche mehr gegeben, ebenso wenig in der Behandlung der Depression in den letzten 20 Jahren. (Akil et al. 2010: 1; Übers. T. F.)

Trotz jahrzehntelanger Forschung ist die Neurobiologie der Depression weitgehend unbekannt, und die Behandlungen sind nicht wirksamer als vor 50-70 Jahren. (Holtzheimer/Mayberg 2011: 1; Übers. T. F.)

Die Konsequenz der Fachvertreter ist freilich kein Umdenken – im Gegenteil. Als Ursachen für die Stagnation identifiziert man die traditionellen, unsauberen Krankheitseinteilungen und die überholte, subjektorientierte Psychopathologie, die der biologischen Psychiatrie die Erfolge verwehre.[3] Gefordert wird daher eine völlig neue Diagnostik, nämlich nach funktionellen Störungsdomänen (Belohnungs-, Aufmerksamkeits-, Arousal- und anderen Systemen), die sich den molekularen und Bildgebungstechniken besser zuordnen lassen.[4] Auch in anderen medizinischen Disziplinen, so wird argumentiert, hätten schließlich molekulare, bildgebende und computerbasierte Instrumente die klinischen Fähigkeiten des Diagnostizierens weitgehend ersetzt – warum nicht auch in der Psychiatrie (Jablensky/Kendell 2002)? Dies alles folgt einem be-

3 So vertreten von Holsboer (2010), Cuthbert und Insel (2013) oder Krystal und State (2014).

4 Es handelt sich um die sogenannten *research domain criteria*, die das National Institute of Mental Health in den USA entwickelt hat (Cuthbert 2014; Carpenter 2016).

kannten Prinzip: Was gemessen und apparativ erfasst werden kann, bestimmt darüber, was als maßgeblich und schließlich als eigentliche Realität angesehen wird. Ein solches Forschungsprogramm lässt sich dann perpetuieren, bis noch die letzte Hirnwindung unter besonderen Aktivitätsbedingungen vermessen ist.

Nun ist die klassische, subjektorientierte Psychopathologie sicher nicht in Stein gemeißelt. Doch bereits vor über 10 Jahren haben Nancy Andreasen und andere führende Psychiater den Niedergang an psychopathologischer Expertise beklagt, der als Folge der manualisierten Diagnosesysteme eingetreten sei (Andreasen 2007; Mezzich 2007). Es stellt sich die Frage, ob man das Risiko eingehen will, diese Expertise noch weiter zu verlieren, sodass Psychiater künftig zwar über das *Imaging* von Arousal- oder Belohnungssystemen im Gehirn Bescheid wissen, doch womöglich eine Schizophrenie nicht mehr von einer Hysterie unterscheiden können. Es ist auch keineswegs ausgemacht, dass sich psychische Krankheiten tatsächlich in die modularen Teilfunktionen zerlegen lassen, die die biologische Psychiatrie postuliert – sehr viel wahrscheinlicher ist, dass wir es mit komplex gemischten und insofern konstitutiv »unscharfen« Prozessen zu tun haben (Nesse/Stein 2010; Sprevak 2011).

Trotz aller Versprechungen einer translationalen, also anwendungsorientierten Forschung besteht jedenfalls die Gefahr, dass sich die wissenschaftlich-akademische Psychiatrie auf diesem Weg immer weiter von der klinischen Versorgungspraxis entfernt, auch wenn immer neue Dekaden, ja das »Jahrhundert des Gehirns« ausgerufen und therapeutische Durchbrüche angekündigt werden.[5] Hier verweist man allerdings inzwischen meist auf die Tiefenhirn- oder Magnetstimulation, denn die pharmazeutische Industrie hat sich angesichts geringer Erfolgschancen bereits zu einem Großteil aus der Forschung zurückgezogen (Abbott 2010; Miller 2010), und auch die viel beschworene »maßgeschneiderte« oder »personalisierte Psychiatrie« auf der Grundlage individueller Biomarker ist trotz jahrzehntelanger Forschungsbemühungen noch

5 Vgl. Blakemore (2000), »A decade for psychiatric disorders« (2010) und Insel (2014).

immer ein bloßes Versprechen geblieben (Holsboer 2010; Gruber 2011). Nun mögen Verfahren einer invasiven Gehirntherapie ja in extremen Fällen sinnvoll sein – doch bestehen wirklich darin die therapeutischen Aussichten, die die neurobiologische Forschung eröffnet?

Vielleicht können wir an dieser Stelle aber auch innehalten und uns fragen: Sind wir denn überhaupt auf der richtigen Fährte? Oder verlieren wir im immer genaueren, schließlich molekularbiologischen Hinsehen am Ende das Phänomen aus den Augen, um das es eigentlich geht – die psychische Krankheit, das Kranksein eines Menschen? Sind die leitenden Grundannahmen, »Psyche = Gehirn« und »psychische Krankheiten = Gehirnkrankheiten«, nicht zu einfach, womöglich gar nicht zutreffend? – Ich will im Folgenden diese Grundannahmen überprüfen, um dann eine Möglichkeit vorzustellen, die sich gerade mit einer richtig verstandenen Neurobiologie eröffnet: nämlich die Konzeption der Psychiatrie als einer *Beziehungsmedizin* im umfassenden Sinn.

Reduktionistische Annahmen und ihre Überprüfung

Beginnen wir noch einmal bei den aktuellen Forderungen biologischer Psychiater nach einer grundlegenden Revision unserer Konzepte von psychischer Krankheit. Psychische Störungen seien Funktionsstörungen von Hirnschaltkreisen und damit grundsätzlich neurologischen Krankheiten gleichzustellen (Insel/Wang 2010; White et al. 2012). Psychiater sollten sich künftig »klinische Neurowissenschaftler« nennen, das beschleunige die Integration der Psychiatrie in die übrige Medizin und trage damit auch zur Destigmatisierung der Patienten bei (Insel/Quirion 2005).

Was diese Hoffnung betrifft, so hat sie sich allerdings als trügerisch erwiesen. Meta-Analysen zahlreicher Studien (Read et al. 2006; Schomerus et al. 2012) ergaben, dass sich das biomedizinische Konzept der Gehirnkrankheit in den letzten 20 Jahren zwar in der Öffentlichkeit weit verbreitet, aber es keineswegs zu einer Destigmatisierung geführt hat – im Gegenteil: die Mehrzahl der Befragten nimmt eine psychische Störung *eher* als fremd, abnorm oder sogar bedrohlich wahr, wenn sie auf einer Störung der Gene oder des Gehirns beruht als auf psychosozialen Ursachen. Und auch die Patienten selbst kann eine biologische Erklärung zwar von Schuldgefühlen entlasten, allerdings um den Preis, dass sie ihre Symptome und Probleme nun als schicksalhaft und außerhalb ihrer Kontrolle liegend erleben (Fuchs 2006).

Gleichwohl erklären auch hierzulande Vertreter der biologischen Psychiatrie, psychische Störungen seien als neuronale Dysfunktionen zu betrachten:

> Im Kern handelt es sich immer um ein Ungleichgewicht in der Biochemie der Zellen des Gehirns. [...] Natürlich ist das individuelle Leid der Patienten eingebettet in die jeweiligen Lebensumstände. [...] Das eigentliche Problem aber wurzelt in Hirnprozessen, dort muss die Behandlung ansetzen. (Holsboer 2011: 37)

Zugrunde liegt solchen Auffassungen die reduktionistische Annahme, subjektive Erlebnisse wie Gefühle, Gedanken, Wünsche oder Intentionen seien letztlich nur Epiphänomene von Gehirnprozessen. Psychische Zusammenhänge und Erklärungen wären dann nur Platzhalter für noch zu entdeckende molekulare oder neuronale Ursachen. Die Konsequenz wäre eine »Psychiatrie ohne Psyche«: Psychische Krankheiten hätten mit Kategorien wie »Sinn« oder »Bedeutung« nicht mehr zu tun als Schlaganfälle oder andere neurologische Ausfallsyndrome.

Doch gegen diese Sicht erhebt sich eine ganze Reihe von Einwänden – ich nenne nur die wichtigsten:

1) Zunächst liefern die neuronalen oder genetischen Daten immer nur statistische Abweichungen, keine Diagnosen. An Gehirnzuständen lässt sich für sich genommen gar nicht erkennen, was als gesund und was als krankhaft anzusehen ist – dies sagt uns nur die Klinik, also der psychisch leidende Mensch selbst. Damit jedoch hängt die Definition psychischer Krankheit wesentlich von subjektiven und kulturellen Faktoren ab, die außerhalb des

Gebiets der Naturwissenschaften liegen (Kirmayer/Gold 2012). Daher ist auch der Neuropsychiater in seiner Forschung nicht nur auf die Aussagen des Patienten angewiesen, sondern darüber hinaus auf eine genaue phänomenologische Analyse dieser Aussagen. Ohne differenzierte Psychopathologie keine valide neurobiologische Forschung.

2) Abweichungen von der durchschnittlichen Hirnaktivität besagen als solche noch nichts über die *Ursache* einer Störung – ebenso gut kann es sich um eine Begleiterscheinung oder Folge handeln. Auch die Ursache einer Trauerreaktion ist ja nicht die Aktivierung des cingulären Kortex, die sich dabei beobachten lässt, sondern doch wohl ein als schmerzlich erlebter Verlust. Und nicht die Aktivierung der Amygdala verursacht Angst, sondern primär die *subjektive Wahrnehmung und Bewertung* einer bedrohlichen Situation – und diese Wahrnehmung ist nicht in der Amygdala zu finden, so notwendig sie als Substrat für das Angsterleben ist. Der beidseitige *Ausfall* der Amygdala führt daher zwar zu Furchtlosigkeit (Feinstein et al. 2011); doch die *Überreaktion* der Amygdala bei Panikstörungen ist nicht deren Ursache, sondern vielmehr eine Folge ihrer physiologischen Anpassung an wiederholte Gefahrenerlebnisse (LeDoux 1998). Freilich, Bilder suggerieren ihre eigene Realität, und so verleitet auch die Bildgebung nur allzu leicht dazu, *Korrelat bzw. Substrat* und *Ursache* miteinander zu verwechseln. Doch mit dem linearen Kausalitätsbegriff des 19. Jahrhunderts – Gehirnzustand A erzeugt Krankheit B – sind die komplexen Ursachenzusammenhänge psychischer Krankheit nicht zu begreifen, schon gar nicht ohne das *Erleben* der Patienten in ihrer Lebenssituation mit einzubeziehen.

3) Damit sind wir bei der zentralen Rolle der *Subjektivität*, das heißt des Erlebens aus der Perspektive der 1. Person. Betrachten wir etwa die Auslösung einer Depression, so geht sie in der Regel zurück auf die Wahrnehmung einer Lebenssituation als nicht bewältigbar und bedrohlich – eine Wahrnehmung, die sich nicht auf neuronale Prozesse reduzieren lässt. Damit aber gewin-

nen subjektive, biographisch erworbene Wahrnehmungs- und Verhaltensbereitschaften eine entscheidende Bedeutung für die Pathogenese, einschließlich des Selbstkonzepts, des Selbstwerts oder der Selbstwirksamkeit (Fuchs 2012). Doch auch für den Krankheits*verlauf* stellt das veränderte Selbsterleben und Selbstverhältnis des Patienten eine ständig wirksame Komponente dar. Es schließt zum Beispiel negative Selbstbewertungen und depressive Denkmuster ein, die dann ihrerseits die Wahrscheinlichkeit weiterer Misserfolge und Versagenssituationen erhöhen. Es kommt zu negativen Rückkoppelungen und Teufelskreisen, die die Depression noch verschärfen. Ohne solche Kreisprozesse ist eine psychische Störung nicht angemessen zu begreifen.

4) Lässt sich eine psychische Krankheit also nicht von der Person ablösen und allein dem Gehirnsubstrat zuschreiben, so kann sie ebenso wenig als rein individuelle Störung betrachtet werden, also ohne ihren *interpersonalen Aspekt.* Psychische Erkrankungen werden wesentlich von ungünstigen Lebensereignissen und sozialen Einflüssen mitverursacht, also von Störungen der Kommunikation und der Beziehung zu anderen, und das daraus resultierende Krankheitsrisiko liegt weit über dem genetischer Risikovariablen (van Os et al. 2008; Meyer-Lindenberg/Tost 2012). Umgekehrt beeinträchtigen Erkrankungen die Fähigkeit der Patienten, adäquat auf ihre soziale Mitwelt antworten zu können – mit nachteiligen sozialen Folgen, die wiederum für den Verlauf der Erkrankung maßgeblich sind. Alle diese Einflüsse sind zweifellos vermittelt durch neurobiologische ebenso wie epigenetische Prozesse, doch sie werden vom Gehirn nur aufgenommen, nicht erzeugt.

Die soziale Neuropsychiatrie hat in der Erforschung der komplexen Zusammenhänge zwischen Umwelteinflüssen, Genexpression, Gehirnstruktur und Krankheitsdisposition im letzten Jahrzehnt deutliche Fortschritte erzielt.[6] Sie verfolgt den Einfluss etwa von Mi-

6 Vgl. etwa Akil et al. (2010), Heim und Binder (2012), Meyer-Lindenberg und Tost (2012).

gration, Urbanisierung oder sozialer Exklusion auf die Entstehung von Schizophrenie – der freilich aus epidemiologischen und sozialpsychiatrischen Studien schon seit längerem bekannt ist (Read et al. 2009; Kirmayer/Gold 2012) – nun auch bis in epigenetische und molekulare Mikroprozesse hinein. Allerdings lassen auch diese Zusammenhänge bislang keinerlei spezifisch biologische Interventionsmöglichkeiten erkennen, sondern sie bleiben in erster Linie Gegenstand sozialpsychiatrischen Handelns. Zudem sind auch hier reduktionistische Tendenzen erkennbar, da in typischen Darstellungen Erleben oder zwischenmenschliche Beziehungen kaum eine Rolle spielen und die meist in Tierversuchen erforschten epigenetischen Mechanismen einfach auf den Menschen übertragen werden:

> Die Mechanismen der Gen-Umwelt-Interaktion bei der Depression zu erforschen, unterscheidet sich nicht wesentlich vom Verständnis der Wirkung von Umweltgiften auf Krebs oder von Ernährung auf kardiovaskuläre Krankheiten. (Insel/Quirion 2005: 2221; Übers. T. F.)

Völlig außer Acht bleibt hier, dass es entscheidend von der *subjektiven Erfahrung und Bewertung* abhängt, ob ein Stressor beim einen Menschen Resilienz fördert, beim anderen aber zu einem Trauma wird oder wie sich Arbeitslosigkeit, Trennungen und soziale Exklusion auf die Psyche eines Menschen auswirken, um nur einige Beispiele zu nennen. Es gibt eben keine direkte Wirkung von Umweltfaktoren auf das Gehirn – wenn man einmal von einer Gehirnerschütterung absieht. Was Gehirnstrukturen dauerhaft verändert, sind die *Erlebnisse und Erfahrungen, die eine Person in ihrer sozialen Umwelt macht.* Doch diese Erfahrungen lassen sich nicht als neurophysiologische Prozesse aus der Perspektive der 3. Person beschreiben, denn sie sind an bewusstes Erleben, an Kommunikation und Beziehung gebunden.

Um ein Beispiel zu wählen: Wenn ein Redner mit seinem Vortrag in den Gehirnen seiner Zuhörer Nachwirkungen hinterlässt, dann deshalb, weil er *zu ihnen* spricht, nicht zu ihren Neuronen und Synapsen, und weil Redner und Publikum dabei gemeinsam auf Worte, Bedeutungen und die damit bezeichneten Gegenstände gerichtet sind. Würden die Zuhörer einschlafen, so wäre es mit dieser Wirkung rasch vorbei, obwohl immer noch die gleichen Reize ihre Ohren und Gehirne erreichten. Gemeinsame Aufmerksamkeit, *joint attention*, von Kindheit an erfahren und eingeübt – solche übergreifenden, bewussten und intentionalen Erfahrungen sind es, die in unseren Gehirnen Spuren hinterlassen, und nicht ein Fluss von physikalischen Reizen oder Daten von einem Mund zu einem Gehirn.

Bloße Datenströme haben keinerlei Bedeutung, solange es nicht Subjekte gibt, für die so etwas wie Bedeutsamkeit und Sinn überhaupt erst entsteht. In Bedeutungen nehmen wir auf etwas in der Welt Bezug, sie sind also *Beziehungen*, und die gibt es nicht im Inneren des Kopfes. Daher sind auch unsere bewussten Erlebnisse nicht bloße Epiphänomene neurophysiologischer Prozesse. Es verhält sich vielmehr gerade umgekehrt: Die neuronalen Prozesse in unseren Gehirnen sind nur *Teilstücke, Komponenten* der übergreifenden psychischen, also subjektiven und intersubjektiven Prozesse. Und wenn Psychotherapien nachweislich die Funktion und Struktur des Gehirns verändern (Fuchs 2004; Goldapple et al. 2004), dann wiederum nur deshalb, weil sie aus Beziehungs- und Bedeutungserfahrungen bestehen, das heißt aus sinnhaften Prozessen und Ordnungsmustern, in die das Gehirn einbezogen ist und durch die es verändert wird – *top down*, wie man auch sagt. Das *Teilen* von Gefühlen, Worten und Gedanken ist es, was die heilsame therapeutische Beziehung ausmacht. Subjektivität ist eine Realität, sie verändert Gehirne, ja sie verändert die Welt.

Damit wird die Psyche nicht etwa zu einer freischwebenden Substanz, die quasi von außen auf den Körper oder das Gehirn einwirkt. Als Psyche bezeichnen wir vielmehr *die übergreifende Gestalt, die Erscheinungsform und die Ordnungsmuster all der Beziehungen*, die wir als Lebewesen zur Umwelt und als Menschen zu anderen Menschen haben. Diese Beziehungsformen werden freilich auch realisiert durch neuronale Prozesse, sie gehen aber keineswegs in ihnen auf. Die Psyche ist kein verborgener Innenraum, der im Gehirn produziert wird (Fuchs 2011a). Sie ist lebendig und verkörpert, sie umfasst unseren gesamten Leib als den Resonanzkörper für alle

Gefühle (Fuchs/Koch 2014); und sie ist zugleich unsere Beziehung zur Welt – sei es das Wahrnehmen und der Umgang mit den Dingen oder die Empathie und Kommunikation mit anderen Menschen. All das ist im Gehirn als solchem nicht zu finden – Gehirne sehen nichts, fühlen nichts und denken nichts, so unerlässlich sie *als vermittelnde*, als »Beziehungsorgane« für diese übergreifenden Prozesse sind.

Nichts zwingt uns daher, die Identifizierung von Gehirn und Psyche zu akzeptieren, von der die biologische Psychiatrie immer noch ausgeht. Solche Identitätstheorien werden heute zunehmend überwunden durch die Konzepte des *embodied* und *extended mind*, der verkörperten und ausgedehnten Subjektivität.[7] Bewusstes Erleben ist danach kein »Kino im Kopf«, nicht identisch mit lokalen neuronalen Aktivitäten, sondern ein dynamischer Prozess der Interaktion von Gehirn, Körper und Umwelt. Es beruht zum einen auf der ständigen Interaktion des Hirnstamms mit dem gesamten Körper, denn wie die affektive Neurowissenschaft gezeigt hat, entstehen daraus die Vitalgefühle und das *interozeptive Leibempfinden* als Basis unseres Erlebens (Panksepp 1998; Damasio 2000). Bewusstsein beruht weiter auf der sensomotorischen Interaktion von Gehirn, Organismus und Umwelt, also auf den rückgekoppelten Kreisbeziehungen von Bewegung und Wahrnehmung, die das *erweiterte, auf die Welt gerichtete Bewusstsein* ausmachen (Thompson 2007; Fuchs 2008/2016). Und es beruht, soweit es das spezifisch-humane *reflexive oder Selbstbewusstsein* betrifft, auf den frühen sozialen Interaktionen, in denen das Kind die Perspektivenübernahme erlernt und die Sicht der anderen auf es selbst als *Selbstverhältnis* internalisiert (Fuchs 2013).

Bewusstes Erleben entsteht also nur im umfassenden, ökologischen System von Organismus und Umwelt, im Zusammenspiel vieler Komponenten, zu denen das Gehirn und der Körper mit seinem gesamten inneren Milieu, mit seinen Sinnen und Gliedern ebenso gehören wie die passenden Objekte der Umgebung. Schon die einfache Leistung, einen heranfliegenden Ball zu fangen, lässt

7 Vgl. Varela et al. (1991), Thompson (2007), Drayson (2009) und Durt et al. (2017).

sich daher mit Mitteln der Hirnforschung nicht erfassen (Sprevak 2011), umso weniger die komplexen körperlichen und verbalen Interaktionen, die sich zwischen zwei Menschen abspielen.

Das Gehirn ist zweifellos das Organ, das all diese Interaktionen vermittelt – und das aufgrund seiner Plastizität durch Interaktionen fortwährend modifiziert und strukturiert wird. Es ist ein interaktives, ein vermittelndes oder ein *Resonanzorgan* (Fuchs 2008/2016, 2011b). Doch im Gehirn selbst gibt es kein Erleben, kein Bewusstsein, keine Gedanken – all dies existiert nur im Zusammenspiel von Organismus und Umwelt. Es sind Beziehungen und Interaktionen, die von Geburt an unsere Psyche und unser Gehirn formen, die unser Erleben und unsere gemeinsame Welt hervorbringen und die unserem Leben erst Substanz und Sinn verleihen. Und wenn wir heute lernen, dass selbst einer organischen Krankheit wie der Alzheimer-Demenz am besten durch körperliche Bewegung und soziale Interaktionen vorgebeugt werden kann (Rolland et al. 2008; Pillai/Verghese 2009), so zeigt dies erst recht, dass wir das Gehirn als Beziehungsorgan verstehen müssen – als Organ der Psyche nicht als einer vermeintlich lokalisierbaren Innenwelt, sondern der Psyche als übergreifendem, verkörpertem und interaktivem Lebensprozess.

Ein Fach, das die Psyche in seinem Namen trägt, kann sich daher nicht auf die Analyse von Molekülen, Genen und Neuronen beschränken. Molekulare und neuronale Prozesse stellen ebenso wie ihre Abweichungen oder Dysfunktionen nur Teilstücke der übergeordneten Kreisprozesse dar. Auch die Bildgebung liefert keine Ansichten der Psyche, sondern nur die Visualisierung notwendiger Teilfunktionen – ähnlich wie die Sauerstoffkonzentration in den Lungenalveolen nur eine Komponente der Atmung wiedergibt, aber nicht den übergreifenden Austausch zwischen Organismus und Umwelt, in dem Atmen eigentlich besteht.

Wie die Atmung durch die Lunge, so verlaufen auch alle psychischen Austauschprozesse durch das Gehirn. Dennoch können zu ihren Störungen höchst unterschiedliche biologische, psychologische und soziale Einflüsse beitragen. Wenn psychische Krankheiten aber nicht nur das Gehirn, sondern die Interaktion von Gehirn, Organismus und Umwelt betreffen, kann es nicht mehr überraschen, dass Hirnscans die zugrunde liegende Pathologie nicht adäquat erfassen (Banner 2013). Denn in diesen Interaktionen spielt gerade dasjenige die entscheidende Rolle, was in einem rein naturwissenschaftlichen Ansatz systematisch ausgeblendet wird: Subjektivität und Intersubjektivität. *Dass sie erlebt werden und sich in Beziehungen abspielen* – das macht psychische Prozesse und psychische Störungen so komplex, dass sie sich nicht in bloßen neuronalen Teilfunktionen abbilden lassen.

Psychiatrie als Beziehungsmedizin: Eine integrative Konzeption

Es scheint an der Zeit, nach einer neuen Konzeption für die Psychiatrie zu suchen, die den klassischen Dualismus von Körper und Psyche ebenso hinter sich lässt wie seine neuroreduktionistische Alternative. Ein solches integratives Konzept sollte es uns ermöglichen zu verstehen, in welchen übergreifenden, ökologischen Zusammenhängen sich psychische Krankheiten entwickeln und wie biologische, psycho- und soziotherapeutische Behandlungsansätze ineinandergreifen. Das hier häufig genannte »biopsychosoziale Modell« (Engel 1977) stellt allerdings eher eine Kompromisslösung dar und begnügt sich mit einem bloßen Nebeneinander ursächlicher Faktoren (Ghaemi 2009). An seine Stelle können heute *Konzepte dynamischer Kreisprozesse* treten, wie sie etwa im Funktionskreis von Uexkülls (1920/1973) oder im Gestaltkreis von Weizsäckers (1940/1986) bereits entwickelt wurden. Ob wir die Beziehungen zwischen Gehirn und Körper, zwischen Organismus und Umwelt oder die Beziehungen zwischen Personen betrachten, sie zeigen sich gleichermaßen als kreisförmige, rückgekoppelte Interaktionen.

In den aktuellen Konzeptionen einer verkörperten und handlungsbezogenen Kognition (*embodied and enactive cognition*) könnte auch die Psychiatrie ein erweitertes Paradigma finden, das Gehirn, Organismus und Umwelt in ihrer dynamischen Einheit begreift. Die neuronalen Prozesse werden darin zu Komponenten in einem übergreifenden Geschehen, das sich auf unterschiedlichen Ebenen betrachten lässt: der *Makroebene* psychosozialer Prozesse oder der Interaktionen von Personen, der *mittleren, individuellen Ebene* der Interaktionen von Gehirn, Organismus und Umwelt und der *Mikroebene* neuronaler und molekularer Prozesse innerhalb des Gehirns. Absteigend zur jeweils nächsten Ebene verengt sich dabei der gewählte Ausschnitt des Geschehens. Die Ebenen sind aber nicht aufeinander reduzierbar, zwischen ihnen besteht vielmehr ein Emergenzverhältnis (siehe Abb. 1).

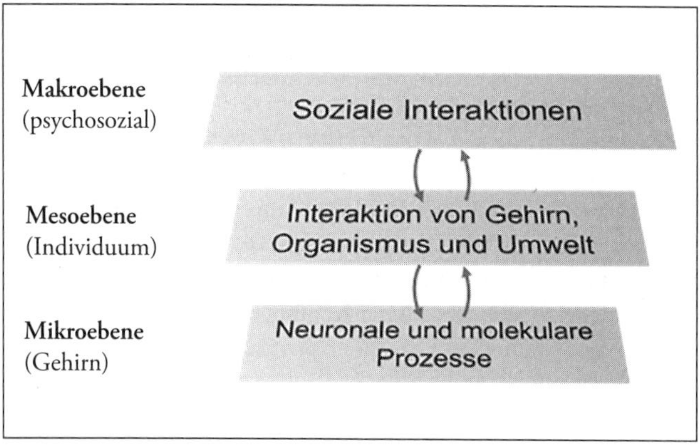

Abbildung 1: Ebenen verkörperter Interaktion mit Top-down- und Bottom-up-Beziehungen (↓↑)

Dabei kommt es sowohl zu Top-down- wie zu Bottom-up-Wirkungen. Eine psychotherapeutische Behandlung als interaktiver, intentionaler Prozess auf der Makroebene modifiziert die beteiligten Gehirnstrukturen – *top-down*. Die veränderte neuronale Struktur ermöglicht aber ihrerseits wieder veränderte Interaktionen des Patienten mit der Umwelt – *bottom-up*, und so fort. Im Zeitverlauf entsteht eine wechselseitige Beeinflussung von übergeordneten psychosozialen Interaktionen und neuronalem Substrat oder von *Prozess* und *Struktur* (Fuchs 2008/2016: 161 ff.). Biologische, psycho- und soziotherapeutische Behandlungen setzen dabei an verschiedenen Ebenen und Komponenten an, sie greifen aber kreisförmig ineinander und lassen sich auch komplementär zueinander einsetzen: Wichtig ist nur, dass die Kreisprozesse durch den therapeutischen Impuls eine neue Wendung erhalten.

Psychische Störungen sind aus dieser Sicht immer Störungen der *übergreifenden* Prozesse auf der Makroebene; das heißt, sie betreffen die Person in ihrem Selbsterleben und ihrer Beziehung zu anderen. Doch Personen sind auch lebendige, verkörperte Wesen, und daher sind alle ihre psychischen Prozesse zugleich auch biologische Prozesse – freilich nicht begrenzt auf das Gehirn. Gerade eine richtig verstandene biologische Psychiatrie bedarf eines adäquaten Begriffs des *Biologischen*, nämlich des *an den gesamten Organismus und seine Interaktion mit der Umwelt gebundenen Lebens*. Sie bedarf einer ökologischen Theorie, die die sozialen und kulturellen Prozesse außerhalb des Gehirns einbezieht, auch wenn sie sich in Genom- und Gehirnstrukturen funktionell niederschlagen. Erst dann kann sie das Gehirn als das zentrale Vermittlungsorgan für diese übergeordneten Prozesse richtig begreifen; dann können auch die sozialen Neurowissenschaften bedeutsame Komponenten zum Verständnis der beteiligten Mechanismen beitragen (Schilbach et al. 2013; Kotchoubey et al. 2016).

Psychiatrie hingegen nur als klinische Neurowissenschaft zu proklamieren oder von Genomik und Proteomik das Heil zu erwarten, wäre verfehlt. Denn das Erleben und die Beziehungen eines psychisch kranken Menschen sind der Kern seiner Krankheit, und sie lassen sich weder mit neuronalen noch mit molekularen Prozessen identifizieren. Wir sollten die Psychiatrie vielmehr als *umfassende Beziehungsmedizin* begreifen: *als die Wissenschaft und Praxis von biologischen, psychischen und sozialen Beziehungen und ihren Störungen*. Ein ökologisches Konzept der Psyche als übergreifender Gestalt der Beziehungen von Organismus und Umwelt, von Person und Welt wäre geeignet, eine solche Beziehungsmedizin zu begründen. Zweifelsohne gehören alle beteiligten biologischen Prozesse zum Terrain dieser Psychiatrie. In ihrem Zentrum aber steht die *Person* in ihrer Beziehung zu anderen Personen, denn in ihr, im Patienten selbst, kreuzen und vereinigen sich alle Ebenen und Kreisprozesse, die wir betrachten, die wir erforschen und in denen wir auch handeln können.

Resümee

Eine personale Psychiatrie wird in psychischen Krankheiten immer mehr sehen als nur Gehirnkrankheiten. Das Erleben, das Selbstverhältnis und die Beziehungen eines psychisch kranken Menschen stellen die zentralen Komponenten des Krankheitsgeschehens dar. Daher gibt die Beschreibung oder Abbildung der neuronalen Prozesse immer nur Teilstücke des übergreifenden Krankheitsprozesses wieder, selbst dann, wenn neuronale Fehlfunktionen einen wesentlichen Anteil an der Pathogenese haben und maßgebliche therapeutische Verfahren hier ansetzen. Doch keine psychische Erkrankung kann unter Absehung von der Subjektivität und den interpersonalen Beziehungen des Patienten diagnostiziert, beschrieben oder behandelt werden. Psychische Krankheiten betreffen immer die Person in ihrer Beziehung zu anderen Personen.

Unter dieser Voraussetzung müssen sich auch die Forschungsanstrengungen des Fachs gleichermaßen auf biologische Prozesse, psychopathologische Erlebnisweisen, psychologisch-biographische Zusammenhänge und soziale Interaktionen richten, statt sich auf die Vorgänge im Inneren des Gehirns zu verengen. Die Frage nach einer adäquaten Verwendung von finanziellen Ressourcen muss dann auch in der Forschung gestellt werden, nicht nur in der medizinischen Versorgung. Nicht zuletzt aber sollte sich die Psychiatrie auf ihre personalen Traditionen besinnen. Seit Langem gibt es in Deutschland keine Lehrstühle mehr für psychiatrische Psychotherapie, für Psychopathologie oder für Sozialpsychiatrie. Im Bemühen um Mainstreamforschung hat die deutsche Psychiatrie die Traditionen aufgegeben, für die sie einmal Weltruhm erlangt hat und nach denen sie im Ausland immer noch gefragt wird.

Eine personale Psychiatrie, eine Psychiatrie der Beziehung, wird zweifellos auch der individuellen Genetik und Neurobiologie ihren angemessenen Platz in einer umfassenden Diagnostik und Therapie zuweisen. Übergeordnet bleibt für sie jedoch die Beziehung von Psychiater und Patient; denn, wie der amerikanische Psychiater John Nemiah einmal formulierte:

> Wir selbst sind das Instrument, das die Tiefen der Seele des Patienten sondiert, das mit seinen Gefühlen mitschwingt, seine verborgenen Konflikte entdeckt und die Gestalt seiner wiederkehrenden Verhaltensmuster erkennt. (Nemiah 1989: 465; Übers. T. F.)

Kein Hirnscan oder Biomarker wird diesem Instrument jemals überlegen sein. Darin liegt der Kern des psychiatrischen Handwerks, und es ist auch das, was die Patienten zutiefst von ihren Psychiatern erwarten: *Sie wollen verstanden werden* und ihr Erleben mit ihnen teilen. Sie wollen gerade in ihrer Selbstentfremdung und Verwirrung erkannt, anerkannt und begleitet werden.

Die Fähigkeit dazu aber ist eine *Kunst*. Sie muss geschult, gebildet, durch geeignete Instrumente der phänomenologischen Exploration[8] unterstützt und vor allem durch Vorbilder gelehrt werden, denn sie lässt sich nicht in diagnostischen Algorithmen abbilden. Eine subjektorientierte, verstehende Psychopathologie ist nach wie vor unerlässlich für eine valide Diagnostik (Fuchs 2010). Zugleich stellt sie die primäre therapeutische Beziehung zum Patienten her. Damit wird sie – in Verbindung mit der sorgfältigen Anamnese, der Verhaltens- oder Konfliktanalyse – zum Ausgangspunkt jeder Behandlung, und diese wird auch immer nur erfolgreich sein, wenn sie in eine vertrauensvolle Beziehung eingebettet ist. Durchgängig hat sich die therapeutische Allianz als der entscheidende Faktor für einen positiven Behandlungsverlauf von Psychotherapien erwiesen (Martin et al. 2000); ebenso hängen Adhärenz, Placebo-Wirkung und Erfolg einer Pharmakotherapie maßgeblich von der therapeutischen Allianz ab.[9]

In der verstehenden und therapeutischen Beziehung zum Pa-

8 Vgl. etwa Parnas et al. (2005) oder Sass et al. (2017).

9 Siehe Frank und Gunderson (1990), Krupnick et al. (1996), Weiss et al. (1997), McCabe und Priebe (2004) und Stavropoulou (2011).

tienten liegt der eigentliche Reichtum des Fachs, die eigentliche psychiatrische Kunst, und sie ist es letztlich auch, die es grundlegend von primär organischen Disziplinen wie der Neurologie unterscheidet. Versteht sich die Psychiatrie als Beziehungsmedizin, dann kann sie zum Vorreiter einer Entwicklung werden, die für die Zukunft der Medizin als ganzer bedeutsam ist, nämlich einer Medizin der Person in ihren biologischen, psychologischen und ökologischen Beziehungen. Gerade aufgrund der Komplexität des Fachs sind Psychiater in der Position, zwischen Natur- und Geisteswissenschaften, zwischen objektivierenden und subjektorientierten, zwischen individuellen und sozialen Aspekten zu vermitteln und integrierende Sichtweisen zu entwickeln. Die Psychiater sollten daher die spannungsreiche, oft konflikthafte Identität ihres Faches nicht verleugnen, im Gegenteil: sie sollten sie mit Selbstbewusstsein und Überzeugung vertreten, denn gerade sie ist eine zutiefst humane Identität. Ihr primärer Gegenstand ist nicht das Gehirn, sondern der in Beziehungen lebende Mensch.

Literatur

Abbott, A. 2010. »The Drug Deadlock«. In: *Nature* 468 (7321): S. 158-159.

»A Decade for Psychiatric Disorders« (Editorial). 2010. In: *Nature* 463 (7277): S. 9.

Akil, H., S. Brenner, E. Kandel, K. S. Kendler, M. C. King, E. Scolnick, J. D. Watson, H. Y. Zoghbi. 2010. »The Future of Psychiatric Research: Genomes and Neural Circuits«. In: *Science* 327 (5973): S. 1580-1581.

Andreasen, N. C. 2007. »DSM and the Death of Phenomenology in America: An Example of Unintended Consequences«. In: *Schizophrenia Bulletin* 33 (1): S. 108-112.

Banner, N. F. 2013. »Mental Disorders Are not Brain Disorders«. In: *Journal of Evaluation in Clinical Practice* 19 (3): S. 509-513.

Blakemore, C. 2000. »Achievements and Challenges of the Decade of the Brain«. In: *Eurobrain* 2 (1): S. 1-4.

Carpenter, W. T. 2016. »The RDoC Controversy: Alternate Paradigm or

Dominant Paradigm?« In: *The American Journal of Psychiatry* 173 (6): S. 562-563.

Cawley, R. H. 1993. »Psychiatry is more than a Science«. In: *British Journal of Psychiatry* 162: S. 154-160.

Charney, D. S., D. H. Barlow, K. Botteron, J. D. Cohen, D. Goldman, R. E. Gur, K.-M. Lin, J. F. López, J. H. Meador-Woodruff, S. O. Moldin, S. J. Zalcman. 2002. »Neuroscience Research Agenda to Guide Development of a Pathophysiologically Based Classification System«. In: *A Research Agenda for DSM-V.* Hg. von D. J. Kupfer, M. B. First, A. Regier. Arlington: American Psychiatric Association, S. 31-83.

Cuthbert, B. N. 2014. »The RDoC Framework: Facilitating Transition from ICD/DSM to Dimensional Approaches that Integrate Neuroscience and Psychopathology«. In: *World Psychiatry* 13 (1): S. 28-35.

Cuthbert B. N., T. R. Insel. 2013. »Toward the Future of Psychiatric Diagnosis: The Seven Pillars of RDoC«. In: *BMC Medicine* 11: Artikel 126. ⟨https://doi.org/10.1186/1741-7015-11-126⟩, letzter Zugriff 03. 12. 2019.

Damasio, A. 2000. *Ich fühle, also bin ich. Die Entschlüsselung des Bewusstseins.* Übers. von H. Kober. München: List.

Drayson, Z. 2009. »Embodied Cognitive Science and Its Implications for Psychopathology«. In: *Philosophy, Psychiatry, & Psychology* 16 (4): S. 329-340.

Durt, C., T. Fuchs, C. Tewes (Hg.) 2017. *Embodiment, Enaction, and Culture. Investigating the Constitution of the Shared World.* Cambridge, MA: MIT Press.

Engel, G. 1977. »The Need for a New Medical Model: A Challenge for Biomedicine«. In: *Science* 196 (4286): S. 9-135.

Feinstein, J. S., R. Adolphs, A. Damasio, D. Tranel. 2011. »The Human Amygdala and the Induction and Experience of Fear«. In: *Current Biology* 21 (1): S. 34-38.

Frank, A. F., J. G. Gunderson. 1990. »The Role of the Therapeutic Alliance in the Treatment of Schizophrenia: Relationship to Course and Outcome«. In: *Archives of General Psychiatry* 47 (3): S. 228-236.

Fuchs, T. 2004. »Neurobiology and Psychotherapy: An Emerging Dialogue«. In: *Current Opinions in Psychiatry* 17 (6): S. 479-485.

Fuchs, T. 2006. »Ethical Issues in Neuroscience«. In: *Current Opinions in Psychiatry* 19 (6): S. 600-607.

Fuchs, T. 2010. »Subjectivity and Intersubjectivity in Psychiatric Diagnosis«. In: *Psychopathology* 43 (4): S. 268-274.

Fuchs, T. 2011a. »Hirnwelt oder Lebenswelt? Zur Kritik des Neurokonstruktivismus«. In: *Deutsche Zeitschrift für Philosophie* 59 (3): S. 347-358.

Fuchs, T. 2011b. »The Brain – A Mediating Organ«. In: *Journal of Consciousness Studies* 18 (7-8): S. 196-221.

Fuchs, T. 2012. »Are Mental Illnesses Diseases of the Brain?« In: *Critical Neuroscience*. Hg. von S. Choudhury, S. K. Nagel, J. Slaby. London: Wiley-Blackwell, S. 331-344.

Fuchs, T. 2013. »The Phenomenology and Development of Social Perspectives«. In: *Phenomenology and the Cognitive Sciences* 12 (4): S. 655-683.

Fuchs, T. 2016. *Das Gehirn – ein Beziehungsorgan. Eine phänomenologisch-ökologische Konzeption*. Stuttgart: Kohlhammer. (Erstausgabe 2008)

Fuchs, T., S. Koch. 2014. »Embodied Affectivity: On Moving and Being Moved«. In: *Frontiers in Psychology* 5: Artikel 508. ⟨https://doi.org/10.3389/fpsyg.2014.00508⟩, letzter Zugriff 04.12.2019.

Ghaemi, N. 2009. »The Rise and Fall of the Biopsychosocial Model«. In: *The British Journal of Psychiatry* 195 (1): S. 3-4.

Goldapple, K., Z. Segal, C. Garson, M. Lau, P. Bieling, S. Kennedy, H. Mayberg. 2004. »Modulation of Cortical-Limbic Pathways in Major Depression. Treatment-Specific Effects of Cognitive Behavior Therapy«. In: *Archives of General Psychiatry* 61 (1): S. 34-41.

Griesinger, W. 1845. *Die Pathologie und Therapie der psychischen Krankheiten für Ärzte und Studirende*. Stuttgart: Adolph Krabbe.

Gruber, O. 2011. »Hirnbildgebungsmarker. Bedeutung für Differenzialdiagnostik und therapeutische Entscheidungen in der personalisierten Psychiatrie«. In: *Nervenarzt* 82 (11): S. 1404-1413.

Haag, A. 2007. »Biomarkers Trump Behavior in Mental Illness Diagnosis«. In: *Nature Medicine* 13 (1): S. 3-4.

Heim, C., E. B. Binder. 2012. »Current Research Trends in Early Life Stress and Depression: Review of Human Studies on Sensitive Periods, Gene-Environment Interactions, and Epigenetics«. In: *Experimental Neurology* 233 (1): S. 102-111.

Holsboer, F. 2010. »Die Zukunft der Depressionsforschung«. In: *Nervenarzt* 81 (11): S. 1306-1316.

Holsboer, F. 2011. »Psychische Störungen sind Hirnerkrankungen«. In: *Gehirn und Geist* (12): S. 36-44.

Holtzheimer, P. E., H. S. Mayberg. 2011. »Stuck in a Rut: Rethinking Depression and Its Treatment«. In: *Trends in Neurosciences* 34 (1): S. 1-9.

Hyman, S. E. 2003. »Diagnosing Disorders«. In: *Scientific American* 289 (3): S. 96-103.

Insel, T. R. 2014. »Understanding Mental Disorders as Circuit Disorders«. Online unter: *BrainFacts.org* ⟨https://www.brainfacts.org/archives/2010/understanding-mental-disorders-as-circuit-disorders⟩, letzter Zugriff 02. 11. 2019.

Insel, T. R., R. Quirion. 2005. »Psychiatry as a Clinical Neuroscience Discipline«. In: *JAMA* 294 (17): S. 2221-2224.

Insel, T. R., P. S. Wang. 2010. »Rethinking Mental Illness«. In: *JAMA* 303 (19): S. 1970-1971.

Jablensky, A., R. E. Kendell. 2002. »Criteria for Assessing a Classification in Psychiatry«. In: *Psychiatric Diagnosis and Classification*. Hg. von M. Maj, W. Gaebel, J. J. López-Ibor, N. Sartorius. Chichester: Wiley, S. 1-25.

Kirmayer, L. J., I. Gold. 2012. »Re-Socializing Psychiatry«. In: *Critical Neuroscience*. Hg. von S. Choudhury, S. K. Nagel, J. Slaby. London: Wiley-Blackwell, S. 305-330.

Kotchoubey, B., F. Tretter, H. A. Braun, T. Buchheim, A. Draguhn, T. Fuchs, F. Hasler, H. Hastedt, T. Hinterberger, G. Northoff, I. Rentschler, S. Schleim, S. Sellmaier, L. Tebartz van Elst, W. Tschacher. 2016. »Methodological Problems on the Way to Integrative Human Neuroscience«. In: *Frontiers in Integrative Neuroscience* 10: Artikel 41. ⟨https://doi.org/10.3389/fnint.2016.00041⟩, letzter Zugriff 04. 12. 2019.

Krupnick, J. L., S. M. Sotsky, S. Simmens, J. Moyer, I. Elkin, J. Watkins, P. A. Pilkonis. 1996. »The Role of the Therapeutic Alliance in Psychotherapy and Pharmacotherapy Outcome: Findings in the National Institute of Mental Health Treatment of Depression Collaborative Research Program«. In: *Journal of Consulting and Clinical Psychology* 64 (3): S. 532-539.

Krystal, J. H., M. W. State. 2014. »Psychiatric Disorders: Diagnosis to Therapy«. In: *Cell* 157 (1): S. 201-214.

LeDoux, J. 1998. »Fear and the Brain: Where Have We Been, and Where Are We Going?« In: *Biological Psychiatry* 44 (12): S. 1229-1238.

Martin, D. J., J. P. Garske, M. K. Davis. 2000. »Relation of the Therapeutic Alliance with Outcome and Other Variables: A Meta-Analytic Review«. In: *Journal of Consulting and Clinical Psychology* 68 (3): S. 438-450.

McCabe, R., S. Priebe. 2004. »The Therapeutic Relationship in the Treatment of Severe Mental Illness: A Review of Methods and Findings«. In: *International Journal of Social Psychiatry* 50 (2): S. 115-128.

Meyer-Lindenberg, A., H. Tost. 2012. »Neural Mechanisms of Social Risk for Psychiatric Disorders«. In: *Nature Neuroscience* 15 (5): S. 663-668.

Mezzich, J. E. 2007. »Psychiatry for the Person: Articulating Medicine's Science and Humanism«. In: *World Psychiatry* 6 (2): S. 65-67.

Miller, G. 2010. »Is Pharma Running out of Brainy Ideas?« In: *Science* 329 (5991): S. 502-504.

Monyer, H., F. Rösler, G. Roth, H. Scheich, W. Singer, C. E. Elger, A. D. Friederici, C. Koch, H. Luhmann, C. von der Malsburg, R. Menzel. 2004. »Das Manifest. Elf führende Neurowissenschaftler über Gegenwart und Zukunft der Hirnforschung«. In: *Gehirn und Geist* (6): S. 30-37.

Nemiah, J. C. 1989. »The Varieties of Human Experience«. In: *The British Journal of Psychiatry* 154: S. 459-466.

Nesse, R. M., D. J. Stein. 2010. »Towards a Genuinely Medical Model for Psychiatric Nosology«. In: *BMC Medicine* 10: Artikel 5. ⟨https://doi.org/10.1186/1741-7015-10-5⟩, letzter Zugriff 04. 12. 2019.

Panksepp, J. 1998. *Affective Neuroscience: The Foundations of Human and Animal Emotions*. Oxford, New York: Oxford University Press.

Parnas, J., P. Møller, T. Kircher, J. Thalbitzer, L. Jansson, P. Handest, D. Zahavi. 2005. »EASE: Examination of Anomalous Self-Experience«. In: *Psychopathology* 38 (5): S. 236-258.

Pillai, J. A., J. Verghese. 2009. »Social Networks and Their Role in Preventing Dementia«. In: *Indian Journal of Psychiatry* 51 (Supplement 1): S. 22-28.

Read, J., R. P. Bentall, R. Fosse. 2009. »Time to Abandon the Bio-bio-bio Model of Psychosis: Exploring the Epigenetic and Psychological Mechanisms by which Adverse Life Events Lead to Psychotic Symptoms«. In: *Epidemiology and Psychiatric Sciences* 18 (4): S. 299-310.

Read, J., N. Haslam, L. Sayce, E. Davies. 2006. »Prejudice and Schizophrenia: A Review of the ›Mental Illness is an Illness like any Other‹ Approach«. In: *Acta Psychiatrica Scandinavica* 114 (5): S. 303-318.

Rolland, Y., G. A. van Kan, B. Vellas. 2008. »Physical Activity and Alzheimer's Disease: From Prevention to Therapeutic Perspectives«. In: *Journal of the American Medical Directors Association* 9 (6): S. 390-405.

Sass, L., E. Pienkos, B. Škodlar, G. Stanghellini, T. Fuchs, J. Parnas, N. Jones. 2017. »EAWE: Examination of Anomalous World Experience«. In: *Psychopathology* 50 (1): S. 10-54.

Schilbach, L., B. Timmermans, V. Reddy, A. Costall, G. Bente, T. Schlicht, K. Vogeley. 2013. »Toward a Second-Person Neuroscience«. In: *The Behavioral and Brain Sciences* 36 (4): S. 393-414.

Schomerus, G., C. Schwahn, A. Holzinger, P. W. Corrigan, H. J. Grabe, M. G. Carta, M. C. Angermeyer. 2012. »Evolution of Public Attitudes about Mental Illness: A Systematic Review and Meta-Analysis«. In: *Acta Psychiatrica Scandinavica* 125 (6): S. 440-452.

Schott, H., R. Tölle. 2006. »Magna Charta der Psychiatrie: Leben und Werk von Wilhelm Griesinger«. In: *Sozialpsychiatrische Informationen* 36 (4): S. 2-9.

Sprevak, M. 2011. »Neural Sufficiency, Reductionism, and Cognitive Neuropsychiatry«. In: *Philosophy, Psychiatry, & Psychology* 18 (4): S. 339-344.

Stavropoulou, C. 2011. »Non-adherence to Medication and Doctor-Patient Relationship: Evidence from a European Survey«. In: *Patient Education and Counseling* 83 (1): S. 7-13.

Thompson, E. 2007. *Mind in Life: Biology, Phenomenology, and the Sciences of Mind*. Cambridge, MA: Harvard University Press.

Uexküll, J. v. 1973. *Theoretische Biologie*. Frankfurt/M.: Suhrkamp. (Erstausgabe 1920)

Van Os, J., B. P. Rutten, R. Poulton. 2008. »Gene-Environment Interactions in Schizophrenia: Review of Epidemiological Findings and Future Directions«. In: *Schizophrenia Bulletin* 34 (6): S. 1066-1082.

Varela, F. J., E. Thompson, E. Rosch 1991. *The Embodied Mind: Cognitive Science and Human Experience*. Cambridge, MA: MIT Press.

Weiss, M., L. Gaston, A. Propst, S. Wisebord, V. Zicherman. 1997. »The Role of the Alliance in the Pharmacologic Treatment of Depression«. In: *Journal of Clinical Psychiatry* 58 (5): S. 196-204.

Weizsäcker, V. v. 1986. *Der Gestaltkreis. Theorie der Einheit von Wahrnehmen und Bewegen*. Stuttgart: Thieme. (Erstausgabe 1940)

White, P. D., H. Rickards, A. Z. J. Zeman. 2012. »Time to End the Distinction between Mental and Neurological Illnesses«. In: *British Medical Journal* 344: e3454. ⟨https://doi.org/10.1136/bmj.e3454⟩, letzter Zugriff 04. 12. 2019.

Leiblichkeit und personale Identität in der Demenz

Einleitung

Demenzielle Erkrankungen wirken in besonderer Weise beunruhigend und bedrohlich, denn sie stellen in Frage, was wir als die Grundlage unseres Selbstseins ansehen: unsere kognitiven Fähigkeiten. Eine Person im vollen Sinn zu sein, ist in westlichen Kulturen entscheidend gebunden an die Intaktheit dieser Funktionen, also an Überlegung, Rationalität und Gedächtnis. Beeinträchtigungen, die mit einem demenziellen Prozess einhergehen, müssen daher in Konflikt mit zentralen Werten unserer Kultur geraten. Die Demenz wird zur Bedrohung der Person und wirkt mehr als alle anderen psychischen Erkrankungen stigmatisierend: Der Verlust der Rationalität und des autobiographischen Gedächtnisses scheint in den fortgeschrittenen Stadien der Krankheit nur noch einen fassadenartigen Körper zurückzulassen, dessen Äußerungen allenfalls noch Fragmente der früheren Person zu erkennen geben. Für utilitaristische Ethiker wie Singer (1979) oder McMahan sind Menschen mit schwerer Demenz konsequenterweise auch keine Personen mehr, sondern allenfalls noch »Quasi-Personen« oder »Post-Personen« (McMahan 2003: 46f., 55).

Doch diese Identifizierung unseres Selbstseins mit Kognition, Rationalität und Gedächtnis beruht letztlich auf einem dualistischen Konzept der Person: auf einem Menschenbild, in dem der Körper nur als der Trägerapparat für den Geist beziehungsweise für das Gehirn gilt. Der Kortex und das Denken werden damit zum Sitz der menschlichen Personalität, während der Rest des Körpers ebenso wie die verkörperten Gefühle ohne die kognitiven Erkenntnis- und Steuerungsleistungen nur noch ein Schattendasein führen.

Dieser Sichtweise will ich im Folgenden eine andere Auffassung von Personalität gegenüberstellen, die ihre Grundlage in der Leibphänomenologie hat. Danach ist Selbstsein wesentlich lebendig und leiblich. Leibsein aber ist etwas anderes, als einen Körper zu haben; der Leib, das sind wir selbst. Nur als Leib kann der Mensch sich spüren, sich ausdrücken, anderen Menschen und der Welt begegnen. Alles Wahrnehmen, Denken, Tun vollzieht sich durch dieses Medium des Leibes: Die Augen sehen, die Ohren hören, die Hände greifen, und die Zunge spricht, ohne dass wir sie beachten. Was immer wir auch bewusst planen oder tun – wir leben aus einem leiblichen Grund heraus, den wir nie vollständig bewusst zu machen vermögen.

Der Leib hat aber auch eine eigene Geschichte. Seit der frühesten Kindheit haben sich seine Erfahrungen in unseren Gewohnheiten und Fähigkeiten niedergeschlagen, fühlend, wahrnehmend und handelnd mit den Dingen und mit anderen Menschen umzugehen. All diese Gewohnheiten und Erfahrungen lassen sich zusammenfassend als *Leibgedächtnis* bezeichnen. Es weist auf eine Kontinuität der Person hin, die nicht in ihren biographischen Erinnerungsbeständen verankert ist, sondern in einer im Leib sedimentierten Erfahrung. Diese Form des Gedächtnisses ist erst in jüngster Zeit für das Verständnis und die Behandlung der Demenz fruchtbar gemacht worden.[1] Und doch ist es ein Gedächtnis, das noch bis in späteste Stadien der Erkrankung erhalten bleibt und in dem sich die Lebensgeschichte eines Patienten manifestiert.

Die folgenden Überlegungen gelten zunächst dem herrschenden kognitiven oder rationalistischen Verständnis von personaler Identität und stellen ihm eine leibfundierte Konzeption *verkörperter Personalität* gegenüber. Anschließend stelle ich das Leibgedächtnis in seinen wichtigsten Aspekten dar, um dann zu fragen, welche Rolle es in der Demenzerkrankung, insbesondere für die Aufrechterhaltung der personalen Identität, spielt.

1 Vgl. Kontos (2004), Fleischman et al. (2005), Golby et al. (2005) und Harrison et al. (2007).

Die kognitivistische Konzeption der Person hat eine Geschichte, die in die europäische Neuzeit zurückreicht und von der zunehmenden Trennung des personalen Subjekts von seiner Leiblichkeit und Lebendigkeit geprägt ist. Das dualistische und rationalistische Personenverständnis bei Descartes oder Locke ist an Selbstbewusstsein, Überlegung und vernünftige Reflexion gebunden, denn das moderne Subjekt will seiner selbst gewiss, souverän und autonom sein. Allerdings ist diese Gewissheit des *cogito* immer nur als instantanes Selbstbewusstsein möglich. Nicht länger eingebettet in seine Leiblichkeit, muss das Ich fortwährend denken, um zu existieren, und sich selbst reflektieren, um seiner gewiss zu sein. Doch was tut die *res cogitans,* das denkende Ding, wenn es einmal nicht denkt, wenn es sich dem Leib, dem Schlaf oder dem Vergessen überlassen soll? Was ermöglicht dann die fortdauernde Kontinuität der Person?[2] – Dies hatte bereits John Locke als Problem des Descartes'schen Subjekts erkannt:

> Was Schwierigkeiten zu bereiten scheint, ist die Tatsache, dass dieses Bewusstsein stets durch Zustände des Vergessens unterbrochen wird. […] In allen diesen Fällen, in denen […] wir unser vergangenes Ich aus den Augen verlieren, erheben sich Zweifel, ob wir dasselbe denkende Ding, das heißt dieselbe Substanz sind oder nicht. (Locke 1690/2006: 420)

Lockes bis heute maßgebliche Lösung war die folgende: Es ist das Selbstbewusstsein und sein Gedächtnis, das es der Person erlaubt, sich über die Gegenwart hinaus in der Zeit auszudehnen:

2 Die vorausgesetzte Einheit von Denken und Existieren lässt keine »Pausen« des Denkens zu: »Ich bin, ich existiere, das ist gewiss. Wie lange aber bin ich? Nun, so lange, als ich denke. Denn es wäre vielleicht möglich, dass ich, wenn ich gänzlich aufhörte zu denken, alsbald auch aufhörte zu sein.« (Descartes 1954: 20) Daher sah sich Descartes zu dem Schluss genötigt, dass der Geist selbst im traumlosen Schlaf über Bewusstsein verfüge, allerdings ohne dass sich im Gehirn davon Erinnerungsspuren bildeten (Descartes 1954: 328 f.).

So weit nun dieses Bewusstsein rückwärts auf vergangene Taten oder Gedanken ausgedehnt werden kann, so weit reicht die Identität dieser Person. (Locke 1690/2006: 420)

Das Gedächtnis also bildet die rettende Brücke: Die Einheit und Identität der Person ist gebunden an die Möglichkeit der bewussten Erinnerung. Mit ihrer Hilfe lassen sich vergangene Episoden des Lebens aneignen und in das gegenwärtige Selbst integrieren. Das aber heißt, ich bleibe nur so lange ich selbst, wie ich mich an meine früheren Zustände erinnern und sie mir zuschreiben kann. Lockes Auffassung setzt sich fort bis zu den heutigen psychologischen Konzeptionen personaler Persistenz: Die Identität der Person reicht nur so weit wie ihre Erinnerung an sich selbst.[3] Das hat allerdings die kontraintuitive Konsequenz, dass wir uns im Grunde weder Zustände des Schlafes noch unsere Fetal- oder Säuglingszeit selbst zuschreiben können. Mehr noch: Unter dieser Voraussetzung muss, auf der anderen Seite des Lebenswegs, eine Demenzerkrankung die Person in ihrem Kern bedrohen, sobald sie sich nicht mehr an ihre früheren Erlebnisse zu erinnern vermag.

Doch ist es tatsächlich so, dass unser Selbstsein, unsere Identität ausschließlich von unserem Gedächtnis und Wissen über uns selbst abhängt? Keineswegs, denn diesem Wissen vom »Selbst-als-Objekt« liegt das »Selbst-als-Subjekt« voraus, ein kontinuierliches präreflexives Selbsterleben, das nicht explizit gemacht oder in Worte gefasst werden muss. Die meiste Zeit des Tages machen wir uns nicht bewusst, wer wir sind, denken nicht über uns nach und müssen keine autobiographischen Erinnerungen aufrufen, um doch auf selbstverständliche Weise unserer selbst inne zu sein. Wir sind immer schon mit uns selbst vertraut, und diese Selbstvertrautheit ist etwas leiblich Gespürtes, nichts Gewusstes.

Hätten wir dieses basale Selbsterleben nicht, so würde uns alles biographische Wissen nichts nützen, denn wir kämen uns selbst auf elementare Weise abhanden. So bedeutsam der mögliche Zugriff auf jenes Wissen für unsere narrative Identität sein mag – Selbstsein

3 Hauptvertreter sind etwa Lewis (1976), Parfit (1976, 1984), Shoemaker (1970, 1999) oder Garrett (1998).

in einem grundlegenden Sinn ist nicht an biographisches Erinnern oder Wissen über die eigene Person gebunden. Es ist vielmehr eine intrinsische Qualität jeder Erfahrung, eine Eigenschaft des kontinuierlichen Bewusstseinsstroms selbst (Zahavi 1999, 2006; Dainton 2008). Die präreflexiv gelebte Leiblichkeit vermittelt damit eine Kontinuität des Selbstseins, die letztlich die subjektive Seite des Lebensprozesses selbst darstellt und keine reflexive Form der Selbstidentifizierung erfordert (Fuchs 2017a). Wir werden noch sehen, dass ein solches basales Selbsterleben auch in späten Stadien der Demenz erhalten bleibt.

Die Phänomenologie des leiblichen Subjekts lässt sich erweitern zu einer Konzeption *verkörperter Personalität*,[4] die hier nur kurz skizziert werden kann: Dem Paradigma der *embodied cognition* zufolge ist Bewusstsein nicht ein bloßes Produkt des Gehirns, sondern vielmehr eine übergreifende Aktivität des gesamten Organismus in Beziehung zu seiner Umwelt. Nur ein mit einem fühlenden, wahrnehmenden und beweglichen Körper verbundenes Gehirn ist in der Lage, als zentrales Vermittlungsorgan für psychische Prozesse zu dienen; denn nur durch die fortlaufenden Interaktionen von Gehirn, Körper und Umwelt entstehen und stabilisieren sich die Formen bewussten Erlebens. Personalität ist insofern eine Manifestation des Lebensprozesses eines menschlichen Organismus und damit verkörpert in den Fähigkeiten und Tätigkeiten des Leibes.

Das Leibgedächtnis

Die Gewissheit des Bei-sich-Seins, die das cartesianische Subjekt in der Selbstbeobachtung und Erinnerung zu finden glaubte, liegt, wie wir sahen, diesen reflektierenden Akten immer schon voraus. Nun könnte man einwenden, es handele sich dabei nur um ein »minimales Selbst« (Zahavi 2006), das kaum unseren Erwartungen an Individualität und Personalität genügt. Damit jedoch würde man die *Geschichte des Leibes* vernachlässigen, die ihn im Laufe der

4 Für eine ausführlichere Darstellung siehe Fuchs (2017b) sowie das Kapitel »Person und Gehirn« in diesem Band.

Biographie immer mehr zum Medium unserer individuellen Existenz werden lässt. Denn alle Lebensvollzüge gehen in das leibliche Gedächtnis ein und bleiben als Erfahrungen und Bereitschaften darin aufgehoben: Der Leib ist »geronnene Existenz« und umgekehrt »die Existenz unaufhörliche Verleiblichung« (Merleau-Ponty 1966: 199). Betrachten wir diese Geschichte des Leibes etwas näher.

Das *explizite* oder *Erinnerungs*gedächtnis, das Locke im Auge hatte, ist keineswegs die einzige Form von Kontinuität, die sich in unserem Leben über die Zeit hinweg einstellt. Das meiste von dem, was wir erfahren und erlernt haben, wird uns gar nicht im Rückblick, sondern vielmehr im praktischen Lebensvollzug zugänglich: Durch Wiederholung und Übung haben sich Gewohnheiten gebildet, die wie von selbst aktiviert werden. Eingespielte Bewegungsabläufe sind uns »in Fleisch und Blut« übergegangen – etwa der aufrechte Gang, das Sprechen oder Schreiben, der Umgang mit Gegenständen wie einem Fahrrad oder einem Klavier. Als *implizites* oder *leibliches Gedächtnis* können wir nun die Gesamtheit der sedimentierten Erfahrungen bezeichnen, die über das Medium des Leibes aktualisiert werden, ohne dass wir uns dazu an frühere Situationen erinnern müssen (Schacter 1987; Fuchs 2012). Dieses bereits von Maine de Biran (1953) und Henri Bergson (1991) benannte Gedächtnis vergegenwärtigt die Vergangenheit nicht im Rückblick, sondern enthält sie vielmehr als gewachsene und gegenwärtig wirksame Erfahrung in sich. Es ist unsere *gelebte Vergangenheit.*

Dieses implizite Gedächtnis tritt in verschiedenen Erscheinungsformen auf (Fuchs 2008, 2012), von denen ich vier kurz beschreiben möchte:

1) Als *prozedurales Gedächtnis* können wir die bereits beschriebenen *sensomotorischen* Fähigkeiten des Leibes bezeichnen: eingespielte Gewohnheiten, den geschickten Umgang mit Instrumenten ebenso wie die Vertrautheit mit Wahrnehmungsmustern. Durch Wiederholung und Übung gehen Bewegungsfiguren ebenso in das prozedurale Gedächtnis ein wie wiederkehrende Gestalten der Sinneswahrnehmung. Es entlastet damit unsere Aufmerk-

samkeit von einer Überfülle an Details und ermöglicht den unreflektierten Lebensvollzug. Statt einzelner Äste und Blätter sehen wir den ganzen Baum. Das Handeln wird erleichtert, indem wir uns statt den einzelnen Bewegungen den Handlungszielen zuwenden können, etwa der Melodie, die wir spielen möchten, und nicht den separaten Bewegungen unserer Finger.

2) Als *situatives Gedächtnis* ermöglicht es das Leibgedächtnis, räumliche Situationen wiederzuerkennen und sich in ihnen zurechtzufinden, etwa in der Wohnung, der Nachbarschaft oder der Heimat. Leibliche Erfahrungen verbinden sich in besonderer Weise mit Innenräumen, und je öfter dies geschieht, desto mehr wird dieser Raum erfüllt von einer vertrauten Atmosphäre. *Wohnen* und *Gewohnheit* sind gleichermaßen im Leibgedächtnis begründet. Ein Beispiel von Gaston Bachelard verdeutlicht dies:

> [Ü]ber die Erinnerungen hinaus ist das Elternhaus physisch in uns eingezeichnet. Es besteht aus einer Gruppe von organischen Gewohnheiten. Aus einem Abstand von zwanzig Jahren [...] würden wir noch die Reflexe jener »frühesten Treppe« wiedererkennen, über eine bestimmte, etwas zu hohe Stufe würden wir nicht stolpern. Das ganze Sein des Hauses würde sich entfalten, unserem eigenen Sein treu geblieben. (Bachelard 1960: 47)

3) Auch die intuitive, non-verbale Kommunikation mit anderen einschließlich des empathischen Ausdrucksverstehens beruht auf leiblichen Vermögen, nämlich auf dem *zwischenleiblichen Gedächtnis*, das bis in die früheste Kindheit zurückreicht. Schon im ersten Lebensjahr erlernt der Säugling Muster von sozialen Interaktionen mit anderen, die sich seinem Leibgedächtnis einprägen, lange bevor sich das biographische Gedächtnis im zweiten Lebensjahr entwickelt. In der Säuglingsforschung spricht man auch vom *impliziten Beziehungswissen* (Stern 1998): Gemeint ist ein leibliches Wissen davon, wie man mit anderen umgeht – wie man mit ihnen Vergnügen hat, Freude ausdrückt, Ablehnung vermeidet usw. Eine andere Form des zwischenleiblichen Gedächtnisses finden wir bei gut aufeinander eingespielten

Tanzpartnern, deren Hände und Körper ohne gezielte Blickführung miteinander interagieren.

4) Schließlich gehören zum Leibgedächtnis auch die individuellen Haltungen, Ausdrucks- und Verhaltensweisen, die einem Menschen in Fleisch und Blut übergegangen und so zu seiner *leiblichen Persönlichkeitsstruktur* geworden sind (Fuchs 2006). Die unterwürfige Haltung etwa eines selbstunsicheren Menschen, seine Nachgiebigkeit und Ängstlichkeit gehören einem einheitlichen Haltungs- und Ausdrucksmuster an, welches seine Persönlichkeit ausmacht. Auch Bourdieus soziologischer Begriff des *Habitus* hat hier seinen Ort. Die kultur- und klassenspezifische Sozialisation in der frühen Kindheit geht mit in das Leibgedächtnis und die Umgangsformen eines Menschen ein: »Als einverleibte, zur Natur gewordene und damit vergessene Geschichte ist der Habitus wirkende Präsenz der gesamten Vergangenheit, die ihn erzeugt hat.« (Bourdieu 1987: 101)

Wir sehen, wie die kontinuierliche Verleiblichung der Existenz eine Form des Gedächtnisses erzeugt, die die Vergangenheit einer Person in ihre je gegenwärtige leibliche Verfassung integriert. Weit davon entfernt, nur eine anonyme präreflexive Existenz zu gewährleisten, bildet der habituelle Leib immer einen Auszug der persönlichen Geschichte. Dies entspricht Merleau-Pontys Konzeption der Kontinuität des leiblichen Subjekts:

> [U]nd so bin auch ich keine Reihe psychischer Akte, noch auch übrigens ein zentrales Ich, das diese in einer synthetischen Einheit versammelte, sondern eine einzige, von sich selber untrennbare Erfahrung, ein einziger »Zusammenhang des Lebens.« (Merleau-Ponty 1966: 463)

Das rationalistische und kognitivistische Verständnis der Person knüpft die Bedingungen für Personalität an die explizite, bewusste Erinnerung. Ein hochgradig demenzieller Patient wäre danach keine Person mehr, da er sich nicht mehr an seine früheren Zustände erinnern kann. Doch dieses Personenverständnis trennt das Selbstsein vom Leib ab. Die grundlegende Kontinuität der Person ergibt sich nicht aus dem Bestand expliziten Wissens über die eigene Biographie, aus deren Vergegenwärtigung in der Erinnerung oder aus der Einheit einer erzählbaren Geschichte. Sie beruht vielmehr zum einen auf der leiblichen Selbstvertrautheit des Subjekts: dem präreflexiven Selbstempfinden, das uns nie ganz verlässt. Und sie beruht zum anderen auf dem leiblichen Gedächtnis, d. h. auf einer *gewachsenen, im Leibgedächtnis sedimentierten und als solcher implizit immer gegenwärtigen Geschichte.*

Leibgedächtnis und Demenz

Diese Konzeption verkörperter Personalität und Geschichte ist auch in der Lage, unser Bild der Demenz zu verändern. An die Stelle einer gehirn- und kognitionszentrierten Perspektive tritt die Sicht des Patienten in seiner je individuellen Leiblichkeit, die ihrerseits in den sozialen und Umweltkontext eingebettet ist (Fuchs 2010; Summa 2011a, 2011b). Wichtiger als die kognitiven Leistungen und die meist reduzierten oder fragmentierten sprachlichen Äußerungen werden die leiblichen Ausdrucks- und Verhaltensweisen. Dies betrifft auch das leibliche Gedächtnis. Zwar ist der fortschreitende Verlust des autobiographischen und semantischen Gedächtnisses eines der frühesten und markantesten Symptome der Alzheimer-Krankheit. Hingegen bleiben weite Bereiche des Leibgedächtnisses noch in späten Stadien der Erkrankung unbeeinträchtigt; dies lässt sich etwa durch entsprechende motorische oder visuelle Lernaufgaben belegen. Selbst Walzertanzen und ähnliche Fertigkeiten können sich Demenzkranke noch aneignen.[5]

Dementsprechend lassen sich in allen oben beschriebenen Formen des Leibgedächtnisses gut erhaltene Fähigkeiten finden, de-

5 Vgl. etwa Rösler et al. (2002), Eldridge et al. (2002), Fleischman et al. (2005) und Harrison et al. (2007). – Diese noch erhaltenen Lernprozesse entsprechen der primär kortikalen Lokalisierung der meisten Demenzen. Prozedurale und andere Formen des Leibgedächtnisses sind überwiegend in *subkortikalen* Arealen des Gehirns (Basalganglien, Kleinhirn, Amygdala u. a.) verankert und bleiben daher über lange Zeit von der Erkrankung unbeeinträchtigt (Schacter 1992; Squire 2004).

ren Realisierung freilich in der Regel an geeignete, komplementäre Umgebungsbedingungen gebunden ist. So bleibt etwa der *prozedurale Umgang* mit Gegenständen (Besteck, Zahnbürste o. Ä.) noch lange möglich, auch wenn ihr Name und ihre Funktion nicht mehr benannt werden können. Ebenso zugänglich bleiben spezifisch persönliche Anteile des impliziten Gedächtnisses – vertraute Umgebungen, Stimmen, Melodien, Gerüche mit ihren Konnotationen und Atmosphären. Sie wecken nicht nur entsprechende Emotionen, sondern oft auch zugehörige autobiographische Erinnerungen, die sich sonst dem unmittelbaren Zugriff entziehen.

Wie wir sahen, bildet das *situative Leibgedächtnis* ein »Habitat«, eine ökologische Nische der Vertrautheit von Dingen und Situationen. Die gewohnten Schemata des leiblichen »Zur-Welt-Seins« stellen daher auch für den Demenzkranken Elemente der Sicherheit und Unterstützung dar. Sie immer wieder bestätigt zu finden, fördert sein Selbstvertrauen in seine verbliebenen Fähigkeiten. Eine der wichtigsten Aufgaben der Betreuung und Pflege besteht daher in der Aufrechterhaltung einer passenden räumlichen Umgebung, bestenfalls natürlich der eigenen Wohnung. Aber auch in Pflegeheimen lassen sich persönliche Wohnräume schaffen, die eine Atmosphäre der Geborgenheit vermitteln.

Die leibliche Orientierung im Umraum ist grundlegender als die üblicherweise im psychopathologischen Befund erfasste Orientierung in Raum und Zeit: Diese nämlich stellt die Fähigkeit dar, aus der Unmittelbarkeit des aktuellen Erlebens herauszutreten, um sich selbst in den objektiven geographischen oder zeitlichen Zusammenhang der Welt einzuordnen – eine Fähigkeit, deren Verlust für die Demenz charakteristisch ist. Hingegen folgt die leibliche Orientierung den primären Richtungen und Beziehungen, die der Leib von selbst zur Welt herstellt, etwa den Grundrichtungen von oben/unten, vorne/hinten oder den Verhältnissen von Nähe und Ferne. Sie folgt weiter den vertrauten Angeboten der Dinge *(affordances*, Gibson 1979): Ein Stuhl dient »zum Sitzen«, eine Tür »zum Hindurchgehen«, ein Bett »zum Ausruhen« und so weiter. Sich auf diese Weise in der Umgebung zurechtzufinden, ist für den Kranken wichtiger als die abstrakte Orientierung aus einer geographischen Perspektive heraus.

Das individuelle Habitat, die persönliche Nische bildet sich über die ganze Lebensspanne hinweg. Die detaillierte Kenntnis der Biographie, der persönlichen Neigungen und Gewohnheiten des Kranken erlaubt es den Angehörigen und Pflegenden daher, in seinem Dasein Kontinuität und Vertrautheit herzustellen. Bekannte Spaziergänge oder Urlaubsorte haben oft auch dann noch eine beruhigende und stabilisierende Wirkung, wenn der Kranke nicht mehr über erkennbare Erinnerungen an sie verfügt. Bestimmte Sinnesreize können Atmosphären, Gefühle und sogar Fähigkeiten wecken, die mit vergangenen Lebensabschnitten verknüpft sind, selbst wenn die Erinnerung daran schon verblasst ist (Sung/Chang 2005). Ein Beispiel aus eigener Praxis mag dies veranschaulichen:

Ein 78-jähriger Patient mit fortgeschrittener Demenz vermochte seine Verwandten meist nicht mehr wiederzuerkennen. Er wirkte lethargisch, zurückgezogen, körperlich hinfällig und war kaum noch in der Lage, sich selbständig fortzubewegen. Eines Tages besuchten ihn seine beiden Enkelkinder und spielten vor dem Haus Fußball. Der Patient hatte als Jugendlicher selbst lange in einem Verein gespielt; nun stand er plötzlich auf und spielte mit den beiden Jungen. Im Kontakt mit dem Ball erschien er wie verwandelt und verjüngt, er zeigte ihnen seine Dribbelkünste, demonstrierte verschiedene Balltricks und gab dazu fachmännische Erklärungen. Für eine halbe Stunde war von der Erkrankung nichts mehr zu erkennen.

Die Kontinuität des basalen leiblichen Selbsterlebens in der Demenz wird durch solche impliziten Aktualisierungen der Lebensgeschichte eindrucksvoll belegt (vgl. auch Kontos/Naglie 2009). Der einmal erworbene Habitus etwa einer beruflichen oder sportlichen Tätigkeit wird durch eine passende Situation und ihre *affordances* aufgerufen, ohne eine biographische Erinnerung oder explizite Koordination zu erfordern. Freilich sind auch die prozeduralen Fähigkeiten des Leibgedächtnisses auf die Dauer gegen die Erkrankung nicht resistent. Viele Patienten verlieren im späteren Verlauf der Krankheit nicht nur die biographischen Erinnerungen, sondern in der sogenannten *Apraxie* auch alltägliche Fertigkeiten, sodass selbst eine Zahnbürste zu einem rätselhaften Gegenstand werden kann.

Neben den sinnlich-räumlichen und praktischen Dimensionen des Leibgedächtnisses bildet daher die *Zwischenleiblichkeit* die wichtigste Quelle aufrechterhaltener Kontinuität. Der Verlust verbal-kognitiver Leistungen lässt die non-verbale, emotionale und leibliche Kommunikation und das *knowing how* der alltäglichen Umgangsformen umso bedeutsamer werden. Selbst in fortgeschrittenen Stadien der Erkrankung vermag der mimische und gestische Ausdruck der Patienten noch differenzierte Auskunft über ihr Befinden und ihre Wünsche zu geben.[6] Umgekehrt sind Demenzkranke besonders empfänglich für die affektive und atmosphärische Dimension des Kontakts. Sie verfügen über eine differenzierte Gefühlswelt, über Humor und mitunter überraschende Schlagfertigkeit und nicht zuletzt über ein starkes soziales Bindungsvermögen.

Die Interaktionen der Patienten werden dabei weniger durch ihre bewusste Überlegung oder explizite Beachtung externer Normen bestimmt als durch die selbstverständliche, präreflexive Natur ihres verkörperten sozialen Habitus. Zu Unrecht werden solche Verhaltensrepertoires oft als »aufrechterhaltene Fassade« diskreditiert. Die vertrauten Umgangsformen erlauben es den Patienten vielmehr, die affektive Beziehung mit anderen herzustellen und in rational unverständlichen Situationen auf die basale zwischenleibliche Orientierung zurückzugreifen. Es ist zugleich ihre Weise, sich selbst zu realisieren und sich in ihrer Existenz als Personen zu bestätigen.

Gerade dieses Bedürfnis nach Selbstbestätigung belegt noch einmal das auch in fortgeschrittener Demenz erhaltene Selbsterleben. Was den Patienten verloren geht, ist die *Reflexivität*, also die höherstufige Fähigkeit, sich auf das eigene Erleben oder die momentane Situation zu beziehen und dazu aus einer übergeordneten Perspektive Stellung zu nehmen. Doch das präreflexive Selbst ist davon nicht betroffen: Die Patienten erleben durchaus ihr leibli-

6 Vgl. Hallberg und Norberg (1995), Becker et al. (2006) und Kruse (2008).

ches Hier-jetzt-Sein ebenso wie ihr Mitsein mit anderen, und zwar vor allem in emotionaler Hinsicht (Summa 2011b). Dies manifestiert sich etwa in der Scham, die sie über Misserfolge oder Unvermögen empfinden, oder auch über ihre körperliche Entblößung vor anderen; ebenso in ihren Gefühlen von Stolz und Freude bei Erfolg und Anerkennung. Nicht zuletzt belegen die nicht seltenen Konflikte, dass die Patienten in der Lage sind, ihre Eigensphäre von anderen abzugrenzen und ihre Wünsche auch mit Heftigkeit zu artikulieren.[7] Die Kontinuität des basalen und durchaus persönlich geprägten Selbsterlebens erlaubt es daher nicht, von einem Verlust des Selbst in der Demenz zu sprechen.

Resümee

Das Gedächtnis des Leibes enthält eine andere, untergründige Geschichte des Selbst. Ihre Zeitlichkeit folgt nicht dem linearen Fortschritt der autobiographischen Lebensgeschichte, auf die wir gezielt zurückgreifen können. Im Leibgedächtnis setzt sich die Vergangenheit vielmehr als gewachsene, sedimentierte fort und wird in unseren persönlichen Formen des Wahrnehmens, Verhaltens und Umgangs wirksam, ohne dass wir uns ihrer Herkunft im Einzelnen bewusst sind.

Wenn wir Selbstsein als primär leibliches verstehen, dann werden wir auch zu einer anderen Wahrnehmung des Demenzkranken gelangen: nicht als eines Menschen, der seine Rationalität und Personalität eingebüßt hat, sondern als eines Menschen, der sein Personsein gerade als leiblich-zwischenleibliches zu realisieren vermag, solange er in der zu ihm passenden räumlichen, atmosphärischen und sozialen Umgebung leben kann. Sein Selbstsein erhält sich in der Affinität seines Leibes zur natürlichen und sozialen Mitwelt.

7 Einen weiteren Hinweis auf das erhaltene Selbsterleben stellt der kompetente Gebrauch von 1. Person-Pronomina ebenso wie der Selbstbezug durch Sprache, Mimik und Gestik dar, der sich bis in späte Krankheitsstadien nachweisen lässt (Fazio/Mitchell 2009).

Ein Begriff der Person, der sich allein auf Rationalität und Reflexionsfähigkeit gründet, muss Menschen mit kognitiven Defiziten zwangsläufig stigmatisieren. Für einen an der Zwischenleiblichkeit orientierten Personbegriff hingegen wird die Resonanz- und Beziehungsfähigkeit eines Menschen zu einer wesentlichen Grundlage seiner Personalität – etwa die Fähigkeit, Freude, Dankbarkeit, Trauer oder Furcht zum Ausdruck zu bringen, wie es auch schwer demenzkranke Menschen noch können.

Die auf Descartes und Locke zurückgehenden, rationalistisch orientierten Konzepte der Person haben in der Debatte über den Status von Demenzkranken auch von anderer Seite Kritik erfahren. Für Vertreter sozialkonstruktivistischer oder narrativistischer Personauffassungen[8] ist Personalität gebunden an soziale Beziehungen und daraus resultierende Zuschreibungen und Anerkennungsformen.[9] Das Selbst oder die personale Identität des Demenzkranken, so folgern diese Autoren, erhält sich in der Anerkennung, die die anderen ihm entgegenbringen, und in der narrativen Fortschreibung seiner Identität, die sie an seiner Stelle leisten.

Doch so bedeutsam die Intersubjektivität für den Begriff der Person ist, ohne eine Verankerung in der Subjektivität des Patienten selbst bleiben solche Zuschreibungen, narrativen Ersatzkonstrukte oder stellvertretenden Interessenwahrnehmungen doch ohne hinreichende Basis. Sie haben sicher ihre Bedeutung für eine personzentrierte Pflege, werden jedoch erst getragen und gestützt von den Verhaltens- und Ausdrucksformen, in denen sich das Selbstsein und die personale Identität der Patienten noch bis zum Schluss manifestiert. Personalität ist keine soziale Konstruktion, sie wird uns

8 So zum Beispiel Sabat und Harré (1992), Kitwood (1997) oder Radden und Fordyce (2006).

9 So lautet Kitwoods Definition von Personalität: »eine Position oder soziale Beziehung, die einem Menschen von ›anderen‹ verliehen wird, im Kontext von Beziehung und sozialem Sein« (Kitwood 1997: 8; Übers. T. F.). Eine ähnliche Position vertreten auf Basis narrativer Identitätskonzepte Radden und Fordyce: »Das Selbsterleben, das erforderlich ist, um über eine Identität zu verfügen, beruht auf und erwächst aus dem Beitrag von anderen Personen, insbesondere ihrer Anerkennung.« (Radden/Fordyce 2006: 72; Übers. T. F.)

nicht erst von anderen verliehen. Das Sein und die Kontinuität der Person bestehen im einheitlichen Zusammenhang ihres Lebens, in der ununterbrochenen Zeitlichkeit ihres Leibes.

Literatur

Bachelard, G. 1960. *Poetik des Raumes*. München: Hanser.

Becker, S., R. Kaspar, A. Kruse. 2006. »Die Bedeutung unterschiedlicher Referenzgruppen für die Beurteilung der Lebensqualität demenzkranker Menschen«. In: *Zeitschrift für Gerontologie und Geriatrie* 39: S. 350-357.

Bergson, H. 1991. *Materie und Gedächtnis. Eine Abhandlung über die Beziehung zwischen Körper und Geist*. Übers. von J. Frankenberger. Hamburg: Meiner.

Bourdieu, P. 1987. *Sozialer Sinn*. Übers. von G. Seib. Frankfurt/M.: Suhrkamp.

Dainton, B. 2008. *The Phenomenal Self*. Oxford: Oxford University Press.

de Biran, M. 1953. *Influence de l'habitude sur la faculté de penser*. Paris: PUF.

Descartes, R. 1954. *Meditationen über die Grundlagen der Philosophie. Mit sämtlichen Einwänden und Erwiderungen*. Übers. von A. Buchenau. Hamburg: Meiner.

Eldridge, L. L., D. Masterman, B. J. Knowlton. 2002. »Intact Implicit Habit Learning in Alzheimer's Disease«. In: *Behavioral Neuroscience* 116: S. 722-726.

Fazio, S., D. B. Mitchell. 2009. »Persistence of Self in Individuals with Alzheimer's Disease. Evidence from Language and Visual Recognition«. In: *Dementia* 8: S. 39-59.

Fleischman, D. A., R. Wilson, J. D. Gabriele, J. Schneider, J. Bienias, D. A. Bennett. 2005. »Implicit Memory and Alzheimer's Disease Neuropathology«. In: *Brain* 128: S. 2006-2015.

Fuchs, T. 2006. »Gibt es eine leibliche Persönlichkeitsstruktur? Ein phänomenologisch-psychodynamischer Ansatz«. In: *Psychodynamische Psychotherapie* 5: S. 109-117.

Fuchs, T. 2008. »Das Gedächtnis des Leibes«. In: Ders., *Leib und Lebenswelt. Neue philosophisch-psychiatrische Essays*. Kusterdingen: Die Graue Edition, S. 37-64.

Fuchs, T. 2010. »Das Leibgedächtnis in der Demenz«. In: *Lebensqualität bei Demenz. Zum gesellschaftlichen und individuellen Umgang mit einer Grenzsituation im Alter*. Hg. von A. Kruse. Heidelberg: Akademische Verlagsgesellschaft, S. 231-242.

Fuchs, T. 2012. »The Phenomenology of Body Memory«. In: *Body Memory, Metaphor and Movement*. Hg. von S. Koch, T. Fuchs, M. Summa, C. Müller. Amsterdam: John Benjamins, S. 9-22.

Fuchs, T. 2017a. »Self across Time: The Diachronic Unity of Bodily Existence«. In: *Phenomenology and the Cognitive Sciences* 16: S. 291-315.

Fuchs, T. 2017b. *Das Gehirn – ein Beziehungsorgan. Eine phänomenologisch-ökologische Konzeption*. Stuttgart: Kohlhammer.

Garrett, B. 1998. *Personal Identity and Self-Consciousness*. Routledge: London.

Gibson, J. 1979. *The Ecological Approach to Visual Perception*. Boston: Houghton Mifflin.

Golby, A., G. Silverberg, E. Race, S. Gabrieli, J. O'Shea, K. Knierim, G. Stebbins, J. Gabrieli. 2005. »Memory Encoding in Alzheimer's Disease: An fMRI Study of Explicit and Implicit Memory«. In: *Brain* 128: S. 773-787.

Hallberg, I. R., A. Norberg. 1995. »Nurses' Experiences of Strain and Their Reactions in the Care of Severely Demented Patients«. In: *International Journal of Geriatric Psychiatry* 10: S. 757-766.

Harrison, B. E., G. Son, J. Kim, A. L. Whall. 2007. »Preserved Implicit Memory in Dementia: A Potential Model of Care«. In: *American Journal of Alzheimer's Disease & Other Dementias* 22: S. 286-293.

Kitwood, T. 1997. *Dementia Reconsidered: The Person Comes First*. Buckingham, UK: Open University Press.

Kontos, P. C. 2004. »Ethnographic Reflections on Selfhood, Embodiment and Alzheimer's Disease«. In: *Ageing & Society* 24: S. 829-849.

Kontos, P. C., G. Naglie. 2009. »Tacit Knowledge of Caring and Embodied Selfhood«. In: *Sociology of Health and Illness* 31: S. 688-704.

Kruse, A. 2008. »Der Umgang mit demenzkranken Menschen als ethische Aufgabe«. In: *Archiv für Wissenschaft und Praxis der sozialen Arbeit* 39: S. 14-21.

Lewis, D. 1976. »Survival and Identity«. In: *The Identities of Persons*. Hg. von A. Rorty. Berkeley, CA: University of California Press, S. 17-40.

Locke, J. 2006. *Versuch über den menschlichen Verstand*. Übers. von C. Winckler. Hamburg: Meiner. (Erstausgabe 1690)

McMahan, J. 2003. *The Ethics of Killing. Problems at the Margins of Life.* Oxford: Oxford University Press.

Merleau-Ponty, M. 1966. *Phänomenologie der Wahrnehmung.* Berlin: De Gruyter.

Parfit, D. 1976. »Lewis, Perry, and What Matters«. In: *The Identities of Persons.* Hg. von A. Rorty. Berkeley, CA: University of California Press, S. 91-108.

Parfit, D. 1984. *Reasons and Persons.* Oxford: Clarendon Press.

Radden, J., J. M. Fordyce. 2006. »Into the Darkness: Losing Identity with Dementia«. In: *Dementia: Mind, Meaning, and the Person.* Hg. von J. C. Hughes, S. J. Louw, S. R. Sabat. Oxford: Oxford University Press, S. 71-87.

Rösler, A., E. Seifritz, K. Kräuchi, D. Spoerl, I. Brokuslaus, S. M. Proserpi, A. Gendre, E. Savaskan, M. Hofmann. 2002. »Skill Learning in Patients with Moderate Alzheimer's Disease: A Prospective Pilot-Study of Waltz-Lessons«. In: *International Journal of Geriatric Psychiatry* 17: S. 1155-1156.

Sabat, S. R., R. Harré. 1992. »The Construction and Deconstruction of Self in Alzheimer's Disease«. In: *Ageing and Society* 12: S. 443-461.

Schacter, D. L. 1987. »Implicit Memory: History and Current Status«. In: *Journal of Experimental Psychology: Learning, Memory and Cognition* 13: S. 501-518.

Schacter, D. L. 1992. »Understanding Implicit Memory: A Cognitive Neuroscience Approach«. In: *American Psychologist* 47: S. 559-569.

Shoemaker, S. 1970. »Persons and Their Pasts«. In: *American Philosophical Quarterly* 7: S. 269-285.

Shoemaker, S. 1999. »Self, Body, and Coincidence«. In: *Proceedings of the Aristotelian Society* 73 (Supplement): S. 287-306.

Singer, P. 1979. *Practical Ethics.* Cambridge: Cambridge University Press.

Squire, L. R. 2004. »Memory Systems of the Brain: A Brief History and Current Perspective«. In: *Neurobiology of Learning and Memory* 82: S. 171-177.

Stern, D. N. 1998. »The Process of Therapeutic Change Involving Implicit Knowledge: Some Implications of Developmental Observations for Adult Psychotherapy«. In: *Infant Mental Health Journal* 19: S. 300-308.

Summa, M. 2011a. »Das Leibgedächtnis. Ein Beitrag aus der Phänomenologie Husserls«. In: *Husserl Studies* 27: S. 173-196.

Summa, M. 2011b. »Zwischen Erinnern und Vergessen. Implizites Leibgedächtnis und das Selbst am Beispiel der Demenz-Erkrankungen«. In: *Phänomenologische Forschungen*: S. 155-174.

Sung, H., A. M. Chang. 2005. »Use of Preferred Music to Decrease Agitated Behaviours in Older People with Dementia: A Review of the Literature«. In: *Journal of Clinical Nursing* 14: S. 1133-1140.

Zahavi, D. 1999. *Self-Awareness and Alterity. A Phenomenological Investigation.* Evanston, IL: Northwestern University Press.

Zahavi, D. 2006. *Subjectivity and Selfhood. Investigating the First-Person Perspective.* Cambridge, MA: MIT Press.

Die zyklische Zeit des Leibes und die lineare Zeit der Moderne

Einleitung

Die Vorstellung der Zeit als eines linearen, gleichförmig und kontinuierlich fortschreitenden Prozesses erscheint uns heute so selbstverständlich, dass wir leicht vergessen, dass es sich um ein vor allem in der europäischen Neuzeit entwickeltes Konzept handelt. Die Zeitauffassungen der frühen Kulturen beruhten in erster Linie auf der zyklischen Wiederkehr von kosmischen und irdischen Prozessen. Tag-Nacht-Rhythmus, Jahreszeiten, Ebbe und Flut, Mond- und Planetenzyklen bestimmen hier die gesellschaftlichen Prozesse und werden in kultischen Handlungen mitvollzogen. Mythos und Ritus kennen keinen Fortschritt in die Zukunft; vielmehr reinszenieren Rituale eine mythische Vergangenheit, an der die Gemeinschaft in mimetischer Form teilhat, sodass sich der Uranfang immer wieder erneuern kann (Eliade 1966). Die Zeitordnung der Gesellschaft ist somit noch nicht emanzipiert von den Naturprozessen. Vielfach fehlt in diesen Kulturen überhaupt ein abstrakter, von rhythmischen Prozessen oder Handlungen ablösbarer Zeitbegriff.

Eine linear gerichtete Zeitauffassung entwickelt sich erstmals im Judentum und Christentum mit der Idee der Heilsgeschichte als einem zukunftsgerichteten Prozess, der im Erscheinen des Messias oder in der Parusie des Herrn sein Ziel erreichen, dann allerdings zugleich die Zeit wieder beenden wird (Achtner et al. 1998). Ihre eigentliche Ausformung aber findet die lineare Konzeption der Zeit mit dem naturwissenschaftlich-technischen Fortschritt in der Neuzeit: Erst die menschlichen Kulturprodukte, von der mechanischen Räderuhr im 14. Jahrhundert bis zu den ständig beschleunigten Fortbewegungsmitteln des 19. und 20. Jahrhunderts, schaffen und etablieren in Verbindung mit der Newton'schen Physik die Vorstellung der Zeit als eines kontinuierlich fortschreitenden Flusses oder eines homogenen, stetig quantifizierbaren Zeitpfeils (Elias 1984).

Auf diesem Pfeil vermag jedes Ereignis nur eine, irreversibel vorübergehende Stelle zu besetzen; die Zeit läuft voran und kehrt nicht wieder. Diese lineare, homogene und von allen konkreten Prozessen abstrahierte Zeit lässt sich freilich nicht in der dem Menschen vorgegebenen Natur erfahren – hier begegnen wir zunächst immer nur zyklischen, wiederkehrenden oder zum Abschluss kommenden Prozessen. Sie wird erst in der vom Menschen gestalteten Kulturwelt konstruiert und dann auf die kosmischen Prozesse übertragen.

Allerdings wird damit die zyklische Zeit nicht einfach überwunden. Denn sie bezeichnet keineswegs nur eine bestimmte Kulturstufe, sondern viel grundlegender die Zeitform der Lebensprozesse selbst und, damit eng zusammenhängend, die Zeitlichkeit unseres *Leibes*. Von der Periodik physiologischer Vorgänge, etwa des Herzschlags, der Atmung, des Schlaf-Wach-Rhythmus oder der hormonellen Prozesse, bis hin zu den Gewohnheiten und wiederkehrenden, selbsttätigen Vollzügen des Leibes ist das präreflexiv gelebte Leben von einer zyklischen Struktur geprägt, die allen linear in die Zukunft gerichteten Projekten zugrunde liegt und sie trägt. Die Beziehung von zyklischer und linearer Zeit sowohl im individuellen Lebensvollzug als auch in den gesellschaftlichen Prozessen gestaltet sich jedoch keineswegs nur harmonisch, sondern vielfach antagonistisch. Kommen dabei die zyklischen Prozesse nicht zu ihrem Recht, so kann dies, wie wir noch sehen werden, zu sozialen ebenso wie zu körperlichen oder psychischen Störungen führen.

Ich werde im Folgenden die zyklische Zeit des Leibes in ihren wichtigsten Aspekten darstellen, um dann ihr Verhältnis zur linearen Zeit gesellschaftlicher Prozesse der Moderne zu untersuchen. Ein abschließender Blick gilt psychopathologischen Phänomenen, die sich als Resultat eines Konflikts zwischen zyklischer und linearer Zeitordnung beschreiben lassen.

Die zyklische Zeit der Lebensprozesse

Die Zeitlichkeit des Organismus ist grundsätzlich charakterisiert durch periodisch wiederkehrende Prozesse. Leben konstituiert und reproduziert sich selbst in Abgrenzung von den ständigen Zerfallsprozessen, der Entropie der anorganischen Natur. Es errichtet eine Innen-Außen-Differenz, die aber prekär bleibt, das heißt zu ihrer Erhaltung auf den metabolischen Austausch mit der Umwelt angewiesen ist (Jonas 1973). Während bei den ortsfixierten Pflanzen dieser Austausch kontinuierlich verläuft, lösen sich tierische Organismen aus der räumlichen Lokalisierung und treten der Umwelt durch ihre Sinne und autonomen Bewegungen gegenüber. Damit aber wird die Periodik zur Form, in der sie ihre innere Ordnung aufrechterhalten: Wiederkehrende Mangelzustände müssen durch Gegenregulationen, Stoffsuche und -aufnahme ausgeglichen werden. Metabolismus und homöostatische Regulation verlaufen nicht statisch, sondern im ständigen Wechsel von Aufnahme und Ausscheidung, von Verausgabung und Regeneration, Wachen und Schlafen, ergotropen und trophotropen Phasen.

Die physiologischen Prozesse sind daher durch vielfältige Zyklen gekennzeichnet, die untereinander abgestimmt und zugleich mit den kosmischen Rhythmen synchronisiert verlaufen: etwa die Tagesrhythmik der Hormonausschüttungen, des Schlaf-Wach-Rhythmus und des Energiehaushalts (messbar am circadianen An- und Abstieg der Körpertemperatur), die Höhe- und Tiefpunkte der Leistungsfähigkeit im Tages- oder Jahresverlauf und anderes. Zyklisch wiederkehrend sind aber auch die Triebregungen, in denen dem Lebewesen ein bestimmter Mangel zu Bewusstsein kommt, etwa in Durst, Hunger, Bewegungs- oder Geschlechtstrieb.

In der triebhaften Gerichtetheit erwacht zugleich das gespürte »Noch-nicht« der möglichen Erfüllung (Jonas 1973: 151 ff.). In dieser Gerichtetheit auf die vorweggenommene Befriedigung liegt eine zentrale Wurzel des Zeiterlebens. Der Mangel eröffnet ein Zeitdifferenzial oder eine »Zeitspanne«, die primär als appetitive Spannung erlebt wird – freilich immer nur bis zur erreichten Befriedigung. Dabei bilden die Affekte die spezifisch objektgerichteten Spannungsbögen, die den Triebaufschub im Erleben überbrücken und die Bewegung auf das Triebobjekt hin begleiten. Damit das Ziel bei der Annäherung im Zentrum der Aufmerksamkeit bleibt, muss es gefühlsmäßig »besetzt« sein. Die Jagd wird durch Begehren und Aggression, umgekehrt die Flucht durch Furcht motiviert. Mit dem Abschluss des jeweiligen Spannungsbogens stellt sich dann eine neue Phase ein, mit einer entsprechenden Stimmung etwa der Mattigkeit oder der Erholung, bis wieder eine neue Gerichtetheit auftaucht. Diese zyklische Dynamik von Mangel, Trieb, Erwartung, Begehren, Lust und Erfüllung ist die subjektive Seite und zugleich die Triebfeder der Selbsterhaltungsprozesse, die das tierische Leben charakterisieren. Sie begründen ein entsprechendes zyklisches Zeiterleben, ohne dass es dabei zu einer übergreifenden linearen Zeitperspektive kommt.

Aber auch für die Mikrozeitlichkeit des Erlebens spielen periodische leibliche Prozesse eine prägende, wenn nicht sogar eine konstitutive Rolle. So erzeugen Herzschlag und Atembewegung, auch wenn sie meist nicht bewusst wahrgenommen werden, doch eine ständige unterschwellige Rhythmisierung des Bewusstseinsstroms. Neuere Forschungen sprechen dafür, dass die zentrale Integration von solchen rhythmischen Körpersignalen insbesondere in der Insel-Region des Gehirns unserem Sinn für zeitliche Dauer zugrunde liegt (Craig 2009; Wittmann 2009) – einem Zeitsinn, der bekanntlich kein eigenes Sinnesorgan aufweist. So kann man experimentell alle exterozeptive Sinneswahrnehmung ausschalten, etwa durch vollständigen Reizentzug in Isolationstanks; dennoch bleibt selbst unter diesen Umständen der unmittelbare Zeitsinn intakt, denn das Leibempfinden lässt sich dabei nicht aufheben (Kjellgren et al. 2008).

Nach experimentellen Studien ist zudem die Genauigkeit von Zeitschätzungen abhängig von der individuell unterschiedlichen Fähigkeit zur Interozeption, also zur Empfindung des eigenen Leibes, besonders zur Wahrnehmung von rhythmischen Körpersignalen (Meissner/Wittmann 2011; Pollatos et al. 2014). Ebenso variiert das subjektive Empfinden der Zeitdauer in Abhängigkeit vom Antriebs-, Erregungs- oder Entspannungszustand des Körpers, der sich unter anderem in der Atem- und Herzfrequenz manifestiert (Wittmann 2009). Sympathicotone Erregung und parasympathicotone Erholung gehen mit unterschiedlichem Zeitempfinden einher – man denke etwa an das Zeiterleben bei freudiger Erregung gegenüber dem in der Müdigkeit oder Langeweile. Erst recht führen die vitale Antriebssteigerung in der Manie ebenso wie die Antriebshemmung in der Depression zu Veränderungen des Zeiterlebens, nämlich zur Zeitbeschleunigung im einen und zur Zeitdehnung im anderen Fall (Fuchs 2001, 2013a; Bschor et al. 2004).

Schließlich bildet auch die subjektive Erfahrung von Gegenwart keineswegs ein lineares Kontinuum, sondern sie ist in Einheiten von circa 3 Sekunden gegliedert, innerhalb deren Ereignisse zu Gruppen zusammengefasst werden (Pöppel 2000: 63 ff.). Das zeigt sich etwa in der spontanen Segmentierung, die sich beim Hören von völlig gleichmäßigen Metronomschlägen einstellt, sodass durch Akzentuierung 2er oder 3er-Takte entstehen (»tic-tac« bzw. »tic-tac-tac«). Diese Gruppierung gelingt jedoch nur bis zu einer Schlagfrequenz von 2 bis 3 Sekunden; darüber hinaus werden dann nur noch Einzeltöne gehört. Auch die perspektivische Wahrnehmung von Kippfiguren wie dem Necker-Würfel oder die Gestaltwahrnehmung der Rubin-Vase (Vase oder zwei Gesichter) schlägt circa alle 3 Sekunden spontan um. Schließlich ist auch das spontane Sprechen rhythmisch so gegliedert, dass die durchschnittliche Versdauer von Gedichten etwa drei Sekunden beträgt (Pöppel 2000: 85 f.). Schon Babys und Mütter zeigen in ihren Interaktionen regelmäßige Wechsel der Lautgebung oder anderer Ausdrucksgesten im Takt von 2 bis 3 Sekunden und stellen dadurch eine gemeinsame Präsenzzeit her (Malloch 1999). Zusammengefasst, Wahrnehmen und Handeln werden innerhalb zeitlicher Fenster dieser Dauer zu den jeweiligen Einheiten integriert, das heißt, die als zusammengehörig erlebte Gegenwart, das »ausgedehnte Jetzt« – von Husserl (1969) bekanntlich als die Einheit von Urimpression, Retention und Protention konzipiert – tendiert zu einer Dauer von jeweils 3 Sekunden.

All diese Befunde belegen, dass die Zeitlichkeit des impliziten, leiblichen Erlebens nicht linear, sondern rhythmisch, zyklisch und präsentisch verläuft, solange dieses präreflexive Erleben nicht von einem expliziten Zukunfts- oder Vergangenheitsbezug überlagert wird. Erst dieser stellt eine übergreifende und in der Regel lineare Zeitperspektive her. Kant hatte die Zeit bekanntlich als Form des »inneren Sinns, d. i. des Anschauens unserer Selbst und unseres inneren Zustandes«, konzipiert (Kant 1974: B 49), was freilich eine abstrakte oder formale Bestimmung blieb. Diese transzendentale Zeitform lässt sich nun phänomenologisch tatsächlich als ein »innerer«, nämlich leiblicher Zeitsinn des Bewusstseinsprozesses auffassen. Bereits William James hatte Zweifel an Kants reiner oder entkörperter »transzendentaler Apperzeption« geäußert:

> Ich bin fest überzeugt davon, dass der Strom des Denkens, den ich als Phänomen ausdrücklich und nachdrücklich anerkenne, nur ein ungenauer Ausdruck für etwas ist, das sich bei schärferer Analyse in der Hauptsache als der Strom meines Atems herausstellt. Das »Ich denke«, von dem Kant sagt, dass es alle meine Vorstellungen muss begleiten können, ist das »Ich atme«, das sie tatsächlich begleitet. (James 1904: 491; Übers. T. F.)

Nun wird der Bewusstseinsstrom freilich nicht unterbrochen, wenn wir den Atem anhalten; insofern geht James hier zweifellos zu weit. Doch ist die Atmung, wie wir gesehen haben, nur eine Form der Rhythmisierung des Bewusstseins durch vielfältige periodische und zyklische leibliche Prozesse. Fassen wir das Bewusstsein insgesamt als verkörpert auf, dann können wir nun die These formulieren, *dass sich in der primären und impliziten Zeitform des Erlebens die rhythmisch-dynamische Struktur der leiblichen und damit der Lebensprozesse manifestiert, die diesem Erleben zugrunde liegen.*

Die zyklische Struktur des Leibgedächtnisses

Ich habe bisher die Zeitlichkeit des Leibes hinsichtlich der wiederkehrenden Zyklen von Bedürfnis und Befriedigung und der Mikroperiodik der leiblichen Gegenwart betrachtet. Ich gehe nun über zu einer anderen zyklischen Zeitstruktur, die sich in der *Habitualität* oder der Gewohnheitsstruktur des Leibes manifestiert und die ich als implizites oder *Leibgedächtnis* bezeichne (Casey 1984; Fuchs 2000, 2011, 2012). Dieses Gedächtnis unterscheidet sich grundlegend vom expliziten, autobiographischen oder Erinnerungsgedächtnis: Während letzteres eine lineare Zeitform aufweist, also die Erlebnisse an einem in die Vergangenheit gerichteten Zeitpfeil aufreiht und so auch erinnert, beruht das Leibgedächtnis auf der Wiederholung, dem *re-enactment* oder Nachvollzug des Erlebten, Erlernten oder Gewohnten, ohne dass die Vergangenheit als solche dabei noch erinnert wird.

Die Unterscheidung beider Gedächtnisformen geht zurück auf Maine de Biran und Henri Bergson, der von einem *souvenir-image* und einem *mémoire-habitude* spricht (Bergson 1896/1910; Summa 2011). Das *souvenir-image* oder Bildgedächtnis registriert die Ereignisse der Vergangenheit im Nacheinander und reproduziert sie als Erinnerungsbilder; das *mémoire-habitude* oder Gewohnheitsgedächtnis hingegen *repräsentiert* die Vergangenheit nicht, sondern *reinszeniert* sie implizit oder unbewusst im leiblich-praktischen Vollzug. So löst sich ein durch Wiederholung auswendig gelerntes Gedicht von der biographischen Vergangenheit und wird Teil der gegenwärtigen sensomotorischen beziehungsweise leiblichen Disposition:

> Und gewiß trägt das einmal erlernte Gedicht kein einziges Merkmal an sich, das seine Ursprünge verriete und es in die Vergangenheit einreihte; es ist ein Teil meiner Gegenwart geworden, wie meine Gewohnheit zu gehen oder zu schreiben, es wird mehr erlebt und »getan« als vorgestellt. (Bergson 1896/1910: 147)

Somit richtet sich das explizite Erinnern zurück auf die Vergangenheit; das implizite, leibliche Gedächtnis hingegen enthält sie latent, als gegenwärtig wirksame Erfahrung in sich – es ist unsere gelebte Vergangenheit.

Wiederholung und Übung sind die hauptsächlichen Weisen, wie sich Gewohnheiten von Bewegung, Wahrnehmung und Verhalten im Leibgedächtnis verankern, vom aufrechten Gang über das Schreiben- oder Lesenlernen bis zum Umgang mit Instrumenten wie einer Geige oder der Tastatur eines Computers. Leibliches Lernen besteht nun gerade darin, das anfänglich noch explizite Wissen und Tun nach und nach zu *vergessen*, nämlich in dem Maß, wie das Gelernte in das implizite leibliche Gedächtnis eingeht – uns »in Fleisch und Blut übergeht«, wie man auch sagt. Aus der Wiederholung resultiert eine Automatisierung, welche die Einzelbewegungen zu einer einheitlichen Zeitgestalt integriert und als solche in den unreflektierten leiblichen Vollzug aufnimmt (Fuchs 2012). Man weiß dann nicht mehr, wie man tut, was man so selbstverständlich tut – etwa Auto zu fahren oder einen Walzer zu tanzen.[1] Das Wissen oder Können, das *knowing how*, liegt nun in den Gliedern und Sinnen des Leibes, denen wir uns getrost überlassen können. Diese Einschmelzung von wiederholten Erlebnissen in das Leibgedächtnis lässt sich auch als *Implikation* bezeichnen. Sie wird besonders begunstigt durch rhythmische Wiederholung, sei es durch Melodien, Versmaß oder Reimung, sei es durch die Rhythmik und Zeitgestalt von Bewegungen wie etwa beim Tanzen oder anderen geschickten Bewegungsabläufen.

Wir treffen hier also wieder auf die rhythmisch-periodische Struktur der unmittelbaren leiblichen Vollzüge. Sie werden nun aber durch das Leibgedächtnis auch in eine übergreifende zyklische Struktur integriert, nämlich in die Gewohnheit oder Habitualität des Leibes. Sie vermittelt unsere grundlegende Erfahrung der Vertrautheit mit der Welt, des Selbigen und Wiederkehrenden im Wechsel der Situationen. Primär in der frühen Kindheit herausgebildet, modifiziert und wandelt sich die Habitualität zwar im Verlauf des weiteren Lebens – das Leibgedächtnis weist eine lebenslange, wenn auch abnehmende Plastizität auf. Gleichwohl bleibt die Zeitlichkeit der Existenz an eine basale zyklische Struktur gebunden; sie ist in jedem Moment immer auch Wiederholung, Wie-

1 William James hat dies treffend zum Ausdruck gebracht: »Es ist ein allgemeines Prinzip in der Psychologie, dass das Bewusstsein alle Prozesse verlässt, in denen es nicht mehr gebraucht wird.« (James 1890/1950: 496; Übers. T. F.)

derkehr des Vertrauten und Ähnlichen, vor dessen stets mitgegebenem Hintergrund das Überraschende und Neue sich überhaupt erst als solches abheben kann.

In prägnanter Form zeigt sich der zyklische Charakter des Leibgedächtnisses in Situationen, in denen sich nicht nur eine Vertrautheit, sondern ein buchstäbliches Wiedererleben von Vergangenem einstellt. Das ist etwa der Fall, wenn ich nach Jahren wieder an einen Ort meiner Kindheit komme und plötzlich *mein Sehen von damals* sich wiederholt, ja meine ganze damalige leibliche Befindlichkeit wie in einem *déjà-vecu*-Erlebnis wieder geweckt wird. Während das explizite Gedächtnis die Vergangenheit nur repräsentativ vergegenwärtigt, also im Abstand von der Gegenwart, fallen in solchen Situationen Vergangenheit und Gegenwart förmlich in eins. Dies entspricht Prousts Begriff der *mémoires involontaires*, am bekanntesten beschrieben im ersten Band der *Recherche* beim Wiedererkennen der »Madeleine«, eines Kuchengebäcks, dessen Geschmack gleichsam das Tor zur erlebten Vergangenheit öffnet:

> In der Sekunde nun, da dieser mit den Gebäckkrümeln gemischte Schluck Tee meinen Gaumen berührte, zuckte ich zusammen und war wie gebannt durch etwas Ungewöhnliches, das sich in mir vollzog. Ein unerhörtes Glücksgefühl, das ganz für sich allein bestand und dessen Grund mir unbekannt blieb, hatte mich durchströmt. (Proust 2011a: 67)

Dieses Glücksgefühl resultiert aus der Vereinigung von Gegenwart und Vergangenheit, nämlich aus der Weckung jenes »Augenblick(s) von einst, der nun plötzlich durch die Anziehungskraft eines identischen Augenblicks von so weit her in meinem Innersten erregt, bewegt und emporgehoben wird« (ebd.: 69). Implizit enthalten im gegenwärtigen Sinneseindruck, entfaltet sich nunmehr die Vergangenheit aus dem leiblichen Gedächtnis zur expliziten Erinnerung an Marcels Kindheit in Combray. Im letzten Band der *Recherche* beschreibt Proust diese Wiederkehr als eine außerzeitliche, man könnte auch sagen: eine zyklisch-präsentische Erfahrung, die sogar die lineare Zeitlichkeit des Seins-zum-Tode zu überwinden vermag:

Dadurch erklärte sich, daß meine Sorgen um meinen Tod in dem Augenblick eine Ende gefunden hatten, in dem ich unbewußt den Geschmack der kleinen Madeleine wiedererkannte; denn in diesem Augenblick war das Wesen, das ich gewesen war, ein außerzeitliches Wesen. [...] Als einziges hatte es [sc. das Wunder einer Analogie] die Macht, mich die früheren Tage, die verlorene Zeit, wiederfinden zu lassen, während die Bemühungen meines Gedächtnisses und meines Verstandes dabei immer scheiterten. (Proust 2011b: 265)

Unterhalb der vergehenden Lebenszeit und der im autobiographischen Gedächtnis linear aufgereihten Erinnerungen findet sich also eine Schicht leiblicher Erfahrung, die nicht sequenziell organisiert ist, daher auch nicht vergeht, sondern vielmehr fortwährend wächst, die sich immer neue Erlebnisse anlagert und die gleichsam unterirdische Beziehungen zwischen ganz entfernten Zeitpunkten der Lebensgeschichte herzustellen vermag.

Nun sind es keineswegs nur positive Erlebnisse, die auf diese Weise in das Leibgedächtnis eingehen. Auch traumatische Erfahrungen können sich dem Leibgedächtnis einschreiben und später durch ähnliche Situationen wieder geweckt werden, oft in der Form eines intensiven präsentischen Wiedererlebens, so als ob das Trauma noch einmal geschähe (sog. *flashback memories*). Ein eindrucksvolles Beispiel für das traumatische Leibgedächtnis findet sich in der Autobiographie des jüdischen Schriftstellers Aharon Appelfeld, der sich als Junge während des zweiten Weltkriegs fünf Jahre lang in den Wäldern der Ukraine versteckt halten musste:

Seit Ende des Zweiten Weltkriegs sind bereits über fünfzig Jahre vergangen. Vieles habe ich vergessen, vor allem Orte, Daten und die Namen von Menschen, und dennoch spüre ich diese Zeit mit meinem ganzen Körper. Immer wenn es regnet, wenn es kalt wird oder stürmt, kehre ich ins Ghetto zurück, ins Lager oder in die Wälder, in denen ich so lange Zeit verbracht habe. Die Erinnerung hat im Körper anscheinend lange Wurzeln. (Appelfeld 2005: 57)

Die Zellen des Körpers erinnern sich anscheinend besser als das Gedächtnis, das doch dafür bestimmt ist. Noch Jahre nach dem Krieg ging ich nicht in der Mitte eines Gehsteigs oder Wegs, sondern immer dicht an der Mauer, immer im Schatten, immer eilig, wie einer der flieht. [...] Manchmal reicht der Geruch eines Essens, Feuchtigkeit in den Schuhen oder ein plötzliches Geräusch, um mich mitten in den Krieg zurückzuversetzen. [...] Der Krieg sitzt mir in allen Gliedern. (Ebd.: 95 f.)

Hier ist es nicht ein einzelnes traumatisches Ereignis, sondern eine ganze Lebensphase, die ihre Spuren im Leibgedächtnis hinterlassen hat, und diese Spuren sind tiefer und haltbarer als die autobiographischen Erinnerungen: Bestimmte Körperempfindungen, Tast-, Geruchs- und Hörwahrnehmungen, ja sogar Wetterbedingungen genügen, um die Vergangenheit plötzlich wieder lebendig werden zu lassen, und selbst das Bewegungsmuster an der Wand entlang ahmt immer noch das Verhalten des Flüchtlings nach.

Zyklische und lineare Zeit

a) Individuelle und kollektive Herausbildung der linearen Zeitordnung

Wir haben gesehen, dass die Zeitlichkeit des Leibes zunächst durch eine rhythmisch-periodische Struktur der unmittelbaren Gegenwart charakterisiert ist. Ihr überlagert sich die längerfristige Dynamik der Mangel-, Trieb- und Befriedigungszyklen, der Rhythmen von Wachen und Schlafen, Verausgabung und Regeneration. In noch weiterem Maßstab finden wir die zyklische Struktur schließlich im Leibgedächtnis, seinen Habitualitäten und Wiederholungen wieder, die entweder als implizite, unbewusste Fortwirkung der Vergangenheit die Gegenwart prägen und durchdringen oder als förmliche Wiederkehr der Vergangenheit eine unmittelbare Verbindung zu früheren Erfahrungen der Lebensgeschichte herstellen können.

Die zyklische Zeit des Leibes ist zugleich die implizite, primäre Zeitlichkeit des Gegenwartserlebens, in der die Zeit als solche noch gar nicht bewusst wird. Das Kind beim selbstvergessenen Spielen erlebt keine explizite Zeit. Die implizite, gelebte Zeit ist die der Lebensbewegung selbst, und wir tauchen jedes Mal wieder in sie ein, wenn wir von einem Wahrnehmen oder Tun absorbiert sind, etwa in den Flow-Erlebnissen (Csikszentmihalyi 1991), in denen sich das Zeiterleben im ungehinderten, flüssigen Vollzug verliert. Die Zeit wird erst dann explizit, wenn das Vergangene und das Künftige als solches in den Blick treten und sich von der Gegenwart abheben. Das geschieht primär in den Erfahrungen des »Nicht-mehr« und des »Noch-nicht« (Fuchs 2012). Im einen Fall löst sich etwas von der Gegenwart und entgleitet ins Gewesensein; damit aber wird die Zeit erstmals bewusst oder explizit, denn sie »läuft weiter« und trennt uns vom verlorenen Objekt. Das Bewusstsein von der Vergangenheit schärft sich seit der frühen Kindheit vor allem in Verlusten, Trennungen oder Enttäuschungen. Im anderen Fall steht etwas Ermangeltes oder Erwünschtes noch aus, es wird in der Vorstellung antizipiert. Mit dem »Noch-nicht« tritt die Zukunft als solche hervor, und wieder wird die Zeit explizit, nämlich als eine Zeitspanne des Erwartens oder Erstrebens, die mit Gefühlen der Spannung, Ungeduld oder Sehnsucht erlebt wird.

Besonders die trennenden Erfahrungen sind für das Kind in nicht geringem Maß schmerzlich, beunruhigend oder sogar beängstigend. In allen Kulturen ist die frühe Sozialisation daher durch die Verwendung von Rhythmen, Melodien und Ritualen charakterisiert; sie haben die Funktion, Kindern durch zyklische Wiederholung und zwischenleibliche Resonanz Gefühle von Sicherheit, Zugehörigkeit und Vertrautheit zu vermitteln. Mit der Entwicklung des autobiographischen Gedächtnisses ab dem 2. Lebensjahr erweitert sich jedoch die Zeitperspektive; Rückerinnerungen werden nun ebenso möglich wie Vorwegnahmen einer ferneren Zukunft (Markowitsch/Welzer 2005). Mehr und mehr tritt die eigene Lebenszeit als Kontinuum ins Bewusstsein, aber auch das Wissen von der Sterblichkeit alles Lebens. Neben den Ritualen übernehmen nun Narrative zunehmend eine beruhigende und sichernde Funktion gegenüber dem aufkommenden Todesbewusstsein: Mythen und Märchen betten die Gegenwart in eine zyklisch wiederkehrende Vergangenheit oder eine übergreifende kollektive Zeitlichkeit ein, vom »es war einmal« bis zum »wenn sie nicht gestorben sind, leben sie noch heute« oder vom Uranfang der Schöpfung bis zur Rückkehr in ihren Ursprung. Die individuelle Lebenszeit, das »Sein-zum-Tode«, bleibt so noch eingebettet in die Naturprozesse und aufgehoben in der Weltzeit.

Diese Einbettung ist allerdings an die zyklischen Zeitkonzeptionen und -organisationen der mythischen Kulturen und ihrer Ausläufer gebunden. Mit der Neuzeit entwickelt sich jedoch, wie bereits zu Beginn dargestellt, die lineare Zeitkonzeption, die seither die gesellschaftlichen Prozesse und das Bewusstsein der Individuen bestimmt. Ich will hier nur kurz die wichtigsten Ursachen für diese Entwicklung skizzieren:

(1) Der Beginn der Kapitalakkumulation in den italienischen Städten und die Ausbreitung des Kreditwesens mit dem bis dahin noch verpönten Zins begründen die langfristige Zukunftsorientierung der Wirtschaftssubjekte (Achtner et al. 1998: 90 ff.). Das kapitalistische Prinzip von Wachstum und Beschleunigung tritt zunehmend an die Stelle der traditionellen zyklischen Ökonomie.

(2) Die Einführung der öffentlichen Räderuhren ab 1350 erlaubt die rational-lineare Organisation des sozialen Lebens in quantifizierbaren Zeiteinheiten, etwa in Schule und Militär, in öffentlichen Institutionen, in der nach Zeit statt nach dem Produkt entlohnten Arbeit und so weiter.

(3) Auch in Naturwissenschaft und Technik wird die zielgerichtete, an Lebewesen orientierte Bewegung der aristotelischen Scholastik seit Galilei durch das Prinzip der linearen, gleichförmigen Bewegung ersetzt, die ohne Reibung unbegrenzt andauern kann. In ähnlicher Weise tritt später in der Newton'schen Physik die abstrakte, lineare und universale Weltzeit an die Stelle der zyklischen Zeitkonzeptionen des Mittelalters.

(4) Nicht zuletzt ist es eine kollektive Todeserfahrung, nämlich die Pest um 1350, der etwa 30 bis 50 Prozent der europäischen Bevölkerung zum Opfer fielen, die die Diskrepanz zwischen be-

grenzter Lebenszeit und unbegrenzter Weltzeit wie nie zuvor ins kollektive Bewusstsein rückt (Gronemeyer 1993). Die selbstverständliche Einbettung des Einzelnen in übergreifende Zeitzyklen beginnt zu schwinden; das lineare »Sein-zum-Tode« wird unabweisbar und unaufhebbar. Diese kollektive Erfahrung trägt ebenso zu einem Individualisierungsschub wie zu einer wachsenden Hinwendung zum Diesseits in der nun beginnenden Renaissance bei.

In ihrer Summe führen diese und verwandte Entwicklungen zu einer zunehmenden Entkoppelung der gesellschaftlichen und ökonomischen Prozesse von den zyklischen Naturprozessen. Seit der Neuzeit etabliert sich damit die lineare Zeitlichkeit sowohl im kollektiven Bewusstsein wie in der Organisation der sozialen und ökonomischen Verhältnisse. Sie gerät jedoch in einen teils latenten, teils immer wieder auch manifesten Konflikt mit der zyklischen Zeit des Leibes und der Lebensprozesse. Denn das Leben kennt keine lineare Zeit. Auch der Tod ist ja nicht etwa das Ziel des Lebens, und Freuds Theorie zum Trotz hat sich so etwas wie ein »Todestrieb« niemals nachweisen lassen. Er wäre biologisch gesehen auch widersinnig: Leben erhält sich selbst in autopoietischen Zyklen, und der Alters- oder Erschöpfungstod des Individuums ist selbst nur eine Begleiterscheinung der zyklischen Wiederkehr des Lebens in der Fortpflanzung.

b) Konflikte zwischen zyklischer und linearer Zeitordnung

Das lineare Zeitprinzip der westlichen Kultur steht erkennbar in einem Gegensatz zu den zyklischen Lebensprozessen, auf denen das Funktionieren und der Fortbestand der Gesellschaft doch zugleich beruht, vom Wachen und Schlafen über den Metabolismus bis hin zur Fortpflanzung. Das Verhältnis der beiden Zeitordnungen bleibt grundsätzlich prekär, denn im Unterschied zu linearen lassen sich rhythmisch-zyklische Prozesse nicht beliebig beschleunigen. Immer wieder drohen Entkoppelungen von der Naturbasis und ihren begrenzten oder nur zyklisch erneuerten Ressourcen, seien es die der biologischen Umwelt oder die der Individuen. Solche Entkoppelungen der Zeitordnungen manifestieren sich in ökologischen oder ökonomischen Krisen ebenso wie in individuellen Überforderungen und Erkrankungen.

Paul Virilio (1980) hat die fortwährend beschleunigte Kultur als »Dromokratie«, als »Herrschaft des Wettlaufs« beschrieben, nämlich des Wettlaufs mit der Zeit. Die westlichen Gesellschaften kennen keinen Stillstand, kein Verweilen, keine Handlungshemmung; unentwegte Aktivität, technischer Fortschritt, wirtschaftliches Wachstum und Steigerung der Konsumtion sind die obersten Gebote. Symbol der Zeitentkoppelung ist New York, das sich rühmt als »die Stadt, die niemals schläft« und an deren zentralem Platz mit dem Namen *Times Square* unaufhörlich flimmernde und wechselnde Reklameflächen die Nacht zum Tag machen. Dass sich die exponentielle Steigerung des Energieverbrauchs mit der zyklischen Regeneration der Natur nicht vereinen lässt, ist spätestens mit dem globalen Klimawandel offensichtlich geworden. Doch der grundlegende Zeitkonflikt der industriellen und postindustriellen Gesellschaften betrifft die Individuen gleichermaßen.

Die Zeitabläufe, die früher noch dem menschlichen Leib und den Lebensprozessen angemessen waren, haben sich längst verselbständigt. Die Geschwindigkeit des Lebendigen wird abgelöst von der beliebig steigerbaren Geschwindigkeit des Unbelebten, nämlich der Daten, Bilder und Finanzströme, für die es im Grunde keine Entfernungen, keine Verzögerungen mehr gibt. Die explosionsartige Beschleunigung des Verkehrs lässt auch für den Menschen die Entfernungen schrumpfen, wenn auch um den Preis, dass nun das *Nahe* nicht mehr wahrgenommen wird. Die Beschleunigung in der Zeit führt zu einem Verschwinden des Raumes, in dem man verweilen kann. Es entsteht eine unruhige Aufenthaltslosigkeit, eine »zielstrebige Ziellosigkeit«. Kommunikationstechnologien, die eine Allgegenwart und Simultaneität des noch so Entfernten herstellen, ja die so etwas wie einen gemeinsamen Weltaugenblick erzeugen, tragen mit zur Entgrenzung und Entstrukturierung des Lebens bei. Das Ergebnis ist ein Verlust von Lebensrhythmen, eine Störung der

Balance zwischen den verschiedenen Sphären des Lebens, besonders zwischen Arbeit und Freizeit.

Werfen wir vor diesem Hintergrund einen Blick auf die Psychopathologie. Auch psychische Krankheiten sind häufig dadurch charakterisiert, dass in ihnen die zyklischen Lebensprozesse entgleisen und die Rhythmisierung des Alltags nicht mehr gelingt (Fuchs 2013a, 2013b). So beschleunigt sich in der *Manie* die Lebensbewegung und überholt die zyklische Zeit des Leibes und der natürlichen Tagesrhythmen. Der Maniker missachtet die Bedürfnisse seines Körpers, gönnt ihm keinen Schlaf und ignoriert die Zeichen beginnender Erschöpfung. Der Körper wird ohne Rücksicht ausgebeutet, zum bloßen Vehikel und Instrument des übersteigerten Antriebs. Der Verlust der zyklisch-präsentischen Zeit manifestiert sich auch darin, dass der Maniker immer nur in flüchtigen Kontakt mit den anderen kommt und in seiner Getriebenheit nicht mehr in der Gegenwart verweilen kann. Sie ist für ihn geradezu bestimmt durch das, was noch fehlt und was noch möglich wäre. Maniker leben somit über ihre Verhältnisse und erschöpfen ihre biologischen und sozialen Ressourcen. Das rhythmische und damit auch retardierende Moment der Existenz wird nicht mehr wahrgenommen, sondern verdrängt oder überrollt.

Dem gegenüber steht das Krankheitsbild der *Depression*, in der sich nicht zuletzt die zunehmende Überforderung der Individuen durch die beschleunigten Zeitabläufe der Gesellschaft manifestiert (Fuchs 2018). Hierher gehören insbesondere Störungen, die früher als »Erschöpfungsdepressionen« und heute modischer als Burnout-Syndrom bezeichnet werden. Sie sind gekennzeichnet durch eine Spirale von zunehmender Selbstüberforderung und psychophysischer Erschöpfung: Am Beginn steht häufig eine Steigerung der Arbeitszeit oder -intensität mit dem Ziel, steigenden Anforderungen zu genügen, sozialen Abstieg zu vermeiden oder auch zu den »Leistungsträgern« zu gehören. Dies führt zu einem zunehmenden Verlust der Tagesstruktur und der natürlichen Rhythmik von Verausgabung und Erholung. Es kommt zu ständiger Anspannung und zunehmender Ineffizienz trotz gesteigerter Willensanstrengung, gefolgt von Unzufriedenheit und Frustration, innerer Leere und Entkräftung bis hin zur psychischen Dekompensation (Berger et al. 2012; Rössler 2012).

Das lineare Zeitprinzip erschöpft hier also die psychophysischen Ressourcen des Individuums, die nur zyklisch regenerierbar sind. Dies sei durch ein Fallbeispiel illustriert:

Ein 34-jähriger Patient hatte nach einem Studium mit Bestnoten und einem MBA in den USA seine Karriere bei einer Top-Management-Beratung begonnen und 60-80 Stunden pro Woche gearbeitet. Ein abnehmender Freundeskreis und die Wochenend-Partnerschaft wurden zur Gewohnheit. Für ein Asien-Projekt pendelte er zwischen den Kontinenten hin und her und erlaubte sich nur noch maximal fünf Stunden Schlaf pro Nacht. Der Schock kam für ihn, als ihm sein Vorgesetzter dennoch eine »nicht ausreichende Leistung« bescheinigte.

Von da an wurde der Beruf für den Patienten zur Qual, und er geriet zunehmend in Zweifel an seinem Sinn. Schlafstörungen, Schwindel und Kopfschmerzen kamen hinzu. Er hatte das Gefühl, nur noch wie eine Maschine zu funktionieren und sich selbst nur noch von außen zuzusehen. Als sich seine Freundin von ihm trennte, verspürte er kaum noch Gefühl von Schmerz. Drei Wochen später brach er bei einer Sitzung zusammen und wurde in suizidaler Verfassung in die psychiatrische Klinik eingewiesen.

Der Lebensentwurf des Patienten war durch eine rigide Leistungsorientierung charakterisiert, um den Preis der Vernachlässigung mitmenschlicher Beziehungen. Seine Anstrengung ständiger Selbstbeschleunigung konvergierten mit den Ansprüchen einer beschleunigten Gesellschaft, überforderten jedoch die Ressourcen seines Körpers. Das lineare Prinzip der Selbststeigerung auf Kosten sozialer Beziehungen erwies sich als Illusion; es führte in zunehmende Leere, Entfremdung und schließlich in den depressiven Zusammenbruch.

Die epidemiologisch zu beobachtende Zunahme depressiver Störungen in den westlichen Gesellschaften hat die Frage aufgeworfen, inwieweit sich die Depression als die Zeitkrankheit der beschleunigten Gesellschaften auffassen lässt (Fuchs et al. 2018). Die wohl bekannteste Diagnose dieser Art artikulierte der französische

Soziologe Alain Ehrenberg (1998/2008) mit seiner These des »erschöpften Selbst«. Folgt man Ehrenbergs Argumentation, so resultiert Freuds »Unbehagen in der Kultur« heute weniger aus leidvoller Triebunterdrückung und Verdrängungsprozessen als aus den kompetitiven Anforderungen der Gesellschaft an die in ihr lebenden Subjekte. Die Depression bedeutet nun die Kapitulation vor diesen Anforderungen der Selbstbehauptung; sie wird zur Epidemie der Erschöpften, die sich ihr Zurückbleiben als mangelnde Flexibilität und Belastbarkeit, als individuelles Versagen zuschreiben. Ihnen steht auf der anderen Seite eine Schicht von Leistungsträgern gegenüber, die die manische Beschleunigung in allen Lebensbereichen vorantreiben.

Wie die Manie ist auch die Depression selbst durch einen Verlust rhythmischer Zeitlichkeit charakterisiert, freilich nicht in Form beschleunigter, sondern verlangsamter Zeit. Depressive klagen immer wieder, wie langsam die Zeit für sie vergeht, wie quälend sich der Tag vor ihnen dehnt, und sie schätzen auch in Experimenten vorgegebene Zeitintervalle als deutlich länger ein, als sie tatsächlich sind (Kitamura/Kumar 1982; Mundt et al. 1998). Hinzu tritt eine Störung der hormonellen Tagesperiodik, des Schlaf-Wachrhythmus, des Antriebs, Appetits und Interesses. Resultat ist der Verlust der zyklisch-leiblichen Zeitstruktur bis hin zur völligen Lethargie, Untätigkeit und Willenlosigkeit. Eine Patientin meiner Klinik schilderte dies wie folgt:

> Ich sitze zu Hause und merke, wie die Zeit sich quälend langsam voranschiebt. Wieder ein Moment, wieder ein Moment. […] Ich warte nur noch darauf, dass endlich wieder ein Tag zu Ende geht – ein sinnloser Tag, nur ein weiterer Schritt auf dem Weg zu meinem Tod. (Fuchs 2018: 53)

Dieses homogenisierte Zeiterleben in der Depression lässt sich auch als *Desynchronisierung*, nämlich als Entkoppelung von der intersubjektiven Zeit verstehen (Fuchs 2001), wie dies ein anderer Patient beschreibt:

> Meine innere Uhr ist stehengeblieben, während die Uhr der anderen weiterläuft. In allem was ich tun müsste, komme ich nicht voran, ich bin wie gelähmt. Ich falle hinter meine Pflichten zurück. Ich stehle Zeit. (Fuchs 2018: 53)

Solche Schilderungen machen deutlich, wie die Zeit in der Depression zu einer eigenständigen Macht wird, der sich die Patienten ohnmächtig ausgesetzt fühlen. Zweifellos ist die Depression als solche nicht ein Produkt der Moderne – die Krankheit der Melancholie war bereits der Antike wohlbekannt. Doch gerade als eine grundlegende Störung der Zeitlichkeit spiegelt die Depression wie keine andere psychische Krankheit den Konflikt wider zwischen der primären, zyklischen Struktur der Lebensprozesse und der Herrschaft der linearen Zeit, die sich seit der Neuzeit in der westlichen Kultur etabliert hat. Desynchronisierung, aus der linearen Weltzeit herauszufallen, wird in der kompetitiven und beschleunigten Gesellschaft zur latenten Drohung, gegen die es fortwährend anzukämpfen gilt. In der Depression scheitern diese Anstrengungen, das Individuum fällt hoffnungslos zurück, und die Entkoppelung von der gemeinsamen Zeit wird Realität.

Resümee

Wir haben gesehen, dass die Zeit des Lebendigen grundsätzlich durch periodisch wiederkehrende Prozesse charakterisiert ist, die sich im subjektiven Erleben in vielfacher Weise manifestieren: in der rhythmisch-periodischen Struktur der unmittelbaren Gegenwart, in der längerfristigen Dynamik der Mangel-, Trieb-, Befriedigungs- und Regenerationszyklen und schließlich in der wiederholenden Struktur des Leibgedächtnisses. Die Zeitlichkeit des impliziten, leiblichen Erlebens verläuft nicht linear, sondern rhythmisch oder zyklisch, solange dieses präreflexive Erleben nicht vom expliziten Zeitbewusstsein und der linearen Zeitperspektive überlagert wird. Im individuellen Bewusstsein entsteht die lineare Zeit mit dem autobiographischen Gedächtnis, dem Bewusstsein von Vergangenheit und Zukunft, letztlich aber mit dem Todesbewusstsein oder, in Heideggers Terminologie, mit dem »Vorlaufen in den Tod«. Im kollektiven Bewusstsein gelangt das lineare Zeitprinzip seit der Neuzeit zur Herrschaft, bedingt durch ein Zusammenwirken ökonomischer, wissenschaftlicher, technischer und kultureller Bedingungen, und entfaltet eine bis heute anhaltende, weltumspannende Dynamik.

Zyklische und lineare Zeit stehen in Spannung zueinander, und vielfältige kollektive und individuelle Pathologien gehen auf eine Entkoppelung der linearen Dynamik von den Lebensprozessen zurück, insbesondere auf eine Beschleunigung und Entrhythmisierung der sozialen oder individuellen Zeitabläufe. Sowohl aus psychiatrischer wie aus sozialpolitischer Sicht scheint es daher erforderlich, Strategien der Retardierung und Hemmung zu entwickeln und mit den Ressourcen des Leibes ebenso sorgsam umzugehen wie mit Ressourcen der Natur. Eine der wichtigsten Strategien ist die *Rhythmisierung* des Lebens. So gehört in der Behandlung von Burn-out und Depression die Restrukturierung des Tages durch Aktivitäts- und Ruheperioden zu den grundlegenden therapeutischen Maßnahmen. Denn die zyklische, zielgerichtete und im Ziel sich erfüllende Zeitlichkeit wirkt der leeren Sukzession der linearen Zeit entgegen, die den Patienten beherrscht. Eine »Resynchronisierungstherapie« (Fuchs 2019) kann den Patienten nach und nach wieder in eine Resonanz mit natürlichen Rhythmen und gemeinsamen Zeitabläufen bringen.

Rhythmisierungen wären aber auch ein Mittel der Hemmung gegen die ungebremste Dynamik des globalisierten Kapitalismus. Worum es ginge, wäre demnach der Widerstand gegen die Entrhythmisierung des Lebens, die sich immer mehr auf alle Bereiche der Gesellschaft ausbreitet. So sind etwa 24-Stunden-Öffnungszeiten oder mediale Erreichbarkeit zu jedem Zeitpunkt die natürlichen Feinde einer zyklisch-leiblichen und damit auch menschlichen Zeit. Wenn »Zeit Geld ist«, dann bedeutet dies: das ökonomische System hat als solches keine inhärenten Widerstände, keine eingebauten Hemmungen, die die schrankenlose Beschleunigung aufhalten könnten. Nicht nur drosselnde Maßnahmen wie Finanztransaktions- oder Mobilitätssteuern, sondern auch der systematische Widerstand gegen die Quantifizierung und Homogenisierung der Zeit gehören daher zu dem Ausgleich zwischen zyklischer und linearer Zeit, der auf die Dauer für eine lebensgemäße Organisation der Gesellschaft unabdingbar ist.

Ebenso besteht die Aufgabe der individuellen Lebensführung darin, die Flucht der linearen Zeit immer wieder in Balance zu bringen mit dem retardierenden Moment der zyklisch-präsentischen Zeit. Nicht umsonst wenden die Meditationsverfahren der asiatischen Religionen der leiblichen Gegenwart, insbesondere dem Atemrhythmus besondere Aufmerksamkeit zu, ebenso rhythmisch-habitualisierten Tätigkeiten wie dem gewöhnlichen Gehen oder dem konzentrierten Vollzug ritueller Zeremonien. Es geht dabei letztlich um eine Rückkehr des Bewusstseins aus der linearen in die präsentische Zeit, in der die Gegenwart gerade als leiblich wiederholendes Erleben, wie Proust es beschreibt, »außerzeitlich« wird und so in der mystischen Erfahrung das Sein-zum-Tode aufhebt.

Literatur

Achtner, W., S. Kunz, T. Walter. 1998. *Dimensionen der Zeit. Die Zeitstrukturen Gottes, der Welt und des Menschen.* Darmstadt: Wissenschaftliche Buchgesellschaft.

Appelfeld, A. 2005. *Geschichte eines Lebens.* Berlin: Rowohlt.

Berger, M., C. Schneller, W. Maier. 2012. »Arbeit, psychische Erkrankungen und Burnout«. In: *Nervenarzt* 83: S. 1364-1372.

Bergson, H. 1910. *Materie und Gedächtnis. Eine Abhandlung über die Beziehung von Körper und Geist.* Jena: Dieterichs. (Erstausgabe 1896)

Bschor, T., M. Ising, M. Bauer, U. Lewitzka, M. Skerstupeit, B. Muller-Oerlinghausen, C. Baethge. 2004. »Time Experience and Time Judgment in Major Depression, Mania and Healthy Subjects. A Controlled Study of 93 Subjects«. In: *Acta Psychiatrica Scandinavica* 109: S. 222-229.

Casey, E. S. 1984. »Habitual Body and Memory in Merleau-Ponty«. In: *Man and World* 17: S. 279-297.

Craig, A. D. 2009. »Emotional Moments across Time: A Possible Neural Basis for Time Perception in the Anterior Insula«. In: *Philosophical Transactions of the Royal Society of London: Biological Sciences* B 364: S. 1933-1942.

Csikszentmihalyi, M. 1991. *Flow: The Psychology of Optimal Experience.* New York: Harper Collins.

Ehrenberg, A. 2008. *Das erschöpfte Selbst. Depression und Gesellschaft in der Gegenwart.* Frankfurt/M.: Suhrkamp. (Erstausgabe 1998)

Eliade, M. 1966. *Kosmos und Geschichte. Der Mythos der ewigen Wiederkehr.* Reinbek/Hamburg: Rowohlt.

Elias, N. 1984. *Über die Zeit.* Frankfurt/M.: Suhrkamp.

Fuchs, T. 2000. »Das Gedächtnis des Leibes«. In: *Phänomenologische Forschungen* 5: S. 71-89.

Fuchs, T. 2001. »Melancholia as a Desynchronization. Towards a Psychopathology of Interpersonal Time«. In: *Psychopathology* 34: S. 179-186.

Fuchs, T. 2011. »Body Memory and the Unconscious«. In: *Founding Psychoanalysis. Phenomenological Theory of Subjectivity and the Psychoanalytical Experience.* Hg. von D. Lohmar, J. Brudzinska. Dordrecht: Kluwer, S. 69-82.

Fuchs, T. 2012. »The Phenomenology of Body Memory«. In: *Body Memory, Metaphor and Movement.* Hg. von S. Koch, T. Fuchs, M. Summa, C. Müller. Amsterdam: John Benjamins, S. 9-22.

Fuchs, T. 2013a. »Temporality and Psychopathology«. In: *Phenomenology and the Cognitive Sciences* 12: S. 75-104.

Fuchs, T. 2013b. »Depression und Manie als Zeitkrankheiten«. In: *Affektive Störungen. Klinik – Therapie – Perspektiven.* Hg. von T. Fuchs, M. Berger. Stuttgart: Schattauer, S. 171-186.

Fuchs, T. 2018. »Chronopathologie der Überforderung. Zeitstrukturen und psychische Krankheit«. In: *Das überforderte Subjekt. Zeitdiagnosen einer beschleunigten Gesellschaft.* Hg. von T. Fuchs, L. Iwer, S. Micali. Berlin: Suhrkamp, S. 52-79.

Fuchs, T. 2019. »The Life-World of Persons with Mood Disorders«. In: *The Oxford Handbook of Phenomenological Psychopathology.* Hg. von G. Stanghellini, M. Broome, A. Raballo, A. V. Fernandez, P. Fusar-Poli, R. Rosfort. Oxford: Oxford University Press, S. 617-633.

Fuchs, T., L. Iwer, S. Micali (Hg.) 2018. *Das überforderte Subjekt. Zeitdiagnosen einer beschleunigten Gesellschaft.* Berlin: Suhrkamp.

Gronemeyer, M. 1993. *Das Leben als letzte Gelegenheit. Sicherheitsbedürfnisse und Zeitknappheit.* Darmstadt: Wissenschaftliche Buchgesellschaft.

Husserl, E. 1969. *Zur Phänomenologie des inneren Zeitbewusstseins (1893-1917).* Husserliana X. Hg. von R. Boehm. Den Haag: Martinus Nijhoff.

James, W. 1904. »Does ›Consciousness‹ exist?«. In: *The Journal of Philosophy* 18: S. 477-491.

James, W. 1950. *The Principles of Psychology.* Bd. 2. New York: Dover. (Erstausgabe 1890)

Jonas, H. 1973. *Organismus und Freiheit. Ansätze zu einer philosophischen Biologie.* Göttingen: Vandenhoeck & Ruprecht.

Kant, I. 1974. *Kritik der reinen Vernunft.* Werkausgabe Bd. III/IV. Hg. von W. Weischedel. Frankfurt/M.: Suhrkamp. (Erstausgabe 1781)

Kitamura, T., R. Kumar. 1982. »Time Passes Slowly for Patients with Depressive State«. In: *Acta Psychiatrica Scandinavica* 65: S. 415-420.

Kjellgren, A., F. Lyden, T. Norlander. 2008. »Sensory Isolation in Flotation Tanks: Altered States of Consciousness and Effects on Well-being«. In: *The Qualitative Report* 13: S. 636-656.

Malloch, S. N. 1999. »Mothers and Infants and Communicative Musicality«. In: *Musicae Scientiae*, Special Issue 1999/2000: S. 29-57.

Markowitsch, H. J., H. Welzer. 2005. *Das autobiographische Gedächtnis.* Stuttgart: Klett-Cotta.

Meissner, K., M. Wittmann. 2011. »Body Signals, Cardiac Awareness, and the Perception of Time«. In: *Biological Psychology* 86: S. 289-297.

Mundt, C., P. Richter, H. van Hees, T. Stumpf. 1998. »Zeiterleben und Zeitschätzung depressiver Patienten«. In *Nervenarzt* 69: S. 38-45.

Pollatos, O., J. Laubrock, M. Wittmann. 2014. »Interoceptive Focus Shapes the Experience of Time«. In: *PloS one* 9 (1): e86934.

Pöppel, E. 2000. *Grenzen des Bewusstseins. Wie kommen wir zur Zeit, und wie entsteht Wirklichkeit?.* Frankfurt/M.: Insel.

Proust, M. 2011a. *Auf der Suche nach der verlorenen Zeit* Bd. 1*: Unterwegs zu Swann.* Hg. von L. Keller, übers. von E. Rechel-Mertens. Frankfurt/M.: Suhrkamp.

Proust, M. 2011b. *Auf der Suche nach der verlorenen Zeit.* Bd. 7: *Die wiedergefundene Zeit.* Hg. von L. Keller, übers. von E. Rechel-Mertens. Frankfurt/M.: Suhrkamp.

Rössler, W. 2012. »Stress, Burnout, and Job Dissatisfaction in Mental Health Workers«. In: *European Archives of Psychiatry and Clinical Neuroscience* 262: S. 65-69.

Summa, M. 2011. »Das Leibgedächtnis. Ein Beitrag aus der Phänomenologie Husserls«. In: *Husserl Studies* 27: S. 173-196.

Virilio, P. 1980. *Geschwindigkeit und Politik: Ein Essay zur Dromologie*. Übers. von R. Voullié. Berlin: Merve.

Wittmann, M. 2009. »The Inner Experience of Time«. In: *Philosophical Transactions of the Royal Society of London: Biological Sciences* B 364: S. 1955-1967.

Textnachweise

1) »Menschliche und künstliche Intelligenz. Eine Klarstellung«. Unveröffentlicht.

2) »Jenseits des Menschen? Kritik des Transhumanismus«. Unveröffentlicht.

3) »Der Schein des Anderen. Empathie und Virtualität« (2013). In: *Grenzen der Empathie. Philosophische, psychologische und anthropologische Perspektiven*. Hg. von T. Breyer. München: Fink, S. 263-282.

4) »Wahrnehmung und Wirklichkeit. Skizze eines interaktiven Realismus«. Erstmals erschienen unter dem Titel: »Im Kontakt mit der Wirklichkeit: Wahrnehmung als Interaktion« (2017). In: *Anthropologie der Wahrnehmung*. Hg. von M. Schlette, T. Fuchs, A. M. Kirchner. Heidelberg: Winter, S. 109-139.

(5) »Person und Gehirn. Kritik des Zerebrozentrismus« (2013). In: *Der (un-)durchsichtige Mensch. Wie weit reicht der Blick in die Person?* Hg. von C. R. Bartram, M. Bobbert, D. Dölling, T. Fuchs, G. Schwarzkopf, K. Tanner. Heidelberg: Winter, S. 33-45.

(6) »Verkörperte Freiheit. Eine libertarische Konzeption«. Erstmals erschienen unter dem Titel: »Personale Freiheit. Ein libertarisches Freiheitskonzept auf der Grundlage verkörperter Subjektivität« (2010). In: *Verantwortlichkeit – nur eine Illusion?*, Hg. von T. Fuchs, G. Schwarzkopf. Heidelberg: Winter, S. 205-230.

(7) »Hirnwelt oder Lebenswelt? Kritik des Neurokonstruktivismus« (2011). In: *Deutsche Zeitschrift für Philosophie* 59: S. 347-358.

(8) »Zwischen Psyche und Gehirn. Zur Standortbestimmung der Psychiatrie« (2017). In: *Der Nervenarzt* 88: S. 520-528.

(9) »Leiblichkeit und personale Identität in der Demenz« (2018). In: *Deutsche Zeitschrift für Philosophie* 66: S. 48-61.

10) »Die zyklische Zeit des Leibes und die lineare Zeit der Moderne« (2019). In: *Der Leib und seine Zeit. Temporale Prozesse des Körpers und deren Dysregulationen im Burnout und bei anderen Leiberfahrungen*. Hg. von R. Esterbauer, A. Paletta, J. Meer. Freiburg: Alber, S. 21-38.

Namenregister

Sachregister

Psychoanalyse, Sozialpsychologie und Psychologie im Suhrkamp Verlag
Eine Auswahl

Didier Anzieu. Das Haut-Ich. Übersetzt von Meinhard Korte und Marie-Hélène Lebourdais-Weiss.
Gebunden und stw 1255. 324 Seiten

Wilfried R. Bion. Elemente der Psychoanalyse. Übersetzt und mit einer Einleitung von Erica Krejci. stw 1758. 149 Seiten

William Damon. Die soziale Welt des Kindes. Übersetzt von Uta S. Eckensberger. stw 884. 315 Seiten

Gilles Deleuze. Schizophrenie und Gesellschaft. Texte und Gespräche von 1975 – 1995. Aus dem Französischen von Eva Moldenhauer. Hg von David Laponjade. 384 Seiten. Gebunden

Georges Devereux
- Realität und Traum. Psychotherapie eines Prärie-Indianers. Mit einem Vorwort von Magaret Mead. Übersetzt von Maja Hallberg. 704 Seiten. Gebunden
- Träume in der griechischen Tragödie. Eine ethnopsychoanalytische Untersuchung. Übersetzt von Klaus Staudt. stw 536. 551 Seiten

Anita Eckstaedt
- Die Kunst des Anfangs. Psychoanalytische Erstgespräche. stw 1174. 286 Seiten
- Nationalsozialismus in der »zweiten Generation«. Psychoanalyse von Hörigkeitsverhältnissen. stw 1026. 516 Seiten
- ›Der Struwwelpeter‹. Dichtung und Deutung. Eine psychoanalytische Studie. 228 Seiten. Gebunden

NF 122/1/3.09

Michel Foucault
- Die Macht der Psychiatrie. Vorlesungen am Collège de France 1973/1974. Aus dem Französischen von Claudia Brede-Konersmann. 595 Seiten. Gebunden
- Psychologie und Geisteskrankheit. Aus dem Französischen von Anneliese Botond. es 272. 132 Seiten

Iris Hanika / Edith Seifert. Die Wette auf das Unbewußte. Oder was sie schon immer über Psychoanalyse wissen wollten. es 2457. 173 Seiten

Eric R. Kandel. Psychiatrie, Psychoanalsyse und die neue Biologie des Geistes. 341 Seiten. Gebunden

Lawrence Kohlberg
- Die Psychologie der Lebensspanne. Übersetzt von Detlef Garz. Herausgegeben, bearbeitet und mit einer Einleitung versehen von Wolfgang Althof und Detlef Garz. Gebunden. 346 Seiten
- Die Psychologie der Moralentwicklung. Herausgegeben von Wolfgang Althof und Detlef Garz. Übersetzt von Detlef Garz. stw 1232. 564 Seiten

Hermann Lang
- Das Gespräch als Therapie. Mit einem Geleitwort von Hans-Georg Gadamer. stw 1293. 272 Seiten
- Strukturale Psychoanalyse. stw 1292. 352 Seiten

Nicolas Langlitz. Die Zeit der Psychoanalyse. Lacan und das Problem der Sitzungsdauer. stw 1757. 300 Seiten

Jean Piaget
- Einführung in die genetische Erkenntnistheorie. Übersetzt von Friedhelm Herborth. stw 6. 106 Seiten
- Weisheit und Illusionen der Philosophie. Übersetzt von

NF 122/2/3.09

Friedhelm Herborth. stw 539. 286 Seiten

Paul Ricoeur. Die Interpretation. Ein Versuch über Freud. Aus dem Französischen von Eva Moldenhauer. stw 76. 400 Seiten

Alenka Zupančič. Das Reale einer Illusion. Kant und Lacan. Übersetzt von Reiner Ansén. stw 1546. 142 Seiten

Slavoj Žižek
- Die gnadenlose Liebe. Übersetzt von Nikolaus Schneider. st 1545. 188 Seiten
- Körperlose Organe. Bausteine für eine Begegnung zwischen Deleuze und Lacan. Aus dem Englischen von Nikolaus G. Schneider. stw 1698. 297 Seiten
- Parallaxe. Übersetzt von Frank Born. 448 Seiten. Gebunden
- Die Tücke des Subjekts. Übersetzt von Andreas Hofbauer. 552 Seiten. Gebunden

NF 122/3/3.09